La Vie de Pythagore de Diogène Laërce

La Vie de Pythagore de Diogène Laërce

Édition critique avec introduction et commentaire
par A. Delatte

1988
Georg Olms Verlag
Hildesheim · Zürich · New York

Ursprünglich erschienen in folgender Reihe:
Académie Royale de Belgique.
Classe des Lettres et des Sciences morales et Politiques
T. XVII, fasc. 2 et dernier

Dem Nachdruck liegt das Exemplar
der Universitätsbibliothek Göttingen zugrunde.
Das Format des Nachdrucks ist geringfügig
kleiner als das der Vorlage.

Signatur: H 191 1C

Nachdruck der Ausgabe Brüssel 1922
Printed in Germany
Herstellung: strauss offsetdruck gmbh, 6945 Hirschberg 2
ISBN 3-487-09032-5

LA VIE

DE

PYTHAGORE

DE

DIOGÈNE LAËRCE

ÉDITION CRITIQUE AVEC INTRODUCTION & COMMENTAIRE

PAR

A. DELATTE

Mémoire couronné par la Classe des lettres et des sciences morales et politiques (Prix Gantrelle, XIVe période, 1919-1920).

AVANT-PROPOS

En attendant l'édition complète de l'*Histoire des Philosophes* de Diogène, qui nous est annoncée depuis longtemps, j'ai pensé qu'il serait utile de donner une édition critique de la *Vie* de Pythagore.

Dans une introduction, qui m'a paru nécessaire, je me suis efforcé de tirer au clair — pour autant qu'on puisse arriver sur ce sujet à des conclusions quelque peu vraisemblables — une question qui a soulevé bien des débats, celle de la composition de l'œuvre de Diogène. En outre, comme les érudits qui se sont occupés jusqu'ici de la tradition manuscrite de cet ouvrage ne sont pas du tout d'accord sur l'importance qu'il faut reconnaître à tout un groupe de *codices*, il m'a semblé que le texte de la biographie de Pythagore se prêtait mieux qu'aucun autre, grâce à l'appoint d'une foule de passages parallèles, à un examen détaillé de la question et à une vérification des diverses hypothèses émises jusqu'à ce jour. Aussi, ai-je consacré à l'étude de la tradition manuscrite un long chapitre de cette introduction.

J'ai recueilli, sous le texte et l'apparat critique, tous les textes des auteurs anciens qui traitent le même sujet que Diogène. Cette collection formera une sorte de répertoire bibliographique qu'on chercherait vainement ailleurs et qui, je l'espère, ne sera pas sans utilité. Elle permettra, en outre, d'embrasser d'un seul coup d'œil le développement de la Tradition sur un point déterminé de la biographie ou de la doxographie.

Parmi ces citations, j'ai mis en relief les textes qui présentent une tradition particulièrement apparentée à celle de Diogène et qui, par conséquent, peuvent fournir des éléments utiles à l'établissement du texte édité. Les autres passages parallèles ont été groupés d'après leurs affinités. L'abréviation *cf.* annonce les témoignages anciens qui s'écartent sensiblement de celui de Diogène.

L'édition est suivie d'un commentaire où je reprends, pour expliquer les notices de Diogène et éclaircir leurs origines, certains textes cités dans la collection des passages parallèles. Dans la composition de cette partie, je me suis inspiré du programme tracé par Schwartz (Pauly-Wissowa, IX, col. 750) : réunir, pour chaque point, les matériaux biographiques ou doxographiques et remonter à l'origine des traditions, pour suivre ensuite leurs développements et leurs variations. Ce procédé permet, mieux qu'aucun autre, d'étudier de près les méthodes de travail de Diogène et de situer, dans l'ensemble de la littérature biographique, la tradition qu'il a adoptée ou la variante qu'il a créée.

Qu'il me soit permis, pour finir, de témoigner ma reconnaissance à Messieurs les Commissaires, dont la critique sagace m'a permis de redresser certaines erreurs et de corriger bien des imperfections de mon mémoire.

Liége, le 1er janvier 1922.

INTRODUCTION

I. Nom, époque et œuvres de Diogène Laërce.

Nous ne savons rien de la vie et de la personnalité de cet écrivain, qui a tant contribué à rendre les autres immortels : son nom nous est seulement connu par le titre de son œuvre et quelques citations. La vraie forme de son nom ne nous a même pas été transmise avec exactitude (¹). Les manuscrits de son *Histoire philosophique* placent les deux noms dans l'ordre suivant : Λαέρτιος Διογένης, de même que Sopatros le Sophiste (Photius, *Cod.* 161, p. 104, A, 2) et Suidas (s. v. Τετραλογία). Au contraire, Stéphane de Byzance (s. v. Δρυΐδαι) et le lemmatiste de l'*Anthologie Palatine* (VII, 95) intervertissent l'ordre de ces noms. Dans d'autres citations, l'écrivain n'est désigné que par un nom : Διογένης (Stéphane de Byzance, s. v. Ἐνετοί), Λαέρτης (Eustathe, *Comm. in Hom.*, p. 896, 63). Ailleurs encore, il est appelé Διογένης ὁ Λαερτιεύς (Steph. s. v. Χολλεῖδαι), ce qui suppose qu'on le croit, déjà alors, originaire de Laërte, ville de Carie. Cette opinion passa chez les érudits de la Renaissance et

---

(¹) Cf. sur cette question les conjectures de STAHR, dans le *Dictionary of Biogr. and Myth.* de SMITH, s. v. *Diogenes Laertius*; de WILAMOWITZ, dans l'*Hermes*, XXXIV (1899), p. 629; de SCHWARTZ, dans la *Real-Encycl.* de PAULY-WISSOWA, s v. D., IX, col. 738.

subsista jusqu'au XVIIIe siècle (¹) ; elle n'a pas encore disparu complètement des manuels. Plus récemment, on a tenté d'expliquer le nom Λαέρτιος par le surnom d'une famille romaine bien connue à laquelle aurait appartenu le patron des ancêtres de Diogène (²). Aujourd'hui, on croit en découvrir l'origine dans l'expression homérique qui désigne Ulysse : Διογενὲς Λαερτιάδη. On sait qu'à une certaine époque, la mode s'établit dans le monde des lettres, et spécialement chez les philologues et les grammairiens, d'ajouter un surnom, souvent d'origine mythologique ou héroïque, au nom trop commun que l'on portait. C'est Wilamowitz qui a émis l'hypothèse (³) que le σημεῖον de Diogène était emprunté au Διογενὲς Λαερτιάδη homérique : comme, dans Homère, les deux noms se suivent toujours dans le même ordre, il en conclut qu'il faut admettre la même succession ici aussi : Διογένης Λαέρτιος.

L'époque à laquelle il a vécu n'est pas mieux fixée ; si l'on consulte les enquêtes des érudits modernes, on voit qu'ils hésitent entre le Ier, le IIe, le IIIe et même le IVe siècle de notre ère (⁴). Nous manquons, en effet, de témoignages historiques, et l'on doit se contenter de fixer des bornes chronologiques entre lesquelles se place l'activité littéraire de Diogène. Nous venons de voir que Sopatros déjà le cite : il a donc vécu avant 500. D'autre part, on peut remarquer que Diogène cite avec complaisance, et d'après ses propres lectures (ce qui sera expliqué plus loin), des auteurs assez récents ; or, la période d'activité des écrivains ou des philosophes les plus tardifs qu'il cite, Théodose le Sceptique, Sextus Empiricus et Saturninus, se place au commencement du IIIe siècle ; on en a déduit qu'on pouvait situer son ἀκμή entre 225 et 250. On a

---

(¹) FABRICIUS, *Bibl. gr.*, V⁵, pp. 504 et suiv.
(²) STAHR, dans le *Dictionary* de SMITH.
(³) *Epistula ad Maissium*, *Phil. Unters.*, III, p. 163, et *Hermes*, XXXIV, p. 629.
(⁴) Voyez sur ce sujet : STAHR, *loc. cit.* ; SCHWARTZ, *loc. cit.*, col. 761, et M. TREVISSOI, *Diogene Laerzio, l'eta in cui visse*. (*Rivista di storia antica*, XII [1908], pp. 483-505.)

voulu aussi, quelquefois, tirer des conclusions de son silence sur la renaissance platonicienne et pythagoricienne, ainsi que de son ignorance des travaux de Porphyre et de Jamblique sur la vie de Pythagore; mais on sait que les *argumenta ex silentio* n'offrent pas une base sûre de discussion. Diogène peut avoir eu ses raisons de ne point parler des néo-platoniciens ou des néo-pythagoriciens, s'il niait, par exemple, la légitimité de leur succession. On peut encore considérer ces lacunes comme le résultat d'un défaut d'information dont nous avons d'autres preuves : ainsi, Diogène ne cite pas non plus les travaux de Nicomaque et d'Apollonius sur Pythagore, bien supérieurs et bien antérieurs à ceux de Porphyre et de Jamblique. Ajoutons que le genre de composition de son ouvrage peut encore, comme nous le verrons bientôt, fournir d'autres explications de ce fait.

Il n'est pas de tradition, directe ou indirecte, d'un ouvrage de Diogène autre que ses *Biographies des Philosophes*. Mais il cite lui-même, au cours de cet ouvrage, un bon nombre d'extraits empruntés à un Recueil d'épigrammes de sa composition. Le premier livre portait le titre Πάμμετρος, à cause de la multitude des formes de versification que l'auteur y avait employées, et il y était question, avant tout, de la mort des philosophes (I, 63). Avait-il publié d'autres ouvrages encore? Au livre II, 65, il rapporte que Platon détestait Aristippe et qu'il combattit ses doctrines dans le περὶ ψυχῆς; et il ajoute : ὡς ἐν ἄλλοις εἰρήκαμεν. Est-ce une allusion à un ouvrage antérieurement publié ou simplement un renvoi à un autre passage des *Biographies* (III, 36), où il revient sur ce sujet? Dans la dernière hypothèse, la référence est, en un point, inexacte : il eût fallu un verbe au futur. D'ordinaire, les allusions de Diogène à d'autres parties de son livre se vérifient avec exactitude; pour les parties antérieures, on trouve habituellement καθάπερ εἴρηται, pour les livres suivants : ὡς λέξομεν. Cependant on peut croire que nous avons affaire ici à une simple inadvertance de l'auteur.

L'œuvre de Diogène qui nous occupe est son *Histoire des Vies et des Doctrines des Philosophes*. Le titre qu'elle porte dans les plus anciens manuscrits n'est pas uniforme ([1]). Le manuscrit F présente le titre suivant : λαερτίου διογένους βίων καὶ γνωμῶν τῶν ἐν φιλοσοφία εὐδοκιμησάντων καὶ τῶν ἑκάστῃ αἱρέσει ἀρεσάντων. P offre ces variantes : βίοι, γνῶμαι, ἐν ἑκάστῃ, ἀρεσκόντων. Dans le manuscrit B, le titre initial est perdu, mais celui du Xe livre se formule ainsi : λαερτίου διογένους φιλοσόφων βίων καὶ δογμάτων συναγωγῆς τῶν εἰς ἱ ἐπίκουρος ([2]). Les citations des auteurs anciens ne nous présentent en général que des titres raccourcis et déformés : φιλοσόφων βίοι d'après Sopatros et Suidas (cf. le titre du Xe livre dans B); φιλόσοφος ἱστορία dans Stéphane de Byzance; σοφιστῶν βίοι dans Eustathe. C'est donc, d'après le titre, une histoire des Vies et des sentences des philosophes célèbres. En réalité, il y a plus que le livre ne promet : on y trouve les rudiments d'une étude de l'évolution de la philosophie ; les systèmes philosophiques sont groupés et reliés entre eux par la série des successions des philosophes (διαδοχαί).

Il appert d'un passage du IIIe livre (§ 47), où Diogène s'adresse à une dame, qu'il suit, à l'occasion, les préférences de cette personne dans le choix ou le développement de ses exposés. On peut en conclure que l'ouvrage lui avait été dédié. Cette dédicace est perdue ([3]).

([1]) Voyez la collection des titres de tous les manuscrits dans MARTINI, *Leipziger Studien*, XIX (1899), pp. 73-176.

([2]) Forme que SCHWARTZ, *loc. cit.*, col. 739, préférerait à la précédente.

([3]) Φιλοπλάτωνι δέ σοι δικαίως ὑπαρχούσῃ καὶ παρ' ὁντινοῦν τὰ τοῦ φιλοσόφου δόγματα φιλοτίμως ζητούσῃ... On a cherché à mettre un nom sur cette figure inconnue : certains se sont arrêtés au nom d'Arria, dont parle Galien (*Ther. ad Pison.*, t. XIV, p. 218, Kühn : διὰ τὸ φιλοσοφεῖν ἀκριβῶς καὶ τοῖς Πλάτωνος μάλιστα χαίρειν λόγοις); d'autres ont songé à Julia Domna, femme de l'empereur Sévère. (STAHR, *loc. cit.*)

II. L'histoire philosophique de Diogène.

1. Problème relatif a la composition de cet ouvrage.

La composition des biographies de Diogène a fourni aux érudits modernes la matière d'une foule d'études et a suscité de longues polémiques qui ne sont pas encore apaisées. De semblables débats peuvent d'ailleurs être engagés à propos de la plupart des œuvres que nous a laissées l'érudition gréco-romaine, héritière des travaux de la période alexandrine; mais la critique s'est attachée de préférence au livre de Diogène comme au type le plus caractéristique de l'érudition de l'époque impériale.

L'ouvrage se présente sous la forme d'une compilation, c'est-à-dire d'une collection de notices empruntées à une foule d'auteurs d'époques et de caractères différents. Elles sont accompagnées souvent de citations qui en indiquent l'origine exacte; d'autres fois, elles restent anonymes (ὥς φασί τινες); ailleurs encore, l'auteur a l'air de présenter la note comme un exposé de son cru ou une réflexion personnelle, alors que l'examen des passages parallèles nous révèle des emprunts déguisés à des ouvrages antérieurs. Je vais tenter de donner, en choisissant autant que possible des exemples dans le VIIIe livre (Pythagore), un aperçu des difficultés qui surgissent à chaque pas dans l'étude de Diogène, afin de faire comprendre où est situé le problème et quelles solutions en ont été présentées.

Ce qui frappe tout d'abord dans cette œuvre, ce sont les pitoyables négligences de la rédaction. Le style est souvent informe, obscur, relâché, déparé par une foule de défauts qui n'échappent pas, même à une lecture superficielle. Il en est de même pour la composition. Il y a peu de développements suivis; rarement, dans un même chapitre, on peut établir un enchaînement logique entre les diverses parties. C'est, sous une même rubrique, une accumulation de notices empruntées à une foule d'auteurs qui se répètent en partie les uns les autres ou qui se contredisent, souvent sans que l'auteur essaie d'expliquer les divergences.

Les confusions et les erreurs sont assez nombreuses dans les citations. En voici quelques exemples :

IV, 4 : la citation de Plutarque est inexacte, parce que mal placée; *Vit. Syl.*, 36, 5, se rapporte à Diogène, I, 118.

VIII, 2 : ὥς φησιν Ἡρόδοτος ne se rapporte pas, malgré les apparences, à Κρόνον νομίζοντες, mais uniquement à ce qui précède.

VIII, 14 : πρῶτόν τε Ἕσπερον καὶ Φωσφόρον τὸν αὐτὸν εἰπεῖν, ὥς φησι Παρμενίδης. La comparaison avec IX, 23, montre que la citation de Parménide provient d'une méprise : les sources présentaient probablement le texte : οἱ δέ φασι Παρμενίδην, ou quelque formule de ce genre. Casaubon, Hübner et Cobet ont, à tort, voulu rétablir cette leçon dans le texte de Diogène ([1]).

VIII, 90 : γεγόνασι δ'Εὔδοξοι τρεῖς · αὐτὸς οὗτος, ἕτερος Ῥόδιος..., τρίτος Σικελιώτης... καθά φησιν Ἀπολλόδωρος ἐν Χρονικοῖς. Εὑρίσκομεν δὲ καὶ ἄλλον, ἰατρὸν Κνίδιον, περὶ οὗ φησιν Εὔδοξος ἐν γῆς περιόδῳ... Ὁ δ'αὐτός φησι τὸν Κνίδιον Εὔδοξον (le personnage de la biographie) ἀκμάσαι κατὰ τὴν τρίτην καὶ ἑκατοστὴν ὀλυμπιάδα. — Ὁ δ'αὐτός désigne évidemment ici le chronographe Apollodore : la notice sur le médecin de Cnide, qui rompt si maladroitement la suite des idées, est donc d'introduction tardive. L'auteur en est Diogène, qui se met en scène par le mot εὑρίσκομεν. J'en vois une autre preuve en ce que Diogène a conservé le nombre d'homonymes de la première rédaction (τρεῖς); il n'a pas songé à corriger le premier exposé d'après sa propre découverte; il s'est contenté d'y ajouter une note, à une mauvaise place d'ailleurs.

([1]) Il est difficile d'admettre que Diogène ait voulu dire par là que cette doctrine astronomique était aussi celle de Parménide (DIELS, *Vors.*, I³, p. 145). Il se serait exprimé tout autrement et, en tout cas, il aurait ajouté καί, qu'on pourrait peut-être, selon Diels, intercaler dans le texte. Dans un tel contexte, ὥς φησι ne peut qu'introduire une citation, sans aucune ambiguïté.

Beaucoup de notes ne se trouvent pas à la place qui leur conviendrait, si l'économie du livre était bien réglée.

VIII, 35 : la note καὶ τὸ μὲν λευκόν, etc., se rapporte à la superstition relative au coq blanc et devrait donc être reportée plus haut.

VIII, 2 : la phrase καὶ τρία ποτήρια, etc., est étrangère au contexte : il faut supposer une forme plus complète et plus ancienne d'une anecdote, dont il ne reste plus que ce débris.

Le texte est quelquefois obscur, parce qu'il est formé d'un extrait mal résumé ou trop raccourci. Ainsi, VIII, 39 (récit de la mort de Pythagore), dans la phrase ἀναιρεθῆναι δὲ κρεῖττον ἢ λαλῆσαι, à quoi fait allusion ce dernier mot? Un peu plus loin, la notice πανδαισίαν εὑρόντα Κύλωνος, etc., ne peut être expliquée que grâce aux rapprochements avec des passages parallèles. Les explications de l'abstinence des fèves et du symbole τὸν ἄρτον μὴ καταγνύειν (VIII, 34-35) sont des nids de difficultés qui seraient insolubles, si nous ne disposions que du texte de Diogène. L'éditeur des *Epicurea* ([1]), Usener, prétend même, se basant sur des exemples du Xe livre, que des scholies ont été introduites dans le texte.

En maint endroit, Diogène signale ses propres recherches et trouvailles scientifiques ou les additions qu'il fait au reste de la biographie, comme s'il voulait opposer à un fonds préexistant la contribution personnelle qu'il apporte à cette œuvre :

I, 112 : ἐγὼ δὲ καὶ ἄλλην εὗρον ἐπιστολήν ;

II, 59 : εὗρον δ'ἀλλαχόθι ;

II, 97 : καὶ αὐτοῦ περιετύχομεν βιβλίῳ ;

VIII, 53 : ἐγὼ δ'εὗρον ἐν τοῖς ὑπομνήμασιν Φαβωρίνου.

En général les Testaments des philosophes sont introduits par une formule semblable (V, 11, V, 51, V, 69, etc.). Ailleurs, ce sont des exposés doxographiques ou des catalogues d'ouvrages, que Diogène fait précéder d'une remarque personnelle : III, 47 ; IV, 1 ; V, 21 ; V, 42 ; VII, 189, etc.

([1]) Introduction, pp. XXIII et suiv.

Défaut plus grave et plus fondamental : les grandes lignes du plan tracé dans le prologue ne sont pas toujours suivies dans le corps de l'ouvrage. Ainsi, Nausicydès, qui, dans le prologue, a sa place dans une διαδοχή, a disparu des biographies. De même, Xénophane n'y est plus rattaché à Télaugès, comme dans l'introduction. Quelquefois, la distinction entre un fonds primitif et des additions postérieures, que les observations précédentes nous laissent déjà entrevoir, est confirmée par l'existence, en certaines parties, de plusieurs couches successives d'exposés, dont Diogène n'a pu tirer une doctrine bien nette, faute d'un travail suffisant d'assimilation et de critique. Ainsi, dans le prologue, comme nous le verrons plus loin en détail, l'existence de la philosophie chez les Barbares, admise comme un principe et longuement développée dans le fonds primitif, est niée par Diogène (ἐγὼ δὲ, § 5) ; mais, soit faiblesse de critique, soit inconséquence, il a laissé subsister tout le développement antérieur et les conclusions qu'on avait tirées du principe admis. Nous ferons, plus loin encore, une remarque semblable en ce qui concerne le tableau des sectes philosophiques rapporté dans le prologue.

D'autre part, le nombre des ouvrages compulsés et cités attesterait une lecture formidable, portant sur huit siècles de littérature, et une vaste érudition, puisant aux auteurs de tout genre et de toute époque. Or, ces deux qualités ne sont guère en rapport avec le manque d'esprit critique et le peu de culture qu'il nous est permis de reprocher à Diogène, d'après certains passages où sa personnalité se dégage mieux du fonds antérieur. On peut donc croire que Diogène utilise ou cite peu d'auteurs de première main. De là un problème : quels ont été les intermédiaires entre l'érudition ancienne et Diogène? Et n'y aurait-il pas eu, par hasard, un seul intermédiaire? Ainsi, c'est le genre de travail de Diogène qui doit être soumis à un examen; bien plus, le caractère personnel même de son œuvre tombe en suspicion.

Nous arrivons à une conclusion identique par une autre

voie : l'étude comparative de la littérature érudite de la même époque ou des dépôts qu'elle a laissés dans les compilations byzantines nous présente un grand nombre de développements analogues à ceux de Diogène et permet de rassembler une foule de passages parallèles qui constituent un fonds commun à tous ces auteurs. En particulier, la comparaison de l'ouvrage de Diogène avec les notices biographiques d'Hésychius est pleine d'intérêt. Les concordances abondent et, bien que le texte d'Hésychius ne nous soit parvenu qu'en raccourci et à travers plusieurs remaniements, elles s'étendent souvent à la rédaction même, aux constructions, voire au choix des mots [1].

On pourrait croire, de prime abord, que l'auteur le plus récent et d'ailleurs le plus bref, Hésychius, a copié Diogène. Mais un examen plus attentif des textes nous oblige à rejeter cette hypothèse. Le texte d'Hésychius offre, comparé à celui de Diogène, tantôt plus, tantôt moins que lui, tantôt des variantes considérables ; en sorte qu'on se voit forcé d'admettre l'utilisation, par les deux auteurs, d'une source commune plus ancienne, qui leur aurait fourni le fonds de leur érudition [2].

La notice d'Hésychius sur la Vie de Pythagore, qui nous est

---

[1] On sait que le texte perdu d'Hésychius nous est plus ou moins connu par les extraits biographiques de Suidas, qui n'en utilisait d'ailleurs qu'un résumé, composé dans la première moitié du IXe siècle, et par les notices biographiques des *Scholies* de Platon. C'est ce qui résulte des travaux de Th. METTAUER, *De Platonis Schol. font.*, 1880, pp. 57 et ss.; KRUMBACHER, *Gesch. der byz. Liter.*^{2}, 1897, p. 562; G. WENTZEL, *Hesychiana*, dans l'*Hermes*, XXXIII (1898), p. 275; W. VOLKMANN, *De Diogene Laertio et Suida* (*Jahresber. des Sta-Maria-Magd.-gymnasiums in Breslau*, progr. 1890, pp. 1-13). Malgré tout, une reconstitution du texte d'Hésychius, telle que l'a essayée Flach, par exemple, dans son édition d'Hésychius (Teubner, 1882), est une chimère. A. DAUB, *Studien zu den Biogr. des Suidas* (Fribourg-en-B., 1882), a essayé de faire la part d'Hésychius dans Suidas, les Scholies et quelques autres compilations, pour ce qui concerne les Vies des Historiens, Rhéteurs, Sophistes et Grammairiens. D. VOLKMANN, *De Suidae biograph. quaestiones selectae* (diss. Bonn, 1861), avait déjà entrepris un travail de ce genre sur les poètes et les musiciens ; nous ne possédons pas de recherches semblables pour les parties qui concernent l'histoire philosophique.

[2] FR. NIETZSCHE, *De Laertii Diogenis fontibus*. (*Rhein. Mus.*, XXIV [1869], pp. 210 et suiv.)

connue par une scholie à la *République* de Platon (l. X, p. 600 B) et par Suidas (s. v. Πυθαγόρας) (¹), qui présente d'ailleurs quelques variantes, se borne à traiter fort succinctement les points suivants : origines (= Diogène, § 1), voyages (= D. 2 et 3), départ pour Crotone et fondation de l'École (= D. 3), famille (= D. 2 et 42), ouvrages (= D. 6 et 7), note doxographique (= D. 13 et 20 ou 24), mort (= D. 39, 40 et 44). Voici quelles sont les divergences essentielles qui séparent le texte d'Hésychius de celui de Diogène :

1. Dans sa jeunesse, Pythagore quitte le pays des Étrusques et arrive à Samos (cf. Porphyre, *V. P.*, 2) : manque dans Diogène.

2. Il reçoit les leçons de Phérécyde à Samos : au contraire, Diogène, § 2.

3. Il fut aussi l'élève d'Abaris et de Zaras (cf. variantes dans Porphyre, *V. P.*, 12 et 28) : manque dans Diogène.

4. Il eut deux fils, Télaugès et Damon (celui-ci s'appelait Mnésarque, d'après certains auteurs); une fille, qui s'appelait Muia ou, selon d'autres, Arignoté (cf. Porphyre, *P. V.*, 4). D'après Diogène (§§ 42-43), Pythagore n'eut qu'un fils, Télaugès ; sa fille s'appelait Damo.

5. Certains rapportent à Pythagore la composition des Χρυσᾶ Ἔπη : manque dans Diogène.

Les données du problème apparaissent plus nettes encore quand on envisage à un autre point de vue la littérature alexandrine d'érudition dont je viens de parler. On y trouve, en effet, les mêmes défauts de composition et d'exposition qui déparent l'œuvre de Diogène. C'est donc comme un vice inhérent à l'érudition de l'époque. Non pas que ce soit un défaut générique de la science grecque : la vraie critique, méthodique, créatrice, a disparu, ne nous laissant que ces grossières compi-

---

(¹) Le texte emprunté à Hésychius s'arrête à κυάμων; le reste est copié directement dans Diogène.

lations, dépôts boueux du fleuve qui a passé. Ce n'est pas non plus un vice qui lui est spécial. Regardons autour de nous, nous retrouverons, dans des ouvrages modernes, les mêmes caractères du travail de compilation : je veux parler des dictionnaires encyclopédiques. Si l'on examine quelques-uns de ces ouvrages, dans leur succession chronologique, ceux de Ch. Estienne (Genève, 1566), de Juigné (Paris, 1627), de Moreri (Lyon, 1673), de Chaufepié (Amsterdam, 1750), de Bonnegarde (Lyon, 1771), etc., on arrive à la conclusion que, généralement, ils se pillent les uns les autres sans vergogne. On peut dire que, dès le XVIIe siècle, il existe pour les biographies ou les articles historiques, une sorte de fonds commun, dont l'origine est assez vague et qui semble devenir la propriété de tout le monde. A part quelques remarquables exceptions, les dictionnaires plus modernes du même genre ne peuvent se targuer d'une plus noble origine. Les autorités sont rarement citées de première main; la copie s'y dissimule souvent sous des variations de rédaction peu importantes; les données antérieures sont dépouillées des citations de sources et combinées arbitrairement, de façon à donner l'illusion d'une utilisation des documents. Bref, ce sont de vraies compilations à la manière antique, où la part du travail personnel et critique est pour ainsi dire nulle; elles ne sont pas sensiblement différentes de l'œuvre de Diogène.

Telles sont les difficultés que l'on rencontre dans l'étude des biographies. L'ensemble de ces constatations nous force à poser divers problèmes qui constituent ce que j'appellerai la *question de Diogène*. Existe-t-il, dans les biographies, un fonds primitif, que Diogène n'aurait fait que grossir? Quel est le genre, quelle est la part de travail personnel qui revient à l'auteur? Quels sont les intermédiaires qui lui ont transmis le dépôt de l'érudition ancienne?

Examinons d'abord comment les critiques modernes ont répondu à ces questions et ce que valent les essais de solution proposés jusqu'ici.

2. L'état de la question d'après les recherches antérieures.

En 1854, déjà, V. Rose([1]) reconnaissait que Diogène ne pouvait avoir compulsé tous les ouvrages qu'il cite et il pensait qu'il en avait trouvé les extraits dans des compilations du genre de la sienne, comme les travaux de Myron, Favorinus, Pamphila, etc. Il convenait, selon lui, de faire une large part, parmi ces auteurs, à Dioclès de Magnésie.

C'est à Fr. Nietzsche, au philosophe, que ne rebutaient pas les travaux de la plus minutieuse philologie, que revient le mérite d'avoir le premier envisagé le problème dans toute son ampleur. En 1868 ([2]), il s'attacha d'abord à déterminer avec précision les emprunts faits par Diogène à des auteurs assez récents, comme Dioclès de Magnésie et Favorinus, et il jugea très considérable leur part d'influence. C'est ainsi qu'il attribuait à Dioclès (Ier s. av. J.-C.) les longs exposés des doctrines stoïciennes et épicuriennes et une foule de notices biographiques dispersées dans l'ouvrage. Dans une seconde étude, qui parut l'année suivante ([3]), il s'ingénia à rechercher ce que Diogène pouvait tenir du *Catalogue d'Homonymes* de Démétrius de Magnésie (Ier s. av. J.-C.). Cette fois encore, il en grossit démesurément la contribution. A l'en croire, non seulement les listes d'homonymes de Diogène proviendraient de cet ouvrage, mais encore la plupart des catalogues des livres des philosophes et une bonne partie des notices biographiques. Ayant observé que les sources citées par Démétrius dans son Catalogue sont les mêmes qui reparaissent dans les *Biographies* de Diogène, il en concluait que la plus grande partie de l'ouvrage remontait indirectement à Démétrius. D'autre part, comme, dans un certain nombre

---

[1] *De Aristotelis libr. ord.*, pp. 40-43. Cf. *Hermes*, I (1865), pp. 367-397.
[2] *De Laertii Diogenis fontibus.* (*Rhein. Mus.*, XXIII [1868], pp. 632-653.)
[3] *Rhein. Mus.*, XXIV, pp. 181-224.

de passages où Dioclès et Démétrius sont cités côte à côte, Diogène se plaît à souligner l'accord ou les divergences de vues de ces deux auteurs, Nietzsche exploitait cette coïncidence comme une preuve que Dioclès avait joué le rôle d'intermédiaire entre Démétrius et Diogène. Bref, d'après lui, Diogène paraissait avoir résumé l'exposé de Dioclès en y insérant, pour le compléter, des notes empruntées à Favorinus. Parmi les sources de Dioclès figuraient, à côté de Démétrius, Antisthène et Alexandre Polyhistor, auxquels il faut ajouter, disait Nietzsche dans une étude postérieure (1870) [1], Hippobotos, dont les citations apparaissent presque toujours sous l'aspect d'une addition à un fonds antérieur. La même année, revenant sur ses conclusions, Nietzsche constatait [2] que les exposés des doctrines sceptiques (IX⁰ livre), pleins de citations d'auteurs du III⁰ siècle, ainsi que la διαδοχή sceptique, qui descend jusqu'à une époque très récente, ne pouvaient provenir de Dioclès : il les attribuait à un écrivain sceptique, que Diogène aurait utilisé seulement pour cette partie de l'histoire philosophique.

Abordant aussi la question des rapports de Diogène avec Hésychius [3], dont on peut reconstruire plus ou moins l'ouvrage perdu d'après les notices de Suidas et les *Scholies* de Platon, il arrivait à des conclusions nouvelles. Avant lui, Rose et Flach [4], après un examen trop superficiel, prétendaient qu'Hésychius avait simplement utilisé Diogène. Ayant soumis les deux œuvres à une comparaison méthodique, Nietzsche n'eut pas de peine à prouver que les concordances étaient fort incomplètes. Tantôt Hésychius offre un texte plus complet, tantôt un développement moins abondant; ailleurs encore, un exposé très différent; il y a même, dans son ouvrage, des *Vies* dont on ne retrouve

---

[1] *Rhein. Mus.*, XXV. pp. 217-231.
[2] *Programme de Bâle*, 1870.
[3] *Rhein. Mus.*, XXIV, pp. 210 et suiv.
[4] Rose, *Comm. de Aristot. libr. ord.*, p. 48. Flach, *Unters. zu Suidas und Eudocia*, p. 50.

pas trace dans Diogène et qui sont écrites sur le même modèle que les autres. Ces remarques s'appliquent non seulement aux notices biographiques, mais quelquefois aussi aux catalogues des livres des philosophes que ces deux auteurs ont conservés. Bref, les divergences sont de telle nature qu'on ne peut les expliquer par des additions d'Hésychius à un texte résumé de Diogène. Il paraît donc nécessaire d'admettre que tous deux ont puisé aux mêmes sources, représentées surtout, dans l'hypothèse de Nietzsche, par Démétrius.

Tout différent par la méthode et complètement indépendant de ces recherches est le travail contemporain de Bahnsch [1]. L'auteur se proposait moins de chercher l'origine des biographies que d'examiner les caractères du style et de la composition de l'œuvre et d'y relever les traces de la personnalité de Diogène. De ses nombreuses observations, il croyait pouvoir conclure que l'auteur ne compulse pas directement la plupart des ouvrages qu'il cite, pas plus les œuvres littéraires que les travaux d'érudition, mais qu'il en doit la connaissance à des intermédiaires. On ne peut supposer que l'ensemble des biographies provient de Favorinus ou de quelque autre compilateur; elles sont bien l'œuvre personnelle de Diogène, quoiqu'il en ait puisé les éléments dans deux sortes d'ouvrages érudits : pour la plus grande part, dans la littérature spéciale au sujet, les *Recueils doxographiques* et les Διαδοχαί, et, en manière de supplément, dans des encyclopédies du genre de celles de Favorinus, Pamphila, etc.

Les philologues qui s'occupèrent plus tard de la question de Diogène durent songer d'abord à réfuter les hypothèses trop aventureuses de Nietzsche. Les défauts de son argumentation n'échappèrent pas à l'esprit critique de Freudenthal, qui rencontra le problème dans son étude de la biographie de Platon [2].

---

[1] *Quaestionum de Laertii Diogenis fontibus initia* (diss. Koenigsberg), Gumbinnen, 1868.

[2] *Hellenist. Studien*, III (1879), pp. 305-315. Cf. encore quelques notes critiques sur les études de Nietzsche dans Diels, *Doxogr. gr.*, pp. 161 et suiv.

Il signale, dans la reconstitution des sources de Diogène tentée par Nietzsche, une confusion continuelle entre la possibilité, la vraisemblance et la réalité : reproche grave, adressé à un philosophe. A son avis, il résulte de l'examen de nombreux passages que cette compilation ne peut provenir d'une seule et même source. L'attribution à Dioclès de longs exposés, comme la doxographie stoïcienne, ne repose sur aucun argument décisif ; en outre, beaucoup de citations de Dioclès se présentent comme de simples variantes ou des additions à un fonds préexistant, en sorte que celui-ci ne peut lui être imputé. En principe, d'ailleurs, l'auteur proteste contre une conception assez répandue à cette époque, qui représentait Diogène comme un simple copiste de médiocre intelligence, et ses *Biographies* comme une œuvre impersonnelle. En maint endroit, la personnalité de Diogène s'affirme nettement. Les négligences qu'on découvre dans son livre sont les mêmes qui déparent aussi les autres compilations contemporaines : elles sont, pour ainsi dire, inhérentes à ce genre d'ouvrages et aux méthodes de l'érudition de l'époque.

Ces sages avertissements eurent peu d'écho. En 1880, E. Maass reprend l'enquête sur la question de Diogène, mais en procédant selon la méthode de Nietzsche [1]. Son point de départ, c'est l'étude des listes d'homonymes que contiennent les biographies de Diogène. Après avoir réfuté aisément l'opinion imprudente de Scheuerleer, qui avait cru pouvoir attribuer ces catalogues à Démétrius de Magnésie [2], il rassemble tous les indices qui peuvent fournir des renseignements sur la personnalité de leur auteur. Relevant ensuite l'éloge que fait Aulu-Gelle (XIV, 6) — un auteur qui offre avec Diogène de nombreuses et importantes concordances — des listes d'homonymes de l'*Omnigena historia* de Favorinus, il y voit une indication précieuse pour l'orientation de ses recherches. Tout, en effet,

---

[1] *De biographicis graecis quaestiones selectae.* (*Philol. Unters.*, III, 1880.)
[2] *De Demetrio Magnete*, Leyde, 1858.

dans l'œuvre et la personnalité de Favorinus s'adapte parfaitement aux renseignements qu'il a pu réunir sur l'auteur de nos listes d'homonymes, en sorte que la παντοδαπὴ ἱστορία serait la source des Homonymes de Diogène. Mais Maass pousse plus loin son enquête, échafaudant les hypothèses. D'un grand nombre de concordances entre Diogène et Aulu-Gelle, Apulée, Porphyre, Hésychius et d'autres auteurs, dont Favorinus est, à son avis, la source ordinaire, il conclut que l'ensemble des biographies de Platon, Aristote, Pythagore, etc., provient de Favorinus. Selon lui, Diogène utilisait d'ordinaire la παντοδαπὴ ἱστορία en intercalant, çà et là, des extraits pris aux ὑπομνήματα du même auteur.

Dans ces constructions hypothétiques, Maass n'observe pas plus de mesure que son devancier : il passe et conclut avec la même aisance de la possibilité à la vraisemblance, de celle-ci à l'affirmation des rapports qu'il veut établir. En outre, des résultats ainsi acquis, il tire les conséquences les plus considérables. Un long exposé où apparaît une citation est souvent rapporté, en bloc, à l'auteur cité pour confirmer un détail. Il généralise, sans hésitation, des conclusions qui ne s'appliquent qu'à de rares cas particuliers. Il déclare que toutes les concordances de deux auteurs qui, en un passage donné, citent tous deux la même autorité, doivent provenir de cette source.

Ces critiques, et d'autres, ne furent pas ménagées à ces téméraires méthodes, qui menaçaient d'être trop imitées à cette époque. Dans une *Lettre*, publiée dans le même volume que l'étude de Maass, Wilamowitz se chargea d'abattre tout cet échafaudage de constructions hypothétiques. Pour prouver l'absurdité du système, il tint à montrer que la conception qu'on se ferait de l'œuvre de Favorinus et du caractère de son érudition d'après les *Biographies* de Diogène, serait essentiellement différente de la réalité, c'est-à-dire du Favorinus connu par les fragments des citations certaines. Pour ce savant, la composition de l'ouvrage ne s'accommode pas de l'hypothèse d'une origine unique : le problème est bien plus complexe. Un exemple, pris dans la masse, va prouver l'absurdité de la thèse de Maass ; je l'emprunte au livre de M. Bidez sur Empédocle (¹). Au livre VIII, § 53, Diogène insère dans son exposé une note qui provient précisément de Favorinus et il l'introduit par ces mots : ἐγὼ δ'εὗρον ἐν τοῖς ὑπομνήμασι Φαβωρίνου. Cette formule indique clairement que l'auteur entend faire une addition personnelle à un exposé qu'il avait sous les yeux et qui, à coup sûr, n'est pas de Favorinus. Wilamowitz estime qu'il faut tâcher de distinguer, dans l'ouvrage de Diogène, un fonds provenant de compilations antérieures, emprunté à peu près aux mêmes sources que les *Biographies* d'Hésychius, des additions et remaniements de Diogène, dont l'importance ne peut être niée.

Il eut l'occasion de revenir ailleurs encore sur ce sujet, pour préciser son point de vue, notamment dans son étude sur un érudit alexandrin, Antigonos de Carystos (²). Ici, il croit pouvoir reconnaître, dans les *Biographies*, plusieurs groupes, qui diffèrent autant par l'origine que par le genre d'érudition. Le fonds des livres V à X proviendrait d'un auteur à peu près contemporain de Nerva : les ouvrages d'Hippobotos ont dû fournir à cette section, spécialement pour les livres VI, VIII et IX, une contribution importante. La source fondamentale du livre VII serait Apollonius de Tyr. L'histoire de l'Académie, au livre IV, formerait un groupe spécial, d'origine différente. L'attribution des premiers livres au premier, au deuxième ou même à un troisième auteur resterait indécise. Enfin, il faudrait encore distinguer, du reste, plusieurs biographies dont le développement littéraire est particulièrement important, comme celles de Platon, d'Aristote et de Pythagore.

Un livre de V. Egger (³), paru à la même époque et dont le titre semble promettre une contribution à l'étude de Diogène, n'apporte aucun élément nouveau à la discussion qui nous occupe. Il est consacré uniquement à l'étude des Διαδοχαί. C'est

---

(¹) *Biographie d'Empédocle* (Gand, 1894). Introduction, p. 3.
(²) *Antigonos von Karystos*. (*Philol. Unters.*, IV [1881] pp. 320-336.)
(³) *De fontibus Diogenis Laertii*. (Bordeaux, 1881.)

dans le but de reconstruire les divers systèmes de classification des Écoles philosophiques que l'auteur passe en revue tous les biographes alexandrins cités par Diogène. Son étude s'arrête à Sotion, qui représente, à ses yeux, la source principale de notre auteur.

En préparant son édition des *Epicurea* (¹), Usener eut aussi à s'occuper du problème de Diogène. Pour lui, la solution doit être cherchée dans l'examen des négligences de rédaction de l'ouvrage. Dans le X⁰ livre en particulier, il relève un grand nombre de confusions et d'erreurs; en outre, l'ordre du discours lui paraît troublé en beaucoup d'endroits par l'introduction de notes étrangères au sujet, voire de scholies. Ces défauts de rédaction et de composition s'expliquent, à son avis, si l'on admet que l'auteur a remis à l'éditeur, et celui-ci aux copistes, un manuscrit où le texte était surchargé, entouré et débordé de notes et de scholies marginales. De ces matériaux, les copistes auraient tiré un texte suivi en insérant au petit bonheur dans la rédaction primitive les additions des marges. Pour expliquer une façon d'éditer aussi bizarre, Usener rappelle que les ouvrages d'érudition de l'Antiquité étaient quelquefois réédités par des lecteurs peu scrupuleux, après un remaniement quelconque. Il arrivait même que ceux-ci poussaient l'impudence jusqu'à y attacher leur nom; nous savons, par exemple, que Galien et Tertullien eurent à se plaindre de tels procédés. Usener suppose donc que l'*Histoire philosophique* de Diogène tire son origine d'un remaniement peu soigné d'une œuvre antérieure.

Poursuivant ses recherches (²), il crut avoir retrouvé le nom de l'écrivain dont Diogène s'était, avec si peu de scrupule, approprié le bien. Une note du livre IX, 109, où un certain Apollonidès de Nicée est appelé par l'auteur ὁ παρ' ἡμῶν, ce qu'Usener interprète dans le sens de « notre compatriote », lui

---

(¹) Introduction aux *Epicurea*. (Leipzig, 1887.)
(²) *Die Unterlage des Laertius Diogenes*. (*Sitzungsber. der Berlin. Akad.*, 1892, pp. 1023-1034.)

parut révéler sa nationalité. Dès lors, le choix se restreignait singulièrement ; bien plus, un nom s'imposait, celui de Nicias de Nicée, qui avait écrit au Ier siècle de notre ère une *Histoire philosophique*, dont nous avons conservé des fragments. Restait à éprouver la valeur de l'hypothèse par la comparaison de l'œuvre de Diogène avec ces fragments : il ne fut pas difficile de leur trouver un certain air de parenté et plusieurs concordances.

Cette seconde partie des conclusions d'Usener fut la plus attaquée, et, à vrai dire, elle ne résiste pas plus à l'examen que les hypothèses de Nietzsche et de Maass. Comme l'a montré un de ses critiques, Gercke ([1]), à l'expression ὁ παρ' ἡμῶν peuvent s'appliquer plusieurs interprétations, dont celle d'Usener n'est pas la plus vraisemblable. Elle peut provenir, d'ailleurs, des négligences de rédaction coutumières à Diogène et aux autres compilateurs : on constate, en effet, qu'il leur arrive de retenir, des textes qu'ils citent ou utilisent, des expressions qui ne conviennent plus du tout à leur époque ou à leur personnalité. Au surplus, à y regarder de près, on constate que les divergences ne manquent pas entre nos *Biographies* et les notices fragmentaires de Nicias. Gercke en a relevé quelques-unes.

Mais les recherches d'Usener sur la composition de l'œuvre de Diogène sont beaucoup plus intéressantes et plus instructives. La biographie de Pythagore nous fournit plusieurs exemples des défauts de composition et de rédaction qu'il a relevés dans le Xe livre. Mais ces négligences peuvent-elles toujours s'expliquer par des additions marginales à un texte primitif? Plusieurs cas ne me paraissent pas s'accommoder de cette interprétation. Au livre VIII, § 35, la note καὶ τὸ μὲν λευκὸν τῆς τἀγαθοῦ φύσεως, τὸ δὲ μέλαν τοῦ κακοῦ, égarée entre deux préceptes pythagoriciens, avec lesquels elle n'a rien à voir, se rapporte évidemment à un autre précepte, cité quatre lignes plus haut : ἀλεκτρυόνος μὴ ἅπτεσθαι λευκοῦ, ὅτι ἱερὸς τοῦ Μηνὸς καὶ ἱκέτης. Ces deux dernières qualités sont commentées immédiatement après ; il n'y manque

---

([1]) *De quibusdam Diogenis auctor.*, pp. 11 et suiv. Cf. SCHWARTZ, *loc. cit.*, col. 761.

que l'explication du mot λευκοῦ, qui nous est précisément donnée dans cette phrase. Peut-on prétendre que c'est une note marginale tardive, introduite à cette mauvaise place par inadvertance? Nullement. Elle fait partie intégrale d'un ensemble de notices (§§ 34-35) empruntées à Aristote par un seul et même auteur. Ce désordre s'explique par la négligence avec laquelle le compilateur a résumé le passage d'Aristote et dont on peut retrouver d'autres indices encore dans ces paragraphes.

Examinons encore le § 39 du même livre, où est racontée la mort de Pythagore. Le discours direct y prend la place du discours indirect, brusquement, contrairement aux règles élémentaires de la grammaire, et revient ensuite à sa première forme. Ce changement coïncide avec une difficulté d'un autre ordre : on ne peut deviner à quoi fait allusion le dernier mot de la phrase ἀναιρεθῆναι δὲ κρεῖττον ἢ λαλῆσαι. Mais on en trouve l'explication dans le récit d'une aventure du même genre, arrivée à un autre Pythagoricien et dont l'auteur de la notice primitive s'était probablement inspiré ([1]). Ici non plus l'obscurité ne provient pas d'une note marginale insérée mal à propos : il faut l'attribuer à la négligence du compilateur, qui résume mal et trop succinctement ses sources. Comprenons-nous davantage le banquet de Cylon (πανδαισία Κύλωνος) dont il est question au § 40? Pour compléter et animer ce récit, il nous faut deviner, en nous aidant de notices étrangères apparentées à celles-ci, que Cylon a fait massacrer les Pythagoriciens en l'absence de leur maître et que le banquet dont il s'agit ici fait partie des réjouissances par lesquelles les Cyloniens saluèrent la disparition de leurs ennemis.

Enfin, à supposer que Diogène ait travaillé sur un fonds antérieur, — ce qui n'est pas douteux, comme le prouve la comparaison avec Hésychius, — le problème n'est pas complètement résolu par cette constatation. Il reste à déterminer quelle

---

[1] JAMBLIQUE, *V. P.*, 193 (Néanthe et Hippobotos); λαλῆσαι signifie : révéler la raison pour laquelle on ne peut toucher aux fèves.

fut la part de travail de Diogène, et, vraiment, Usener montre trop de complaisance à réduire le plus possible la contribution qu'il a apportée à l'œuvre commune. Nous reviendrons plus loin sur ce sujet; mais disons-le immédiatement, c'est à tort qu'on le considère comme un simple annotateur. Les passages où apparaît sa personnalité, soit qu'il donne son avis sur une question controversée, soit qu'il détermine le plan de l'ouvrage ou le développement d'un sujet, sont nombreux : ils permettent de lui attribuer des parties importantes de l'œuvre et laissent deviner, en tout cas, la main d'un auteur qui sait où il va et qui a conscience d'accomplir un travail personnel. Pourquoi veut-on distinguer deux catégories parmi les phrases où Diogène se met en scène : celles où l'on concède qu'il s'agit de Diogène, comme lorsqu'il introduit ses épigrammes ou qu'il cite ses auteurs favoris, et celles où le « moi » représenterait sa source principale? Dans cette hypothèse, non seulement il faudrait considérer notre auteur comme un inconscient, mais nous manquerions de *criterium* pour distinguer le vrai Diogène. Rien ne nous empêcherait de rapporter aussi à l'auteur qu'il copierait avec tant de servilité, les épigrammes et les citations de Favorinus.

Dans quelques courts articles ([1]), W. Volkmann s'est occupé de Diogène; mais, comme il s'en tient au point de vue de ses prédécesseurs, son étude n'a pas apporté de contribution importante à l'examen de la question. En ce qui concerne les rapports des textes de Diogène et de Suidas, l'auteur s'en tient aux théories de Nietzsche, dont il veut prouver l'exactitude par l'étude de la *Vie* de Thalès. Il montre que parmi les notices biographiques de Suidas, apparentées à l'œuvre de Diogène, il faut soigneusement distinguer les emprunts presque textuels faits par le lexicographe à Diogène, des extraits d'Hésychius, que l'on

---

([1]) *Quaestion. de Diogene Laertio.* C. 1 : *De Diogene Laertio et Suida.* (*Jahresber. des Sta Maria-Magd. gymnas. in Breslau*, progr. 1890); C. 2 : *Miscellanea.* (*Ibid.*, 1895.)

retrouve souvent dans les *Scholies* de Platon et dont les concordances sont beaucoup plus libres.

Sur la question de la composition de l'ouvrage de Diogène, il se rallie à l'interprétation d'Usener. Se basant sur sa théorie des notes marginales, il cherche à résoudre quelques difficultés de la critique du texte ; il prétend même rétablir l'ordre rationnel de l'exposé. Mais ses essais sont plutôt malheureux, si j'en juge par les deux exemples empruntés à la *Vie* de Pythagore et que voici. Au § 3, Diogène, après avoir raconté le voyage de Pythagore en Égypte, y revient une seconde fois, en rapportant une visite à l'île de Crète. Pour remédier à cette apparente négligence, Volkmann propose de modifier l'ordre des phrases en transposant ἐγένετο οὖν ἐν Αἰγύπτῳ ... πρωτευσάντων après ἐν ἀπορρήτοις ἔμαθεν. Ce changement aurait pour effet de placer la Crète entre la Chaldée et l'Égypte, ce qui n'est pas moins bizarre que l'ordre du texte actuel de Diogène : les biographes anciens placent les voyages que le philosophe fit à l'étranger avant ou après les voyages en Grèce, mais ne les mêlent point. Mais, à y regarder de près, l'ordre traditionnel s'explique parfaitement. L'auteur parle une première fois du voyage en Égypte sans mentionner les ἄδυτα. Mais, en racontant plus loin une visite à l'ἄδυτον fameux de l'antre du mont Ida, il rappelle en passant que les lieux sacrés impénétrables de l'Égypte ne restèrent pas non plus inaccessibles au philosophe. Cette explication est déjà satisfaisante. Mais on peut se demander pourquoi Diogène n'en a pas parlé dans sa première notice : c'est, semble-t-il, parce que ce détail est inconnu à l'auteur cité en cet endroit, Antiphon, dont Porphyre (*V. P.*, 7) nous a conservé le récit plus complet. La phrase εἶτα ἐν Κρήτῃ ... ἔμαθεν forme une addition, d'origine étrangère, au récit d'Antiphon, que Diogène continue d'utiliser apparemment plus loin.

Le second exemple n'est pas mieux choisi. Au § 46, après la liste des Homonymes, Diogène rapporte : Ἐρατοσθένης δέ φησι ..... τοῦτον εἶναι τὸν πρῶτον ἐντέχνως πυκτεύσαντα ἐπὶ τῆς ὀγδόης καὶ τετταρακοστῆς ὀλυμπιάδος, κομήτην ... κτλ. Contrairement à l'opinion reçue, d'après laquelle ce τοῦτον représente Pythagore le philosophe (οὗτος est fréquemment employé dans nos biographies pour désigner le personnage dont on écrit la vie), Volkmann voudrait rapporter cette phrase à l'un des Homonymes de la liste qui précède et la transposer après ἀνδριαντοποιὸν Σάμιον. Ce qui prouve que Diogène a bien en vue ici le philosophe, c'est, outre l'indication fournie par l'emploi ordinaire de οὗτος, l'existence de plusieurs notices chronologiques dérivées de celle d'Ératosthène ([1]) et qui désignent clairement le philosophe; c'est encore l'épithète κομήτης, qui est appliquée au philosophe par quelques-uns de ses biographes ([2]).

Avant qu'Usener émît son hypothèse sur les rapports de Diogène avec Nicias de Nicée, Volkmann s'était essayé, lui aussi, à retrouver la source générale d'une partie, au moins, de notre ouvrage ([3]). C'est au biographe Sosicrate qu'il restituait, pour la majeure partie, l'Introduction avec le premier livre, ainsi que les *Biographies* correspondantes d'Hésychius. Faut-il dire que cet essai est aussi hypothétique et stérile que ceux qui l'ont précédé?

L'étude de Gercke ([4]) sur Diogène réduit encore la part de travail personnel, bien minime pourtant, que les critiques antérieurs avaient reconnue à Diogène. Il passe d'abord en revue les théories de ses prédécesseurs et cherche à déterminer la part qui revient à chacun des biographes auxquels on avait jusqu'alors attribué la réelle paternité de l'œuvre. Il montre qu'aucun d'eux : Nicias, Sosicrate, Dioclès, Apollonius, Hippobotos, ne peut avoir fourni le fonds des *Biographies*. Postulant, lui aussi, que Diogène n'a fait que s'approprier un ouvrage antérieur en y ajoutant peu de chose, il recherche, non le nom de cet auteur ainsi dépouillé,

---

[1] Surtout Africanus, dans EUSÈBE, *Chron.*, I, p. 200. Cf., pour le reste, les passages parallèles dans l'édition.
[2] SYNCELLUS, p. 293 B. LUCIEN, *Vit. auct.*, 2. JAMBLIQUE, *V. P.*, 11, 30, etc.
[3] *Untersuchungen zu Diogenes Laertius*. (*Festschrift des Gymnas. zu Jauer*, 1890, pp. 103-120.)
[4] *De quibusdam Diogenis Laertii auctoribus* (progr. Greifswald), 1899.

mais les marques qui ont subsisté de sa personnalité : les caractères de la langue et du style, les qualités critiques, les tendances philosophiques. Il en fait un platonicien, dont l'ἀκμή doit être placée entre 125 et 145 après Jésus-Christ. Ses deux sources principales seraient Antigonos et Dioclès. Parmi les auteurs que Diogène lui-même aurait consultés pour compléter ce premier fonds, Gercke distingue surtout Hippobotos, dont il fait un sceptique : il suppose qu'il a vécu à la fin du IIe siècle de notre ère et qu'il a fourni à Diogène, qui partageait ses convictions philosophiques, l'exposé de la philosophie sceptique du IXe livre.

Wilamowitz s'est attaqué, dès leur naissance, à ces nouvelles hypothèses [1]. Ses critiques portent d'abord sur la date assignée à Hippobotos : à en juger par le fait qu'il est déjà utilisé par Nicomaque et cité de seconde main par Clément d'Alexandrie, il doit être antérieur au IIe siècle. En outre, on n'a aucune preuve que les citations de cet auteur aient été ajoutées par Diogène lui-même à un fonds préexistant des *Biographies*. Enfin, Wilamowitz reste fidèle à son rôle de défenseur de Diogène et à l'opinion qu'il avait autrefois professée sur la composition de son ouvrage. C'est en vain, affirme-t-il, que Gercke essaie de ressusciter un sosie de Diogène, qui aurait usé des mêmes procédés littéraires que lui et qui aurait vécu un siècle plus tôt. L'état actuel des *Biographies* est bien l'œuvre personnelle de Diogène; penser autrement, c'est partir d'une hypothèse dénuée de tout fondement et, pour le surplus, stérile [2].

L'étude que Fr. Léo a consacrée à Diogène dans son essai sur la Biographie ancienne [3] est très instructive. L'ouvrage de Diogène, replacé dans son cadre naturel, la tradition littéraire biographique, en reçoit une lumière nouvelle. Comme Wilamowitz, Léo distingue dans cette œuvre diverses parties assez

---

[1] *Lesefrüchte.* (*Hermes,* XXXIV, 1899, p. 632.)

[2] Gercke a ajouté à sa première étude quelques compléments et corrections dans le *Bursians Jahresber.*, CXXIV (1905), pp. 528 et suiv.

[3] *Griechisch-Römische Biographie* (1901), pp. 35 et suiv.

différentes par le caractère et par l'origine. Une des remarques les plus intéressantes, c'est que, dans certains livres (Platon, Épicure, Pythagore), les ouvrages de polémique et de propagande spéciaux à chaque école ont eu beaucoup plus d'influence qu'ailleurs sur l'élaboration de la Biographie. Léo constate cependant qu'en général, même dans ces biographies, le point de vue historique l'emporte, chez Diogène, sur l'intention apologétique. Parmi les sources principales de l'auteur, il retient et il examine des Histoires de Διαδοχαί, comme celle de Dioclès, et des Recueils d'Homonymes, tel le livre de Démétrius de Magnésie. Diogène mentionne fréquemment des εὑρήματα, inventions industrielles ou découvertes scientifiques; elles rentrent aussi bien dans le cadre des δόξαι que des διαδοχαί. Certaines biographies, comme celle de Diogène le Cynique, sont composées surtout d'apophtegmes. Les Recueils de bons mots, maximes, anecdotes, etc., ont fourni une énorme contribution à la formation de toutes les biographies. C'est dans la *Vie* d'Epicure et dans celles de quelques péripatéticiens que la littérature apologétique des Écoles se dissimule le moins. Tous ces matériaux, d'origines si diverses, ont été rassemblés et fondus dans les Histoires philosophiques de l'époque alexandrine.

Pour étudier le mode de composition des *Biographies* de Diogène, Léo choisit quelques exemples : la *Vie* d'Empédocle, notamment, qu'il analyse en examinant les rapports des citations. Il conclut que le fonds en est formé par l'*Epitomé* d'Héraclide et qu'Hippobotos a servi d'intermédiaire entre cet ouvrage et la compilation de Diogène ([1]). Léo s'arrête encore à la *Vie* de Pythagore et, comme ceci nous intéresse directement, nous discuterons son argumentation.

Il note d'abord que la partie principale de cette biographie provient d'un auteur de Διαδοχαί : or, Héraclide Lembos y est cité trois fois. Trois remanieurs des anciens ouvrages sur

---

([1]) Cette démonstration avait déjà été faite plusieurs années plus tôt par J. BIDEZ, *Biogr. d'Empédocle* (1894), pp. 5 et suiv., en ce qui concerne Hippobotos.

les Διαδοχαί sont aussi utilisés : Hippobotos, Sosicrate et Alexandre Polyhistor. C'est *donc* parmi eux qu'il faut chercher l'intermédiaire entre Héraclide et la source immédiate de Diogène. Le nom d'Hippobotos peut être écarté : Nicomaque citait, en effet, cet auteur dans sa *Biographie de Pythagore*, et son œuvre offre peu de points de contact avec la compilation de Diogène. Par contre, celle-ci rappelle d'assez près, par ses caractères généraux, une Biographie érudite utilisée par Porphyre dans sa *Vie* de Pythagore ([1]). Or, dans un long extrait d'Alexandre Polyhistor rapporté par Diogène (§§ 24-36), cet auteur cite des ὑπομνήματα dont on pourrait retrouver la mention dans un passage de Porphyre (§ 7), apparenté à d'autres textes de Diogène. De ce rapprochement, Léo conclut qu'il ne serait pas invraisemblable qu'Alexandre eût servi d'intermédiaire entre l'*Epitomé* d'Héraclide et la compilation remaniée par Diogène.

La fragilité de ces hypothèses saute aux yeux. Les ὑπομνήματα qu'invoque Porphyre sont des ouvrages biographiques, comme l'indique le contexte ; les ὑπομνήματα πυθαγορικά d'où Alexandre tire ses δόξαι sont, au contraire, des livres de doctrine pythagoriciens ([2]). D'ailleurs, à supposer que le rapprochement n'eût pas péché par inexactitude, la conclusion restreinte qu'on serait en droit d'en tirer ne pourrait être étendue à toute la Biographie. Enfin, nous connaissons, par la *Chronique* d'Eusèbe et par un passage des *Stromates* de Clément, quelques notices empruntées à la biographie de Pythagore d'Alexandre ([3]) ; aucune d'elles ne se retrouve dans Diogène.

L'article *Diogenes Laertius*, dans l'*Encyclopédie* de Pauly-Wissowa, dû à la plume autorisée de Schwartz ([4]), ne se contente pas de résumer ce qu'on savait en ce moment de

---

([1]) ROHDE, *Kl. Schr.*, II, p. 125, et *der Griech. Roman* (1876), p. 253, n. 2.

([2]) Même sens dans JAMBLIQUE, *V. P.*, 146 et 157.

([3]) Pythagore contemporain de Sennachérib et de Nergil (EUSÈBE, I, p. 29, 10, et p. 35, 12); Pythagore à l'école des Gaulois, des Brahmanes, de Zaratas (CLÉMENT, *Strom.*, I, 69).

([4]) PAULY-WISSOWA, *Real-Encycl.*, IX (1903), col. 738 et suiv..

Diogène : on y trouve encore une quantité de remarques originales et d'études de détails d'un grand intérêt. L'auteur croit que Diogène a tiré, par masses, la plus grande partie des notices *biographiques* non pas d'un seul ouvrage, mais de plusieurs manuels d'histoire philosophique, qui n'avaient d'ailleurs pas plus d'originalité que le sien. C'est ce qu'on peut conclure, d'abord, des nombreuses répétitions qu'on observe dans son œuvre ([1]); ensuite, du fait qu'un certain nombre de détails biographiques se présentent sous l'aspect d'additions faites à un fonds préexistant. Ce sont des notes que Diogène a recueillies au cours de ses lectures et intercalées dans les chapitres que lui fournissait la tradition biographique : de cet ordre sont les citations de Plutarque, de Favorinus, de Pamphila et peut-être de Dioclès. Enfin les matériaux biographiques de Diogène se retrouvent, non isolés, mais groupés comme dans son œuvre, chez d'autres compilateurs : Porphyre, Clément d'Alexandrie, Hippolyte, Hésychius, etc.

On a perdu son temps en cherchant à mettre un nom sur le ou les ouvrages qui servirent de source principale à Diogène. Il est bien plus intéressant et plus utile de réunir les notices biographiques, de les grouper en chapitres, de remonter à l'origine des traditions, pour suivre ensuite leurs développements et leurs ramifications.

Dans la partie *doxographique*, la contribution personnelle de Diogène est beaucoup plus considérable. Non seulement il a complété les maigres exposés de doctrines qui accompagnaient la tradition biographique dans les ouvrages de ses devanciers, par des emprunts à des traités spéciaux qui dérivent de Théophraste, mais il a encore ajouté d'importants chapitres doxographiques aux **Vies** de Potamon, des Cyrénaïques, des Annicériens, des Théodoriens, de Platon, d'Aristote, des Cyniques, des Stoïciens, de Pythagore, des Sceptiques et d'Épicure.

---

[1] Exemples tirés de la *Vie* de Pythagore : VIII, 8 (Thémistocle) = VIII, 21 (ὡς προείρηται); 13 (βωμὸν κτλ.) = 22.

Schwartz estime qu'en général on a fait une part beaucoup trop restreinte au travail personnel de Diogène. Le mélange d'érudition et de fantaisie romanesque, les méthodes de compilation, l'accumulation des citations et des variantes caractérisent déjà l'érudition alexandrine. Diogène n'est ni plus ni moins indépendant de ses devanciers que tout auteur de l'époque hellénistique et impériale. Il savait, en écrivant, ce qu'il voulait et où il allait ; l'observation assez fidèle des grandes lignes du plan tracé dans le Prologue, la substance des transitions et les renvois nombreux d'une partie de l'ouvrage à une autre le montrent bien. Par malheur, nous n'avons devant nous que le Recueil de ses notes : pour quelque raison inconnue, la rédaction de l'ouvrage n'a pu être terminée.

Dans ses *Studia Laertiana*, H. Schmidt [1] a réuni une série d'études sur les polémiques entre sectes philosophiques, dont il veut, d'après Diogène, reconstituer les éléments. Il semble avoir fait sienne, en la modifiant légèrement, la théorie de Gercke sur la composition de l'ouvrage. Le fonds proviendrait d'un écrivain platonicien ; son œuvre aurait été modifiée et complétée, d'abord par un écrivain sceptique, puis par Diogène. C'est l'étude du Prologue qui permet de distinguer ces diverses couches de la composition. Ces remaniements expliqueraient les divergences qu'on constate entre le Prologue et le corps de l'ouvrage au point de vue du plan. Les différents rédacteurs ont été influencés par les renaissances successives des diverses écoles de l'ancienne philosophie, qui se produisirent à l'époque impériale ; chacun d'eux penchait naturellement à faire la part plus grande à l'École qui jouissait de la faveur du moment. Nous reviendrons plus loin sur ces conclusions. On peut signaler, dès maintenant, la nouveauté de ces aperçus et, en considérant la portée générale de ces recherches, reconnaître qu'elles aident beaucoup à la reconstitution des Traditions des Écoles philosophiques.

---

[1] *Studia Laertiana*, Bonn, 1906.

D'autres critiques encore ont effleuré la question de Diogène, sans en faire l'objet d'un examen spécial. On ne peut, par exemple, passer sous silence les travaux de J. Gabrielsson sur Favorinus et Clément d'Alexandrie, parce qu'ils touchent souvent à notre sujet. En trois études successives ([1]), il a tenté de prouver que la source principale de la grande compilation de Clément est la παντοδαπὴ ἱστορία de Favorinus ; sa démonstration prétend d'ailleurs englober dans cette conclusion une foule de compilateurs de l'époque impériale : Athénée, Elien, Aulu-Gelle, Porphyre et, naturellement, Diogène Laërce. Je ne reviens pas sur les critiques solidement documentées qui ont été faites de ces travaux, en particulier par Stählin et par Münscher ([2]). Elles en ont dénoncé la méthode défectueuse, ainsi que le caractère purement hypothétique des conclusions ([3]).

Le dernier essai tenté, sans succès d'ailleurs, pour éclaircir la question des sources de Diogène est, à ma connaissance, celui d'E. Howald. Celui-ci, considérant comme vaines toutes les recherches faites pour mettre un nom sur la source principale de Diogène, s'est attaché à grouper en trois classes, d'après leur caractère et leur origine, le plus grand nombre des notices biographiques de Diogène : il reconstitue ainsi trois manuels (A, B, C) que notre auteur aurait utilisés ([4]).

Dans une seconde étude ([5]), il a étendu ses recherches à divers auteurs apparentés, pour l'information, à Diogène : Hippolyte, Clément, Eusèbe, le Pseudo-Galien, Simplicius, etc.,

---

([1]) *Ueber Favorinus und seine* παντοδαπὴ ἱστορία, Upsala, 1906. *Ueber die Quellen des Clemens Alexandrinus*, I Theil, 1906; II Theil, 1909.

([2]) Stählin, *Berlin. Phil. Wochenschrift*, 1908, pp. 387-399. — K. Münscher, *Bursians Jahresber. über die Fortschritte der Alterthumswiss.*, 1910, pp. 23 et suiv.

([3]) Voyez encore dans un ouvrage de W. Crönert, *Kolotes und Menedemos* (*Studien zur Paläogr. und Papyr.*, VI, 1906), quelques chapitres se rapportant à notre sujet, p. 133 : *Sätze zur Quellenkunde des Diogenes*; p. 140 : *Zur Anführungsweise des Diogenes*.

([4]) *Handbücher als Quellen des Diogenes Laertius*, dans le *Philol.*, 1917, pp. 119-130.

([5]) *Das Philosophiegeschichtliche Compendium des Areios Didymos*, dans l'*Hermes*, LV (1920), pp. 68-98.

et il s'est efforcé d'y retrouver les vestiges du manuel le plus important, A. Cet ouvrage daterait du début de notre ère : il aurait été bourré de citations, mais écrit sans prétention littéraire. L'auteur aurait pris les *Vies* d'Hermippe comme modèle et comme source principale, mais il aurait considérablement enrichi ce premier fonds par des emprunts aux *Biographies* d'Hippobotos. Howald termine son étude en proposant, grâce à une série de combinaisons fort hasardeuses, d'identifier ce manuel avec l'*Epitomé* d'Areios Didymos.

3. Étude de la composition de l'ouvrage.

A. — *La Personnalité de Diogène.*

On a essayé à diverses reprises de rattacher Diogène à l'une des Écoles philosophiques dont il fait l'histoire. La plupart des critiques modernes — ceux du moins qui veulent bien reconnaître à Diogène quelque originalité — pensent qu'il traite de l'histoire des philosophes à un point de vue purement historique et objectif, sans montrer de sympathie pour tel système ou tel chef d'École. Quelques-uns cependant ont cherché à donner un nom à ses préférences, une étiquette à ses convictions. Déjà l'ancienne philologie s'était préoccupée de cette question : Ménage et Casaubon le rattachaient à la secte épicurienne [1]. Tout récemment Gercke [2] et Schwartz [3] ont cru pouvoir affirmer que c'était un sceptique; Wilamowitz, au contraire [4], s'en tient à l'opinion des anciens philologues français. Considérons donc le problème dans toute l'étendue, d'ailleurs assez restreinte, qu'on peut lui donner.

---

[1] D'après Fabricius, *Bibl. gr.*, V, p. 564.
[2] *Bursians Jahresber.*, CXXIV (1905), p. 529.
[3] Pauly-Wissowa, *Real-Encycl.*, IX (1903), col. 761.
[4] *Antigonos von Karystos*, — *Phil. Unters.*, IV, p. 321; *Hermes*, XXXIV, p. 634.

Les éléments dont on dispose pour juger des opinions philosophiques de l'auteur sont en très petit nombre et peu clairs. Diogène dispense également ses sympathies ou ses marques d'intérêt à des systèmes philosophiques très différents. Il est vrai de dire que l'étude de la secte et des doctrines sceptiques a reçu un développement considérable. Déjà dans une polémique du Prologue, l'auteur affirme qu'on a tort de refuser le nom de *Secte* aux Sceptiques et il s'attache à prouver qu'ils le méritent. D'autre part, la διαδοχή sceptique est celle dont la tradition est la plus longue : elle s'étend jusqu'à une époque presque contemporaine de Diogène. Comme l'étude des autres sectes s'arrête beaucoup plus tôt, ce traitement de faveur semble indiquer une marque spéciale d'intérêt, peut-être même des sympathies philosophiques. De plus, la polémique entre les Sceptiques et les Dogmatiques, que Diogène rapporte longuement au livre IX (79 ss.), paraît être exposée du point de vue sceptique, puisque les Sceptiques parlent à la première personne, comme si l'auteur épousait leur cause [1], et que la réplique reste chaque fois et définitivement aux Sceptiques. Or, à n'en pas douter, cet exposé est bien l'œuvre de Diogène lui-même ; les citations et extraits d'Enésidème, de Sextus et de Favorinus, qui en forment le fond, proviennent à coup sûr de Diogène, comme on peut le conclure de l'époque tardive de ces auteurs [2].

D'autre part, Diogène traite Platon, à qui d'ailleurs un livre entier est consacré, avec infiniment de respect. Les épigrammes qui le concernent manquent de ce gros sel qu'il a semé à pleines mains dans les autres. Cela provient peut-être de ce que la dame du monde à qui son œuvre est dédiée porte un vif intérêt

---

[1] Il est vrai que de simples guillemets ajoutés au début et à la fin de ces textes sceptiques permettraient d'expliquer différemment cette particularité.

[2] On a encore voulu exploiter (SCHWARTZ, *loc. cit.*, col. 761), comme un indice des tendances sceptiques de Diogène, un passage où Apollonidès de Nicée est appelé ὁ παρ' ἡμῶν (IX, 109). Mais pour cela, il faudrait prouver tout d'abord qu'Apollonidès fut un écrivain sceptique ; ensuite que l'expression en question ne peut signifier que : « écrivain de notre secte ». (Cf. ci-dessus, p. 22.)

à Platon (III, 47 : φιλοπλάτωνι δέ σοι δικαίως ὑπαρχούσῃ) ; mais le terme δικαίως indique que Diogène lui-même n'est pas indifférent à ces préférences, si, toutefois, on ne doit pas y voir un compliment. Au reste, s'il fallait juger des opinions philosophiques de Diogène par l'intérêt particulier qu'il porte à certains philosophes, on resterait dans des hésitations sans fin. A ce compte, en effet, on pourrait aussi prétendre qu'il est épicurien. Non seulement il a consacré un livre entier, le plus long de tous peut-être, à Épicure, mais il le défend avec une sorte de passion contre les furieuses calomnies (μεμήνασι δ' οὗτοι, X, 9) de ceux qui ont noirci sa vie privée. Contre les attaques sournoises des pieux et vertueux Stoïciens, il proclame la pureté de ses mœurs, l'intégrité de son caractère, la correction de ses relations et jusqu'aux qualités de son style, avec un enthousiasme qui dénote plus que l'intérêt que tout honnête homme porte au mérite méconnu : on dirait d'une sympathie basée sur une certaine communauté de doctrines. Il veut expliquer ces éloges et justifier sa propre attitude auprès de la noble dame à qui il présente son livre; dans ce but, il cite des extraits d'Épicure, ὥστε σὲ πανταχόθεν καταμαθεῖν τὸν ἄνδρα κἀμὲ κρίνειν εἰδέναι (§ 29). Enfin, au § 138, au moment d'exposer les κύριαι δόξαι d'Épicure, il paraît prendre parti en déclarant qu'il ne croit mieux faire, pour terminer son livre, que de rappeler les doctrines « qui sont le commencement du bonheur ». Que voudrait-on de plus pour faire de Diogène un épicurien, si l'on devait attacher tant d'importance à l'intérêt ou à la sympathie qu'il montre pour telle ou telle secte?

Les autres passages où l'on peut reconnaître l'expression d'une opinion personnelle de Diogène, grâce au mot ἐγώ ou à des tournures de ce genre, sont peu nombreux. Dans le Prologue (§ 3), il combat la xénophilie qui fut si longtemps à la mode chez les historiens grecs et qui faisait dériver toute la civilisation, et surtout la philosophie, des pays étrangers. Plus loin (§ 5), son opinion s'exprime sous une forme plus personnelle encore : Diogène prétend refuser le nom de philosophe à

Orphée. La raison qu'il invoque est que ce poète a attribué aux dieux de honteux méfaits. Cette attitude rappelle les polémiques de Xénophane et de Pythagore contre Homère et elle étonne par le sentiment religieux qu'elle permet de deviner chez un homme qui aime ailleurs à railler l'idéalisme des philosophes.

Il lui arrive de déclarer qu'il s'intéresse spécialement aux œuvres de tel philosophe à cause de leur valeur morale (V, 21, V, 42). Il lui est agréable d'affirmer que les Cyniques eux-mêmes, dont la rude simplicité et l'intransigeance lui plaisent (voyez les épigrammes), représentent une doctrine philosophique et non point seulement, comme quelques-uns l'estiment, une tendance morale (VI, 103).

Mais où l'on peut le mieux juger des opinions de Diogène, c'est dans ses petites pièces poétiques. C'est là qu'il se livre mieux, parce qu'il est débarrassé des entraves que lui impose toute la tradition antérieure dans l'exposé des biographies. Il est vrai qu'il utilise toujours dans les épigrammes des notices de la biographie, mais le choix qu'il en fait et la façon de traiter le sujet sont des indices à examiner. Il ne faudrait pas, d'ailleurs, s'en exagérer l'importance : les railleries qu'il veut et qu'il croit plaisantes ne sont jamais méchantes et si l'on peut les analyser pour déterminer la nature de ses croyances, il n'y expose pas de doctrines philosophiques proprement dites.

L'une des idées qui y sont le plus fréquemment exprimées, c'est que les tortures et la mort n'atteignent que le corps (Zénon, IX, 28); l'âme immortelle s'en va dans l'Hadès (Crantor, IV, 27) ou vers les Immortels (Anacharsis, I, 103). Ailleurs, la doctrine est plus précise encore : l'âme rentre au sein de Zeus : Platon, III, 45 : δαισάμενος δὲ γάμον, πόλιν ἤλυθεν ἥν ποθ' ἑαυτῷ/ἔκτισε καὶ δαπέδῳ Ζηνὸς ἐνιδρύσατο; Thalès, I, 39 : γυμνικὸν αὖ ποτ' ἀγῶνα θεώμενον, Ἠλεῖε Ζεῦ, /τὸν σοφὸν ἄνδρα Θαλῆν ἥρπασας ἐκ σταδίου (suit une plaisanterie de mauvais goût); Xénophon, II, 58 : οὐ μόνον εἰς Πέρσας ἀνέβη Ξενοφῶν διὰ Κῦρον, /ἀλλ' ἄνοδον ζητῶν ἐς Διὸς ἥτις ἄγοι; Socrate, II, 46 : πῖνέ νυν ἐν Διὸς ὤν, ὦ Σώκρατες· ἦ σε γὰρ ὄντως/καὶ σοφὸν εἶπε θεὸς καὶ θεὸς ἡ σοφίη./πρὸς γὰρ 'Ἀθηναίων κώνειον ἁπλῶς σὺ ἐδέξω·/αὐτοὶ δ' ἐξέπιον τοῦτο τεῷ στόματι. Dans l'épigramme d'Anaxarque (IX, 59), l'émotion paraît sincère; Diogène menace le bourreau de la vengeance divine : πτίσσετε, Νικοκρέων, ἔτι καὶ μάλα· θύλακός ἐστι·/πτίσσετ'· Ἀνάξαρχος δ'ἐν Διός ἐστι πάλαι./καὶ σὲ διαστείλασα γνάφοις ὀλίγον τάδε λέξει/ῥήματα Φερσεφόνη· Ἔρρε, μυλωθρὲ κακέ. D'autres fois, apparaît une doctrine plus particulière, celle du retour de l'âme vers les astres : Solon, I, 63 : ψυχὴν δ' ἄξονες εὐθὺς ἐς οὐρανὸν ἤγαγον· εὖ γὰρ/θῆκε νόμους ἀστοῖς ἄχθεα κουφότατα (encore le calembour!) ; Polémon, IV, 20 : οὐ μᾶλλον Πολέμωνα, τὸ σῶμα δέ· τοῦτο γὰρ αὐτὸς βαίνων ἐς ἄστρα διάβορον θῆκεν χαμαί. Ici, à n'en pas douter, nous rencontrons une croyance pythagoricienne. La doctrine d'une sanction divine apparaît dans un grand nombre d'épigrammes : on l'a déjà vue dans celles de Solon, Socrate, Anaxarque, etc. Ajoutons celle de Crantor, IV, 27 : καὶ σὺ μὲν ἐκεῖθι χαίρεις. La foi dans la divinité s'exprime dans d'autres épigrammes encore. A ce point de vue, la petite pièce de vers consacrée à Bion me paraît plus caractéristique qu'aucune autre : le poète (!) y proclame sa foi en un idéal religieux très pur et le vers s'élève presque au ton du sermon : (IV, 57) μωρὸς δ' ὅς ἤθελέν τινος μισθοῦ τὸ θεῖον εἶναι,/ὡς τῶν θεῶν ὄντων ὅταν Βίων θέλῃ νομίζειν. Ailleurs, Diogène prêche la résignation à la volonté divine (I, 97, Périandre) : μή ποτε λυπήσῃ σε τὸ μή σε τυχεῖν τινος· ἀλλὰ /τέρπεο πᾶσιν ὁμῶς οἷσι δίδωσι θεός. Son attitude à l'égard du suicide est aussi intéressante : II, 144 (sur Ménédème, qui s'est suicidé) : κἄτ' ἔργον ἔρεξας Ἐρετρικόν, ἀλλ' ὅμως ἄνανδρον·/ἀψυχίη γὰρ ἡγεμὼν ἔπειγέ σε. Ce sont les mêmes croyances qu'on rencontre dans les épigrammes consacrées à Platon. Il est vrai que les idées en sont empruntées à la biographie, mais le fait que Diogène les a choisies parmi tant d'autres indique assez ses préférences et ses propres convictions : III, 45 : καὶ πῶς εἰ μὴ Φοῖβος ἀν' Ἑλλάδα φῦσε Πλάτωνα, /ψυχὰς ἀνθρώπων γράμμασιν ἠκέσατο; Ajoutons que les épigrammes de Platon et de ses disciples ne contiennent pas les railleries ordinaires. Par contre, Diogène paraît éprouver une certaine répulsion à l'égard des prophètes et des charlatans religieux, comme en témoignent les épigrammes consacrées à Empédocle et à Pythagore.

Je le répète, on aurait tort d'exagérer la signification de ces petites pièces de vers; mais, si l'on peut découvrir quelque part le vrai Diogène, c'est bien là, et le fait que les mêmes doctrines y reparaissent constamment ne peut être attribué au hasard. Diogène ne paraît pas être un sceptique : ses croyances religieuses et philosophiques ne s'accommoderaient pas d'une doctrine sceptique. Ses tendances idéalistes, sa foi en la divinité, sa conception de l'autre vie, ses préférences pour Platon le rattachent au mouvement de la renaissance des idées platoniciennes et pythagoriciennes. De là à en faire l'adepte d'une secte platonicienne, il y a loin. On ne peut le regarder comme un militant ni même comme un partisan avoué de tel système philosophique. Il décrit quelques sectes avec plus de sympathie, mais toutes avec intérêt, nulle dans un esprit d'hostilité. C'est la meilleure des preuves qu'il ne se rattache à aucune d'elles par des racines profondes.

Diogène pourrait bien n'avoir été qu'un homme du monde que l'histoire des philosophes intéressait surtout pour le point de vue anecdotique. Ainsi s'expliqueraient le mode de composition de l'ouvrage, qui n'a rien de la rigueur scientifique; l'ardeur qu'il apporte à défendre la philosophie la plus souriante, l'épicurisme; l'intérêt spécial qu'il porte à celle qui était revenue à la mode, le platonisme; enfin, cette curieuse tentative d'égayer un sujet trop grave par des épigrammes où la mort des philosophes sert souvent de thème à des calembours ou à des plaisanteries de mauvais goût. C'est pour la même raison, à mon avis, que l'exposé des doctrines sceptiques a reçu un développement particulier. Diogène semble avoir trouvé un plaisir d'amateur à jongler avec les paradoxes des Sceptiques et n'avoir pu résister au désir vaniteux de montrer que les négations les plus inouïes lui étaient familières. Ainsi m'expliquerais-je aussi, par son éducation et la modération naturelle à son état, son mépris des prophètes et des réformateurs religieux (Pythagore et

Empédocle) et son aversion pour les cagots, hypocrites calomniateurs d'Épicure.

B. — *Méthodes de travail.*

a) Choix des sources.

Les sources de Diogène, directes ou indirectes, sont de nature très diverse. D'une façon générale, on peut les classer en deux grandes catégories : les sources d'origine savante ou érudite, qui étudient et rapportent les faits à un point de vue purement historique, et les sources qui s'inspirent d'un point de vue subjectif, étranger à l'histoire, dépendant de la polémique ou de la propagande de chaque École. Naturellement, dans l'examen de beaucoup de cas, cette distinction paraîtra trop radicale, parce qu'il existe entre ces deux courants de littérature une sorte de chassé-croisé d'influences qu'il est parfois assez difficile de déterminer. N'importe ; en principe, pour qui remonte à l'origine de la Biographie, cette distinction a une réelle valeur, parce qu'elle fournit un *criterium* important pour établir la valeur des notices.

Les sources savantes de Diogène se répartissent en trois classes : tout d'abord la littérature proprement dite, qui a été souvent étudiée et paraît maintenant bien connue. On y distingue les livres sur les Διαδοχαί (Successions d'École), de ceux qui traitent des Αἱρέσεις (Sectes) : leur tâche commune est de reconstituer la tradition des Écoles et de rattacher les systèmes philosophiques les uns aux autres, soit en recherchant les influences de doctrines, soit en établissant des rapports entre les philosophes. La biographie et la doxographie, qui sont mêlées dans ces livres, sont nettement distinguées dans d'autres traités, spécialement consacrés soit à la vie des philosophes soit à l'étude de leurs doctrines. Les études doxographiques les plus célèbres sont celles de Théophraste. La partie chronologique avait été traitée dans des ouvrages spéciaux, les *Chroniques,* dont les manuels les plus célèbres, ceux d'Apollodore et d'Ératosthène, furent utilisés dans l'œuvre de Diogène. Une des rubriques les plus ordinaires dans les *Biographies* est formée par les listes d'Homonymes. Plusieurs philologues avaient consacré aux Homonymes littéraires des études spéciales consignées dans des Catalogues d'Homonymes, riches en renseignements bibliographiques et biographiques. L'une des sources préférées de Diogène en cette matière est l'œuvre de Démétrius de Magnésie. Des monographies traitaient des découvertes (εὑρήματα) de l'industrie, de la science et, en général, de la civilisation ([1]) : notre auteur y a fréquemment puisé. Les listes d'ouvrages de tel ou tel philosophe, quelquefois très longues, qu'on trouve dans Diogène, sont d'ordinaire empruntées, en dernière analyse, à des travaux bibliographiques spéciaux, tels les Πίνακες de Callimaque. Citons, pour finir, des traités généraux dans le genre des Encyclopédies et des Mélanges littéraires et historiques, intitulés συμποσιακά, ὑπομνημονεύματα, παντοδαπὴ ἱστορία, dont les histoires philosophiques n'ont pas dédaigné de tirer profit, à l'occasion.

Une autre source d'information de Diogène est constituée par les documents originaux qu'il reproduit ou dont il cite des extraits. Parmi eux, mentionnons la correspondance des philosophes ou des hommes politiques, dont la plus grande partie est apocryphe, les Lettres des Sept Sages, par exemple ; les Testaments des philosophes, particulièrement ceux des chefs de l'Ecole péripatéticienne ; les œuvres mêmes des philosophes, dont un petit nombre sont compulsées par Diogène lui-même. Ajoutons des documents historiques, des décrets publics (VII, 10, etc.), des actes d'accusation (II, 40, etc.). Une autre série de documents dont l'origine et la valeur n'ont jamais été étudiées, est formée par les monuments figurés. Diogène aime, soit qu'il tienne cette habitude de ses devanciers, soit qu'elle corresponde à des goûts personnels, à s'en rapporter au témoignage des monuments : statues, tombeaux, inscriptions, reliques, monu-

---

([1]) Cf. KREMMER, *De Catalogis Heurematum*, et *Oxyrh. Papyri*, t. X, n° 1241, p 99.

ments publics auxquels s'est attaché le souvenir des philosophes, imagerie populaire (I, 62; I, 104; VIII, 72, etc.).

Les sources qui ne sont pas d'origine savante se subdivisent à leur tour en plusieurs catégories. Quand on fait l'histoire d'une École ou d'une Secte philosophiques, il est bon de rechercher les traces d'influence des ouvrages de propagande publiés par l'École elle-même. Il en est, parmi eux, qui ne cachent pas leur but et leur origine; d'autres, au contraire, furent publiés sous le voile de l'anonymat et il n'est pas aisé de déterminer leur influence plus secrète. Cette littérature, élaborée dans le sein des Écoles, fut extrêmement florissante. On peut appeler considérable son influence, directe et indirecte, sur l'ouvrage de Diogène, non seulement au point de vue doxographique, mais aussi dans la partie biographique. Dans beaucoup de *Vies*, les traces de cette influence ne se démêlent plus nettement; mais elles sont très sensibles encore dans *Vie* de Pythagore et surtout dans celle d'Épicure; ici, parce que Diogène lui-même, pour une bonne part, a utilisé ces sources et qu'il n'en a pas caché la nature. On peut encore en reconnaître la présence là où l'auteur défend, contre les attaques de ses ennemis, le caractère, les mœurs, les idées d'un philosophe. La tradition sectaire nous a apporté bien des notices biographiques, souvent légendaires, un grand nombre d'anecdotes et la plupart des récits miraculeux et édifiants (Pythagore, Empédocle, Épiménide, Phérécyde, Platon, etc.). Cette littérature peut revêtir une autre forme encore, celle d'œuvres de polémique, et, alors, c'est dans les biographies des philosophes de l'École ennemie qu'on en découvre les traces. Elle comprend des débats scholastiques, des pamphlets contre la vie privée des adversaires et, en général, tous les écrits inspirés par une passion quelconque, philosophique, religieuse ou politique. La littérature antipythagoricienne, par exemple, paraît tirer son origine de luttes politiques; plus tard, elle se compliqua et s'amplifia, à la suite de querelles religieuses. La haine pieuse et sournoise des Cyniques et des Stoïciens à l'égard des Épicuriens et les répliques de ces derniers ont donné naissance à une importante littérature dont Diogène s'est souvent inspiré. C'est à ces ardentes polémiques, qui sévirent de tout temps dans les Écoles philosophiques, qu'il faut rapporter la publication d'une foule de faux littéraires, destinés, les uns, à déshonorer un adversaire en faisant courir sous son nom des ouvrages scandaleux (lettres d'Épicure, X, 3, le μυστικὸς λόγος d'Hippase, VIII, 7), les autres, à riposter et à le défendre contre ces attaques (les Κοπίδες pythagoriciens, VIII, 8) ([1]).

Enfin, dans la littérature qui ne s'inspire pas d'un point de vue historique, il faut ranger encore les œuvres d'imagination. Beaucoup de renseignements sont puisés dans les poètes, surtout dans les Comiques et dans les Sillographes (Timon). Les romans merveilleux d'Héraclide Pontique, les contes amusants d'Hermippe sur la mort des philosophes, le livre aux révélations scandaleuses Ἀρίστιππος ἢ περὶ παλαιᾶς τρυφῆς, sorte d'histoire du libertinage, et les Recueils innombrables d'apophtegmes, bons mots, calembours, pointes d'humour, etc., prêtés aux philosophes, rentrent dans cette catégorie de sources, auxquelles Diogène et ses devanciers ont largement puisé.

b) L'esprit critique.

La critique de Diogène — si l'on peut employer ce mot à propos d'un ouvrage dont la seule prétention est d'instruire, en les amusant, les gens du monde — est entachée de défauts si nombreux et si graves qu'on a pu croire, quelquefois, que son œuvre était impersonnelle, c'est-à-dire que tout le travail de l'auteur avait consisté à dépouiller des sources et à accoler des notices. Cependant, ces défauts sont plus ou moins inhérents à la critique alexandrine et surtout à l'érudition de l'époque impériale, dont nous n'avons guère conservé que des compi-

---

[1] DIELS, *Ein gefälschtes Pythagorasbuch*, dans l'*Archiv für Gesch. der Phil.*, III, p. 454 et suiv.

lations. Ainsi, les *Stromates* de Clément d'Alexandrie ne diffèrent des *Vies* de Diogène qu'en ce que cette œuvre a été écrite dans un but d'apologétique et qu'elle est comme animée d'une passion religieuse. Ces défauts, communs à l'époque et à la tradition, se trouvent aggravés chez Diogène du fait que, homme du monde écrivant pour des gens du monde, il aimait moins les arides discussions portant sur des points de chronologie ou d'histoire, que les anecdotes amusantes ou les portraits intéressants.

Il est difficile de porter un jugement général sur la valeur du choix que Diogène a fait parmi les sources : c'est affaire d'examen particulier pour chaque Biographie. Mais on peut étudier ses procédés d'exposition. La plupart du temps il se contente de citer, sous chaque rubrique biographique, les avis divergents de ses devanciers. Très souvent les citations et les variantes sont juxtaposées, sans que Diogène tâche de tirer, de leur accord ou de leur contradiction, une conclusion quelconque. Il discute rarement la valeur des témoignages, à moins que cette discussion ne soit déjà contenue dans ses sources, comme c'est le cas pour le long chapitre sur la mort d'Empédocle et le développement qui concerne les maîtres de Démocrite. Diogène copie fréquemment un auteur sans le citer; et, par une bizarre inconséquence, il arrive que cet auteur soit cité, au cours de ce développement, à propos d'un détail minime, alors que tout le passage lui est emprunté, comme les passages parallèles permettent d'en juger (VIII, 19, citation d'Aristote). Un défaut plus grave, dans lequel Diogène tombe souvent, est de contaminer, sans avertir le lecteur, plusieurs sources différentes. Ailleurs, le récit originel est tellement raccourci et si mal abrégé que des points importants restent obscurs pour nous (VIII, 39, et VIII, 40) [1]. Si l'on examine les citations elles-mêmes, on s'aperçoit qu'un certain nombre sont erronées (Hérodote dans

---

[1] Cf. supra, p. 11.

VIII, 2; Plutarque dans IV, 4), incomplètes (Timée dans VIII, 11 = Jamblique, *V. P.*, 56), amplifiées, obscures.

La preuve que, malgré tous ces défauts, la vigilance de Diogène reste toujours en éveil, c'est qu'en chaque section de l'ouvrage, on trouve des références à d'autres parties, qui se vérifient la plupart du temps. Ainsi, l'auteur remarque fréquemment les variantes d'attribution d'une anecdote, d'un chapitre à l'autre (p. ex. I, 32 = I, 82; II, 103 = II, 68; II, 65 = III, 36). On peut toujours retrouver les passages auxquels font allusion les mots καθὰ προείρηται ou περὶ οὗ λέξομεν (I, 30 ; I, 32; II, 57 ; IV, 24; V, 68; VII, 37; VIII, 21 = VIII, 8; VIII, 39 (προειρημένος) = VIII, 7, etc.); en sorte qu'on peut dire que l'attention d'un seul auteur a pénétré tout l'ouvrage.

Les passages où l'esprit critique de Diogène ose s'affirmer sont assez rares. Nous avons signalé plus haut les discussions sur l'attribution du nom de secte à la philosophie sceptique (Prologue, 20) et à la philosophie cynique (VI, 103), ainsi que la critique de ceux qui cherchaient une origine barbare à la philosophie grecque (Prologue, 1-3). Les polémiques, assez courtes d'ailleurs, engagées sur les questions des ouvrages de Pythagore et des maîtres de Démocrite (VIII, 6 et IX, 34-35) peuvent provenir des biographes antérieurs. Il est rare que Diogène se permette de juger ses sources : il en est ainsi pourtant au livre II, 134 (πταίουσιν οἱ λέγοντες), VIII, 8 (διαπεσόντες), V, 6 (διαπίπτων). Ailleurs, après avoir exposé un débat, il se contente de donner raison à l'un ou à l'autre des contradicteurs : II, 39 : καὶ ἔστιν οὕτως ἔχον; VII, 47 : καὶ εἰκός ἐστι, formule assez fréquente. Il précise quelquefois son point de vue ou justifie son choix : III, 49 : οὐ λανθάνει δ' ἡμᾶς ὅτι τινὲς ἄλλως διαφέρειν τοὺς διαλόγους φασί ... ἀλλ' ἐκεῖνοι μὲν τραγικῶς μᾶλλον ἢ φιλοσόφως τὴν διαφορὰν τῶν διαλόγων προσωνόμασαν. En un seul endroit il a vraiment pris position dans la discussion et avec une ardeur dont on ne l'aurait pas cru capable : c'est quand il défend Épicure contre les calomnies de ses ennemis (X, 3 et suiv.).

Bref, ces traces d'une critique méthodique, ces cas d'une

intervention personnelle dans le débat, timides apparitions d'une conscience scientifique, sont rares dans l'ouvrage de Diogène. Cependant, nous nous résignerions peut-être à ce que ses *Biographies* n'aient ni l'attrait d'une passion directrice, ni l'avantage d'une critique historique serrée, si l'exposé était du moins clair et complet, les citations exactes et entières. Mais il n'en est malheureusement pas ainsi.

c) Sources immédiates de Diogène.

Si l'on se reporte aux remarques que j'ai faites au début de cette étude et à divers indices relevés dans la critique de mes devanciers, il résulte qu'il faut distinguer, dans l'œuvre de Diogène, un fonds préexistant, extrait par grandes masses de compilations antérieures, et des additions dues à Diogène lui-même. En examinant le mode de citation des auteurs les plus récents et la place que ces autorités tiennent dans les *Biographies*, il sera possible de déterminer une première série de notices qui formeront la contribution de Diogène, car ce sont les auteurs les plus récents que, selon toute vraisemblance, il a dû consulter lui-même.

Déjà on est généralement tombé d'accord pour reconnaître que les citations de Favorinus, de la παντοδαπὴ ἱστορία comme des ἀπομνημονεύματα, proviennent de Diogène. La preuve qu'il compulsait l'œuvre de cet encyclopédiste, c'est la manière dont il le cite, VIII, 53 (ἐγὼ δ'εὗρον ἐν τοῖς ὑπομνημονεύμασι Φαβωρίνου), passage où il oppose à l'œuvre préexistante une addition personnelle.

Les citations de Favorinus sont très nombreuses. Elles ont ce caractère commun, qu'elles apportent une contribution minime à la biographie; en outre, elles font généralement l'impression d'être des additions à un noyau primitif. On peut les classer en diverses catégories.

1. Les courtes anecdotes : III, 37; IV, 63; VI, 89.
2. Les notes rapides qui, au cours d'un long récit, apportent

une variante de détail : II, 38 ; V, 5 ; V, 77 ; VI, 25 ; VI, 73 ; IX, 23 ; IX, 29 ; IX, 89.

3. Les additions qui complètent un exposé provenant de sources plus anciennes : III, 19 ; IV, 54 ; VIII, 15 ; VIII, 53 ; VIII, 73. Quelquefois, ces notes sont introduites à une place qui ne leur convient guère, comme dans VIII, 15 ; toujours la formule qui les introduit et leur rapport avec le contexte indiquent une addition.

4. Diogène cite encore cet auteur quand il a remarqué que son témoignage corrobore celui de sources plus anciennes : III, 48 ; V, 41 ; VIII, 47 ; VIII, 63. Il semble qu'il ait institué une sorte de collation du fonds préexistant sur les ouvrages de Favorinus.

5. Ailleurs on rencontre, à la suite l'une de l'autre, plusieurs citations de cet auteur, quoiqu'elles ne se rapportent pas au même sujet : V, 76.

6. Diogène aime à invoquer son témoignage à propos des εὑρήματα; ces notices sont d'ordinaire tirées de l'*Encyclopédie* (παντοδ. ἱστορία) : II, 1 ; II, 11 ; II, 20 ; III, 24 ; VIII, 12 ; VIII, 48 ; VIII, 83 ; IX, 23 ; IX, 29.

7. Certains extraits sont rejetés à la fin de la Biographie, à l'endroit où Diogène, se libérant du plan primitif, ajoute, à côté de ses épigrammes et des documents nouveaux qu'il apporte, une foule de notices qui se rapportent aux sujets les plus divers : III, 40 ; III, 63 ; IV, 5 ; VIII, 48 ; VIII, 90 ; IX, 20 ; IX, 23.

On peut s'inspirer des indices relevés dans le cas de Favorinus pour rechercher la provenance des citations d'autres écrivains assez récents. La plupart des citations d'Alexandre Polyhistor me paraissent devoir être considérées comme un apport de Diogène. Elles se présentent, en effet, sous l'aspect :

a) d'additions : II, 10 ; II, 106 ; III, 4. Le cas le plus curieux est l'extrait qui figure dans la *Vie* de Pythagore. Il s'étend du § 25 au § 33 ; il est suivi d'extraits d'Aristote (§§ 34-35) et ces deux citations se terminent par une formule de clôture qui n'est qu'un double de la phrase initiale. De cette particularité, on peut déduire que les extraits doxographiques d'Alexandre sont d'introduction tardive. Dans l'hypothèse contraire, d'ailleurs, ils auraient trouvé place dans la section réservée aux Écrits de Pythagore et aux fragments qui en sont extraits (§§ 6-10). Quant à la citation d'Aristote, il est possible qu'elle ait appartenu au premier fonds. Diogène remarque que le sujet en est analogue à celui des extraits d'Alexandre (καὶ τὰ ἐκείνων ἐχόμενα ὁ Ἀριστοτέλης) : c'est la raison pour laquelle il a inséré ces fragments à côté de ceux d'Aristote [1]. Une conclusion semblable s'impose, avec plus de nécessité encore, pour la notice de III, 5, qui arrive avant son heure (§ 7).

b) De simples variantes : IV, 62; VII, 179.

Apollonidès de Nicée, ὁ παρ' ἡμῶν (IX, 109), formule qui s'accommode de nombre d'interprétations, comme : notre contemporain; notre compatriote; partisan de notre secte, etc. (cf. pp. 22 et 35, n. 2).

Démétrius de Magnésie. Les formules d'introduction des citations, leur rapport avec le contexte et la place qui leur est réservée semblent prouver que les *Homonymes* avaient déjà été utilisés par les devanciers de Diogène.

Denys d'Halicarnasse : I, 38 (ἐν Κριτικοῖς) et VIII, 47 : simples additions aux listes des Homonymes; X, 4, dans l'exposé des polémiques des Épicuriens et des Stoïciens, lequel, nous l'avons vu, provient de Diogène.

Dioscoride : I, 63. On ne peut dire quel est ce Dioscoride ni à qui remonte cette citation.

Dioclès. D'après les citations suivantes : X, 11 (défense d'Épicure), X, 12; VI, 12 (addition à des δόξαι de Diogène); IX, 61 (addition postérieure: καθὰ καί) et surtout VII, 48 : καὶ ἵνα καὶ κατὰ μέρος εἴπωμεν καὶ τὰ ἄπερ αὐτῶν εἰς τὴν εἰσαγωγικὴν τείνει τέχνην, καὶ αὐτὰ ἐπὶ λέξεως τίθησι Διοκλῆς κτλ., les ouvrages de Dioclès paraissent avoir été compulsés par Diogène lui-même [2].

---

[1] Cf. Schwartz, *loc. cit.*, col. 747 et 760.
[2] Idem, *loc. cit.*, col. 744 et 749.

Eubulide, Eumélus et Justus (Tiberiensis) n'ont apporté aux *Biographies*, par l'intermédiaire de Diogène, que des variantes de détail (II, 42 et VI, 20; V, 10; II, 41). La part de Myronianus se ramène à des additions sans grande importance (X, 3 [= de Diogène]; I, 115; III, 41; IV, 8; IV, 14; V, 36) ([1]). Il en est de même des notes tirées de Pamphila : ce sont de courts récits anecdotiques et quelques variantes ([2]). Les notices empruntées à Plutarque proviennent aussi de Diogène, d'après Schwartz ([3]); en effet, IV, 4 et IX, 60 portent le cachet des additions postérieures : ce sont de simples variantes. Sabinus (III, 47) et Philodème (X, 3 et X, 24) figurent aussi parmi les autorités de Diogène. Enfin, une note additionnelle d'Istros (II, 59), jointe d'ailleurs à une formule qui est un signe certain d'addition de Diogène (εὗρον), doit avoir la même origine.

Il convient d'ajouter à cette liste les noms des écrivains sceptiques utilisés par Diogène lui-même au IXe livre : leur époque très récente met ce point hors de doute. Ce sont : Théodose, Zeuxis, Antiochus, Ménodote, Sextus Empiricus, Agrippa et Apelle. Il n'y a pas de raison de séparer de ces citations celles d'Énésidème, qui sont intimement mêlées à l'exposé des doctrines sceptiques, tiré de Favorinus et de Sextus, au livre IX, § 87 et suivants.

L'ensemble de ces extraits forme une première masse de notices qu'on peut attribuer à Diogène. Les études qui vont suivre permettront de l'amplifier encore et de représenter la contribution qu'il a apportée à l'œuvre de la tradition alexandrine comme fort importante.

([1]) SCHWARTZ, *Ibid.*, col. 742.
([2]) *Ibid.*, col. 743.
([3]) *Ibid.*, col. 742.

4. Plan de l'œuvre.

a) Dans le Prologue.

On a souvent remarqué les différences qui séparent l'ordre d'étude des philosophes établi dans le Prologue, de celui qui est adopté dans le corps de l'ouvrage. On a voulu voir dans ce remaniement du plan l'indice de l'utilisation de sources différentes, ce qui paraît assez juste en principe. On relève d'ailleurs, dans le Prologue lui-même, des traces de rédactions successives, mais il est malaisé d'en délimiter les contours avec exactitude. H. Schmidt, qui s'y est essayé ([1]), a cru y découvrir un fonds primitif, provenant d'un écrivain de la secte académique, modifié d'abord par un sceptique, ensuite par Diogène. Nous, qui admettons que l'exposé des doctrines sceptiques du IXe livre provient de Diogène, nous pouvons faire bon marché de l'intermédiaire sceptique. Voyons donc en quoi consiste le remaniement du Prologue et si on peut l'attribuer à Diogène.

Dans le chapitre des origines de la philosophie, qui se termine au § 11 par καὶ τὰ μὲν περὶ τῆς εὑρέσεως ὧδε ἔχει, l'auteur commence par rencontrer la théorie de ceux qui attribuent aux étrangers l'invention de la philosophie. Il leur oppose deux objections : a) la civilisation, entendue d'une façon générale, est d'origine grecque : les doctrines des anciens poètes, Musée et Linus, le prouvent; le nom même de *philosophe* est grec; b) Orphée de Thrace, l'un de ces prétendus philosophes barbares, est indigne du nom de philosophe, car il a attribué aux dieux les pires turpitudes. Cependant, Diogène continue en exposant longuement les doctrines philosophiques qu'on attribue aux étrangers (6-11) et, cette fois, il n'objecte plus rien aux prétentions de ceux qui en font dériver, par évolution naturelle, la

---

([1]) *Studia Laertiana*, pp. 19-30.

philosophie grecque. Il semble donc que nous ayons affaire ici à deux couches bien distinctes, dont la seconde n'a pu recouvrir et masquer complètement la première. Le remaniement et la critique sont de Diogène (ἐγώ).

Deux couches semblables se retrouvent encore dans la description des Sectes. L'énumération des dix sectes de la philosophie morale ne mentionne pas la secte sceptique. Ce n'est qu'après avoir cité une classification différente des dix sectes, extraite d'Hippobotos, qui la laisse aussi de côté, que Diogène remarque cette lacune. Il estime que la philosophie sceptique constitue une secte et il défend son point de vue. On peut croire, en considérant la contribution considérable apportée par Diogène au IXe livre, sur les Sceptiques, que cette critique et cette addition proviennent d'un remaniement de Diogène. Il est visible également que la mention de la secte éclectique et de Potamon, qui suit immédiatement, est aussi une addition postérieure.

On se demande pourquoi H. Schmidt attribue à un écrivain sceptique le § 12, qui traite de l'origine du mot *philosophie*, et les §§ 16-17, où l'auteur établit une classification des noms divers qu'ont pris les Écoles [1]; pourquoi il reconnaît une *addition* de Diogène dans le § 13, où l'auteur fait parmi les noms des Sept Sages un choix qui est conservé dans le Ier livre.

b) Dans le corps de l'ouvrage.

Les divergences entre le plan proposé dans les listes des Διαδοχαί et des Sectes du Prologue et le plan adopté dans l'ouvrage sont assez importantes. Dans la « Succession » de la philosophie ionienne, la tradition de l'École péripatéticienne s'arrête à Théophraste; au livre V, au contraire (58 et 65), elle se continue par les noms et les biographies de Straton et

---

[1] Mêmes classifications dans Ps. GALIEN, *Hist. phil.*, 3, et AMMONIUS, *In Citeg. Aristot.*, p. 1, 12.

Lycon; on y a même ajouté, sans les rattacher d'ailleurs à la διαδοχή, les *Vies* de deux autres péripatéticiens, Démétrius et Héraclide.

En ce qui concerne la « Succession » italique, l'écart est plus considérable encore. D'abord, la construction étonnante par laquelle on rattachait, dans le Prologue, Xénophane à Pythagore par l'intermédiaire de Télaugès, ne reparaît plus dans les *Vies*. Xénophane a repris son indépendance, comme dans toutes les listes de διαδοχαί des autres historiens de la philosophie ([1]). Parménide, qui, dans l'Introduction, succède à Xénophane, fut, d'après les *Vies*, son élève, mais non son successeur (IX, 21). Empédocle, dont il n'était pas question dans l'Introduction, a repris la place qui lui revient d'après d'autres auteurs ([2]); il est rattaché à l'École pythagoricienne par l'intermédiaire de Télaugès. L'auteur du Prologue ignore la plupart des Pythagoriciens : les *Vies* leur ont consacré quelques biographies, sans établir de διαδοχή, d'ailleurs. Le Prologue ignore la secte sceptique et Protagoras, Diogène d'Apollonie, Anaxarque, etc., qui la préparent. Par contre, il rattache Épicure à Démocrite par l'intermédiaire de Nausiphanès et Nausicydès. Dans les *Biographies*, il n'est plus question de Nausicydès; quant à Nausiphanès, il passe seulement pour le maître d'Épicure (IX, 69 et X, 13) et on le rattache, non à Démocrite, mais à Pyrrhon, que le Prologue ne cite pas. Protagoras et Anaxarque, dont les *Vies* font des élèves de Démocrite ([3]), ne paraissent pas dans le Prologue.

Les perturbations qu'on remarque dans l'étude des sectes dites morales sont aussi importantes et l'origine m'en paraît assez claire. Parmi les dix sectes que le Prologue fait dériver de Socrate, il en est une, la secte dialectique, fondée par Clito-

---

([1]) Cf. cependant St Augustin, *De civ. Dei*, VIII, 2.

([2]) Eusèbe, *Praep. ev.*, X, 14, 14; Suidas, *s. v.* Ἐμπεδοκλῆς et *s. v.* Τηλαύγης; Arsenius, *Violet.*, p. 310 (lequel cite à tort Flavius Josèphe ; le texte est emprunté à Eusèbe).

([3]) Comme dans Clément, *Strom.*, I, 14, 63. Cf. Ps. Galien, *Hist. phil.*, 2.

maque, qui a perdu dans les *Vies* sa valeur de secte : Clitomaque y est traité comme le successeur de Carnéade. Or, dans la liste des sectes qui provient d'Hippobotos et que Diogène paraît avoir utilisée pour remanier le fonds primitif du Prologue, il n'est pas fait mention non plus de la secte dialectique. Par contre, Hippobotos avait formé deux sectes de l'École d'Annicéris et de celle de Théodore. Celles-ci ne figurent pas dans le premier plan du Prologue ; mais dans les *Vies,* au livre II, non seulement Diogène fait mention d'Annicéris et de son École (85-86), mais il a consacré une biographie complète à Théodore ; elle est enchâssée, il est vrai, dans celle d'Aristippe, mais elle est fort importante quand même (97-104), puisqu'elle comprend la vie, les doctrines, des apophtegmes, la liste des Homonymes, etc. Ces particularités indiquent que nous avons affaire à une addition de Diogène, addition dont Hippobotos a fourni la matière.

Reste enfin le développement sur la secte sceptique, qu'Hippobotos ignore comme le premier rédacteur du Prologue ; c'est Diogène qui l'a ajouté au fonds préexistant. Bref, les modifications apportées par notre auteur au plan primitif sont assez considérables pour qu'on doive reconnaître qu'il a fait œuvre personnelle, bien qu'on ne puisse nier l'importance des premières couches. On ne peut donc réduire le travail de Diogène à la besogne purement matérielle d'un diascévaste.

c) Étendue chronologique du sujet.

Rien n'atteste mieux l'antiquité du fonds alexandrin sur lequel travaillait Diogène que l'étendue chronologique de l'ouvrage. La secte dont l'étude est poussée le plus loin est celle des Sceptiques. La « Succession » de l'École stoïcienne s'arrête à Chrysippe (VIIe livre), mais la fin de ce livre est perdue ; d'après une liste des biographies placée en tête du manuscrit de Paris 1759 (= P), la διαδοχή s'étendait originellement jusque Cornutus. L'Académie s'arrête à Clitomaque, l'École d'Aristote à Lycon.

Ménippe est le dernier représentant de l'École cynique; les derniers Pythagoriciens sont Philolaos et Eudoxe et il n'est question ni des néo-platoniciens, ni des néo-pythagoriciens. Une note curieuse concerne les Épicuriens : (X, 9) : ἥ τε διαδοχὴ πασῶν σχεδὸν ἐκλιπουσῶν τῶν ἄλλων ἐσαεὶ διαμένουσα καὶ νηριθμους ἀρχὰς ἀπολύουσα ἄλλην ἐξ ἄλλης τῶν γνωρίμων. Cependant, la tradition de l'École s'arrête à Basilide (X, 25). Il semble donc que Diogène se soit interdit, excepté pour la secte sceptique, dont l'originalité l'intéressait sans doute particulièrement, de dépasser le Ier siècle de notre ère.

On a beaucoup discuté pour savoir à qui rapporter, à la fin du Prologue, la notice sur Potamon, qui est manifestement une addition postérieure. Une note de Suidas place ce philosophe πρὸ Αὐγούστου καὶ μετ' αὐτόν. Cependant, le Prologue déclare : ἔτι δὲ πρὸ ὀλίγου καὶ ἐκλεκτική τις αἵρεσις εἰσήχθη ὑπὸ Ποτάμωνος τοῦ Ἀλεξανδρέως. On a prétendu trouver dans cette remarque chronologique la preuve que l'auteur de la notice est antérieur à Diogène et qu'il aurait vécu au Ier siècle, par exemple. C'est à tort, je crois. Dans le prologue, il n'est question que de chefs de secte fort antérieurs au Ier siècle avant Jésus-Christ. A supposer que Diogène ait ajouté lui-même la note sur la fondation de la secte éclectique, ce qui est probable, il a pu en parler comme d'un événement récent, en comparaison de l'époque éloignée des autres fondateurs de secte.

5. Les Rubriques d'une Biographie.

Le plan des biographies est très variable, comme leur étendue, d'ailleurs. Pour certains philosophes, Diogène se contente d'indiquer leur origine et de citer quelques doctrines caractéristiques; d'autres biographies, au contraire, occupent des livres entiers. Il est compréhensible que le plan, dans ces conditions, subisse, d'une *Vie* à l'autre, des variations considérables. En général, on peut y reconnaître les divisions suivantes : 1. origine;

2. éducation, formation philosophique, voyages; 3. rapports de διαδοχή ou fondation d'une École; 4. caractère, tempérament, mœurs, chapitre illustré par des anecdotes et des apophtegmes; 5. événements importants de la vie; 6. récit anecdotique de la mort et épigrammes sur ce sujet; 7. ἀκμή et renseignements chronologiques; 8. ouvrages; 9. doctrines; 10. documents (testament, lettres, etc.); 11. homonymes; 12. notes additionnelles diverses. On trouve encore, mais à une place très variable, une liste des disciples, un portrait-charge tiré des *Silles* de Timon et des poètes comiques, des εὑρήματα et des renseignements sur l'activité politique.

Il convient d'examiner la plupart de ces rubriques pour en développer le contenu, en scruter les origines et chercher quelle a pu être, dans chacune d'elles, la contribution de Diogène.

Les notices sur l'origine proviennent naturellement des auteurs du fonds ancien; mais Diogène a enrichi celui-ci de variantes et quelquefois même engagé sur ce sujet des polémiques. Assez souvent, on y trouve cités des auteurs qui figurent parmi les sources directes de Diogène. On peut joindre à ce chapitre les indications qui concernent la famille du philosophe; dans les grandes biographies (Pythagore, Socrate, Platon, Épicure, etc.), elles s'étendent au point de former une rubrique spéciale.

Les notes chronologiques sont de nature assez diverse : quelquefois, l'auteur rapporte, chiffrée en olympiades, la date de la naissance ou de la mort du personnage, avec l'indication de la durée de la vie; ou bien, il établit un synchronisme avec tel événement fameux de l'histoire ou tel personnage célèbre dont l'époque est connue. Plus souvent, d'après un procédé de l'érudition alexandrine, il se contente d'indiquer l'ἀκμή, date à laquelle le philosophe est en pleine vigueur et en pleine activité, d'ordinaire vers quarante ans. La plupart de ces notices proviennent du premier fonds. On trouve, dans la biographie de Xénophon (l. II), une distinction très nette entre la chronologie des premières couches et une notice introduite par Diogène.

D'après le § 55, Xénophon ἤκμαζε κατὰ τὸ τέταρτον ἔτος τῆς τετάρτης καὶ ἐνενηκοστῆς ὀλυμπιάδος. Au § 59, par contre, Diogène rapporte, parmi les notes additionnelles de la fin de la biographie : εὗρον δ' ἀλλαχόθι ἀκμάσαι αὐτὸν περὶ τὴν ἐνάτην καὶ ὀγδοηκοστὴν ὀλυμπιάδα. On voit, par la place de cette notice et les termes qui l'introduisent, que l'addition personnelle de Diogène s'oppose à un fonds antérieur. La source ordinaire de ces extraits est quelque *Chronique*, le plus souvent celle d'Apollodore. Quelquefois les renseignements puisés dans cet ouvrage se trouvent corrigés d'après Ératosthène, dont les calculs sont souvent différents. Il arrive que Diogène apporte à cette rubrique une part d'information importante.

Les notices sur les découvertes proviennent d'un genre d'ouvrages dont la tradition est très ancienne dans l'érudition alexandrine : déjà Héraclide Pontique avait écrit, avant cette époque, un περὶ εὑρημάτων (V, 88). Ces notes sont d'ordinaire très courtes, introduites par εὗρε ou πρῶτος ἤγαγε. Elles concernent aussi bien les innovations dans les arts, les métiers, l'industrie, les usages de la vie journalière, que les doctrines philosophiques et les découvertes scientifiques. Une bonne quantité de ces notices ont été ajoutées par Diogène et empruntées aux *Encyclopédies* de Favorinus et de Pamphila (p. ex. VIII, 10-14 et 48).

L'auteur de nos *Biographies* s'intéresse particulièrement aux rapports des philosophes avec la politique. Non seulement il aime à signaler leurs relations avec les souverains, mais il étudie leur action ou leur influence politiques, leurs efforts en matière législative et signale les honneurs publics qui leur ont été rendus. Voici la série de ces notes, dont le nombre indique assez les préoccupations de l'auteur : Anaxagore (**II, 14**), Socrate (*passim*), Stilpon (**II, 115**), Xénophon (**II, 48 ss.**), Ménédème (**II, 141**), Platon (*passim*), Xénocrate (**IV, 8**), Arcésilas (**IV, 39**), Carnéade (**IV, 65**), Aristote (**V, 4 etc.**), Théophraste (**V, 37**), Lycon (**V, 67**), Démétrius de Phalère (**V, 75 ss.**), Héraclide Pontique (**V, 89**), Zénon (**VII, 7-12**), Chrysippe (**VII, 185**), Pythagore (**VIII, 3 etc.**), Empédocle (**VIII, 72 etc.**), **Archytas**

(VIII, 82), Philolaos (VIII, 84), Eudoxe (VIII, 88), Parménide (IX, 23), Mélissos (IX, 24), Zénon d'Élée (IX, 26), Pyrrhon (IX, 65), Timon (IX, 110).

Une des rubriques les plus considérables — ceci donne d'utiles indications sur les prétentions du livre, le goût du public et la propre curiosité de Diogène — est constituée par l'étude du caractère, des mœurs, des habitudes des philosophes. On peut répartir ces renseignements de la façon suivante :

a) Costume. Cf. spécialement Aristote, Pythagore, les Cyniques. Quelquefois ces renseignements sont empruntés à l'imagerie populaire : Empédocle, Solon, Anacharsis.

b) Caractères physiques : défauts et qualités, taille, voix, etc.

c) Tempérament, passions.

d) Caractère moral.

e) Notice sur les amours du personnage : genre de renseignements dont Diogène et le public auquel il s'adresse sont très friands, surtout quand ils sont scandaleux ; et ils manquent rarement de l'être.

f) Régime alimentaire, habitudes de la vie journalière.

g) Appréciation du talent littéraire (Héraclide Pontique, Démétrius, Lycon, etc.), des qualités ou des défauts du style, des méthodes d'enseignement, etc.

C'est sous cette rubrique qu'il faut classer la plupart des anecdotes qui émaillent le texte. Les sources de ces petits récits, tour à tour édifiants, amusants ou simplement caractéristiques, sont des plus variées. Une partie, destinée à tourner les philosophes en ridicule, provient de la littérature scandaleuse, de l' Ἀρίστιππος, par exemple, ou des romans d'Hermippe. La littérature d'apologétique a fourni un bon nombre de contes édifiants, par lesquels chaque École auréole la figure de son fondateur : on peut en relever beaucoup dans les *Vies* de Pythagore, d'Épicure, de Zénon de Cittium, de certains Cyniques. Naturellement la tendance contraire a créé aussi dans ce domaine. Que d'anecdotes scandaleuses dans la *Vie* d'Épicure, inventées par les Stoïciens ! C'est une des formes sous lesquelles la polémique s'exerce de préférence, comme plus traîtresse et plus meurtrière. Il y a une dernière source d'anecdotes : ce sont les recueils d'apophtegmes, où les faiseurs de bons mots et les moralistes modestes ont caché, sous des noms célèbres, leurs propres trouvailles. Les anecdotes forment la partie la plus vivante et la plus attrayante de l'ouvrage de Diogène. C'était à elles, apparemment, que le public témoignait le plus d'intérêt : certaines biographies, celle de Diogène le Cynique, par exemple, sont composées presque uniquement de ces alertes petits récits.

Dans un grand nombre de *Vies*, une section spéciale est réservée aux citations des poètes comiques, où le philosophe se trouve raillé, quelquefois bafoué, avec plus ou moins de verve et d'esprit, toujours avec cette âpreté assez grossière commune aux Anciens. Dans cette charge figure d'ordinaire une citation de Timon le Sillographe. Comme, dans la plupart des cas, ces citations se rattachent à un détail quelconque de la vie ou des mœurs du personnage, il est vraisemblable qu'elles ne proviennent pas directement du poème, mais d'un commentaire, dont l'auteur de Diogène ou Diogène lui-même a tiré, non seulement les vers de Timon, mais aussi les notices biographiques auxquelles ils se rapportent. Sotion, l'un des auteurs le plus fréquemment cités par Diogène, avait composé un ouvrage de ce genre (Athénée, VIII, p. 336 d), ainsi qu'Apollonidès de Nicée, dont le commentaire est cité par Diogène, IX, 109. Je ne crois pas qu'on puisse conclure, de la prédilection de notre auteur pour ces extraits du sceptique Timon (IX, 111 : ἐν οἷς ὡς ἂν σκεπτικὸς ὢν πάντας λοιδορεῖ καὶ σιλλαίνει τοὺς δογματικούς), qu'il était lui-même un sceptique. L'âpreté de la satire de Timon, son style fougueux, sa langue neuve et tapageuse suffisent à expliquer cet intérêt.

Diogène paraît s'arrêter volontiers aussi aux chapitres qui se rapportent à la mort des philosophes. La plupart des épigrammes empruntées au Πάμμετρος ont trait à ces événements. Cette rubrique figurait déjà dans l'ancien fonds, comme le montrent l'étude des citations de ces chapitres et la comparaison avec Hésychius; mais Diogène y a maintes fois ajouté du sien, le plus souvent sous forme de variantes. Ces récits sont presque toujours anecdotiques et l'événement y est rarement présenté autrement que sous une forme burlesque, humoristique ou romanesque. C'est que la source ordinaire est Hermippe, chez qui le persiflage sceptique s'allie à une lourde gaieté de viveur, se gaudissant de la mort ridicule des marchands d'idéal.

La section spéciale réservée aux Homonymes existait déjà dans le premier fonds. La preuve en est dans une notice sur les Homonymes d'Eudoxe (VIII, 90), qui a été analysée plus haut (p. 10). Elle a été enrichie de notes par Diogène.

La liste des ouvrages des philosophes n'occupe par une place fixe. L'étendue de cette rubrique varie aussi d'une biographie à l'autre, mais non, comme on pourrait le croire, en raison de l'importance de l'activité littéraire du personnage. Quelques-uns de ces index tiennent à peu près toute la biographie (Théophraste, Chrysippe). Souvent l'auteur se contente de citer les ouvrages principaux. On trouve quelquefois des discussions sur l'authenticité des ouvrages (Épiménide, Thalès, Pythagore, Eschine, Diogène le Cynique, Ariston, Zénon de Cittium, etc.). Il arrive même que le nombre d'ἔπη ou de στίχοι soit indiqué (les Sept Sages; Speusippe, IV, 5; cf. Xénocrate, IV, 14). Ces listes proviennent de manuels d'histoire littéraire ou de πίνακες. En général, quand elles sont détaillées, elles ne paraissent pas appartenir au premier fonds, qui avait surtout un caractère biographique. La part de Diogène s'y accuse d'ailleurs d'une façon plus évidente et dans des proportions plus considérables que dans toute autre section. On peut rapporter à Diogène les catalogues suivants : Aristote, V, 21 : συνέγραψε δὲ πάμπλειστα βιβλία ἅπερ ἀκόλουθον ἡγησάμην ὑπογράψαι διὰ τὴν περὶ πάντας λόγους τἀνδρὸς ἀρετήν; Théophraste, V, 42, même formule : ἃ καὶ αὐτὰ ἄξιον ἡγησάμην ὑπογράψαι διὰ τὸ πάσης ἀρετῆς πεπληρῶσθαι; Cléanthe, VII, 189 : ἐπεὶ δ' ἐνδοξότατα τὰ βιβλί' ἐστὶν αὐτῷ, ἔδοξέ μοι καὶ τὴν πρὸς εἶδος ἀναγραφὴν αὐτῶν ἐνταῦθα καταχωρίσαι; Platon, III, 47 : φιλοπλάτωνι δέ σοι etc. (texte connu); Épicure, X, 27, dont la liste est suivie de ces mots (28 ss.) : ἐπιτομὴν δ' αὐτῶν, εἰ δοκεῖ, ἐκθέσθαι πειράσομαι ... ὥστε σὲ πανταχόθεν καταμαθεῖν τὸν ἄνδρα κἀμὲ κρίνειν εἰδέναι.

Telles sont les listes que les formules d'introduction permettent de rapporter à Diogène; mais il doit y en avoir d'autres encore, pour lesquelles cette preuve manque. On remarquera les raisons par lesquelles il croit devoir justifier et comme excuser ces additions.

Les grands extraits doxographiques ([1]) — je ne parle pas des courtes notes dispersées çà et là — se rattachent étroitement aux catalogues de livres. Il en est ainsi, en particulier, pour Platon, Aristote, Épicure (cf. X, 27, 28 et 138). Rappelons que l'exposé des doctrines sceptiques a été ajouté par Diogène. La doxographie cynique est due aussi à sa plume, comme le prouve la formule d'introduction (VI, 103 : προσυπογράψομεν δὲ καὶ τὰ κοινῇ ἀρέσκοντα αὐτοῖς, αἵρεσιν καὶ ταύτην εἶναι ἐγκρίνοντες τὴν φιλοσοφίαν, οὐ, καθά φασί τινες, ἔνστασιν βίου). L'étude des divergences de plan entre le Prologue et le corps de l'ouvrage a montré aussi que l'exposé des théories des Annicériens, des Théodoriens, etc., est une addition postérieure. C'est ce qu'on peut déduire encore de la phrase par laquelle est introduit l'extrait relatif à Théodore : καὶ αὐτοῦ περιετύχομεν βιβλίῳ ἐπιγεγραμμένῳ περὶ θεῶν, οὐκ εὐκαταφρονήτῳ κτλ. (II, 97.) L'ensemble des doctrines stoïciennes, un très long chapitre inséré dans la *Vie* de Zénon, provient aussi de Diogène (VII, 38) : κοινῇ δὲ περὶ πάντων τῶν στωϊκῶν δογμάτων ἔδοξέ μοι ἐν τῷ Ζήνωνος εἰπεῖν βίῳ διὰ τὸ τοῦτον κτίστην γενέσθαι τῆς αἱρέσεως; 160 (conclusion) : ταῦτα μὲν καὶ τὰ φυσικὰ τὸ ὅσον ἡμῖν ἀποχρώντως ἔχειν δοκεῖ, στοχαζομένοις τῆς συμμετρίας τοῦ συγγράμματος. C'est encore Diogène, comme nous l'avons signalé plus haut, qui paraît avoir introduit les extraits d'Alexandre Polyhistor dans la biographie de Pythagore.

([1]) Sur ce sujet, cf. Schwartz, *loc. cit.*, col. 758 ss.

Il est difficile de préciser l'origine des autres exposés doxographiques. Dans les biographies des Sages, ils proviennent du fonds primitif, et l'on peut en dire autant, sans doute, des courtes notices éparses dans les *Vies*, qui servent à caractériser brièvement les enseignements de chaque philosophe.

Il est une série de documents que Diogène reproduit *in extenso* : ce sont les lettres et les testaments. Pour les lettres, si l'on met à part celles d'Épicure, dont le sujet est philosophique, la correspondance platonicienne et quelques lettres récentes, comme celles d'Arcésilas et de Zénon (IV, 44 et VII, 7), qui peuvent être des documents authentiques, il reste un *corpus* épistolaire assez homogène par le sujet, le style et la langue et qui se rattache à la légende des Sept Sages. On trouve ces lettres dans les *Vies* de Thalès, Solon, Pittacus, Cléobule, Épiménide, Périandre, Anacharsis, Phérécyde, Pythagore et Héraclite. Elles sont adressées soit à d'autres Sages, soit à des princes contemporains, comme Darius et Crésus, dont on a aussi les réponses. Les règles du dialecte propre à chaque auteur y sont scrupuleusement observées. Elles sont placées d'ordinaire à la fin de chaque *Vie*, après la partie biographique proprement dite, parmi les notes additionnelles de Diogène. La formule d'introduction de l'une d'elles nous renseigne sur l'origine de cette collection : il s'agit de la lettre d'Épiménide à Solon (I, 112). Dans le paragraphe relatif aux ouvrages d'Épiménide, l'auteur parle d'abord d'une autre lettre du même au même, et il en discute l'authenticité. Il ajoute ensuite : ἐγὼ δὲ καὶ ἄλλην εὗρον ἐπιστολὴν ἔχουσαν οὕτως ; suit la lettre, qui fait partie de notre *Corpus*. On peut étendre cette conclusion à la collection tout entière.

On peut en dire autant des Testaments de certains philosophes, tels que Platon, Épicure et les Péripatéticiens : Aristote, Lycon, Théophraste et Straton. Il est évident que ces documents sont empruntés à une seule et même collection. Or, les formules d'introduction de trois d'entre eux permettent d'en préciser l'origine. Aristote, V, 11 : καὶ οὗτος μὲν ὁ βίος τοῦ φιλοσόφου (conclusion délimitant les additions postérieures du fonds préexistant) ·ἡμεῖς δὲ καὶ διαθήκαις αὐτοῦ περιετύχομεν οὕτω πως ἐχούσαις; Théophraste, V, 51 : εὗρον δ' αὐτοῦ καὶ διαθήκας τοῦτον ἐχούσας τὸν τρόπον; Lycon, V, 69 : τοῦ δὲ φιλοσόφου καὶ διαθήκαις περιετύχομεν ταῖσδε. Le testament d'Épicure est aussi précédé d'une formule (X, 16) qui permet de le rapporter à Diogène, comme tous les extraits des œuvres de ce philosophe.

Il reste un mot à dire des formules de clôture. J'appelle de ce nom de courtes formules par lesquelles l'auteur annonce la fin d'un chapitre, d'une citation ou d'un extrait. Elles sont fort nombreuses et paraissent souvent inutiles : καὶ διέθετο μὲν ὧδε (III, 43; X, 22); ταῦτα μὲν Πεισίστρατος (I, 54); καὶ οὗτος μὲν ὧδε (I, 114); καὶ τὸ ψήφισμα μὲν ὧδε ἔχει (VII, 12); et même καὶ τάδε μὲν ὧδε (VIII, 8). J'ai songé à les soumettre à un examen général, pour chercher si elles ne peuvent rien nous apprendre sur l'origine des extraits dont elles annoncent la fin. Voici la classification que j'ai obtenue. Elles se présentent donc :

1. Après les citations de documents : *a*) testaments (III, 43; V, 16; V, 57; V, 64; X, 22); *b*) lettres (I, 54 et 114; VIII, 81; IX, 14); *c*) extraits d'auteurs (I, 53; X, 83, 117 et 121); *d*) archives (VII, 12). Il est utile de faire remarquer que la plupart de ces documents ont été introduits dans l'ouvrage par Diogène.

2. Après un développement : *a*) Pour séparer la biographie (vraisemblablement la part du fonds primitif) des notes additionnelles (II, 55; V, 11; V, 83; IX, 43; X, 16); *b*) pour annoncer la fin d'une section de la biographie : α) après le récit de la mort (II, 14; II, 44; V, 91; VII, 31; VIII, 74); β) après les épigrammes de Diogène (III, 45); γ) à la suite de divers autres développements (Prologue, 11, 20, 23 — où nous avons reconnu diverses couches successives; I, 33; V, 21; VII, 189).

3. Pour clore la liste des ouvrages (V, 28; V, 50; VII, 4; VII, 34; VII, 175; IX, 49 et IX, 55, — plusieurs de ces notices ont été introduites à coup sûr par Diogène) ou après l'exposé des

doctrines (V, 34 [= Diogène]; VII, 160 [= Diogène]; IX, 11; IX, 45).

4. Après des citations, surtout quand elles sont introduites à un endroit où elles heurtent le contexte, ce qui indique la main de Diogène (II, 21; III, 17; VIII, 8; VIII, 36; VIII, 41).

5. Pour souligner les grandes divisions du plan, marquer la fin des διαδοχαί ou des Sectes et annoncer un nouveau livre ou un nouveau chapitre. Il est évident que dans ce cas, elles peuvent appartenir au premier fonds. Ailleurs, elles constituent un *criterium* qu'il serait imprudent de négliger dans la recherche des additions faites par Diogène aux manuels antérieurs.

III. La tradition manuscrite.

Les manuscrits de Diogène Laërce sont fort nombreux. Les plus anciens sont :

1. B : *Codex Burbonicus graecus*, III B, 29 (n° 253). C'est un membranaceus du XII⁰ siècle, dont chaque page contient vingt-six à vingt-sept lignes d'une écriture régulière et très lisible. On y trouve peu d'abréviations et beaucoup d'iotacismes. La ponctuation n'est pas toujours à la place convenable. La virgule, très rare, sert à séparer les divers membres d'une phrase; le point en haut termine les phrases et distingue les propositions qui la composent. L'ι muet est, la plupart du temps, omis: il est quelquefois ascrit à l'intérieur des mots. Le copiste n'a pas adopté un système uniforme à l'égard du ν éphelcystique. Le premier copiste avait laissé dans le texte quelques courtes lacunes, qui ont été remplies par une seconde main, B² (XIVᵉ siècle?). Ce reviseur, qui usait d'une encre un peu plus foncée, a corrigé aussi quelques fautes ou des leçons qu'il estimait fautives, soit en surcharge, soit après rature.

C'est encore à lui qu'il faut rapporter une sorte de guillemets, placés en marge en face des citations textuelles et des extraits de documents, ainsi que les notes d'admiration (η (σημείωσαι), ὦ (ὡραῖον), auquel s'ajoute quelquefois ὅλον; enfin des notes critiques comme λείπει, indiquant une lacune. A une troisième main, B³, dont l'écriture est plus grêle et l'encre moins noire, on peut rapporter quelques notes marginales : ce sont souvent des indications sur le contenu du passage.

La Vie de Pythagore s'étend du f. 172ʳ au f. 182ʳ.

2. F : *Laurentianus graecus*, pl. 69, n° 13. C'est un membranaceus écrit sur deux colonnes; chaque colonne comprend en moyenne trente lignes d'une écriture serrée que j'attribue, avec Martini, au XIIIᵉ siècle (Cobet, Usener et Gercke, au XIIᵉ siècle). Il présente la particularité d'être palimpseste : le premier texte, peu apparent, semble remonter au Xᵉ ou au XIᵉ siècle (¹). Les abréviations sont nombreuses, l'ι muet est toujours omis, les iotacismes sont assez rares, les ν épagogiques, employés sans règle fixe. La ponctuation est soignée et fréquente (la virgule est rare). On remarque dans le texte beaucoup d'omissions; dans les citations, en particulier, l'indication de la source, de l'auteur ou de l'ouvrage est souvent laissée de côté. Quelques-unes de ces omissions ont été réparées en marge par une seconde main, F² (XIVᵉ siècle?), dont la petite écriture est assez reconnaissable; elle a encore ajouté en marge quelques rubriques indiquant le contenu d'un passage. Un second correcteur, plus récent, F³, a introduit dans le texte même quelques corrections et additions, par surcharge ou après rature (²).

La Vie de Pythagore comprend les ff. 94ʳ à 100ʳ.

3. P : *Parisinus graecus* 1759 (Bibliothèque Nationale),

(¹) D'après Cobet, *Introduction à l'édition de Diogène*, p. II, *b*, c'était un manuscrit des œuvres morales de Plutarque.

(²) Je ne trouve pas trace, dans la Vie de Pythagore, de corrections d'une troisième main (F⁴), que Gercke prétend avoir distinguées en certains endroits (*Hermes*, XXXVII [1902], p. 407).

chartaceus, où je reconnais, après Diels et Martini, une écriture du XIIIe siècle (Usener et Omont l'attribuent au XIVe siècle) (¹). Pour l'ι muet et le ν épagogique, on peut faire les mêmes remarques qu'à propos des manuscrits précédents. Le point en haut y est employé pour séparer les phrases ou les propositions importantes; la virgule distingue les propositions de moindre étendue. P a été corrigé, à diverses époques, par cinq ou six mains différentes, qu'il est quelquefois assez difficile d'identifier (²). Les corrections de P² (encre brune et lettres semblables à celles de P¹) sont rares : sa tâche a consisté à compléter quelques abréviations et à corriger, après rature, quelques fautes d'orthographe ou même des erreurs grammaticales. La grosse part des corrections revient à P³ (encre plus brune et écriture plus grande, XVe siècle). Dans une foule de passages, ce reviseur a corrigé le texte après l'avoir raturé, en sorte qu'on ne peut plus deviner la leçon originelle que d'après l'accentuation antérieure, qui a souvent subsisté entre les lignes. Heureusement, on peut s'aider dans cette tâche par l'examen d'un autre manuscrit de Paris, n° 1758 (XVe siècle), Q, qui a été copié sur P après que celui-ci eut été relié et corrigé par P² seulement (³). P⁴ a complété ce travail de revision en ajoutant beaucoup de corrections et en introduisant en marge de nombreuses variantes (Γ̊). P⁵ et P⁶ sont reconnaissables à leur encre plus claire et à leurs écritures plus petites encore; mais ils n'ont apporté que des modifications de peu d'importance. Je n'ai pu retrouver dans la *Vie* de Pythagore (ff. 176ᵛ à 185ᴿ) des corrections à attribuer à P⁷, que certains paléographes ont voulu

---

(¹) Les éditeurs de la *Vie de Platon* dans la brochure de Bâle, *Juvenes dum sumus* (1907), croient pouvoir en situer la composition entre 1296 et 1364, en comparant l'écriture à celle d'autres manuscrits de dates connues.

(²) Cf. sur ce sujet les variations de WACHSMUTH, *Sillogr. gr. rel.*², p. 52; DIELS, *Ienaer Literaturzeit.*, 1877, p. 394 *b*; MARTINI, *Leipziger Studien*, XIX (1899), p. 88; GERCKE, *Hermes*, XXXVII (1902), p. 408; *Juvenes dum sumus*, 1907, p. VI.

(³) USENER, *Epicurea*, p. VII. Cf. cependant *Juvenes dum sumus*, p. VII.

distinguer des mains précédentes; mais il est possible qu'il n'y en ait pas dans ce livre.

A côté de ces manuscrits complets qui représentent la tradition la plus ancienne, il faut faire une place à trois manuscrits d'*Excerpta* (Φ) du XIIIe siècle. Ce sont : *a*) deux manuscrits sur parchemin, l'un de Paris, B. N. suppl. gr. 134 (Φ[p]), l'autre du mont Athos, Dionys. 90 (Φ[a]) ([1]), dont l'aspect, le format et l'écriture sont semblables et qui représentent une même tradition d'*Excerpta*; *b*) un manuscrit du Vatican, gr. 96, bombycin de la fin du XIIIe siècle ou du début du XIVe (Φ[v]) ([2]). Les extraits en sont beaucoup plus étendus que ceux de Φ[ap]. Cependant, comme Φ[ap] et Φ[v] offrent, dans leurs extraits communs, la même recension avec quelques variantes insignifiantes, on peut croire que ces deux rédactions dérivent d'un même manuscrit d'*Excerpta*, dont Φ[ap] présentent un texte raccourci.

L'indication des passages choisis par l'auteur des extraits figurera dans l'apparat critique, au bas de chaque paragraphe.

Un second représentant de la tradition ancienne indirecte est Suidas. Les notices biographiques de cet auteur qui concernent Pythagore sont de deux sortes : les unes, qui sont très courtes et dont on trouve un double dans les *Scholies* de Platon, sont empruntées à Hésychius; les autres, copiées textuellement dans Diogène, commencent par le récit de la mort de Pythagore ([3]). L'étendue des extraits du VIIIe livre est considérable : l'indication exacte en est réservée pour l'apparat critique, mais on peut dès maintenant s'en faire une idée, quand j'aurai dit que le texte copié comprend les §§ 17 à 27, le § 30, les §§ 34 à 39. Ils nous reportent à un manuscrit de Diogène qui date au plus tard du Xe siècle (Σ).

([1]) Les extraits ont été publiés par LAMBROS, Νέος Ἑλληνομνήμων, III (1906), p. 363.

([2]) Ces extraits m'ont été libéralement communiqués par M. von der Mühll, l'un des éditeurs de la *Vie de Platon* dans *Juvenes dum sumus*.

([3]) Cf. *supra*, pp. 13 et suiv.

Nous sommes encore privés d'une bonne édition critique de Suidas ([1]) ; j'ai dû me contenter des notes de l'apparat critique de Bernhardy, mais j'ai collationné les manuscrits de Paris : A, le meilleur de tous (B. N. 2626, XIIe-XIIIe siècle); B (id. 2622, XIIIe siècle); G (id. 2623, XVe siècle); H (id. 2624, XVe siècle).

Les manuscrits de Diogène de date plus récente sont nombreux. Nous avons déjà parlé de Q (Paris. gr. B. N. 1758), qui n'est qu'une copie de P$^{1-2}$. Parmi les autres, voici les principaux, avec leur désignation traditionnelle : H (Laurentianus, 69, 35, XVe siècle); J (Barberinus, I, 21, XVe-XVIe siècle); D (Burbonicus, III, B 28 [n° 252], XVe siècle); G (Laurentianus, 69, 28, XVe siècle); S (Palatinus, 261, XVIe siècle); V (Vaticanus, 1302, XIVe siècle), qui ne contient pas la *Vie* de Pythagore; U (Urbinas, 108, XVe siècle); T (Urbinas, 109, XVe siècle); A (Arundelianus, 531, XVe siècle). Sur la valeur de ces *codices recentiores* et sur l'utilité qu'ils peuvent présenter pour la reconstitution de l'archétype, une longue polémique s'est engagée entre Gercke et Martini.

Les premiers éditeurs de Diogène n'ont utilisé que des manuscrits récents et plutôt mauvais. Le premier qui ait tenté de jeter quelque lumière sur la tradition manuscrite est Wachsmuth, dans son édition des *Sillographi graeci* ([2]). A l'égard des plus anciens manuscrits, B P F, il conclut, de ses comparaisons, qu'ils dérivent tous trois de l'archétype d'une façon indépendante. Selon Usener, au contraire, qui étudia le problème dans l'Introduction de ses *Epicurea* ([3]), B P ont eu un stade d'altération commun (y). Il choisit, pour servir de base à son édition critique du Xe livre, les trois plus anciens manuscrits, estimant que les autres, constituant la vulgate, n'offraient qu'un intérêt secondaire. H. Diels, dans l'édition des *Fragmente der Vor-*

---

[1] Cf., sur la tradition manuscrite de Suidas, un article de J. BIDEZ, dans les *Sitzungsber. der Berlin. Akad. der Wissensch.*, 1912, pp. 850 ss.

[2] Leipzig, 2e éd. 1885, pp. 51 ss.

[3] Leipzig, 1887.

sokratiker et dans celle des *Fragmenta poetarum philosophorum graecorum* ([1]), s'est rallié à cette thèse.

Cependant, en 1899, Martini, qui entreprenait une étude complète et systématique de la tradition manuscrite de Diogène ([2]), s'attacha à réhabiliter les manuscrits plus récents qui offrent une tradition assez différente de B P F. D'après lui, ils ne forment pas une classe de *deteriores,* autrement dit la vulgate, c'est-à-dire qu'ils ne dérivent pas d'une altération des anciens manuscrits corrigés par des recenseurs érudits, mais ils constituent une classe spéciale de manuscrits (α), qu'on peut opposer à celle de B P F (β) et qui provient de l'archétype par une tradition aussi naturelle et aussi légitime. En rendant compte de ce travail, basé sur de nombreuses collations, Gercke ([3]) reprocha à l'auteur une faute de méthode : selon lui, il aurait dû partir de l'examen des plus anciens manuscrits et éviter de mettre sur le même pied que des manuscrits du XIIe et du XIIIe siècle une tradition beaucoup plus récente. Il nie l'existence d'une classe β, c'est-à-dire qu'il refuse de croire que les ancêtres des seuls manuscrits B P F aient eu un stade commun d'altération qu'on puisse comparer à celui de α. Il pose en principe que le vrai problème consiste à examiner si B P ont entre eux plus de parenté qu'ils n'en ont avec F (théorie d'Usener et de Diels), ou si B P F dérivent de l'archétype par des voies indépendantes (Wachsmuth). Reprenant l'examen de quelques collations des manuscrits récents, il montre que le fonds en est constitué par les leçons de B P F et que les variantes de lecture sont des altérations postérieures dont l'origine doit être cherchée dans une recension savante.

Martini défendit peu après ses positions contre les critiques

---

([1]) Cf. encore, du même auteur, quelques remarques dans la *Ienaer Literaturzeit.*, 1877, p. 394 *b*.

([2]) *Analecta Laertiana*, dans les *Leipziger Studien zur Class. Philol.*, t. XIX (1899), pp. 73-176.

([3]) *Deutsche Literaturzeit.*, 1910, p. 170.

de Gercke ([1]). Il continue à s'en tenir à l'hypothèse de l'origine ancienne des leçons particulières des *recentiores*, qui, à ses yeux, forment une classe spéciale α. Mais il modifie légèrement le *stemma* et les rapports de ces *codices* et il explique de la façon suivante la parenté de B P F et leurs rapports avec la classe α : B P ont des fautes communes qui proviennent d'un stade d'altération commun (ε) ; mais P contient des fautes étrangères à B, dont quelques-unes reparaissent dans la classe α : c'est que, de ε, on a tiré deux apographes : B et P ; B a été exécuté avant que ε fût corrigé d'après α, tandis que P a été copié après cette correction. F dérive d'un manuscrit très parent de ε et qui aurait été corrigé, lui aussi, d'après α.

Gercke reprit à son tour l'examen de la question ([2]), avec une documentation plus étendue que dans sa première étude. Il passe en revue tous les manuscrits pour déterminer leur origine, leurs rapports, leur valeur. Il est d'avis, avec Diels et Usener, que les fautes communes à B et P sont l'indice d'une origine commune (y). Les leçons de F s'écartent beaucoup plus de l'archétype (x), bien qu'en certains endroits elles paraissent, à première vue, meilleures, ce qui s'explique par le fait qu'il dérive d'une amélioration du texte assez récente. Quant à la vulgate (v), on ne peut en faire une classe spéciale du même ordre et de la même valeur que B P F. Le caractère de ses leçons dénonce son origine trouble et bâtarde : elle est, en effet, d'accord, tantôt avec y, tantôt avec F, tantôt avec un correcteur de P. L'examen des fautes certaines de v montre qu'elle se rattache au rameau y et qu'elle est plus spécialement apparentée aux ancêtres immédiats de P (z) ; mais l'influence de F, ou de ses ancêtres, sur v est aussi indéniable. User de la vulgate au même titre que des

---

[1] *Zur handschriftlichen Ueberlieferung des Laertios Diogenes,* — Rhein. Mus., LV (1900), pp. 612-624. Cf. encore *Analecta Laertiana*, II, dans les *Leipziger Studien*, XX (1902), pp. 145-166.

[2] *Die Ueberlieferung des Diogenes Laertios,* dans l'*Hermes*, XXXVII (1902), pp. 401-434.

anciens manuscrits pour reconstituer l'archétype serait une faute de méthode d'où résulteraient de graves erreurs.

Telles sont les conclusions auxquelles s'est rallié Schwartz, dans son article de l'*Encyclopédie* Pauly-Wissowa ([1]). Il est possible, dit-il, qu'il y ait, dans la masse des *codices* interpolés, à côté de mauvaises corrections et de bonnes conjectures, quelques leçons qu'ignorent B P F et qui dérivent pourtant de la tradition ancienne; mais elles sont si rares qu'elles ne suffisent pas à justifier la création d'une classe spéciale ([2]).

Voyons, pour notre part, et dans les proportions modestes où cet examen nous est permis, quels sont les rapports des anciens manuscrits, ainsi que la valeur des *codices* de la vulgate que nous avons utilisés.

L'existence, dans les origines de BPF, d'un ancêtre commun déjà corrompu (z) est prouvée par des fautes communes, dont voici les principales :

(7) σέβεσθαι. (8) ἀναα!δευ. — σωκράτης. (10) μόνων. — διὰ τὸ τό]τό² omis. (15) δέ omis avant μουσεῖον. (19) χηρῶ. (26) ἀέρα] αἰθέρα. (30) εἶναι]εἰδέναι. (38) ἔφη]+τε. (39) γενόμενον. — ἵνα ... αὐτόθι (lacune). — ἄν omis après ἁλῶναι. (41) ποιῆσαι. (42) τύ]τοι. (44) ἔτυχ'. (45) ἐθέλοις. — πυθαγόροιο. (46) οὗ φασιν οὗτος. (48) ἁπλοῦν. — κύδωνα. — ἀντίδοχον. (49) κρότεω. — ἐπὶ δὲ κινδυνότερα.

La parenté spéciale de B P (*y*) est attestée par la communauté des fautes suivantes :

(1) ἀριστόξενος]+ὁ. — φαιοῦντος. (2) ζάλμοξιν. (10) νεανίσκος². — εἰς ἓν κατετίθεντο. (11) τοῦτον ἄγειν. (13) ἀπηγόρευεν]ἀπαγορεύειν. (14) παντοίας. (16) συμβούλων. (17) ὁμιχεῖν]ὁμιλεῖν. (20) κατὰ γέλωτος. (28) ὑφίσταται. (32) τούτους]+τούς. (33) ὠοτόκων]+ἤ.

([1]) Tome IX (1903), col. 739 ss.
([2]) Cf. encore l'étude et les conclusions de H. Breitenbach, Fr. Buddenhagen, A. Debrunner, F. von der Mühll, concernant le IIIe livre, dans *Juvenes dum sumus* (Introduction).

(35) μειούμενον] μιμούμενον. (37) πυθαγοριστῇ. (38) ἐς] εἰς. — ἐσθίουσί τε omis. (42) λόγως] λόγος. — ἐπισκεψίας. (43) Τηλαύγει] τηλαυγῆ. (44) πεπαιγμένα] + μέν. (45) ὀμφαλόν. — ἐγὼν ἦν] ἐγὼν ἤμην. — φάσκειν. — οὕτις] ὄκτις. (48) μετ᾽ αὐτά P μεταυτά B. (49) οἷον ἤστοί P οἷον ἤστοι B. — εὑρεθήσεται. (50) λόγους. — πρώτου.

A supposer même que dans un grand nombre des passages correspondants où F présente la bonne leçon, celle-ci provienne toujours d'une correction, ce qui paraît invraisemblable, on peut dire que cette hypothèse se révèle fausse en ce qui concerne les fautes : ὁμιλεῖν, μιμούμενον, εὑρεθήσεται. Il est difficile d'admettre que, dans ces passages, la bonne leçon, présentée par F, ait pu être retrouvée par conjecture. Les ancêtres de BP ont donc subi des altérations communes, à un stade de la tradition où ceux de F étaient déjà copiés.

Voici les leçons fautives communes à BF : (8) τῆς ἐν Δελφοῖς] τῆς ἀδελφῆς. (12) τῶν (avant πρότερον)] τόν. (13) Δήλῳ τὸν] δήλω τοῦ. (17) δαδίῳ] ἐλαδίω (λαδίω P¹ Σ). (28) τῷ (avant σύμμετέχειν)] τό. (31) ἠρεμεῖ (sic). (36) μιν] μην. Aucune de ces fautes ne prouve d'une façon décisive une parenté entre B et F. La faute ἀδελφῆς, si aisée à expliquer paléographiquement, peut s'être produite indépendamment dans les deux manuscrits, car nous la retrouvons dans des textes qui n'ont aucun rapport de tradition manuscrite avec celui de Diogène : Suidas, s. v. τάδε ἐκ τοῦ τρίποδος, et Apostolius (Paroem. gr., II, p. 652). Elle se présente encore dans les extraits empruntés par Suidas à Diogène au § 21, dans un passage où les manuscrits de Diogène ont conservé la bonne leçon. Il est encore possible que cette faute provienne de l'ancêtre commun de BPF, mais que P, dont certaines leçons attestent une revision savante, l'ait corrigée d'après le § 21. En tout cas, elle ne paraît pas imputable à Diogène, qui, au § 21, renvoie le lecteur à la note du § 8.

τόν pour τῶν, τό pour τῷ sont de simples fautes de quantité; ἠρεμεῖ (sic), μην proviennent d'un iotacisme. τοῦ en place de τόν (13) est une confusion trop commune pour entrer en ligne de compte.

Reste ἐλαδίω (17) : ἐλαδίω (au lieu de ὀαδίω) est une correction savante ; dans l'archétype, on lisait ΛΑΔΙΩ, simple erreur de majuscule, conservé par P[1] et Σ. Or, λάδι est la forme romaïque de ἐλάδιον, en sorte que les correcteurs ont pu songer, indépendamment l'un de l'autre, à rétablir le texte de la même manière.

D'après la *Vie* de Pythagore, tout au moins, on ne peut reconstituer un degré d'altération commun à P et F. Voici leurs fautes communes que j'ai relevées : (16) γεννηθείη. (36) ἐπεὶ ἢ. (49) κρότεω (κροτέω P). La première est due à une gémination de consonnes ; ἐπεὶ ἢ est une simple faute d'accentuation. Κρότεω paraît avoir été la leçon de l'original commun à BPF ; nous n'avons plus, en ce passage, que la correction de B[2] : κροτώνιος.

Les passages où nous pouvons utiliser Φ[ap] et Φ[v] ne sont pas très nombreux et, cependant, on peut en tirer des conclusions touchant les rapports du *codex* original des *Excerpta* avec les autres manuscrits. Une parenté avec B paraît peu établie : elle reposerait sur la leçon : (27) βάθη, qu'on ne peut, sans hésitation, considérer comme une faute certaine. Avec Σ : au § 20, au lieu de μόνον δέ, Φ[v] et les meilleurs *codices* de Σ (V et A) lisent μόνου δέ ; mais il est évident qu'on ne peut tirer de cet accord partiel aucune conclusion.

Avec F, au contraire, les concordances dans les fautes paraissent plus probantes : (36) φᾶσθαι est une simple faute d'accentuation et (11) νέσος, d'orthographe ; mais (9) ὅτε βούλει (pour ὅταν βούλῃ) peut entrer en ligne de compte, de même que (34) οἰκέτης (pour ἱκέτης), qui paraît provenir, non d'un iotacisme, comme on pourrait le croire, mais d'une correction savante (le coq « domestique »). Au § 18, Φ et F omettent tous deux le second μὴ ὑπερβαίνειν. On peut donc conclure que quelque ancêtre de F, non altéré encore par l'importante revision savante dont ce manuscrit porte des traces, a eu quelque influence sur les origines de Φ ; car je ne puis croire que Φ provienne directement et uniquement des ancêtres de F.

Voici quels sont les rapports de Σ avec le reste de la tradition : Il est d'abord un certain nombre de fautes qui sont communes à BPFΣ et qui permettent de conjecturer l'existence d'un ancêtre commun x déjà altéré (19) κηρῶ; (39) γενόμενον; omission de ἄν après ἁλῶναι; (17) les deux leçons λαδίω P¹Σ et ἐλαδίω BF sont également corrompues ([1]).

Les fautes spéciales à ΣF n'ont pas beaucoup d'importance, parce qu'elles comprennent uniquement une variante de forme, (21) ἑαυτῶν, et des omissions de particules : (22) τε après τούς; (30) οὖν après νοῦν μέν; (34) καί après τινος. Or, Suidas, dans ses extraits, traite d'ordinaire les particules avec beaucoup de liberté et le texte de F est surtout remarquable par ses lacunes; on ne peut tirer de ces coïncidences une conclusion précise.

Les concordances fautives de BPΣ ne sont pas non plus fort décisives : (20) καταγέλωτος ($Σ^{2-4-6^a}$, mais καταγέλωτος $Σ^{3-6^bV}$); (38) εἰς au lieu de ἐς; (38) omission de ἐσθίουσί τε : il est possible que le correcteur savant de F ait comblé la lacune par conjecture ([2]). Concordance partielle avec P : (39) δέ, au lieu de δή, après οὕτω.

Pour juger de la valeur respective de ces principaux manuscrits, il est nécessaire de l'examiner dans le détail de l'apparat critique. Mais on peut dire, d'une façon générale, que BP représentent, malgré leurs fautes, qu'on peut d'ordinaire aisément corriger par l'étude paléographique, une tradition meilleure et plus pure que F. En beaucoup d'endroits où BP offrent une leçon difficile à comprendre ou corrompue, F présente une variante qui paraît meilleure à première vue, mais qu'un minutieux examen permet de condamner. C'est que la faute conservée par BP existait dans les origines z de BPF et que F a voulu

---

([1]) Peut-être faudrait-il joindre à cette série : (20) πελαργᾶν; mais il est probable que cette erreur doit être imputée à Diogène. Toutefois, dans cette voie, il ne faudrait pas aller trop loin : Diogène écrivait le grec (cf. γενόμενον et l'omission de ἄν) et il est peu vraisemblable qu'il ait cru que Pythagore mangeait de la cire (cf. κηρῷ). D'ailleurs, le grand nombre de fautes communes à BPF, là où Σ ne peut fournir aucun secours, montre que l'archétype était sûrement altéré.

([2]) C'est l'avis de Diels, Vors., 1³, p. 374.

la corriger, non par des recherches paléographiques, mais par des conjectures philologiques, si bien qu'il n'est pas parvenu à retrouver la bonne leçon. Ainsi, dans les passages suivants, les leçons de F paraissent provenir d'un essai de correction d'un texte obscur, par le sens ou par l'écriture, des origines de BPF :

(14) παντοίους (παντοίας BP, mauvaise lecture d'un passage peu lisible); (17) ἐλαδίῳ (ΛΑΔΙΩ P¹ hors de ΔΑΔΙΩ; mais B a corrigé aussi en ἐλαδίω); (31) ἐξελθοῦσαν (P a pu lire ἐκριφθεῖσαν, B κρυφθεῖσαν; F, qui ne pouvait déchiffrer, sans doute, a improvisé d'après le sens); (36) γοητείας ἀποκλεινὸν ἐπίδοξον (il ne pouvait comprendre l'ἀπόκλινον des origines); (38) λέγεις εἰ τοῖς] λέγεις ἐν τοῖς F λέγει σίτοις B λέγεις τοῖς P λέγειν σίτοις Σ⁶ᵛ λέγεις εἰστυοῖς Σ²⁻³⁻⁴; (45) ὅστις (ὅκτις BP, probablement de οὕτις).

Ailleurs, d'un passage peu lisible, F a tiré des mots, sinon un sens : (9) ἐν ἀνθ' ἑνός] ἐν ἄνθει νοός. (9) οὐκ ἐᾷ εὔχεσθαι ὑπὲρ αὐτῶν] οὐκ ἐλεγχεσθε ὑπὸ ἑαυτῶν. Cette dernière lecture est typique. Elle dérive, à l'origine, d'une simple faute paléographique ΟΥΚΕΛ ΕΥΧΕϹΘΑΙ / ΟΥΚΕΛΕΓΧΕϹΘΑΙ, compliquée d'une erreur due à la prononciation ; on en a tiré cependant un sens, auquel il a fallu accommoder la préposition qui suit, par une correction savante. (35) εἴδους] γένους : cette variante ne peut s'expliquer que par une sorte de glose (prise plus tard pour une graphie et adoptée par F), destinée à indiquer quel sens, un peu particulier et philosophique, il fallait attribuer ici à εἶδος.

Cependant, en plusieurs endroits, F a seul conservé la leçon correcte, soit qu'il l'ait retrouvée par conjecture, soit qu'il la tienne d'une tradition moins altérée. Exemples : (1) φλιοῦντος; (10) κατετίθεντο τὰς οὐσίας εἰς ἓν ποιούμενοι (ordre des mots); (16) συμβόλων; (20) καταγέλωτος; (32) τούτους; (35) μειούμενον; (37) δ'ἀλκμαίωνι· ὡς ; — πυθαγοριστί; (38) ἐσθίουσί τε?; (49) αἱρεθήσεται; (50) λόγου; — πρῶτον. — Ce manuscrit est malheureusement déparé par une foule d'omissions de peu d'étendue.

Σ est précieux en plus d'un passage pour retrouver la leçon originelle : (18) ἐν ἴσῳ τῷ. (19) ἐνίοτε δ'αὐτόν; — ὄψῳ; (23) φθίνειν;

(26) ἀέρα; (37) μεγέθεσιν νουβυστικῶς. Cf. (39) ἵνα διήρχετο, αὐτόθι (ceteri : ἵνα αὐτόθι), provenant apparemment d'un ἵνα < μὴ > διέρχοιτο, qui était sans doute peu lisible dans l'archétype.

De Φ, on ne peut guère tirer parti que pour appuyer çà et là des leçons de manuscrits isolés. Ainsi : (2) ζάμολξιν (avec F); (13) τόν, avant ἀπόλλωνος (avec P); (35) γοῦν (= δὴ de P¹B²); (41) αὐτῷ (avec F); (44) ἁλισθῇ (avec B). Toutefois, il est seul à présenter la leçon correcte διὰ τὸ τὸ | (τό² omis BP¹F), au § 10. De même, au § 8, φιλόσοφος est une meilleure leçon que φιλόσοφον.

J'établirais ainsi, à condition qu'on ne prête pas à ce schéma grossier une exactitude mathématique et qu'on suppose plus d'intermédiaires et plus d'influences, encore mal déterminées, que je n'ai pu l'indiquer, le *stemma* des anciens *codices*.

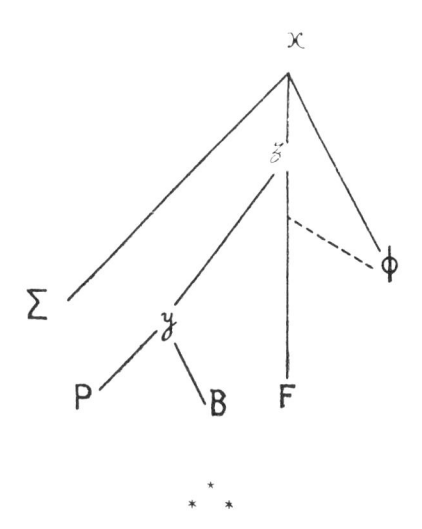

* * *

Parmi les manuscrits récents, j'ai choisi, avant tout, pour représenter la vulgate et contrôler la valeur de la thèse de Martini, les deux manuscrits D et G. C'étaient, d'après les notes de Gercke et de Martini, ceux qui avaient le plus de chances de représenter un type bien déterminé et original de la vulgate.

G est l'exemplaire des *deteriores* qu'avait choisi Usener pour l'édition des *Epicurea* : c'est un Laurentianus, 69, 28, chartaceus du XVe siècle, dont la grosse écriture (28 lignes à la page) contient peu d'abréviations. On rencontre quelquefois en marge, à côté des citations, le signe semblable à des guillemets que nous avons signalé dans B. Il n'y a pas de notes marginales, mais en quelques endroits, le manuscrit a été corrigé par une seconde main (G^2) : ce sont des additions et, plus rarement, des corrections faites après rature [1].

D est un Burbonicus, III, B, 28, (252), chartaceus du XVe siècle (XVIe, Gercke) [2]. C'est surtout sur lui que Martini s'appuie pour démontrer que dans la seconde partie des *Biographies* de Diogène (livres VIII-X) [3], la vulgate provient d'un manuscrit de la même classe que B et d'une tradition souvent plus fidèle que la sienne. De cet ancêtre, D serait un rejeton plus authentique que tous les autres *codices recentiores*. Chaque page compte environ 31 lignes; les abréviations y sont peu nombreuses; on y retrouve le signe des guillemets. C'est au premier copiste qu'il faut rapporter les notes marginales qui annoncent le sujet d'un nouveau chapitre ou qui attirent l'attention du lecteur : ὅρα, διατί ... (etc.), περί... (etc.), ainsi que les additions marginales et les variantes introduites par $\overset{\rho}{\Gamma}$. Les corrections après rature (par exemple [42] πατέρων sur πατρίων) paraissent indiquer un procédé différent et une autre main, D^2.

Le texte de G diffère très peu de celui de D. Se fiant aux apparences, Martini a émis l'opinion que G aurait été copié sur D. Gercke pense, au contraire, que G ne provient pas de D et que dans les premiers livres il est fort apparenté à B. Il explique D par un mélange d'influences de F, de P et de B [4]. Voici la

---

[1] *Vit. Pyth.*, ff. 179v à 189v.
[2] *Ibidem.*, ff. 171R à 180R.
[3] *Leipziger Studien*, t. XIX, p. 116.
[4] *Hermes*, XXXVII (1902), pp. 431 ss.

liste des divergences de nos deux manuscrits ; j'ai laissé de côté les iotacismes, fort nombreux, particulièrement dans G :

	G	D
(1)	δακτυλιογράφου	δακτυλιογραφου (λυ)
»	φλαιοῦντος	φλιουντος (αι)
(3)	πολικράτην	πολυκράτης
(5)	δὲ Πύρρος] δέ omis.	
(6)	ταῦτα	ταύτας
(7)	σέβαισθαι (les deux αι remplacés par ε).	σευεσθαι
(12)		κρέασιν — πρῶτόν γε (omis de première main).
»	εὑρυμένη	εὑρημένη
(14)	παραγενῆσθαι	παραγεγενῆσθαι
(19)	θαλαττίοις	θαλαττίεις (οις en marge).
(20)	ἔξω ταῖς	ἔξω (ται)
(24)	ἀπηγόρευεν χρῆσθαι	ἀπηγόρενεν ἔχεσθαι . Γ ͬ χρῆσθαι
(25)	ἔψυχον	ἔμψυχον
(29)	εἶναι θερμήν	θερμήν εἶναι
(31)	κρυφθεῖσαν τε	ἐξελθοῦσαν δὲ. Γ ͬ κρυφθεῖσαν τε
(35)	φιλόσοφοι	τῶν φίλων . Γ ͬ φιλόσοφοι
(36)	ἐλεγείεις (οι)	ἐλεγείοις
»	ἧς ἀρχή omis.	ἧς ἀρχή] λέγων
(37)	οὐ βυστυκῶς	οὐ βυστικῶς

	G	D
(37)	ἀλκμαίωνι	ἀλεκμαίωνι
(38)	εἰ τοῖς] ὅς οἵτοις	ὅς σίτοις
(39)	τετταράκοντας	τετταράκοντα
(40)	λέγει γάρ	λέγει
(42)	ἀποδίδος σθαι	ἀποδίδοσθαι
»	τῶν πατρίων	τῶν πατερ´ων (sur rature de : πατρίων)
»	ἐνόμισε	ἐνόμισδε
(43)	ἐνπεδοκλέα	ἐμπεδοκλέα
»	ταῦτα δι᾽ ἅ] ἰδεῖν ἅτα δι᾽ ἅ	ἰδεῖν τὰ δι᾽ ἅ
(44)	ἐννενήκοντα	ἐνενήκοντα
»	ἀπέχες	ἐπέχες
(45)	πρὸ βροτός	προβροτός
»	ἄμμιγα τοῖς τοῖσιν ὁμοῦ ἰδίοις	τοῖσιν ὁμοῦ ἄμμιγα τοῖς
»	ἤκμαζε δὲ καί] καί omis.	
(46)	φάνθων	φθάντων
(49)	ἀναξιμένει	ἀνναξιμένει

Certaines comparaisons, comme σεύεσθαι D, σέβαισθαι G; εὑρημένη : εὐρυμένη; ἔξω^{ται} : ἔξω ταῖς (pour τῆς); λέγει ὡς : λέγει γὰρ ὡς; φθάντων : φάνθων, où G a conservé la leçon originelle ou présente un texte qui s'en rapproche davantage, prouvent que G n'a pu être copié sur D. Un copiste, en effet, qui, partout ailleurs, se montrerait si servile, n'aurait pu, dans ces passages, corriger le texte et retrouver la leçon originelle. D'autres cas, comme πολικράτην G : πολυκράτης D ; ταῦτα τὰς συγγραφάς : ταύτας τ. σ.; ἔψυχον : ἔμψυχον; ὃς οἵτοις : ὃς σίτοις; τετταράκοντας : τετταράκοντα; καί omis dans G après ἤκμαζε δέ, etc., montrent que l'hypothèse contraire est aussi peu admissible; dans ces endroits, en effet, D a conservé la bonne leçon ou une lecture qui se rapproche de celle des bons manuscrits. Cependant, on se voit obligé de leur reconnaître une intime parenté, si l'on en juge par leurs fautes communes et par le nombre considérable de variantes originales qu'ils présentent.

L'un des parallèles cités plus haut nous met sur le chemin de la découverte : (45) ἄμμιγα τοῖς τοῖσιν ὁμοῦ ἰδίοις G : ἄμμιγα τοῖς ἰδίοις D, leçon accompagnée des mots τοῖσιν ὁμοῦ au-dessus de la ligne. Il est visible que les mots qui figurent dans D comme variante sont entrés dans le texte de G. Mais, comme G, pour les raisons exposées plus haut, ne peut avoir été copié sur D, il faut admettre qu'ils dérivent tous deux, indépendamment, d'un *codex* plus ancien. Ce manuscrit contenait des graphies et des variantes placées au-dessus ou à côté des mots. Le copiste de D a transcrit fidèlement ce texte, dans l'état originel. Le copiste de G a parfois laissé de côté ces variantes (par exemple δακτυλιογλύφου); mais, le plus souvent, il a corrigé le texte primitif d'après ces notes (φλαιοῦντος, θαλαττίοις, ἀπηγόρευεν χρῆσθαι, κρυφθῖσαν τε, φιλόσοφοι, οὐ βυστυκῶς. Il lui est arrivé de se méprendre sur la portée ou le sens de ces variantes. Ainsi pour φλαιοῦντος : il a cru que la graphie αι placée au-dessus de φλιοῦντος, devait remplacer ι et non λι. C'est par une erreur semblable qu'il a introduit τοῖσιν ὁμοῦ dans son texte, ne comprenant pas que ces mots formaient une variante de ἄμμιγα τοῖς.

Il convient aussi d'examiner les rapports de D et de G avec les manuscrits plus anciens et de déterminer quelle peut être leur valeur pour la reconstitution de l'archétype. DG présentent un certain nombre de fautes qu'on retrouve dans B. Les plus remarquables sont : (5) πρόσθεν] πρόσθε ἦν (προσθῆν B); (35) τούτου] τόπου; (38) εἰ τοῖς] ὅς σίτοις (D), cf. σίτοις B; (41) αὐτῷ] αὐτόν; (42) πατρίων; (49) ἦλθε; εὑρεθήσεται. Par contre, on ne peut découvrir une faute bien caractéristique commune à DG et à P ou Σ; d'où l'on peut conclure que les concordances avec B ne proviennent pas de y, mais de B lui-même ou de ses ancêtres immédiats, postérieurs à y. Les concordances fautives avec F paraissent être plus nombreuses encore qu'avec B. Je relève spécialement : (20) οὐδένα omis ; (21) εἶπε ; (30) φρένα ; (31) ἐξελθοῦσαν ; (35) ἀλῶν] ἀλλῶν ; (37) Πυθαγοριζούσῃ] τοῖς Πυθαγορικοῖς ; οὐ βυστικῶς ; (38) τε omis ; (39) τούς omis ; (40) ἐξελθεῖν ; (49) κατέρυχεν ; πόλεις. Il semble donc que D et G dérivent, pour le fond, de B ou de ses ancêtres immédiats, mais que le texte a été revu sur F ou quelque manuscrit de sa parenté.

Cependant D et G présentent un grand nombre de leçons originales qu'on ne trouve ni dans les anciens manuscrits ni dans les autres *codices recentiores*. Comme certains critiques ont voulu leur reconnaître une valeur considérable, il est nécessaire de passer en revue la plupart d'entre elles, pour contrôler cette estimation.

(1) τῶν ἰταλικῶν ... ὧν : le pluriel ne peut être préféré au singulier, car, dans l'autre membre de phrase, on lit ἰωνικήν. — δακτυλιογράφου : ce mot n'existe pas. — ὄντος ajouté à πρεσβυτέρου est une addition inutile d'un grammairien qui a voulu éclaircir la construction.

(4) Μενελάου : correction évidente de Μενέλεω, forme homérique qu'on a trouvée étrange ici, mais qui, dans cette histoire où il est question de la guerre de Troie, est un souvenir naturel d'Homère. Dans le texte d'une notice semblable à celle-ci, l'auteur citait les vers homériques où est racontée l'histoire d'Euphorbe (Jamblique, *V. P.*, 63 ; Porphyre, *V. P.*, 26).

(6) ἱστορίας : lecture injustifiable ; au pluriel, ce mot doit être compris dans le sens de *livres d'histoire*. δὲ εἰπεῖν : l'indicatif convient mieux que l'infinitif.

(7) πρὸς Ἡλοθαλῆ : ce serait une lettre ou un discours philosophique adressé à Hélothalès. Rien ne justifie cette leçon, car le titre d'un autre ouvrage de la même catégorie est Κρότων.

(8) Σωσικράτης : les autres manuscrits présentent Σωκράτης. Ceci était une faute évidente, puisque l'ouvrage d'où est tiré cet extrait est cité : ἐν Διαδοχαῖς ; en outre, elle était facile à corriger pour un lecteur de Diogène, car Sosicrate est fréquemment cité.

τίς εἴη· « φιλόσοφος » εἰπεῖν· καὶ τὸν βίον] λέξαι τί φιλόσοφον εἰπεῖν τὸν βίον, etc. Cette leçon provient manifestement d'une mauvaise correction. Les nombreux passages parallèles montrent que Léon demande, non une définition du mot philosophe, mais ce qu'est Pythagore; à quoi il répond : « Je suis philosophe », etc. La leçon de DG ne provient pas d'une simple erreur paléographique, mais d'un remaniement d'origine érudite.

(9) μήτε τῶν πόνων μήτε τῶν σιτίων μηδένα] μήτε τῶν πόνων μήτε τῶν σιτίων μήτε τῶν ὕπνων μηδένα. Dans le texte correspondant de BPF, les correcteurs de DG ont remarqué que πόνων et σιτίων ne formaient pas l'antithèse qu'on attendait ici. Cherchant une correction, ils ont cru contrebalancer τῶν πόνων en ajoutant τῶν ὕπνων. Peut-être se sont-ils inspirés ici de deux passages de la *Vie de Pythagore* de Jamblique (163 et 244) : καταμανθάνειν σημεῖα συμμετρίας πόνων (ποτῶν 244) τε καὶ σιτίων καὶ ἀναπαύσεως. Le caractère de correction savante s'accentue.

(10) ἐγένοντο : l'Aoriste, coordonné à un Imparfait, a toutes les chances d'être une faute.

(12) ἤνυκε] ἡνίκα. Tout le reste de la tradition de Diogène, y compris un extrait de l'Anthologie Palatine, offrent ici : ἤνυκε Π. τὸ περικλεές, que je comprends ainsi : Pythagore a réalisé ce qui est très illustre (l'exploit fameux) : il a trouvé la figure géométrique, etc... Plutarque et Athénée, qui reproduisent cette épigramme, écrivent ἡνίκα, lorsque...; mais avec cette lecture, l'épigramme reste sans proposition principale. C'est dans ces auteurs, sans doute, que DG ont puisé leur correction.

(13) διὰ τὸ πυρούς] καὶ πυρούς. Le verbe τίθεσθαι, dans DG, a pour sujet Πυθαγόραν, comme προσκυνῆσαι, ce qui est ridicule. Διὰ τὸ indique la raison pour laquelle il ne fit ses libations qu'à cet autel. Dans le texte de DG, remarquons encore que l'Infinitif présent τίθεσθαι ne s'accorderait pas avec l'autre Infinitif auquel il est coordonné, l'Aoriste προσκυνῆσαι.

(16) εὐνομουμένης] εὐναιομένης (= εὖ ναιομένης) : ναίω est poétique; d'ailleurs si l'on admet cette lecture, l'anecdote perdrait sa signification.

(17) καρδίην : il n'y a pas trace de dialecte ionien dans les symboles.

φορτίον μὴ συγκαθαιρεῖν καὶ μὴ συνεπιτιθέναι. Cette leçon est un compromis entre la leçon des anciens manuscrits de Diogène : φορτίον συγκαθαιρεῖν καὶ μὴ συνεπιτιθέναι, et la formule ordinaire des passages parallèles, dont le sens est exactement contraire : φορτίον μὴ συγκαθαιρεῖν, συνεπιτιθέναι δέ. Le correcteur a voulu ménager les deux opinions et il a trouvé cette formule hybride et absurde.

ἀποδημοῦντα ἐπὶ τὰ ἱερὰ μὴ ἀνεπιστρεπτεῖν. Dans les autres manuscrits et dans les passages parallèles, ce précepte revêt la forme ἀποδημοῦντα ἐπὶ τοῖς ὅροις ἀνεπιστρεπτεῖν (ἀνεπιστραφεῖν F), ce qui signifie qu'il ne faut pas se retourner en passant les frontières. On trouve une tradition semblable à celle de DG dans Olympiodore, *In Plat Phaedon.*, page 8 : ἀπιόντι εἰς ἱερὸν οὐ δεῖ ἐπιστρέφεσθαι. Le correcteur de DG paraît avoir compris ἀνεπιστρεπτεῖν, non dans le sens ordinaire *ne pas se retourner*, mais dans un sens dérivé : *négliger*. Aussi a-t-il cru devoir ajouter μή pour que le précepte fût édifiant. Sur la forme de la lecture originelle de Diogène, la comparaison avec le § 18 (εἰς ἀποδημίαν βαδίζοντα) ne laisse subsister aucun doute.

(19) κηρίῳ : il semble que nous ayons ici une bonne leçon. Tous les autres manuscrits, y compris Suidas, lisent κηρῷ. Ce mot avait choqué certains recenseurs : ainsi F[2] a corrigé en τυρῷ. On peut conjecturer que κηρίῳ est aussi une correction savante, imaginée d'après les passages parallèles : Jamblique, *V. P.*, 97 et 150, Porphyre, *V. P.*, 34.

(22) προφέρειν est une faute qui provient de cette façon d'écrire προσφέρειν : πρφέρειν. — ἀναιμακτί : l'adverbe ne convient pas en cet endroit; le sens réclame un adjectif, que nous donnent les autres manuscrits.

(24) ἀπηγόρευεν χρῆσθαι (GD[2]; ἀπ. ἔχεσθαι D[1]) est une correction de l'expression ἀπηγόρευεν ἀπέχεσθαι BP[1] (cf. § 19 : ἀπηγόρευε μήτε ἐρυθῖνον ἐσθίειν... καρδίας τε ἀπέχεσθαι), qui très anciennement avait été modifiée par Σ en ἀπέχεσθαι, par F en ἀπηγόρευεν ἔχεσθαι.

(25) αἰτία οὔση : le reviseur n'a pas vu dans αἴτιον (de αἰτίῳ ὄντι) un substantif neutre, mais un adjectif et il s'est étonné du genre : de là sa correction.

αἰσθητά] στερεά. La bonne leçon (αἰσθητά) est fournie par BPFΣ. στερεὰ σώματα n'est pas, à vrai dire, une simple répétition de στερεὰ σχήματα, mais le mot αἰσθητά est bien plus clair.

(28) DG ponctuent et lisent : ψυχροῦ, τῷ συμμετέχειν ψυχροῦ αἰθέρος. διαφέρειν τε ψυχὴν ζωῆς. C'est une tautologie d'expliquer ἀπόσπασμα αἰθέρος ... ψυχροῦ par τῷ συμμετέχειν ψυχροῦ αἰθέρος : « l'âme est un fragment d'éther chaud et d'éther froid, par le fait qu'elle participe à l'éther froid ». En outre διαφέρειν ψυχὴν ζωῆς devient une affirmation gratuite. D'après la leçon des anciens manuscrits, au contraire, la distinction entre la vie (des plantes) et l'âme (des animaux) tient à ce que la seconde seule est constituée, pour une part, par l'éther froid (grâce à la respiration). Cf. le commentaire.

(29) Après ὅρασιν : ταύτην γὰρ ἄγαν θερμὴν εἶναι (εἶναι θερμὴν G) est un arrangement du texte qui ne présente qu'un sens absurde. En outre les mots τήν τε αἴσθησιν — ὅρασιν restent en suspens : le verbe nécessaire à la formation d'une proposition fait défaut.

(31) ἐκπέμπει est une correction qui a pu paraître nécessaire, à cause des prépositions qui suivent (ἀπό et ἐκ); mais εἰσπέμπειν, introduire, est mieux à sa place que ἐκπέμπειν (faire partir, envoyer), car Hermès conduit lui-même les âmes (ἄγεσθαι : cf. son surnom πυλαῖος).

(32) τούτους δαίμονας] ταύτας δαίμονας. F présente la leçon originelle : τούτους; le démonstratif est attiré au genre du complément attributif. BP croient voir une faute de grammaire, comme si δαίμονας était le sujet de νομίζεσθαι, et ils corrigent : τούτους τοὺς δαίμονας. Φ^v et DG, au contraire, ont compris le sens, mais n'ont pas admis l'attraction dont je viens de parler; aussi rétablissent-ils ταύτας.

νόσου τε καὶ ὑγείας. Il est visible que DG ont eu devant les yeux la leçon fautive de B : νόσου τε (νόσους τε PF, καὶ νόσους Φ, Suidas, d'après une notice s. v. ὀνειρόπληκτον, lisait aussi νόσους).

En effet, ce génitif, dépendant de σημεῖα et accompagné de τε, attend un second membre accolé par καί. Le correcteur de DG a voulu, selon un procédé que nous avons déjà signalé (à propos de ὕπνων opposé à πόνων [§ 9]), compléter le texte par une antithèse : καὶ ὑγείας. La leçon de PF ΦΣ est bien claire et juste : les démons envoient les présages et les maladies.

(33) διὰ τοῦτο αὐτὸν καθαρεύειν : la leçon διὰ τοῦτο est absurde, car on ne voit pas à quelle raison on fait allusion.

(34) Ἀριστοτέλης, en place de Ἀριστοφάνης, est une erreur évidente, car le fragment est poétique. — Ἡρωικοῖς, au lieu de Ἥρωσι, est une variante contredite par les autres témoignages sur le titre de la comédie. — ἐκτός remplace ἐντός ; ἐντός est cependant correct : il signifie, à mon sens, entre la table et le convive

Μηνός] Διός. La suite du texte (Μηνί) donne raison à la tradition ancienne. En outre, les passages parallèles des autres auteurs qui expliquent ce précepte donnent tous Μηνός (ex. Jambl. V. P., 84), ou Ἡλίου (Jamblique, Protr., 21, 18 ; Suidas, dans cet extrait de Diogène). Διός paraît être une glose de Ζηνός, qui aurait été une mauvaise lecture de Μηνός.

(35) τῶν φίλων] φιλόσοφοι GD². D'après le passage parallèle, Jambl. V. P., 86, c'est une erreur.

ἔτι] πάλαι : correction destinée à former antithèse à νῦν ou faute machinale produite par l'attraction de l'autre πάλαι. — ὅτι καί] ὅτι ἄν, destiné à régulariser la syntaxe; cf. cependant Matthaei, Gr. Gram., n° 1259 (2ᵉ éd.).

(36) Le texte du vers de Timon, dans DG : γόητας· ἀποκλίναν τε ἐπὶ δόξης, θήρην, n'offre aucun sens; en outre, cette leçon est plus éloignée des origines que celle de BP, aisée à corriger.

ἐν ἐλεγείοις est une première erreur qui a entraîné la chute de ἧς ἀρχή, qui s'accordait avec ἐλεγεία. D l'a remplacé par λέγων, variante complètement privée de tradition paléographique.

ἐποιχτεῖραι] ἐπικτεῖναι est une méprise, amusante dans ce contexte.

(38) λέγεις | ὃς σίτοις ῥύπου μεστοῖς ἥδεται ξυνών D (σίτοις] οἴτοις

G). Aucun des manuscrits n'offre ici la leçon convenable, mais on peut aisément la rétablir, en prenant à l'un et à l'autre. La leçon de DG est un essai intéressant tenté pour sortir de l'imbroglio de la tradition; mais il n'est pas satisfaisant. ξυνών n'est pas du tout le terme propre qui convient à σίτοις : on n'est pas en compagnie de la nourriture. Les conditions de la métrique ne sont d'ailleurs pas observées. D dérive de B : λέγεισίτοις ῥύπου μεστοῖς ἥδεται ξυνών, où λέγεισί = λέγεις,|εἰ; comme il manquait une syllabe au vers, DG a ajouté ὅς.

(40) Κύλωνος] Μίλωνος. Le passage est certes obscur, car il n'a pas été question de Cylon jusque-là. En outre, on se demande quel est ce banquet organisé par Cylon et qui amène la retraite de Pythagore. J'ai expliqué plus haut (p. 24) que l'obscurité de ce passage provient d'un raccourci trop serré de l'exposé primitif. Cylon nous est connu par une foule de passages parallèles : c'est l'ennemi personnel de Pythagore, d'après la légende. Le banquet qu'il préside faisait partie, sans doute, des réjouissances instituées à l'occasion du massacre des Pythagoriciens.

La leçon de DG provient du désir du correcteur d'éclaircir ce passage, en en retranchant un nom inconnu pour y faire entrer celui de Milon, bien connu par le § 39. Le correcteur a cru que le banquet en question était celui qui avait réuni les Pythagoriciens dans la maison de Milon.

(41) ἐντείλασθαι. Le bon texte présente deux Optatifs Aoristes qui dépendent de ὡς; mais dans les manuscrits, ποιήσαι est écrit comme un Infinitif Aoriste : ποιῆσαι; aussi DG a-t-il cru bon de corriger ἐντείλαιτο en un Infinitif Aoriste.

ἔπειτα καθιέναι αὐτόν· καὶ ἔστ' ἂν ἀνέλθῃ, τοῦτο ποιῆσαι τὴν μητέρα. — αὐτόν est une leçon fautive de B (αὐτῷ FΦ, αὐτό P), en sorte qu'ici encore B paraît être le point de départ de DG. αὐτόν ne peut désigner δέλτον, qui est du féminin; il doit donc se rapporter à Pythagore et la phrase doit signifier : « ensuite Pythagore descendit dans le souterrain ». Voilà le raisonnement qu'a tenu le correcteur. Mais alors ἔστ' ἂν ἀνέλθῃ ne pouvait plus se rapporter à l'action de passer régulièrement la tablette à Pythagore (καθιέναι αὐτῷ) jusquà sa réapparition. D'où la nécessité de rapporter cette proposition à ce qui suit (τοῦτο ποιῆσαι τὴν μητέρα) et de la relier à la précédente par καί. Ici, la correction est des plus habile : si le texte de B ne nous en apprenait l'origine et si nous n'étions instruits des méthodes du correcteur, nous hésiterions peut-être.

(43) ταῦτα δι᾽ ἅ | ἰδεῖν τὰ δι᾽ ἅ D ou ἰδεῖν ἄτα δι᾽ ἅ G n'offre aucun sens satisfaisant.

(44) ἀψύχοις ἐπέχες]. Les deux variantes de nos manuscrits : ἐμψύχοις ἐπέχες D (contresens), ἐμψύχοις ἀπέχες G (faute grammaticale) sont inadmissibles.

ἄγαμαι σοφόν — ἔτευχ᾽ ἀδικεῖν] οὐ γὰρ σοφὸν αὐτὸν μέν που || οὐκ ἀδικεῖν, ἄλλους δ᾽αὐτὸς ἀρ᾽ ἦν ἀδικῶν. Cette rédaction doit être rejetée pour plusieurs raisons La proposition ἀρ᾽ ἦν ἀδικῶν ne peut être mise sur le même pied que la proposition infinitive αὐτὸν οὐκ ἀδικεῖν. Ensuite, la raillerie ἄγαμαι σοφόν est perdue et le γάρ n'a plus de raison d'être; d'après la leçon des manuscrits anciens, ce qui fait l'objet de l'admiration ironique de Diogène, c'est que Pythagore fasse pécher autrui, tout en se défendant de pécher lui-même.

(45) ὀμφαλόνα est un essai de correction de ὀμφαλόν BP[1], qui ne remplit pas la mesure, et de ὀμφαλόον F, forme inexistante. Mais ὀμφαλῶν est tout aussi imaginaire.

Pour les deux derniers vers de la troisième épigramme, voici la leçon de DG : φησὶ γὰρ οὗτος · ἐγὼ ἦν προβροτὸς (πρὸ βροτὸς G). ὃς δ᾽ὅτε οὐκ ἦν φάσκεν ὅτ᾽ ἦν δήπου οὐκ ἂν ἔην ὅτε ἦν. Ce texte présente trois hiatus (ἐγὼ ἦν, ὅτε οὐκ, δήπου οὐκ), auxquels on peut d'ailleurs aisément remédier (ἐγὼν ἦν, ὅποτ᾽ οὐκ, δήπουγ᾽ οὐκ), et un ὅτ᾽ pour ὅτι. Mais surtout, il est complètement étranger à la tradition de BPF, ce qui le rend suspect, car il faut le juger d'après ce qu'on sait de la méthode de correction de DG. Il faut avouer que la correction de ce passage, qui devait être complètement inintelligible dans les origines et qui l'est resté dans BP (F n'en a osé conserver qu'un fragment), est fort ingénieuse. Mais je lui préfère le texte de BP, fort simplement, mais habilement, restauré par Cobet.

ἄμμιγα τοῖς] La variante τοῖσιν ὁμοῦ GD² ne présente pas d'intérêt.

(46) La manière dont le correcteur s'est tiré d'un mauvais pas, ici, est assez curieuse. Le texte des anciens manuscrits : οὗ φασιν οὗτος εἶναι τοὐπόρρητον τῆς φιλοσοφίας, αὐτῶν διδάσκαλος, est altéré, mais quelques légères corrections (ajouter δ⁰ς [τέταρτος], déplacer οὗτος et rétablir τὠπόρρητον) donnent un texte satisfaisant. Dans la leçon de DG : ὁ οὖν φιλόσοφος τῶν ἀπορρήτων τῆς φιλοσοφίας διδάσκαλος ἦν, le remaniement savant est évident. Le singulier ἀπόρρητον doit être conservé ; Pythagore est l'inventeur du précepte du secret dans l'enseignement philosophique ; αὐτῶν se rapporte aux Pythagoriciens dont les noms viennent d'être cités.

(47) ἄλλον] ἄλλοι DG : à coup sûr fautif.

(48) δηλοῖ est une leçon excellente ; mais ΑΠΛΟΥΝ de BPF est une faute qui provient évidemment de ΔΗΛΟΥΝ. δηλοῖ n'est donc qu'une conjecture : cette variante ne remonte pas à des origines paléographiques.

L'épigramme de Théétète a été ramenée dans DG aux proportions d'un simple distique : Πυθαγόρην, ὦ ξεῖνε, κομήτην, εἴ τιν' ἔροιο Ἠλείων, φήσεις αὐτὸν ἄπιστα λέγειν. Ce ne peut être là la leçon originelle. Les mots : φήσεις αὐτὸν ἄπιστα | λέγειν s'expliquent mieux après la phrase de BPF : τὰ δ'ἔργα μου εἴ τιν' ἔροιο.

(49) La fin du second vers, qui devait être difficile à lire dans l'archétype (B¹ : κρο (τώνιος B²). F : κρότεω σάμιος. P : κροτέω σάμιος), a été corrigée par DG en κροτώνιος εἰδογάμου (le Crotoniate, fils d'Eidogamos) : κροτώνιος est aussi la leçon de B². Il est possible qu'Εἰδογάμου provienne de Σάμιος. Peut-être aussi doit-on en chercher l'origine dans les mots τὰ δ'ἔργα μου de l'épigramme précédente. De celle-ci, DG n'ont dû connaître qu'un texte très corrompu, puisqu'ils l'ont complètement remaniée. Le correcteur, voyant qu'elle se rapportait aussi à l'athlète Pythagore, a pu en tirer le nom du père de l'athlète. La mesure du vers est fausse d'ailleurs : il y a surabondance de deux syllabes (ὁ Κρο...).

οἱ ὀνήιστοι] οἱ ὀνηιστοί F; οἴον ἦστοι B; οἴον ἠστοί P[1]. DG a corrigé la lecture incompréhensible de B(P) en οἴοι ἀστοί (habitants utiles?)!

ἐπικινδυνότερα δὲ αὐτῆσι τὰ ἐκ Μήδων] ἐπικινδυνότερον δ'αὐτῆσι εἰ τὰ ἐκ Μήδων ὁρμήσοι DG. Ces manuscrits ont rattaché ἐπικινδυνότερον à ἀπὸ μὲν αὐτέων ὁ κόσμος εὑρεθήσεται (sic) et interprété ainsi le texte : le monde se trouvera, à cause d'eux, dans une situation plus dangereuse, si les affaires des Mèdes font des progrès. La bonne leçon est conservée ici par F : ἐπι - (δέ doit être retranché) - κινδυνότερα δ'αὐτῆσι τὰ ἐκ Μήδων : les dangers qu'elles courent du côté des Mèdes deviendront plus menaçants. BP lisent εὑρεθήσεται (au lieu de αἱρεθήσεται : leur ornement leur sera enlevé)·ἐπὶ δὲ κινδυνότερα αὐτῆς εἰ (αὐτῆς ἡ P[1]) τὰ ἐκ Μήδων. Le correcteur de DG, dont le point de départ est souvent dans les origines de B, a vu une condition dans εἰ : il lui a cherché un verbe, ὁρμήσοι. En outre, pour trouver un sens à la leçon εὑρεθήσεται, il l'a rattachée à ἐπικινδυνότερον, qu'il a débarrassé du δέ intercalé.

Cependant, en quelques endroits, DG, d'accord avec l'un ou l'autre manuscrit, soit ancien, soit récent, mais en opposition avec tout le reste de la tradition, présentent une bonne leçon. Ainsi : (18) ἐν ἴσῳ τῷ avec Σ; (26) ἀέρα, ΣΤΡ[3]; (8) σωσικράτης, avec T (ceteri : σωκράτης; grâce à la citation ἐν διαδοχαῖς, l'erreur était facile à corriger); (19) κηρίῳ (ceteri κηρῷ, mais la version latine donne aussi *favo*; F[2] τυρῷ); (30) δὲ εἶναι avec T (ceteri δὲ εἰδέναι : le δέ qui est au milieu de εἰδέναι est un double de celui qui précède εἶναι, qui a d'abord été omis, puis ajouté au-dessus de εἶναι : cf. le même processus dans la leçon : (49) ἐπὶ δὲ κινδυνότερα δέ de F, ἐπὶ (ἐπεὶ B) δὲ κινδυνότερα BP); (45) ἢν ἐθέλῃς, avec T (ἢν ἐθέλοις BPF : faute d'iotacisme aisée à redresser); Πυθαγόραο, avec T.

On peut se demander si ces bonnes leçons proviennent de la tradition, c'est-à-dire de manuscrits perdus moins altérés que ceux que nous possédons, ou si elles ne sont pas plutôt, comme tout le reste des variantes, le résultat d'un remaniement savant qui aurait été, çà et là, bien inspiré dans ses conjectures (¹).

Ainsi l'examen des manuscrits qui, d'après Martini, sont les meilleurs représentants de la vulgate, montre que la grande masse de leurs leçons originales provient de corrections savantes. Nous avons supposé, à propos de l'un ou l'autre cas, que le reviseur a dû s'inspirer, dans son remaniement, des sources parallèles. Une scholie de D, au § 41, montre bien qu'il procédait ainsi : Πυθαγόρου πλάσμα · φασὶ τοῦτο περὶ Πυθαγόρου · ὃ καὶ Σοφοκλῆς ἐν Ἠλέκτρᾳ φησίν (²).

DG sont donc à peu près sans valeur pour la reconstitution de l'archétype.

*
* *

J'ai examiné encore un autre manuscrit parmi les *codices recentiores* : c'est l'Urbinas gr. 109, T (seconde moitié du XVe siècle) (³). D'après Martini, ce manuscrit provient d'une contamination des deux classes de manuscrits qu'il distingue dans la tradition de Diogène : ses parents seraient un manuscrit de la classe α, voisin de DGC, et un *codex* de la classe β apparenté à F. A ses yeux, ce manuscrit a donc peu de valeur. Gercke, au contraire, est porté à lui reconnaître une certaine importance, parce qu'il lui paraît représenter un autre mélange de la vulgate que D et les manuscrits parents. Selon lui, il n'est pas prouvé que T provienne d'un mélange secondaire et il remarque qu'en quelques endroits il a conservé la bonne leçon de BPF. Il conclut que T mériterait une nouvelle collation.

En ce qui concerne le livre VIII, au moins, T n'a pas justifié cet espoir. Il présente la plupart des mauvaises leçons de F, ses transpositions de mots, quelques-unes de ses lacunes. En voici un choix : (1) κατέσχον. (2) δὲ καί] καί omis. (3) ἀπέπλευσεν.

(¹) Cf. Schwartz, *loc. cit.*, col. 739; ci-dessus, p. 70.
(²) Cf. le Scholiaste de Sophocle, *Electre*, v. 62 et Suidas, s. v. ἤδη.
(³) *Vit. Pyth.*, ff. 115ᵛ à 122ᴿ.

(8) τῆς ἀδελφῆς (avec B). Τριαγμοῖς omis. (9) οὐκ ἐλέγχεσθε ὑπὸ ἑαυτῶν. ἐν ἄνθει νοός. εἶπεν ∽. ὅτε βούλει. (11) Μοίριδος πρῶτον ∽. (12) σωμασκεῖν. (19) αὐτὸν δὲ ἀρχεῖσθαι. (20) ἀροτῆρος βοός ∽. δὲ αὐτόν. (21) εἶπε. (22) ἑκάστοτε τοῖς μαθηταῖς ∽ (24) μᾶλλον. τὰς γαστέρας μὴ παραληφθέντας ∽. (25) ἐκ δὲ — στερεὰ σχήματα omis.- ἃ omis.- μεταβάλλειν] + δέ. (28) θερμὸν ἀτμὸν ∽. ὑφίστασθαι. (31) ἐξελθοῦσαν (avec D). (33) μέν omis. (34) ἐντὸς τῆς τραπέζης καταπέσῃ ∽. (35) ἔτι omis. (36) γοητείας ἀποκλεινὸν ἐπίδοξον. ὁ ἀριστήν . προσμαρτυρίης ἀρχήν (cf. B). (37) τοῖς Πυθαγορικοῖς . οὐ βυστικῶς . λάβωσί ποθεν ∽. (39) πλείους. (40) Ἡρακλῆς . ἐξελθεῖν (avec DG). 41) ὁ omis. (44) αἰσθῇ . τι] τε . ἄλλο] ἀλλ'. (45) ὀμφαλόον . ἐννέα ἤ] ἤ omis. (49) κατέρυκεν.

Cependant T ne dérive pas uniquement de F, car celui-ci présente un grand nombre de lacunes, pour ne pas parler des fautes, qui ne déparent pas le texte de T. Un certain nombre de fautes lui sont communes avec DG ou avec d'autres manuscrits de la vulgate dont nous parlerons plus loin, A, C, la version latine (l), le Codex Aurigalli (fr), ou les correcteurs de P. En voici quelques exemples : (1) δακτυλιογράφου (DG). (2) βαρβαρικάς (fr). (7) φασιν (fr). (17) καρδίην (DG fr). (21) ὀμνύεσθαι (fr C). (22) προφέρειν (DG). (23) ἀλλὰ μηδέ (DG). (28) ἀφ' οὗ (DG AC fr). (29) διὰ τοῦτο (DG fr). ἐπί] ἀπό (fr AC). (33) καί omis (DG fr). τὸ αὐτόν (CP⁴ fr). (36) οὖν τ' (fr). (39) ἵνα omis (fr AP⁵). ὀλιγίστους (DG, hors de B). (44) ἐμψύχων ἀπέσχες (cf. AC fr). ἔτευχ'] ἔτ' εἴχ' (AC fr). (46) τὰ ἀπόρρητα (fr). αὐτὸ ἔφη (l. : illud ait). (49) φασιν (DG fr). ἀντίδικον (fr P⁴). ὀλυμπίαν (fr). ὁ κράτεω (AC P³ fr).

On peut constater que quelques fautes particulières à T représentent un rameau spécial de la vulgate : (21) παρὰ τοῖς ἀδελφοῖς (cf. Σ). (22) ἔρεξαν. φάγια. (36) δείξω δέ] + καί. (37) δαλμαίωνι. (48) ἔργαμον.

Enfin, il convient de signaler quelques bonnes leçons qui s'expliquent sans doute, comme celles de DG, par une heureuse correction : (8) σωσικράτης (avec DG). (26) ἀέρα (avec Σ DG). (30) εἶναι (avec DG). (38) λέγεις εἰ τοῖς (P² fr, cf. B). (42) τῶ προς [= πατρός] (cf. F). (45) ἣν ἐθέλης (avec DG). πυθαγόραο (avec DG). (49) ἐπικινδυνότερα (*fr*, cf. DG).

Le texte de l'*editio princeps* de Diogène, publiée à Bâle, en 1533, par Froben, fut établi d'après un manuscrit aujourd'hui perdu, le *Codex Aurigalli*. Il est d'ordinaire désigné par le sigle *fr*. L'examen de *fr* est, malgré sa médiocrité, intéressant à plus d'un point de vue. D'abord il représente un rameau de la vulgate assez original. Ensuite, par l'intermédiaire de la Frobeniana, ce manuscrit a exercé une influence prépondérante sur toutes les éditions postérieures. Voici les leçons les plus intéressantes : (3) συνέστηκε. (4) ἐλέσθαι] ἐλεύσεσθαι. (9) γράμμασι. (13) τοῦτον γάρ omis. περιγενήσεσθαι. (15) τὰ διαβόητα διανοήματα (doublet). (16) εἰπεῖν εἰ] εἰ omis. πολλούς omis. πείθοιτο. (18) καρδίην. (19) ὄψον. (32) ἀνθρώπους] ἄνθρωπον. (34) ἐν τῷ τῶν κυάμων. τῶν κυάμων[2] omis. (36) ἔγνω. (37) ποθέν] ποθεῖν. (38) εἰ τοῖς ῥυπουμένοισιν, correction vraiment ingénieuse (j'aimerais mieux ῥυπωμένοισιν, d'ailleurs). (42) πρὸς Ἵππαρχον (F[2] aussi) : correction faite d'après Jamblique, *V. P.*, 75, et les *Epistolographi graeci*, page 601. (44) 1re épigr. : ἐμψύχων ἀπέχες, ne serait pas mauvais, si nous ne l'avions plus loin, répété sous une forme un peu différente : ἐμψύχων ἥψατο. 2e épigr. : αὐτὸς μὲν γὰρ οὐκ ἀδικεῖν, ἄλλους δ' αὐτὸς ἔτ' εἴχ' ἀδικεῖν, charabia aggravé d'une faute de métrique. (45) ἐγὼν ἤμην πρώην βροτός, ὃς δὲ ὅτε οὐκ ἦν, φάσκειν ὅς τις ἔην ὅτε ἦν. Le sens est absurde, outre que le dernier vers recèle deux hiatus et une faute de grammaire (ὅς ... φάσκειν). Cette leçon paraît dériver de BP. Le correcteur a supprimé ὅκτις, qu'il ne pouvait comprendre, et, pour le remplacer dans le dernier vers, il y a ramené ὅτε οὐκ ἦν. Il restait à combler la lacune du premier vers, en l'allongeant par des artifices. (46) *fr* a supprimé simplement le οὗτος gênant, en sorte que cette notice se trouve rattachée à Ζακύνθιος. (47) ἐκριφθῆναι. (49) ὀλυμπίαν.

Sur la constitution du texte de *fr*, BP ne paraissent pas avoir eu d'influence bien déterminée. Le fonds paraît provenir de F.

Çà et là s'accuse aussi une certaine parenté avec les ancêtres de DG. La plupart de ses leçons originales proviennent de corrections ou d'une altération de l'ancienne tradition.

Je ne connais A (Codex Arundelianus, gr., 531, XVe siècle) et C (Codex Cantabrigiensis gr., Coll. S. Trin. R, 9, XVe siècle) que par les collations de Gale, qui furent faites sur le texte de l'*Aldobrandina editio* et que Meibom a publiées en appendice dans son édition de Diogène (II, p. 557) ([1]). Mais, à en juger d'après ce document, ces manuscrits ne m'ont pas paru mériter une nouvelle collation. Le texte de A paraît s'expliquer par une contamination de F et de P, où l'influence du dernier est prépondérante. On y rencontre d'ailleurs beaucoup de fautes étrangères à ces manuscrits, mais que nous avons relevées dans DG ou *fr* et qui appartiennent donc au fond d'altération de la vulgate.

C semble avoir une origine analogue ([2]); mais le texte y a été plus remanié que dans A. Voici quelques-unes des leçons originales de ce manuscrit : (1) Τυρρηνός (avec A ; *ceteri codices* : ὁ Τυρρηνός), excellente leçon. (25) ὕλην] ἥλιον, variante absurde. (26) après ψυχροῦ δὲ χειμῶνα, C ajoute : ξηροῦ δ'ἔαρος καὶ ὑγροῦ φθινοπώρου, addition qui paraît avoir inspiré à Cobet la correction suivante : ξηροῦ δ'ἔαρ καὶ ὑγροῦ φθινόπωρον. C'est encore une de ces corrections savantes qui, à première vue, semblent justes, mais qu'un examen attentif permet de rejeter. Le texte ordinaire explique ainsi la formation des saisons : lorsque le froid l'emporte sur les autres qualités des éléments, il produit l'hiver; la saison où le chaud prédomine s'appelle l'été. Quand les quatre qualités s'équilibrent (chaud, froid, sec, humide) apparaît le printemps, dans la partie croissante de l'année, et, dans la période de déclin, l'automne. L'addition de C, avec sa correction,

---

([1]) Cette collation, d'ailleurs, paraît ne pas avoir été faite avec soin (USENER. *Epicurea*, p. XII.)

([2]) Selon MARTINI (*Leipz. Stud.*, XIX, p. 99), ce manuscrit ne contient que les livres I à VI de Diogène; il faut donc supposer que la seconde moitié s'est perdue.

contredit l'explication donnée dans le texte. (29) τοὺς περὶ τῆς ἁρμονίας λόγους, texte absurde. (35) τῆς ἀγαθῆς φύσεως : ne forme pas d'antithèse à τοῦ κακοῦ. πάλαι] παλαιοί. (38) συσσιτεῖν· ἔφη δ'εὐσέβειαν εὐχαρῆ θεὸν λέγε, texte corrompu et incompréhensible. (39) ἐπίθεσιν] ὑπόθεσιν. τι χωρίον. (41) ἐνετέλλετο. καθιέναι αὐτήν (le correcteur a cru que αὐτὸν des anciens *codices* se rapportait à δέλτον, qui est du féminin). (47) κήλης] σκύλλης, correction faite apparemment sur une leçon de B : κίλλης.

L'examen des corrections multiples de P, surtout de celles qu'on doit à P[3] et P[4], n'est pas fait pour changer notre avis sur la valeur de la vulgate. On sait que Q fut copié sur P après les corrections de P[2]; H (Laurentianus, 69, 35, XVe siècle), dont dérive J (Barberinus, I, 21, XVe-XVIe siècle), fut copié, d'après Gercke ([1]), sur le même manuscrit, après celles de P[3] et P[4]. On voit que ces corrections tiennent une place importante dans la tradition. Il est inutile d'en faire ici un examen détaillé. En effet, dans le VIIIe livre, toutes les corrections de P[2] proviennent de F; celles de P[3] concordent quelquefois avec F, parfois avec DG, mais dans la majorité des cas, avec *fr*. Dans P[4], on remarque une influence à peu près égale de F, DG, *fr*, ou du moins de manuscrits apparentés à ceux-ci. C'est encore d'après F que P[5] et P[6] ont complété le système très riche de corrections du manuscrit de Paris.

Les correcteurs des autres manuscrits anciens ont procédé de la même façon. B[2] corrige surtout d'après F, rarement d'après P, et, par un juste retour des choses, F[2] et F[3] puisent dans BP ou leurs ancêtres immédiats, ainsi que dans les origines de *fr*.

Reste la version latine de Diogène, *l*, que composa, en 1431 ([2]), le moine Ambrosius Traversarius Camaldulensis et qui fut éditée, sans lieu ni date, mais probablement à Rome, peu avant 1475 ([3]).

([1]) *Hermes*, XXXVII (1902), p. 408.

([2]) USENER, *Epic.*, p. XIV, n. 4.

([3]) BRUNET, *Manuel*, II, p. 721.

J'ai collationné le texte de deux manuscrits de Paris du XVe siècle, B. N. n°s 6069 A et 6069 B. J'ai obtenu ainsi un texte plus exact que celui qu'on attribue généralement à la version latine, par exemple dans les notes de l'édition de Hübner. J'ai conclu, d'un examen approfondi du texte de *l*, que la version n'a pas été faite sur l'*Aurigalli Codex*, comme le pensait Hübner ([1]). Elle ignore aussi le grand remaniement de DG ([2]), de même que celui de C. Cependant quelques fautes communes semblent prouver une certaine parenté avec les sources de DG, antérieures au grand remaniement. Elle paraît avoir échappé à l'influence des correcteurs de P. D'une façon générale, on peut dire qu'elle est beaucoup plus près de la tradition primitive de BPF que les manuscrits de la vulgate et en particulier *fr*. Elle se rattache plutôt au rameau P qu'à B ou F. Il semble que *l* ait déterminé, en plusieurs endroits, les corrections de Cobet, à moins que celui-ci n'eût mis la main sur l'original grec traduit par *l*. Voici les principales leçons originales :

(13) γε ἅπτεσθαι] gustare : Cobet γεύεσθαι.

(21) φυσιολογιῶν] physiologorum : Cobet φυσιολόγων.

(27) ἀνθρώπων] hominibusque : Cobet ἀνθρώποις.

(32) neque ipsius (= αὐτοῦ) fluxum obtinere.

(34) ἀγόνατον] infecundae (= ἄγονον).

(43) Τηλαύγει] Telauges, introduit dans la citation d'Empédocle, de manière à en faire un vers complet : Bentley et Cobet Τήλαυγες.

(46) Tertius Zacynthius cuius aiunt illud esse philosophiae archanum magisterium, in quo et illud ait proverbium in mundum venit; ce qui paraît représenter, en grec : τρίτος Ζακύνθιος οὗ φασιν τοῦτο εἶναι τὠπόρρητον τῆς φιλοσοφίας διδασκάλιον· ἐφ' οὗ καὶ τοῦτο ἔφα παροιμιακὸν εἰς τὸν βίον ἦλθεν

(47) selectumque : Cobet ἐκκριθέντα τε.

([1]) *Édition de Diogène*, introd., p. IX.

([2]) USENER. *Epicurea*, introd., p. XIV, croit cependant qu'Ambrosius a utilisé un manuscrit apparenté à DG

Voici comment j'établirais, sous forme de *stemma*, les rapports des manuscrits de la vulgate avec la tradition plus ancienne ([1]) :

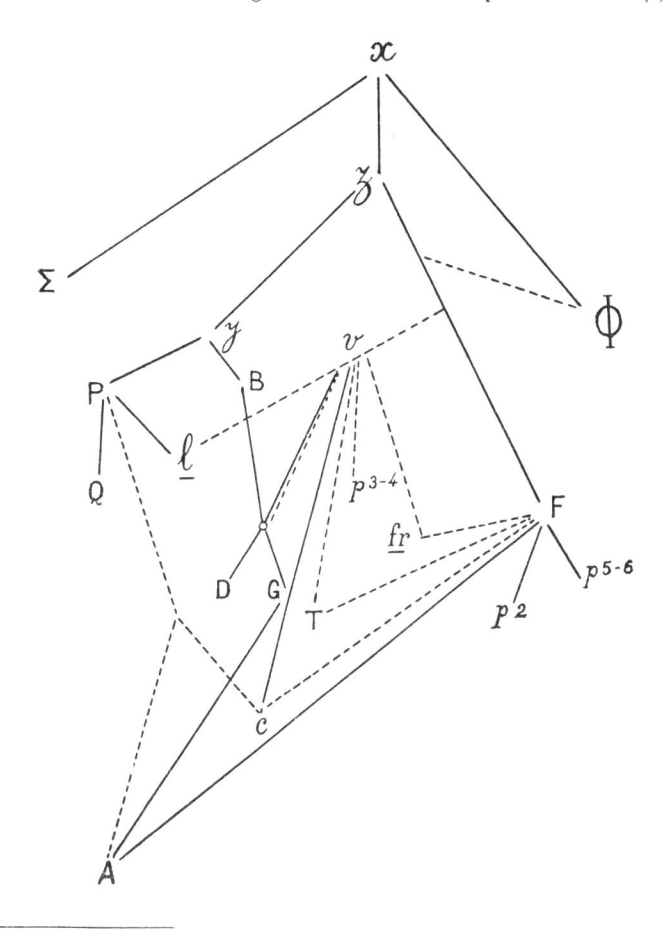

([1]) J'ai collationné sur les originaux P, Q, T, Φᵖ et les manuscrits de Paris de Suidas (Σ); sur des photographies B, F, D, G. J'ai obtenu les photographies de D grâce à l'obligeance de M. E. Martini, directeur de la Bibliothèque Nationale de Naples; celles de FG me sont parvenues grâce aux bons soins de M. E. Rostagno, conservateur des manuscrits de la Laurentienne. Les photographies de B m'ont été obligeamment communiquées, ainsi que les extraits de Φᵛ, par M. von der Mühll, dont les conseils m'ont été des plus précieux dans l'élaboration de cette étude.

Pour reconstituer le texte de Diogène, nous ne disposons pas seulement d'une tradition directe et d'une tradition indirecte (Σ et Φ). Il est une autre source d'information à laquelle on doit souvent puiser : ce sont les passages parallèles qu'on trouve chez une foule d'auteurs. La classe la plus importante est formée par les extraits d'Hésychius, que nous ont transmis Suidas et les Scholies de Platon. Nous avons vu plus haut qu'Hésychius a utilisé un manuel d'histoire philosophique peu différent de l'ouvrage de Diogène. Les Scholies (*In Remp.*, X, p. 600 B), à en juger surtout par deux passages, paraissent avoir conservé une tradition plus proche de l'original que Suidas. Voici les textes en question : 1. Sch. καὶ τ' ἔσχε μαθητάς (= Diogène, VIII, 3); Suidas : πλεῖον ἢ ἑξακοσίους ἔσχε γνωρίμους. 2. Sch. ... βιβλία τρία, παιδευτικόν, πολιτικόν, φυσικόν, τὸ δὲ φερόμενον ὡς Πυθαγόρου... (= Diogène, VIII, 6); Suidas : ... πολιτικόν· τὸ δὲ φερόμενον τρίτον ὡς Πυθαγόρου....

Un autre débris de la même littérature est constitué par un épitomé très serré des sources de Diogène, qui figure dans un papyrus d'Herculanum publié par Crönert, *Kolotes und Menedemos* ([1]).

Le second groupe de traditions parallèles est formé par les notices des écrivains des époques alexandrine et impériale, dont l'indication accompagne l'appareil critique. Leur valeur est de tout premier ordre quand elles proviennent d'auteurs qui ont utilisé les mêmes sources que Diogène : Porphyre, Diodore, Jamblique, Lucien, Clément d'Alexandrie, etc. L'utilisation de ces matériaux demande beaucoup de circonspection, parce qu'il faut toujours ménager l'originalité de chaque auteur et compter avec la possibilité de variantes et même de divergences importantes. On en trouvera un exemple frappant dans le chapitre

---

[1] *Studien zur Paläogr. und Papyr.*, VI (1906), p. 147.

relatif aux Symboles (§§ 17-18), dont Diogène a connu, cela est manifeste, une tradition qui diffère notablement, dans les formules, de celle des passages parallèles.

*
* *

Il me reste à signaler, pour finir, en omettant les curiosités de librairie, les principales éditions, les commentaires, les notes critiques, etc., dans lesquels le texte de Diogène a été amendé ou étudié :

Éditions. — 1. *Editio princeps* de Froben, Bâle, 1533 : le texte est emprunté, nous l'avons vu, au *Codex Aurigalli*, aujourd'hui perdu ([1]).

2. Édition de H. Estienne, Paris, 1570, avec notes et traduction latine d'Ambrosius. Rééditions en 1593 et en 1594, avec notes, traduction latine et, en appendice, les notes critiques et explications d'Is. Casaubon.

2bis. C'est d'après cette édition de 1594 qu'a été faite l'édition de Genève (ap. Stoer, 1615; ap. Chouet, 1616; ap. Vignon, 1616).

3. Édition de Thomas Aldobrandini, Rome, 1594, avec notes et traduction latine.

4. Édition Pearson, Londres, 1664, avec traduction latine, les notes d'Aldobrandini, les commentaires d'Estienne, des deux Casaubon (Isaac et Méricus) et les observations de Ménage.

5. Édition Meibom, Amsterdam, 1692 (2 vol.), avec les notes des Casaubon, de Ménage, d'Aldobrandini, de Kühn, et les collations de A et C faites par Gale sur le texte de l'Aldobrandina. Le texte est basé sur l'édition de Rome; la traduction latine a été revisée.

([1]) J. Sambucus Pannonius publia chez Plantin, à Anvers, en 1566, une version latine de Diogène, pour laquelle il avait utilisé de bons manuscrits. (USENER, *Epic.*, p. XV.)

6. Édition Hübner, Leipzig, 1828-1833 (4 vol.). L'éditeur apporta peu de changements au texte; la traduction latine a encore été retouchée. L'appendice comprend les notes de Casaubon et de Ménage.

7. Édition Cobet, Paris Didot, 1850. Bien que les prolégomènes promis par l'auteur aux éditeurs ne leur aient jamais été remis, les deux pages d'introduction contiennent des notes intéressantes sur les manuscrits que Cobet a utilisés au cours de ses voyages en Italie. A Florence, il a collationné le Cod. gr. 69, 13 (F), qu'il croit du XIIe siècle, et les Codices 69, 28 (G) et 69, 35 (H), qu'il attribue au XIVe siècle. A Rome, il a étudié le Vaticanus n° 411 (XIIIe siècle) [1]; à Naples, les deux manuscrits que nous connaissons (il ne reconnaît aucune valeur à D, mais considère B comme une source de tout premier ordre). Des deux manuscrits de Venise, 393 (M) et 394 (I), il a surtout utilisé le premier. Dans la constitution du texte prédomine l'influence de F. L'édition n'est pas encore débarrassée complètement des mauvaises leçons de la vulgate, qui proviennent de l'édition *princeps*. On y rencontre des variantes de DG et de nombreuses corrections, soit de l'invention de l'auteur, soit empruntées à *fr*, T, C, P^3 ou même *l*. Par contre, Cobet n'a pas prêté aux extraits de Suidas l'attention qu'ils méritent. La traduction latine a été consciencieusement revue, aux points de vue de l'exactitude et de la clarté.

Parmi les Notes critiques sur le texte de Diogène, il convient de mentionner, outre les Commentaires qui figurent dans les anciennes éditions, les travaux suivants :

1. Notes d'Isaac Casaubon composées en 1583 et publiées

---

[1] Il est impossible d'identifier ce manuscrit. M. Jean Hubaux, de l'Institut historique belge de Rome, qui a bien voulu faire des recherches précises sur ce sujet, m'apprend qu'aucun fonds du Vatican ne possède un manuscrit de Diogène portant le n° 411. Le Vaticanus gr. 1144, du XIVe-XVe siècle, contient des extraits de Diogène. Il s'est sans doute produit, dans les notes de Cobet, une confusion de chiffres. Peut-être s'agit-il du Vaticanus gr. 96, manuscrit d'*Excerpta*, qui date du XIIIe siècle.

dans les éditions d'Estienne, de Pearson et de Meibom. Elles sont précieuses par leur collection de passages parallèles et par leurs savantes conjectures. Des *Addenda et Mutanda* sont publiés à la fin de l'édition Pearson.

2. Notes de Méricus Casaubon, moins étendues, publiées dans l'édition Pearson.

3. Notes de Ménage : longue étude, nourrie de rapprochements suggestifs, d'ingénieuses corrections, de remarques philologiques d'un grand intérêt; composées en 1663, elles furent publiées par Pearson et par Meibom.

4. Observations de J. Kühn, dans l'édition Meibom.

5. Quelques notes de Fabricius, Harles, etc., dans la *Bibliotheca graeca* de Fabricius, I^4, pages 783 et suivantes (cf. p. 778).

6. Corrections de G. Roeper, publiées dans le *Philologus*, I, 1846 (pp. 658 et suiv. pour le l. VIII).

7. Dans ses *Collectaneae Criticae* (1878), Cobet revient sur le texte de son édition de Diogène, pour proposer des corrections (VIIIe livre : pp. 381, 408, 455, etc.).

8. Les *Animadversiones in Laertium Diogenem* de Reiske, qui étaient restées inédites, ont été publiées par H. Diels, dans l'*Hermes*, t. XXIV, 1889 (pp. 319-320 pour le l. VIII).

9. Dans le même article, H. Diels a présenté souvent ses propres conjectures, à côté de celles de Reiske. Dans un autre article, *Ein gefälschtes Pythagorasbuch* (*Archiv für Gesch. der Philos.*, III, pp. 451-472), on trouve encore d'autres corrections au texte du VIIIe livre. Enfin les extraits de Diogène publiés dans les *Fragmente der Vorsokratiker* méritent d'être étudiés.

10. Dans la *Classical Review* de 1904, sous le titre *Laertiana*, H. Richards a proposé quelques améliorations au texte de Diogène (p. 342^a pour le VIIIe livre).

Dans l'apparat critique, j'ai noté toutes les variantes de BPF. Toutefois, j'ai omis celles qui constituent des fautes d'orthographe sans intérêt (iotacismes, ν épagogiques, simplification des consonnes doubles, fautes de quantité), qui n'affectent pas les noms propres dont l'orthographe est douteuse, ou qui n'ont pas de valeur morphologique. En ce qui concerne les élisions, comme il serait vain de vouloir, en cette matière, retrouver l'orthographe de Diogène, j'ai conservé partout les leçons communes à B et à P, dont la tradition paraît d'ailleurs assez indifférente à l'hiatus.

J'ai procédé de même à l'égard des *Excerpta* et des textes cités par Suidas : l'indication de leur étendue figure, à chaque page, immédiatement au-dessous du texte.

Parmi les leçons des *recentiores*, en général je n'ai noté que celles qui sont reçues dans le texte et qui diffèrent de la tradition de BPF. A leur égard, on ne peut donc jamais conclure *ex silentio*. En quelques passages particulièrement discutés, j'ai cru bon de citer les variantes de la vulgate, surtout quand elles ont été adoptées par Cobet.

Dans les passages parallèles, j'ai mis en évidence, par des caractères d'impression différents, les textes qui présentent une tradition particulièrement apparentée à celle de Diogène. Quand le besoin s'en est fait sentir, je leur ai emprunté des variantes utiles à l'établissement du texte. Il va de soi qu'en ce qui les concerne, il ne faut jamais conclure *ex silentio*.

LA
VIE DE PYTHAGORE

ÉDITION CRITIQUE

AVEC INDICATION DES PASSAGES PARALLÈLES

SIGLES

—

Manuscrits anciens.

B   Burbonicus gr. 253, III, B, 29 (XIIe siècle).
P   Parisinus gr. B. N. 1759 (XIIIe siècle).
F   Laurentianus gr. 69, 13 (XIIIe siècle).

Excerpta.

Σ Suidas (Σ^6 = Codex Paris. B. N. 2626 de Suidas = Λ; Σ^2 = id. 2622; Σ^3 = id. 2623; Σ^4 = id. 2624. Σ^v = Cod. V = Vossianus).
Φ = concordance de Φ^a (Cod. Athous, Dionys. 90), Φ^p (Cod. Paris. B. N. supp. 134) et Φ^v (Cod. Vatic. 96).

Manuscrits récents.

D   Burbonicus gr. 252, III, B, 28 (XVe siècle).
G   Laurentianus gr. 69, 28 (XVe siècle).
T   Urbinas gr. 109 (XVe siècle).
Q   Parisinus gr. B. N. 1758 (XVe siècle).
A   Arundelianus gr. 531 (XVe siècle).
C   Cantabrigiensis gr. Coll. S. Trin., R, 9 (XVe siècle).
fr   Ed. frobeniana (Cod. Aurigalli) de 1533.
l   Versio latina Ambrosii (XVe siècle).

Éditions.

St.   Estienne.
Ald.   Aldobrandini.
Pear.   Pearson.
Meib.   Meibom.
Hüb.   Hübner.
Cob.   Cobet (édition).

Notes.

Cas.   Isaac Casaubon.
Mén.   Ménage.
Cob².   Cobet, *Collectaneae*.

Signes.

$+$ addidit.
$>$ omisit.
$\sim$ transposuit.

ΛΑΕΡΤΙΟΥ ΔΙΟΓΕΝΟΥΣ — ΒΙΩΝ ΚΑΙ ΓΝΩΜΩΝ
ΤΩΝ ΕΝ ΦΙΛΟΣΟΦΙΑι ΕΥΔΟΚΙΜΗΣΑΝΤΩΝ
ΚΑΙ ΤΩΝ ΕΚΑΣΤΗι ΑΙΡΕΣΕΙ ΑΡΕΣΑΝΤΩΝ —
ΤΩΝ ΕΙΣ Ι' ΤΟ Η'.
ΠΥΘΑΓΟΡΑΣ.

1. Ἐπειδὴ δὲ τὴν ἰωνικὴν φιλοσοφίαν τὴν ἀπὸ Θαλοῦ καὶ τοὺς ἐν ταύτῃ διαγενομένους ἄνδρας ἀξιολόγους διεληλύθαμεν, φέρε καὶ περὶ τῆς ἰταλικῆς διαλάβωμεν, ἧς ἦρξε Πυθαγόρας Μνησάρχου δακτυλιογλύφου, ὥς φησιν Ἕρμιππος, Σάμιος ἤ, ὡς Ἀριστόξενος, Τυρρηνὸς ἀπὸ μιᾶς τῶν νήσων ἃς ἔσχον Ἀθηναῖοι Τυρρηνοὺς ἐκβαλόντες. ἔνιοι δὲ υἱὸν μὲν εἶναι Μαρμάκου τοῦ Ἱππάσου τοῦ Εὐθύφρονος τοῦ Κλεωνύμου φυγάδος ἐκ Φλιοῦντος, οἰκεῖν δὲ ἐν Σάμῳ τὸν Μάρμακον, ὅθεν Σάμιον τὸν Πυθαγόραν λέγεσθαι. 2. συστῆναι δὲ εἰς Λέσβον ἐλθόντα

1,4 et 5. πυθαγόρας. λαερτίου διογένους τῶν εἰς ι' τὸ η' F πυθαγόρας η' P¹ > B. 1-3. βίων — ἀρεσάντων] titulum operis ex F recepi (cf. p. 8).
1. βίοι P. γνῶμαι P. 3. τῶν] + ἐν P. ἀρεσκόντων P. In B desideratur titulus. — 7. ἀξιολόγους ἄνδρας ∼ F. 8. Πυθαγόρας] + μέν F.
9. Σάμιος — Τυρρηνός > F. Ἀριστόξενος] + ὁ BP et ceteri libri, exceptis AC. τυρηνός P¹. 10. ἔσχον BP¹ κατέσχον F. τυρηνούς P¹. ἐκβαλλόντες B. 11. Μαμέρκου Cas. (cf. Festum, s. v. Aemilia).
12. φαιοῦντος BP¹. οἰκεῖν iter. scr. F.

---

8. περὶ τῆς ἰταλικῆς]. Cf. le prologue, § 13.
Μνησάρχου] vulgaire; témoignage le plus ancien : HÉRACLITE, fr. 129.
δακτυλιογλύφου] HESYCHIUS (Sch. Platon et Suidas). — Apulée, *Flor.*, II, 15. Tzetzès, *Chil.*, XI, 65.
9. Σάμιος] vulgaire; Hérodote, IV, 95. HIPPOBOTOS dans CLÉMENT, *Strom.*, I, 62. Diodore, X, 3, 1. Porphyre, *V. P.*, 1. Hippolyte, *Adv. haer.*, I, 2, 1. Jamblique, *V. P.*, 3.
Τυρρηνός] HESYCHIUS (Sch. Platon et Suidas). — ARISTOXÈNE, ARISTARQUE et THÉOPOMPE dans CLÉMENT, *Strom.*, I, 62. NÉANTHE dans PORPHYRE, *V. P.*, 2. Cf. Plutarque, *Qu. conv.*, VIII, 7. Diodore, X, 3, 1. Antonius Diogène dans Porphyre, *V. P.*, 10. Eusèbe, *Pr. ev.*, X, 4, 13. Théodoret, *Gr. af. cur.*, I, 7.
12. ἐκ Φλιοῦντος] Lycus dans Porphyre, *V. P.*, 5. — PAUSANIAS, II, 13, 1.

— 104 —

Φερεκύδη ὑπὸ Ζωίλου τοῦ θείου. καὶ τρία ποτήρια κατασκευασάμενος ἀργυρᾶ δῶρον ἀπήνεγκεν ἑκάστῳ τῶν ἱερέων εἰς Αἴγυπτον. ἔσχε δὲ καὶ ἀδελφούς, πρεσβύτερον μὲν Εὔνομον, μέσον δὲ Τυρρηνόν· καὶ δοῦλον Ζάμολξιν, ᾧ Γέται θύουσι — Κρόνον νομίζοντες —, ὥς φησιν Ἡρόδοτος. 5

Οὗτος ἤκουσε μέν, καθάπερ εἴρηται, Φερεκύδου τοῦ Συρίου· μετὰ δὲ τὴν ἐκείνου τελευτὴν ἧκεν εἰς Σάμον καὶ ἤκουσεν Ἑρμοδάμαντος τοῦ ἀπογόνου Κρεωφύλου, ἤδη πρεσβυτέρου. νέος δ' ὢν καὶ φιλομα-

---

4-5. Φ^v : ὅτι ζάμολξις — δοῦλος ἦν πυθαγόρου.

2.· ἀπήνεγκεν] + ἓν Reiske. 3. καί > F καί habet etiam Hesychius (Suidas); cf. Porph., *V. P.*, 2. Εὔνοστον Porph., *V. P.*, 2 et 10. τυρηνόν P¹. 4. ζάμολξιν FΦ Hesychius (Schol. et Suidas) ζάλμοξιν BP, Porph., *V. P.*, 14, 15. 5. ὥς — Ἡρόδοτος > F ∾ post θύουσι Steph. Monachius Ἡρόδοτος] Ἱππόβοτος Mén. 6. μὲν — εἴρηται > F. καθάπερ εἴρηται B καθὰ προείρηται P. Φερεκύδους F. 7. δέ > B¹. σάλμον B. 8. κρεοφύλου B.

---

2. ἱερέων εἰς Αἴγυπτον] Cf. ANTIPHON dans PORPHYRE, *V. P.*, 7. Plutarque, *Qu. conv.*, VIII, 8, 2. CLÉMENT, *Strom.*, I, 69, 1. LUCIEN, *Gal.*, 18. Antonius Diogène dans Porphyre, *V. P.*, 11. Jamblique, *V. P.*, 18-19 et 151. Apulée, *Flor.*, II, 15.
3. ἔσχε — Τυρρηνόν] HESYCHIUS (Sch. Platon et Suidas). — NÉANTHE dans PORPHYRE, *V. P.*, 2. Antonius Diogène, *ibid.*, 10.
4-5. καὶ δοῦλον — Ἡρόδοτος] HESYCHIUS (Sch. Platon et Suidas). — Hérodote, IV, 95 (ne se rapporte pas à Κρόνον νομίζοντες). MNASÉAS dans SUIDAS, *s. v.* Ζάμολξις et l'ETYMOL. MAGN., *ibid.* Strabon, VII, 297 et XVI, 762. Antonius Diogène dans Photius, Cod. 166, p. 110A. Dionysophane dans Porphyre, *V.P.*,14. FAVORINUS dans STOBÉE, *Flor.*, 62, 43. CLÉMENT, *Strom.*, IV, 56. Hippolyte, *Adv. haer.*, I, 2, 17. Origène, *C. Celse*, II, 55; III, 54. Jamblique, *V. P.*, 104 et 173.
6-8. οὗτος — πρεσβυτέρου] HESYCHIUS (Sch. Platon et Suidas). — NÉANTHE dans PORPHYRE, *V. P.*, 1.
6. Φερεκύδου] Aristoxène et Andron dans Diogène, I, 118-119. Duris, *ibid.*, 120. Dicéarque dans Porphyre, *V. P.*, 56. Héraclide Lembos dans Diogène, VIII, 40 et *Polit.* (FHG., II, 215). Nicomaque dans Jamblique, *V. P.*, 184 et 252. Porphyre, *V. P.*, 15 et 55. — Cicéron, *Tusc.*, I, 38; *De div.*, I, 50, 112. Diodore, X, 3, 4. Apulée, *Flor.*, II, 15 Apollonius dans Jamblique, *V. P.*, 9 ss. et Porphyre, *V. P.*, 2. Clément, *Strom.*, I, 62. Augustin, *C. Acad.*, III, 17, 37; *Epist.*, III, 137, 3. Eusèbe, *Pr. ev.*, X, 4, 14. Tatien, *Adv. Gr.*, 25. Alexandre, *In Met.*, 1091 b 4. Tzetzès, *Chil.*, XI, 75. — Cf. Suidas, *s. v.* χροῒ δῆλα. Greg. Cypr., V, 17. Apostolius, XVIII, 35.
7. Ἑρμοδάμαντος] Apollonius dans Porphyre, *V. P.*, 2 et Jamblique, *V. P.*, 11. — Porphyre, *V. P.*, 15. Cf. Apulée, *Flor.*, II, 15.
8 ss. νέος — τελετάς] THÉOL. ARITHM., p. 40.

— 105 —

θης ἀπεδήμησε τῆς πατρίδος καὶ πάσας ἐμυήθη τάς τε ἑλληνικὰς καὶ βαρβάρους τελετάς. 3. ἐγένετο οὖν ἐν Αἰγύπτῳ, ὁπηνίκα καὶ Πολυκράτης αὐτὸν Ἀμάσιδι συνέστησε δι' ἐπιστολῆς, καὶ ἐξέμαθε τὴν φωνὴν αὐτῶν, καθά φησιν Ἀντιφῶν ἐν τῷ περὶ τῶν ἐν ἀρετῇ πρωτευσάντων.
5 καὶ παρὰ Χαλδαίοις ἐγένετο καὶ Μάγοις. εἶτα ἐν Κρήτῃ σὺν Ἐπιμενίδῃ κατῆλθεν εἰς τὸ Ἰδαῖον ἄντρον· — ἀλλὰ καὶ ἐν Αἰγύπτῳ εἰς τὰ ἄδυτα —

2. βαρβαρικάς *fr* Cob. 4. καθά — πρωτευσάντων > F. 6. Ἰδαῖον P εἰδαῖον B ἰουδαῖον F[1].

2. ἐν Αἰγύπτῳ] HESYCHIUS (Sch. Platon et Suidas). — Isocrate, *Bus.*, 28. Callimaque dans Diodore, X, 6, 4. Cicéron, *De fin.*, V, 29, 87. Diodore, I, 96 et 98 = Socratic. *Epist.*, 28 (Hercher, p. 628). Antonius Diogène dans Porphyre, *V. P.*, 11. Strabon, VII, 638. Josèphe, *C. Ap.*, I, 2. Table chronologique, C I G, IV, n° 6855 d. Pline, *H. N.*, 36, 14, 5. Plutarque, *Qu. conv.*, VIII, 8, 2, 1; *De Is.*, 10. Justin, XX, 4. LUCIEN, *Gal.*, 18; *Vit. auct.*, 3. CLÉMENT, *Strom.*, I, 66. Ammien-Marcellin, XXII, 16, 21. APULÉE, *Flor.*, II, 15. Valère-Maxime, VIII, 7, 1. Hippolyte, *Adv. haer.*, I, 1, 2; IV, 51; IX, 17. Julien, *Or.*, VIII, 7. Jamblique, *V. P.*, 18, 151, 158; *De com. math.*, 21. Théol. Arithm., p. 40. Lactance, *Inst. div.*, IV, 2. Cyrille, *C. Jul.*, X, 340. Eusèbe, *Pr. ev.*, X, 4, 14. Ps-Justin, *Coh.*, 19. Libanius, *Epist.*, 1050. Cedrenus, I, p. 165. Syncellus, *Chr.*, p. 210 D. Niceph. Greg., *Hist.*, VIII, 7; *Epist.*, 9.

3. δι' ἐπιστολῆς] ANTIPHON dans PORPHYRE, *V. P.*, 7.

4. ἐξέμαθε — Ἀντιφῶν] Extrait plus complet dans PORPHYRE, *V. P.*, 7. — Cf. Antonius Diogène, *ibid.*, 11. LUCIEN, *Gal.*, 18. Valère-Maxime, VIII, 7, ext. 2. Jamblique, *De myst.*, I, 2.

5. παρὰ Χαλδαίοις] HESYCHIUS (Sch. Platon et Suidas). — Aristoxène et Diodore d'Erétrie dans Hippolyte, *Adv. haer.*, I, 2 (Zaratas le Chaldéen!). — Néanthe dans Porphyre, *V. P.*, 1. Josèphe, *C. Ap.*, I, 2. CLÉMENT, *Strom.*, I, 66. APULÉE, *Flor.*, II, 15. Porphyre, *V. P.*, 6. Jamblique, *V. P.*, 14, 151, 158. Eusèbe, *Chr.*, I, p. 35. Nicéph. Greg., *Epist.*, 9. — Les Chaldéens de l'Assyrie dans Jamblique, *De com. math.*, 21; de Babylone dans Antonius Diogène, Porphyre, *V. P.*, 12. — Voyage à Babylone : Strabon, XIV, 638. Justin, XX, 4. Jamblique, *In Nic. ar.*, p. 118; *V. P.*, 19 (Mages). Théol. Arithm., p. 40. Syncellus, *Chr.*, p. 210 D.

Μάγοις] HESYCHIUS (Sch. Platon et Suidas). — Pline, *H. N.*, 25, 5 et 30, 2. Cicéron, *De fin.*, V, 29, 87. Plutarque, *De an. procr.*, 2, 2. Antonius Diogène dans Porphyre, *V. P.*, 12 (cf. 6 et 41). CLÉMENT, *Strom.*, I, 66 et 69. APULÉE, *Flor.*, II, 15; *Apol.*, 31. Jamblique, *V. P.*, 19, 151, 154. Théol. Arithm., p. 41. Valère-Maxime, VIII, 7, ext. 2. Lactance, *Inst. div.*, IV, 2. Eusèbe, *Pr. ev.*, X, 4, 14. Hippolyte, *Adv. haer.*, VI, 23. Stobée, *Flor.*, 11, 25. Anonyme, *Vit. Plat.*, p. 9, 22 W.

ἐν Κρήτῃ] Cf. Apollonius dans Jamblique, *V. P.*, 25. Justin, XX, 4. Valère-Maxime, VIII, 7, ext. 2.

σὺν Ἐπιμενίδῃ] Cf. APULÉE, *Flor.*, II, 15.

6. εἰς τὸ Ἰδαῖον ἄντρον] PAPYR. HERCUL. (Crönert, *Stud. zur Pal.*, VI, p. 147). PORPHYRE, *V. P.*, 17.

καὶ τὰ περὶ θεῶν ἐν ἀπορρήτοις ἔμαθεν. εἶτα ἐπανῆλθεν εἰς Σάμον καὶ εὑρὼν τὴν πατρίδα τυραννουμένην ὑπὸ Πολυκράτους, ἀπῆρεν εἰς Κρότωνα τῆς Ἰταλίας· κἀκεῖ νόμους θεὶς τοῖς Ἰταλιώταις ἐδοξάσθη σὺν τοῖς μαθηταῖς, οἵ, πρὸς τοὺς τριακοσίους ὄντες, ᾠκονόμουν ἄριστα τὰ πολιτικά, ὥστε σχεδὸν ἀριστοκρατίαν εἶναι τὴν πολιτείαν. 5

4. Τοῦτόν φησιν Ἡρακλείδης ὁ Ποντικὸς περὶ αὑτοῦ τάδε λέγειν ὡς εἴη ποτὲ γεγονὼς Αἰθαλίδης καὶ Ἑρμοῦ υἱὸς νομισθείη. τὸν δὲ Ἑρμῆν εἰπεῖν αὐτῷ ἑλέσθαι ὅ τι ἂν βούληται πλὴν ἀθανασίας. αἰτήσασθαι οὖν ζῶντα καὶ τελευτῶντα μνήμην ἔχειν τῶν συμβαινόντων.

---

4. τριακοσίους BPF Hesychius(Schol.)ἑξακοσίους Hesychius(Suidas). 6. περὶ — λέγειν > F. τάδε P τίδὲ B. 9. τελευτήσαντα Cob.

2-3. καὶ εὑρὼν — Ἰταλίας] Hesychius (Sch. Platon et Suidas). — Aristoxène dans Porphyre, *V. P.*, 9. Ovide, *Mét.*, XV, 60 ss. Aëtius, I, 3, 9. Strabon, XIV, 638. Porphyre, *V. P.*, 16. Hippolyte, *Adv. haer.*, I, 2, 1. Jamblique, *V. P.*, 88. Themistius, *Or.*, 23, p. 285 B. Firmicus Maternus, I, 8, 17. Scholie *Iliade*, O, 410. Pseudo-Acro, *Schol. in Horat. vet.*, II, p. 162, K. Tzetzès, *Chil.*, XI, 78.
3. νόμους θείς] Porphyre, *V. P.*, 20. Jamblique, *V. P.*, 30, 130, 172. ἐδοξάσθη] cf. Alcidamas dans Aristote, *Rhét.*, II, 23. Dicéarque dans Porphyre, *V. P.*, 19. Jamblique, *V. P.*, 53 et 57.
4. τριακοσίους] Hesychius (Sch. Platon). — Apollonius dans Jamblique, *V. P.*, 254. Justin. XX, 4. Lucien, *Vit. auct.*, 6. Athénagore, *Leg.*, 31.
5. ἀριστοκρατίαν] Cf. Apollonius dans Jamblique, *V. P.*, 255.
6 ss. τοῦτόν φησιν, etc. §§ 4-5]. A. *même série de métempsycoses :* Porphyre, *V. P.*, 45. Tertullien, *De an.*, 28. Hippolyte, *Adv. haer.*, I, 2, 11. Scholie de Sophocle, *El.*, v. 62 et Suidas, *s. v.* ἤδη. Georgius Cedrenus, *Hist. comp.*, I, p. 275.— B. *séries différentes :* Dicéarque et Cléarque, dans Aulu-Gelle, IV, 11.— Jérôme, *Adv. Ruf.*, p. 40. — Scholies d'Apollonius de Rhodes, I, 645. Artemii Passio, 26 (Patr. gr., XCVI, p. 1276). — Cf. Aristoxène, Androcyde, Eubulide, Néanthe et Hippobotos dans les Théol. Arithm., p. 40. — Lucien, *Ver. hist.*, II, 21. — C. *Euphorbe seul :* Diodore, X, 6, 1 et 4. Horace, *Odes*, I, 28, 9. Ovide, *Mét.*, 15, 160. Lucien, *Dial. mort.*, 20, 3; *Gal.*, 13, 15, 17. Origène, *C. Celse*, VI, 8. Hippolyte, *Adv. haer.*, I, 3, 3. Porphyre, *V. P.*, 26-27. Jamblique, *V. P.*, 63. Ps-Diogène, *Epist.*, 19 (Hercher, p. 240). Maxime de Tyr, *Phil.*, X, 2. Ausone, *Epigr.*, 77 (cf. XVIII, 29, 38). Hyginus, *Fab.*, 112. Lactance, *Inst. div.*, III, 8; VII, 23. Philostrate, *Vit. Apoll.*, I, 1; III, 19; VIII, 7, 4; *Heroic.*, 17. Tatien, *Adv. Gr.*, 25. Cyrille, *C. Jul.*, III, 87. Lact. Plac. *Com. in Stat. Theb.*, III, 483. Scholie *Iliade*, P, 28. Ps-Acro, *Schol. in Horat. vet.*, I, p. 106, K.

ἐν μὲν οὖν τῇ ζωῇ πάντων διαμνημονεῦσαι· ἐπεὶ δὲ ἀποθάνοι, τηρῆσαι τὴν αὐτὴν μνήμην. χρόνῳ δ' ὕστερον εἰς Εὔφορβον ἐλθεῖν καὶ ὑπὸ Μενέλεω τρωθῆναι. ὁ δὲ Εὔφορβος ἔλεγεν ὡς Αἰθαλίδης ποτὲ γεγόνοι καὶ ὅτι παρ' Ἑρμοῦ τὸ δῶρον λάβοι καὶ τὴν τῆς ψυχῆς περιπόλησιν,
5 ὡς περιεπολήθη καὶ εἰς ὅσα φυτὰ καὶ ζῷα παρεγένετο καὶ ὅσα ἡ ψυχὴ ἐν τῷ ᾅδῃ ἔπαθε καὶ αἱ λοιπαὶ τίνα ὑπομένουσιν.

5. ἐπειδὴ δὲ Εὔφορβος ἀποθάνοι, μεταβῆναι τὴν ψυχὴν αὐτοῦ εἰς Ἑρμότιμον, ὃς καὶ αὐτὸς πίστιν θέλων δοῦναι ἐπανῆλθεν εἰς Βραγχίδας καὶ εἰσελθὼν εἰς τὸ τοῦ Ἀπόλλωνος ἱερὸν ἐπέδειξεν ἣν
10 Μενέλαος ἀνέθηκεν ἀσπίδα (ἔφη γὰρ αὐτόν, ὅτ' ἀπέπλει ἐκ Τροίας, ἀναθεῖναι τῷ Ἀπόλλωνι τὴν ἀσπίδα) διασεσηπυῖαν ἤδη, μόνον δὲ διαμένειν τὸ ἐλεφάντινον πρόσωπον. ἐπειδὴ δὲ Ἑρμότιμος ἀπέθανε, γενέσθαι Πύρρον τὸν Δήλιον ἁλιέα· καὶ πάντα πάλιν μνημονεύειν, πῶς πρόσθεν Αἰθαλίδης, εἶτ' Εὔφορβος, εἶτα Ἑρμότιμος, εἶτα Πύρρος
15 γένοιτο. ἐπειδὴ δὲ Πύρρος ἀπέθανε, γενέσθαι Πυθαγόραν καὶ πάντων τῶν εἰρημένων μεμνῆσθαι.

6. Ἔνιοι μὲν Πυθαγόραν μηδὲ ἓν καταλιπεῖν σύγγραμμά φασι διαπεσόντες. Ἡράκλειτος γοῦν ὁ φυσικὸς μονονουχὶ κέκραγε καὶ

---

5. περιεγένετο F. 6. τῷ ᾅδῃ] ᾅδου Cob. 8. δοῦναι θέλων∽F. ἀνῆλθεν Reiske. 10. ἔθηκεν F. [ἔφη — ἀσπίδα] secl. Cob. ἀπέπλευσεν F. 12. διαμένον Cob. 14. προσθῆναι.θαλίδης B. εἶτα Ἑρμότιμος > F¹. 17. μέν]+οὖν P. 18. διαπεσόντες Reiske διαπέζοντες B διαπαίζοντες PF διαπταίοντες Scaliger διαπίπτοντες Diels¹ (cf. V, 6) παίζοντες Diels² (*Vors.*) < νὴ > Δία παίζοντες Gomperz. καί > F¹.

7-12. ἐπειδὴ δὲ — πρόσωπον] Aventure attribuée à Pythagore par Hippolyte, *Adv. haer.*, I, 3, 3, Origène, *C. Celse*, VI, 8, Ps-Acro, *Schol. in Hor.*, I, p. 106; située à Argos par Ovide, *Mét.*, XV, 160, Diodore, X, 6, 2, Scholie *Iliade*, P, 28; à Delphes par Tertullien, *De an.*, 28; à Mycènes par Porphyre, *V. P.*, 27, Jamblique, *V. P.*, 63; dans un temple d'Athéna, par Maxime de Tyr, *Phil.*, XVI, 2.
17. μηδὲ ἓν καταλιπεῖν σύγγραμμα] DIOGÈNE, *prooem.*, 16. Démétrius dans Diogène, VIII, 85. Posidonius dans Galien, *De Hipp. et Plat.*, 5, 6. Josèphe, *C. Apion.*, I, 22. Plutarque, *Alex. fort.*, 1, 4; *Numa*, 22, 3. Lucien, *De salut.*, 5. Nicomaque dans Porphyre, *V. P.*, 57 et Jamblique, *V. P.*, 252. Augustin, *De cons. ev.*, I, 7, 12. David, *Schol. in Arist.*, p. 13 et p. 28a. — Cf. Philodème, *De piet.*, p. 66.
18. Ἡράκλειτος...] Fr. 129 Diels : cf. fr. 40.

φησι· « Πυθαγόρης Μνησάρχου ἱστορίην ἤσκησεν ἀνθρώπων μάλιστα πάντων· καὶ ἐκλεξάμενος ταύτας τὰς συγγραφὰς ἐποιήσατο ἑαυτοῦ σοφίην, πολυμαθείην, κακοτεχνίην. » οὕτω δ' εἶπεν ἐπειδήπερ ἐναρχόμενος ὁ Πυθαγόρας τοῦ φυσικοῦ συγγράμματος λέγει ὧδε· « Οὐ μὰ τὸν ἀέρα, τὸν ἀναπνέω, οὐ μὰ τὸ ὕδωρ, τὸ πίνω, οὐ κατοίσω ψόγον 5 περὶ τοῦ λόγου τοῦδε. » γέγραπται δὲ τῷ Πυθαγόρᾳ συγγράμματα τρία, παιδευτικόν, πολιτικόν, φυσικόν. 7. τὸ δὲ φερόμενον ὡς Πυθαγόρου Λύσιδός ἐστι τοῦ Ταραντίνου Πυθαγορικοῦ, φυγόντος εἰς Θήβας καὶ Ἐπαμεινώνδα καθηγησαμένου.

Φησὶ δ' Ἡρακλείδης ὁ τοῦ Σαραπίωνος, ἐν τῇ Σωτίωνος ἐπιτομῇ, 10 γεγραφέναι αὐτὸν καὶ περὶ τοῦ ὅλου ἐν ἔπεσι· δεύτερον τὸν ἱερὸν λόγον, οὗ ἡ ἀρχή· « Ὦ νέοι, ἀλλὰ σέβεσθε μεθ' ἡσυχίας τάδε πάντα· » τρίτον περὶ ψυχῆς, τέταρτον περὶ εὐσεβείας, πέμπτον Ἠλοθαλῆ, τὸν Ἐπιχάρμου τοῦ Κώου πατέρα, ἕκτον Κρότωνα καὶ ἄλλους· τὸν δὲ μυστικὸν λόγον Ἱππάσου φησὶν εἶναι, γεγραμμένον ἐπὶ 15 διαβολῇ Πυθαγόρου· πολλοὺς δὲ καὶ ὑπὸ Ἄστωνος τοῦ Κροτωνιάτου γραφέντας ἀνατεθῆναι Πυθαγόρᾳ. 8. φησὶ δὲ καὶ Ἀριστόξενος

---

1. πυθαγόροις B πυθαγόρας F. ἱστορίην ἤσκησεν BP ἱστορεῖν ἴσχυσεν F. 2. ἐποίησεν F. ἑωυτοῦ Cob. (ex P³). 3. πολυμαθίην B πολυμαθηίην Cob. καλοτεχνίην Cas. 4. ὁ > F. 5. οὐ κατοίσω BPF οὗ κοτ' οὕτω Diels οὐκ ἀνοίσω conicio. 7. φυσικόν > Hesychius (Suidas), sed Hesych. (Schol.) ut Diogenes. φερόμενον] + τρίτον Hesychius (Suidas), at non Hesych.(Schol.). 9. ἐπαμίνωνα B. 12. ἡ > B. σέβεσθε G²T fr σέβεσθαι B P¹ F. ἡσυχίης Cob. (ex P³). 15. φασίν Cob. (ex DG fr).

6-9. γέγραπται — καθηγησαμένου] Hesychius (Schol. Platon et Suidas).

8-9. φυγόντος — καθηγησαμένου] Aristoxène dans Jamblique, V. P., 250 et Porphyre, V. P., 55.

11-12. τὸν ἱερὸν λόγον] Cf. mes Études sur la Littérature pyth., pp. 3-79.

14. Ἠλοθαλῆ τὸν Ἐπιχάρμου] Cf. Diogène, VIII, 72. Jamblique, V. P., 166, 241, 266.

15. τὸν δὲ μυστικὸν λόγον Ἱππάσου] Cf. Apollonius dans Jamblique, V. P., 259.

τὰ πλεῖστα τῶν ἠθικῶν δογμάτων λαβεῖν τὸν Πυθαγόραν παρὰ Θεμιστοκλείας τῆς ἐν Δελφοῖς. Ἴων δὲ ὁ Χῖος ἐν τοῖς Τριαγμοῖς φησιν αὐτὸν ἔνια ποιήσαντα ἀνενεγκεῖν εἰς Ὀρφέα. αὐτοῦ λέγουσι καὶ τὰς Κοπίδας, οὗ ἡ ἀρχή· « Μὴ †ἀνααίδευ† μηδενί. »

5 Σωσικράτης δὲ ἐν Διαδοχαῖς φησιν αὐτὸν ἐρωτηθέντα ὑπὸ Λέοντος τοῦ Φλιασίων τυράννου τίς εἴη, « φιλόσοφος » εἰπεῖν· καὶ τὸν βίον ἐοικέναι πανηγύρει· ὡς οὖν εἰς ταύτην οἱ μὲν ἀγωνιούμενοι, οἱ δὲ κατ' ἐμπορίαν, οἱ δέ γε βέλτιστοι ἔρχονται θεαταί, οὕτως ἐν τῷ βίῳ οἱ μὲν ἀνδραποδώδεις, ἔφη, φύονται δόξης καὶ πλεονεξίας θηραταί,
10 οἱ δὲ φιλόσοφοι τῆς ἀληθείας. καὶ τάδε μὲν ὧδε.

5-10. Φv : πυθαγόρας ἐρωτηθεὶς ὑπὸ λέοντος — ἀληθείας.

1. πυθαγόρα B. 2. Θεμιστοκλείας libri, hic et infra, § 21 (Σ excepto : Θεοκλείας) Ἀριστοκλείας Porphyr., *V. P.*, 41, Suidas, *s. v.* τάδε ἐκ τοῦ τρίποδος, Photius, *Lex.*, *ibid.*, et Apostolius, *Cent.*, XV, 88. τῆς ἐν δελφοῖς P et omnes libri infra, § 21 (et Porphyr., *V. P.*, 41) τῆς ἀδελφῆς BF et § 21, Σ; Cf. τὸν ἀδελφόν Suidas, *l. c.*, Apostolius, *l. c.*, τὸν Δελφόν Photius, *l. c.* Τριαγμοῖς > F1 (ut videtur). 4. καὶ τὰς Κοπίδας Diels (cf. Timaeum in Schol. ad Eurip. *Hec.*, 134, Philodem. *Rhet.*, I, 57 et Etym. magn. *s. v.* κοπίς) καὶ κὰς κοπιάδας PF κατασκοπιάδας B καὶ τὰς Σκοπὰς Ἀΐδαο Nietzsche. ἡ > B. ἀνααίδευ F ἀνάαιδευ BP1 ἀναδίδευ Diels *(treibe keine Advokatenpraxis)* ἀναιδεῦ Fabricius ἀνειδεῦ Kühn ἀνάδευ Grentemenilius ἀηδεῦ Faber Mén. 5. Σωσικράτης DGT σωκράτης BPF. δοχαῖς B1. 6. φιλόσοφος Φv φιλόσοφον BP1F. 7. οὖν] γοῦν Bywater. ἀγωνιούμενοι ἔρχονται ~ Φv. 8. γε > Φv. 9. φύονται] φαίνονται Reiske.

---

1. παρὰ Θεμιστοκλείας] *Infra*, § 21. PORPHYRE, *V. P.*, 41. — SUIDAS, *s. v.* τάδε ἐκ τοῦ τρίποδος. PHOTIUS, *Lex.*, *ibid.* APOSTOLIUS, *Cent.*, XV, 88 (Parœm. gr., II, 652).

2-3. Ἴων — Ὀρφέα] CLÉMENT, *Strom.*, I, 131. Cf. Hérodote, II, 81. Suidas, *s. v.* Ὀρφεύς. Jamblique, *V. P.*, 145 s.

4. τὰς Κοπίδας] Diels, *Archiv für Gesch. der Philos.*, III, p. 454.

5-10. ἐρωτηθέντα — ἀληθείας] Héraclide Pontique dans Diogène, *prooem.*, 12, et Cicéron, *Tusc.*, V, 3. — Diodore, X, 10, 1. Jamblique, *Protr.*, I, 9; *In Nic. ar.*, pp. 5, 26. Valère-Maxime, VIII, 7, ext. 2. — Cf. Quintilien, *Inst. or.*, XII, 1, 19. Clément, *Strom.*, IV, 9. Jamblique, *V. P.*, 44, 58, 159. Ambroise, *De Abr.*, 2, 7. Augustin, *De civ.*, VIII, 2; *De Trin.*, XIV, 1, 2. Isidore, *Orig.*, VIII, 6, 2; XIV, 6, 31. Boëce, *Inst. mus.*, II, 2. Hermias, *In Phaed.*, 64. Cramer, *Anecd. Paris.*, IV, p. 414.

9. Ἐν δὲ τοῖς τρισὶ συγγράμμασι τοῖς προειρημένοις φέρεται Πυθαγόρου τάδε καθολικῶς. οὐκ ἐᾷ εὔχεσθαι ὑπὲρ αὑτῶν διὰ τὸ μὴ εἰδέναι τὸ συμφέρον. τὴν μέθην ἓν ἀνθ'ἑνὸς βλάβην καλεῖ καὶ πλησμονὴν πᾶσαν ἀποδοκιμάζει, λέγων μὴ παραβαίνειν μήτε τῶν πόνων μήτε τῶν σιτίων μηδένα τὴν συμμετρίαν. καὶ περὶ ἀφροδισίων δέ 5 φησιν οὕτως· « Ἀφροδίσια χειμῶνος ποιέεσθαι, μὴ θέρεος· φθινοπώρου δὲ καὶ ἦρος κουφότερα, βαρέα δὲ πᾶσαν ὥρην καὶ ἐς ὑγείην οὐκ ἀγαθά. » ἀλλὰ καί ποτε ἐρωτηθέντα πότε δεῖ πλησιάζειν, εἰπεῖν· « ὅταν βούλῃ γενέσθαι αὑτοῦ ἀσθενέστερος. » 10. διαιρεῖται δὲ

8-9. Φ^{apv}: ἐρωτηθεὶς πότε δεῖ — ἔφη — ἀσθενέστερος.

1. γράμμασι F. 2. ἐᾷ εὔχεσθαι ὑπὲρ αὐτῶν BP(αὐτῶν B) ἐλέγχεσθε ὑπὸ ἑαυτῶν F. 3. εἰδέναι PF εἶναι B. σύμφορον B. ἓν ἀνθ' ἑνὸς BP ἐν ἄνθει νοός F εἰώθει νοός vel ἓν ἀνθ' ἑνὸς νοός Mén. ἐναντίνοον Mericus Cas. 4. πόνων BPF (cf. Jambl., V. P., 163), ποτῶν Cas. Mén. Cob. (cf. Jambl., V. P., 224). 5. σιτίων]οἴτιων B + μήτε τῶν ὕπνων DG cf. Jambl., ll. cc. 6. θέρος B. 7. βαρέα B βαρεία PF¹. ὑγείην F ὑγίην P¹ ὑγείαν B ὑγιείην Cob. + εἶναι F. οὐκ ἀγαθά > F¹. 8. πλησιάζειν] + γυναικί Φ. εἰπεῖν BP εἶπεν F et ∼ post ἀσθενέστερος. 9. ὅταν βούλῃ BP et ceteri auctores ὅτε βούλει FΦ. αὑτοῦ P¹ αὐτοῦ B ἑαυτοῦ F σεαυτοῦ Φ σωυτοῦ Cob. διαιρεῖται PF διαιρεῖν τε B¹ (ut videtur) διαιρεῖ Paris. 1630 διῄρει Φ.

---

1. ἐν δὲ τοῖς τρισὶ συγγράμμασι] Cf. Diels, *Ein gefälschtes Pythagorasbuch, Archiv*, III, pp. 451 ss.
2. οὐκ ἐᾷ εὔχεσθαι] Diodore, X, 9, 7 et 8. Cf. Ps–Platon, *Alcib.* II, p. 143 A et Orion, *Anthol. Pal.*, V, 17. — Jamblique, *V. P.*, 145 et 224.
3. τὴν μέθην — καλεῖ] Cf. Stobée, *Flor.*, 18, 25 et Arsénius,*Viol.*, p. 210, W.
3-5. πλησμονὴν — συμμετρίαν] Aristoxène dans Jamblique, *V. P.*, 163 et 224. Nicomaque, *ibid.*, 34 et dans Porphyre, *V. P.*, 22.
5. περὶ ἀφροδισίων] Diodore, X, 9, 3. Stobée, *Flor.*, 17, 13. Cf. Aristoxène dans Jamblique, *V. P.*, 209.
8. ἀλλὰ καί ποτε ἐρωτηθέντα] Diodore, X, 9, 4. Cf. Clément, *Strom.*, III, 24. Attribué au pythagoricien Clinias par Plutarque, *Qu. conv.*, III, 6, 3 ; à Épicure par un Anonyme (Usener, *Epic.*, p. 344, 62a).
9 ss. διαιρεῖται — ἀνήρ] Diodore, X, 9, 5. — Ovide, *Mét.*, XV, 200-213. Joh. Damasc., *Flor.*, I, 1, 4. — Cf. Aristoxène dans Jamblique, *V. P.*, 201 et 210. Théon de Smyrne, *Exp.*, p. 98.

καὶ τὸν τοῦ ἀνθρώπου βίον οὕτω· « Παῖς εἴκοσι ἔτεα, νεηνίσκος εἴκοσι, νεηνίης εἴκοσι, γέρων εἴκοσι. αἱ δὲ ἡλικίαι πρὸς τὰς ὥρας ὧδε σύμμετροι· παῖς ἔαρ, νεηνίσκος θέρος, νεηνίης φθινόπωρον, γέρων χειμών. » ἔστι δ' αὐτῷ ὁ μὲν νεηνίσκος μειράκιον, ὁ δὲ
5 νεηνίης ἀνήρ.

Εἶπέ τε πρῶτος, ὥς φησι Τίμαιος, κοινὰ τὰ φίλων εἶναι καὶ φιλίαν ἰσότητα. καὶ αὐτοῦ οἱ μαθηταὶ κατετίθεντο τὰς οὐσίας εἰς ἓν ποιούμενοι. πενταετίαν τε ἡσύχαζον, μόνον τῶν λόγων κατακούοντες

1-5. Cod. Paris. gr. 1630, f. 115ᵛ (Boissonade, II, p. 435). Cf. Φαρν (summatim et communi dialecto).

1. τόν] + ὅλον Paris. 1630. 2. γέρων εἴκοσι > F. 3. ὧδε] τοῦ χρόνου ἤτοι τὰς δ' Paris. 1630. νεανίσκος BP. 7. εἰς ἓν κατετίθεντο ∼ BP [εἰς ἓν ποιούμενοι] secl. Rittershuis. 8. [ποιούμενοι] secl. Cob. μόνον Meib. μόνων BPF.

---

6. κοινὰ τὰ φίλων] Fragment de Timée plus étendu dans Photius, Lex., s. v. κοινά, Zénobe, Cent., IV, 79, et Scholie de Platon, Phèdre, p. 279 C. — Cf. Diogène Laërce, X, 11. Cicéron, De leg., I, 12, 34. Antonius Diogène dans Porphyre, V. P., 33. Jamblique, V. P., 92. Julien, Or., VIII, 4. — Maxime attribuée aussi à Bion (Diogène, IV, 53) et rapidement devenue proverbiale.
7. φιλίαν ἰσότητα] Infra, § 33. Jamblique, V. P., 162. Olympiodore, In Plat. Alcib., p. 31. Joh. Damasc., Flor., I, 13. Devenu proverbial : Platon, Lois, VI, p. 757 A. Diogénien, Cent., II, 94, Apostolius, IX, 17, Macaire, IV, 82. Cf. φίλος ἐστὶν ἄλλος ἐγώ : [Aristote], Magn. moral., II, 15. Ps-Plutarque, Vit. Hom., 151. Cicéron, De off., I, 17, 56. Antonius Diogène dans Porphyre, V. P., 33. Jamblique, In Nic. ar., p. 35. Synésius, Epist., 100. Eustathe, In Iliad., p. 1131, 60. Proclus, In Parmen., I, p. 127 E. Hermias, In Phaedr., p. 33. Arsénius, Viol., p. 240, W. Schol. Iliade, Σ, 82.
καὶ αὐτοῦ — εἰς ἓν ποιούμενοι] Timée, ci-dessus. Aulu-Gelle, I, 9, 12. Jamblique, V. P., 30, 72, 167 ss. Porphyre, V. P., 20. Hippolyte, Adv. haer., I, 2, 16. Olympiodore, In Phaed., p. 8. — Cf. Origène, C. Celse, II, 12.
8. πενταετίαν τε ἡσύχαζον] Sénèque, Epist., 52, 10. Plutarque, De curios., 9. Clément, Strom., V, 67. Lucien, Gal., 4; Hermot., 48; Vit. auct., 3. Jamblique, V. P., 68, 72, 94. Hippolyte, Adv. haer., I, 2, 3 et 16; VI, 22. Apulée, Flor., II, 15. Eusèbe, Hist. eccl., IV, 7, 148. Jean Chrysostome, Hom. in Johan., II, 3. Ambroise, De off. min., I, 10. Théodoret, Gr. aff., I, 12. Épiphane, Adv. haer., proœm., I, 1 et III, 8. Jérôme, Com. in Eccles., t. III, 410. Procope, Epist., 157.

καὶ οὐδέπω Πυθαγόραν ὁρῶντες εἰς ὃ δοκιμασθεῖεν· τοὐντεῦθεν δὲ ἐγίνοντο τῆς οἰκίας αὐτοῦ καὶ τῆς ὄψεως μετεῖχον. — ἀπείχοντο δὲ καὶ σοροῦ κυπαρισσίνης διὰ τὸ τὸ τοῦ Διὸς σκῆπτρον ἐντεῦθεν πεποιῆσθαι, ὥς φησιν Ἕρμιππος ἐν δευτέρῳ περὶ Πυθαγόρου. — **11.** καὶ γὰρ καὶ σεμνοπρεπέστατος λέγεται γενέσθαι καὶ αὐτοῦ 5 οἱ μαθηταὶ δόξαν εἶχον περὶ αὐτοῦ ὡς εἴη Ἀπόλλων ἐξ Ὑπερβορείων ἀφιγμένος. λόγος δέ ποτε αὐτοῦ παραγυμνωθέντος τὸν μηρὸν ὀφθῆναι χρυσοῦν· καὶ ὅτι Νέσσος ὁ ποταμὸς διαβαίνοντα αὐτὸν προσαγορεῦσαι πολὺς ἦν ὁ φάσκων.

2-4. Φ^v : ἀπείχοντο — πεποιῆσθαι. 7-8. Φ^v : παραγυμνωθέντος — προσηγόρευσεν.

3. τό² Φ^v > BPF. 4. περιποιεῖσθαι F. 5. αὐτοῦ > Cob. 6. ὑπερβοραίων B P¹. 7. λόγος B P λέγεται F. αὐτοῦ ποτε ∼ F. 8. νέσος F Φ^v.

Sidonius, *Ep.*, VII, 9, 5; *Carm.*, XV, 51. Niceph. Greg., *Hist.*, X, 8; XX, 1; XXI, 4; *Epist.*, 8. Olympiodore, *In Phaed.*, p. 8. Tzetzès, *Chil.*, VII, 155 et VIII, 279. — Cf. Lettre de Lysis à Hipparque, Jamblique, *V. P.*, 76. Isocrate, *Bus.*, 29. Alexis dans Athénée, IV, 161 B. Ovide, *Mét.*, XV, 60 ss. Plutarque, *Numa*, 8, 7. Athénée, I, 20 D et VII 308 C. Aulu-Gelle, I, 9, 3 ss. Julien, *Orat.*, VIII, p. 251 C. Greg. Naz., *Orat.*, XXVII, 10. Libanius, *Epist. lat.*, II, 7. Hermias, *Irris. gent. phil.*, 16. Suidas, *s. v.* Π. et σιωπή. Ps-Plutarque, *Vita Hom.*, 149. Claudien, *Carm.*, XVII, 90 et 157. Eustathe, *Opusc.*, p. 259, 90 et p. 286, 1.

1. τοὐντεῦθεν...] JAMBLIQUE, *V. P.*, 72 ss. — Cf. Hippolyte, *Adv. haer.*, I, 2, 16 ss. Clément, *Strom.*, V, 57.

2. ἀπείχοντο...] JAMBLIQUE, *V. P.*, 155. — Cf. Pline, *H. N.*, 35, 46.

5. σεμνοπρεπέστατος] Dicéarque dans Porphyre, *V. P.*, 18. Jamblique, *V. P.*, 10 et 20. Apulée, *Flor.*, II, 15.

6. ὡς εἴη Ἀπόλλων ἐξ Ὑπερβορείων] ARISTOTE dans ELIEN, *V. H.*, II, 26 (cf. IV, 17). PORPHYRE, *V. P.*, 28. JAMBLIQUE, *V. P.*, 30, **91** ss., **135**, 140, 177. — Lucien, *Dial. mort.*, 20, 3; *Gal.*, 15 et 18. Scholies de Lucien, p. 124, R. — Cf. Diodore, X, 9, 9. Sextus, *Adv. math.*, VII, 94. Justin, XX, 4. Épiphane, *Adv. haer.*, I, 1.

7. λόγος δέ ποτε...] ARISTOTE dans ELIEN, *V. H.*, II, 26 et IV, 17, et dans APOLLONIUS, *Mir.*, 6. JAMBLIQUE, *V. P.*, **92**, **135**, 140. — Plutarque, *Numa*, 8, 6. Porphyre, *V. P.*, 28. Lucien, *Vit. auct.*, 6; *Gal.*, 18. Scholies de Lucien, p.124, R. Artemii Passio, 29.

8. καὶ ὅτι Νέσσος...] JAMBLIQUE, *V. P.*, **134**. Cf. Aristote dans Elien, *V. H.*, II, 26 et IV, 17 et dans Apollonius, *Mir.*, 6. - Porphyre, *V. P.*, 27.

Τίμαιός τέ φησιν ἐν δεκάτῳ Ἱστοριῶν λέγειν αὐτὸν τὰς συνοικούσας ἀνδράσι θεῶν ἔχειν ὀνόματα, Κόρας, Νύμφας, εἶτα Μητέρας καλουμένας. τοῦτον καὶ γεωμετρίαν ἐπὶ πέρας ἀγαγεῖν, πρῶτον Μοίριδος εὑρόντος τὰς ἀρχὰς τῶν στοιχείων αὐτῆς, ὥς φησιν Ἀντικλείδης ἐν
5 δευτέρῳ περὶ Ἀλεξάνδρου. **12.** μάλιστα δὲ σχολάσαι τὸν Πυθαγόραν περὶ τὸ ἀριθμητικὸν εἶδος αὐτῆς. τόν τε κανόνα τὸν ἐκ μιᾶς χορδῆς εὑρεῖν. — οὐκ ἠμέλησε δὲ οὐδὲ ἰατρικῆς. — φησὶ δ' Ἀπολλόδωρος ὁ λογιστικὸς ἑκατόμβην θῦσαι αὐτόν, εὑρόντα ὅτι τοῦ τριγώνου ὀρθογωνίου ἡ ὑποτείνουσα πλευρὰ ἴσον δύναται ταῖς περιεχούσαις.
10 καὶ ἔστιν ἐπίγραμμα οὕτως ἔχον·

1. δεκάτῳ BP ι' F δεκάτη *fr* Cob. 3. ἀγαγεῖν F τοῦτον ἄγειν BP¹ προαγαγεῖν coniciam, cf. I, 25. μοίριδος πρῶτον ∼ F. πρώτου Cob. 4-5. αὐτῆς — 'Ἀλεξάνδρου > F. 5. πυθαγόρα F. 7. οὐδέ > F. 8. ὁ λογιστικός > F. 10. ἔχον F ἔγον P¹ ἔργον B (qui verbum sequentibus coniunxit).

---

1. Τίμαιός τε φησιν....] JAMBLIQUE, V. P., 56. — Cf. Hesychius, *Lex.*, s. v. γυνή.
3. γεωμετρίαν ἐπὶ πέρας ἀγαγεῖν] vulgaire : Diogène, I, 25. Diodore, I, 98 et X, 6, 4. Hermésianax dans Athénée, XIII, 599 A. Lucien, *Vit. auct.*, 2. Hippolyte, *Adv. haer.*, I, 2, 2 et IV, 7. Porphyre, *V. P.*, 6. Jamblique, *V. P.*, 22, 89, 158, 159. Proclus, *In Eucl.*, prol., 2.
6. τόν τε κανόνα τὸν ἐκ μιᾶς χορδῆς εὑρεῖν] BOÈCE, *Inst. mus.*, I, 10. GAUDENCE, *Intr. harm.*, 11. Proclus, *In Tim.*, II, p. 174, 23. — Cf. Xénocrate, d'après Héraclide, dans Porphyre, *In Ptol. harm.*, I, 3. — Nicomaque, *Ench.*, 6. Jamblique, *V. P.*, 115 ss., *In Nic. ar.*, p. 121. Censorinus, *De die nat.*, 10, 8. Macrobe, *In Somm. Scip.*, II, 1, 8. Théon de Smyrne, *Expos.*, p. 56. Fulgence, *Myth.*, III, 9. Chalcidius, *In Tim.*, 44. Isidore, *Orig.*, III, 15, 1. Cramer, *Anecd. Paris.*, IV, 421.
7. οὐδὲ ἰατρικῆς] Aristote dans Elien, *V. H.*, IV, 17 (cf. IX, 22). Pline, *Hist. nat.*, 19, 30; 20, 3 ; 24, 99, 100, 101; 25, 5. Celse, *De med.*, I, prooem. Porphyre, *V. P.*, 33. Jamblique, *V. P.*, 82, 110. 111, 163, 164, 244, 264.
φησὶ δ' Ἀπολλόδωρος...] Même citation dans PLUTARQUE, *Non posse suav.*, 11, ATHÉNÉE, X, 418 F, et DIOGÈNE, I, 25. — Vitruve, *Arch.*, IX, 214. Proclus, *In Eucl.*, I, 47. — Cf. Antonius Diogène dans Porphyre, *V. P.*, 36. Cicéron, *De nat. deor.*, III, 36, 88. Plutarque, *Qu. conv.*, VIII, 2, 4. Philon, *De vita contempl.*, p. 899 B. Grégoire de Naz., *Epist.*, 198. Alexandre, *In Met.*, I, 8, 990 *a* 23. — Attribué à Thalès par Pamphila dans Diogène, I, 24.

ἤνυκε Πυθαγόρης τὸ περικλεές· εὕρατο γράμμα
κεῖν' ἐφ' ὅτῳ κλεινὴν ἤγαγε βουθυσίην.

Λέγεται δὲ καὶ πρῶτος κρέασιν ἀσκῆσαι ἀθλητάς, — καὶ πρῶτόν γε
Εὐρυμένη, καθά φησι Φαβωρῖνος ἐν τρίτῳ τῶν Ἀπομνημονευμάτων, —
τῶν πρότερον ἰσχάσι ξηραῖς καὶ τυροῖς ὑγροῖς, — ἀλλὰ καὶ πυροῖς —
σωμασκούντων αὐτούς, καθάπερ ὁ αὐτὸς Φαβωρῖνος ἐν ὀγδόῃ Παντοδαπῆς Ἱστορίας φησίν. **13.** οἱ δὲ Πυθαγόραν ἀλείπτην τινὰ τοῦτον
σιτίσαι τὸν τρόπον, μὴ τοῦτον. τοῦτον γὰρ καὶ τοῦ φονεύειν ἀπαγορεύειν, μὴ ὅτι γε ἅπτεσθαι τῶν ζῴων κοινὸν δίκαιον ἡμῖν ἐχόντων
ψυχῆς. καὶ τόδε μὲν ἦν τὸ πρόσχημα· τὸ δ' ἀληθὲς τῶν ἐμψύχων
ἀπηγόρευεν ἅπτεσθαι συνασκῶν καὶ συνεθίζων εἰς εὐκολίαν βίου τοὺς
ἀνθρώπους, ὥστε εὐπορίστους αὐτοῖς εἶναι τὰς τροφάς, ἄπυρα προσφε-
ρομένοις καὶ λιτὸν ὕδωρ πίνουσιν· ἐντεῦθεν γὰρ καὶ σώματος ὑγίειαν

1-2. Antholog. Pal., VII, 119.

8-p. 115, 4. Cf. Φ^{arv}: ἀπηγόρευε δὲ ἅπτεσθαι ζώων — ἱερεῖον δὲ μηδέν (textum contraxit scriba : varias lectiones memorabiles tantum notavi).

1. ἤνυκε BPF Anthol. ἡνίκα DG Plutarchus, *Non posse suav. vivi*, 11 et Athen., X, 418 F; cf. Introd., p. 81. εὕρατο BPF εὕρετο Anthol. Plutarch. Athen. 2. κεῖν' ἐφ' ὅτῳ BP Anthol., ἐκεῖν' ἐφ' ὅτῳ F κεῖν' ἐφ' ᾧ Plutarch. κλεινὸς ἐφ' ᾧ Athen. — κλεινὴν ἤγαγε BPF Anthol. Athen. λαμπρὴν ἤγετο Plutarchus. 4. εὐρημένη F[1]. ἐν τρίτῳ > F. 5. τῶν] τόν BF. 6. σωμασκεῖν F. 6-7. καθάπερ — φησίν > F. 8. σιτίσαι P (cf. infra, § 44) σιτῆσαι F συστῆσαι B. τοῦ BP[1] τό F. 9. γε ἅπτεσθαι] γεύεσθαι Cob. (ex *l* : gustare ?). ἡμῖν > F[1]. 10. ψυχῆς] τὴν ψυχήν Richards. 10. ἦν > F. 11. ἀπηγόρευεν F ἀπαγορεύειν BP[1]. συνασκῶν καί > Φ. ἐθίζων Φ. 12. ἀνθρώπους BF Φ βροτούς P[1]. 13. λιτόν > Φ λιτὰ καί Cob[2]. ἐντεῦθεν γάρ > F. ὑγίαν B[1].

---

3. λέγεται δὲ καί....] HÉRACLIDE PONTIQUE, HERMARQUE et CLODIUS, cités par PORPHYRE, *De abst.*, I, 26. PORPHYRE, *V. P.*, 15. Augustin, *Ep.*, III, 137, 3.

7. οἱ δὲ Πυθαγόραν ἀλείπτην]*Infra*, §§ 46, 47 et 49. PLINE, *Hist. nat.*, 23, 63. JAMBLIQUE, *V. P.*, 25. — Cf. Plutarque, *Numa*, I, 3. Denys d'Halic., *Ant. rom.*, II, 58.

9. κοινὸν δίκαιον...] Dicéarque, dans Porphyre, *V. P.*, 19. Plutarque, *De esu carn.*, II, 3. Cicéron, *Rep.*, III, 11, 19. Sénèque, *Epist.*, 108, 18. Sextus, *Adv. math.*, IX, 127. Porphyre, *De abst.*, III, 1 et 26. Jamblique, *V. P.*, 69, 108, 168-169. Ps-Plutarque, *Vita Hom.*, 125.

11 ss. συνασκῶν καί — ὀξύτητα περιγίνεσθαι] DIODORE, X, 7. JAMBLIQUE, *V. P.*, 13, 68 ss. 106 ss.

καὶ ψυχῆς ὀξύτητα περιγίνεσθαι. ἀμέλει καὶ βωμὸν προσκυνῆσαι μόνον ἐν Δήλῳ τὸν Ἀπόλλωνος τοῦ Γενέτορος, ὅς ἐστιν ὄπισθε τοῦ Κερατίνου, διὰ τὸ πυροὺς καὶ κριθὰς καὶ πόπανα μόνα τίθεσθαι ἐπ' αὐτοῦ ἄνευ πυρός, ἱερεῖον δὲ μηδέν, ὥς φησιν Ἀριστοτέλης ἐν Δηλίων
5 Πολιτείᾳ.

14. Πρῶτόν τέ φασι τοῦτον ἀποφῆναι τὴν ψυχὴν κύκλον ἀνάγκης ἀμείβουσαν ἄλλοτ' ἄλλοις ἐνδεῖσθαι ζῴοις. καὶ πρῶτον εἰς τοὺς Ἕλληνας μέτρα καὶ σταθμὰ εἰσηγήσασθαι, καθά φησιν Ἀριστόξενος ὁ μουσικός. πρῶτόν τε Ἕσπερον καὶ Φωσφόρον τὸν αὐτὸν εἰπεῖν,
10 ὥς φησι Παρμενίδης.

Οὕτω δὲ ἐθαυμάσθη ὥστε ἔλεγον τοὺς γνωρίμους αὐτοῦ †παντοίας†

---

1. βωμόν] ναόν Φ^{ap}. 2. τόν ΡΦ τοῦ BF. γενέστερος B. 3. τό PF τοῦ B. καί 2] + τά F. 4. ἄνευ] + του F. 8. σταθμάς B. 9. ὁ μουσικός > F. 10. ὥς φησι Παρμενίδης BPF οἱ δέ φασι Παρμενίδην Cas. Cob. (cf. IX, 23) ὡς δέ φησι Φαβωρῖνος, Παρμενίδης Karsten (cf. Intr., p. 10). 11. ἔλεγον] λέγειν Kühn. τούς] τάς Mericus Cas. et Rittershuis. γνωρίμους PF γνώρισμους B γνώμας Rittershuis + τά Kühn + λόγους Corssen . παντοίας BP παντοίους F μάντιας Cob. παροιμίας Mericus Cas. lacunam susp. Cas. τάς — παραγγελίας coniciam.

---

1. ἀμέλει καὶ βωμόν...] Infra, § 22. Cicéron, De nat. deor., III, 36, 88. Clément, Strom., VII, 31. Jamblique, V. P., 25, 35, 108. Cloatius Verus [Gram. rom. fr. (Funaioli)], p. 470. — Cf. Timée dans Censorinus, De die nat., 2. Porphyre, De abst., II, 28.
6. ἀποφῆναι τὴν ψυχήν] Xénophane dans Diogène, VIII, 36. — Aristote, De an., I, 3 et dans Jamblique, V. P., 85. Aristoxène dans Jamblique, V. P., 98. Dicéarque dans Porphyre, V. P., 19. Sotion dans Sénèque, Ep., 108, 17. Ovide, Mét., XV, 160. Diodore, I, 98; V, 28, 6; X, 6, 1. Porphyre, De abst., I, 23. Clément, Strom., VII, 31. Lucien, Ver. hist., 21. Hippolyte, Adv. haer., VI, 11, 26. Ps-Plutarque, Vit. Hom., 125. Théol. Arithm. p. 40. Augustin, De Civ., XXII, 28. Origène, C. Celse, V, 49. Épiphane, Adv. haer., I, 1. Lactance, Inst. div., III, 18. Jean Chrysost., Hom. in Johan., II, 2. Jérôme, Adv. Jovin., II, 6. Eustathe, Ad Iliad., p. 1090, 32, Ad Odys., p. 1838, 46. Photius, Cod. 249, p. 439 A. Chalcidius, In Tim., 195. Olympiodore, In Phaed., p. 103. Artemii Passio, 30. Scholie Iliade, II, 837. Comm. Bern. in Lucan., p. 289 (Usener).
8. μέτρα καὶ σταθμά...] Hippolyte, Adv. haer., I, 2, 18.
9. πρῶτόν τε Ἕσπερον...] Apollodore dans Stobée, Ecl., I, 24. Diogène, IX, 23.— Cf. Pline, Hist. nat., II, 37 et Martianus Capella, VIII, 882.—Aëtius, II, 15, 7.

θεοῦ φωνάς. — ἀλλὰ καὶ αὐτὸς ἐν τῇ γραφῇ φησι « δι' ἑπτὰ καὶ διηκοσίων ἐτέων ἐξ ἀΐδεω παραγεγενῆσθαι ἐς ἀνθρώπους ». — τοιγὰρ καὶ προσεκαρτέρουν αὐτῷ καὶ τῶν λόγων ἕνεκα προσῄεσαν καὶ Λευκανοὶ καὶ Πευκέτιοι καὶ Μεσσάπιοί τε καὶ Ῥωμαῖοι.

15. Μέχρι τε Φιλολάου οὐκ ἦν τι γνῶναι Πυθαγόρειον δόγμα· 5 οὗτος δὲ μόνος ἐξήνεγκε τὰ διαβόητα τρία βιβλία, ἃ Πλάτων ἐπέστειλεν ἑκατὸν μνῶν ὠνηθῆναι. — τῶν τε ἑξακοσίων οὐκ ἐλάττους ἐπὶ τὴν νυκτερινὴν ἀκρόασιν ἀπήντων αὐτοῦ· καὶ εἴ τινες ἀξιωθεῖεν αὐτὸν θεάσασθαι, ἔγραφον πρὸς τοὺς οἰκείους ὡς μεγάλου τινὸς τετυχηκότες. — Μεταποντῖνοί γε μὴν τὴν μὲν οἰκίαν αὐτοῦ Δήμητρος ἱερὸν 10 ἐκάλουν, τὸν στενωπὸν δὲ μουσεῖον, ὥς φησι Φαβωρῖνος ἐν Παντοδαπαῖς Ἱστορίαις. — ἔλεγόν τε καὶ οἱ ἄλλοι Πυθαγόρειοι μὴ εἶναι πρὸς πάντας πάντα ῥητά, ὥς φησιν Ἀριστόξενος ἐν δεκάτῳ Παιδευτικῶν

7-10. Cf. Φ^v : ἀπήντων δὲ — τετυχηκότες.

1. θεοῦ φωνάς BPF θεῶ φωνᾶς Cob. ἑπτὰ καὶ διηκοσίων] σις' Theol. Arithm., p. 40. 2. διηκοσίων BP διακοσίων F. παραγενῆσθαι B. 4. μεσάπιοι P μεσάπτιοι F. 5. τε] δέ F. τι > B. 6. ἐξήνεγκε BP ἐξήγαγε F. 7. ὠνηθῆναι Cob. ἐωνηθῆναι BPF. τε] δέ Φ^v. 8. τὰς νυκτερινὰς ἀκροάσεις Φ^v. εἴ PFΦ^v οἷ B. 11. δὲ fr (cf. Jambl., V. P., 170, Porph., V. P., 4) > BP¹F. 11-12. ὥς—Ἱστορίαις > F. 13 s. ὥς — Νόμων > F.

---

1. θεοῦ φωνάς] Cf. Aristote dans Jamblique, V. P., 82, et Élien, V. H., IV, 17. — Jamblique, V. P., 30. Suidas, s. v. αὐτὸς ἔφα.

1-2. δι' ἑπτὰ καὶ διηκοσίων ἐτέων....] Cf. Aristoxène, Néanthe, Hippobotos, Androcyde, Eubulide cités dans les Théol. Arithm., p. 40. — Comm. Bern. in Lucan., p. 289.

2-4. τοιγὰρ — Ῥωμαῖοι] Aristoxène dans Porphyre, V. P., 22. Jamblique, V. P., 241. Cf. Dicéarque dans Porphyre, V. P., 19.

6. οὗτος δὲ μόνος ἐξήνεγκε] Aristoxène dans Jamblique, V. P., 199 (cf. 146). Satyrus dans Diogène, III, 9. Diogène, VIII, 84. Aulu-Gelle, III, 17. — Cf. Timon dans Aulu-Gelle, ibid. Hermippe dans Diogène, VIII, 85. Eusèbe, Adv. Hier., p. 64. Tzetzès, Chil., X, 797.

7. τῶν τε ἑξακοσίων] Cf. Hesychius (Suidas). Suidas, s. v. γνώριμοι. Jamblique, V. P., 29.

8. νυκτερινὴν ἀκρόασιν] Antiphon dans Porphyre, V. P., 9. — Cf. Jamblique, V. P., 27.

10-11. Μεταποντῖνοι — μουσεῖον] Justin, XX, 4. Jamblique, V. P., 170. — Cf. Timée dans Porphyre, V. P., 4. Valère-Maxime, VIII, 15, ext. 2.

Νόμων. **16.** ἔνθα καὶ Ξενόφιλον τὸν Πυθαγορικὸν ἐρωτηθέντα πῶς ἂν μάλιστα τὸν υἱὸν παιδεύσειεν εἰπεῖν· « εἰ πόλεως εὐνομουμένης γενηθείη.» — ἄλλους τε πολλοὺς κατὰ τὴν Ἰταλίαν ἀπεργάσασθαι καλούς τε καὶ ἀγαθοὺς ἄνδρας, ἀτὰρ καὶ Ζάλευκον καὶ Χαρώνδαν τοὺς 5 νομοθέτας. ἱκανός τε γὰρ ἦν φιλίας ἐργάτης τά τε ἄλλα καὶ εἴ τινα πύθοιτο τῶν συμβόλων αὐτοῦ κεκοινωνηκότα, εὐθύς τε προσηταιρίζετο καὶ φίλον κατεσκεύαζεν.

17. Ἦν δὲ αὐτῷ τὰ σύμβολα τάδε· πῦρ μαχαίρᾳ μὴ σκαλεύειν, ζυγὸν μὴ ὑπερβαίνειν, ἐπὶ χοίνικος μὴ καθίζειν, καρδίαν μὴ ἐσθίειν, 10 φορτίον συγκαθαιρεῖν καὶ μὴ συνεπιτιθέναι, τὰ στρώματα ἀεὶ συνδεδεμένα ἔχειν, ἐν δακτυλίῳ θεοῦ εἰκόνα μὴ περιφέρειν, χύτρας ἴχνος

---

§ 17. Σ : ὅτι Πυθαγόρου τὰ σύμβολα ἦν τάδε· πῦρ — ἀνεπιστρεπτεῖν.

3. γεννηθείη F¹P¹ . πολλούς > F. Ἰταλίαν BP ἱστορίαν F. 4. ἄνδρας > F. ζέλευκον B. 5. ἄλλα] + ἅ B. 6. συμβούλων BP¹. τε] τό F. 8. σκαλαύειν P¹ σκαλαίειν B. 9. καρδίαν BPF καρδίην Cob. (ex DGΣ²⁻³⁻⁴). 10. φορτίον] + μή Mén. et Cob. (ex DG Σ²⁻³⁻⁴). καὶ μή BPF Σ⁶⁻ᵛ μηδέ Σ²⁻³⁻⁴ δέ Mén. Cob. quod ∾ post συνεπιτιθέναι (cf. ceteros auctores). 11. εἰκόνα θεοῦ ∾ F.

2-3. εἰ — γενηθείη] Cf. Hippodamos dans Stobée, *Flor.*, 103, 26.
4. Ζάλευκον καὶ Χαρώνδαν] ARISTOXÈNE dans JAMBLIQUE, *V. P.*, 130, 172 (cf. 249), 267. Posidonius dans Sénèque, *Epist.*, 90, 6. Diodore, XII, 20, 1. Porphyre, *V. P.*, 21. Elien, *V. H.*, III, 17. Suidas, *s. v.* Ζάλευκος. Scholie de Platon, *Rep.*, X, p. 599. Synésius, *De don. astr.*, p. 307.
5. φιλίας ἐργάτης] Cf. Porphyre, *V. P.*, 59. Jamblique, *V. P.*, 229-230.
8-9. πῦρ μαχαίρᾳ — ἐσθίειν] Cf. *infra*, au § 18.
10. φορτίον συγκαθαιρεῖν....] Cf. Aristote dans Jamblique, *V. P.*, 84. Porphyre, *V. P.*, 42. Plutarque, *Qu. conv.*, VIII, 7. — Clément, *Strom.*, I, 10. Jamblique, *Protr.*, 21. Olympiodore, *In Phaed.*, p. 8.
τὰ στρώματα....] Plutarque, *Qu. conv.*, VIII, 7. — Clément, *Strom.*, V, 27. Jamblique, *Protr.*, 21. *Variante* : Porphyre dans Stobée, *Ecl. phys.*, 41, 59. Hippolyte, *Adv. haer.*, VI, 27.
11. ἐν δακτυλίῳ....] Aristote, dans Jamblique, *V. P.*, 84. Porphyre, *V. P.*, 42. Jamblique, *V. P.*, 256 (Timée). — Jamblique, *Protr.*, 21. *Variantes* dans Jamblique, *ibid.* Clément, *Strom.*, V, 28. Ps-Plutarque, *Educ. puer.*, 17. Mantissa, *Prov.*, 2, 17. — Julien, *Or.*, VIII, p. 306, H.
χύτρας ἴχνος....] Plutarque, *Qu. conv.*, VIII, 7. — Clément, *Strom.*, V, 27. Jamblique, *Protr.*, 21.

συγχεῖν ἐν τῇ τέφρα, δαδίῳ εἰς θᾶκον μὴ ὁμόργνυσθαι, πρὸς ἥλιον τετραμμένον μὴ ὁμίχειν, ἐκτὸς λεωφόρου μὴ βαδίζειν, μὴ ῥαδίως δεξιὰν ἐμβάλλειν, ὁμωροφίους χελιδόνας μὴ ἔχειν, γαμψώνυχα μὴ τρέφειν, ἀπονυχίσμασι καὶ κουραῖς μὴ ἐπουρεῖν μηδὲ ἐφίστασθαι, ὀξεῖαν μάχαιραν ἀποστρέφειν, ἀποδημοῦντα ἐπὶ τοῖς ὅροις ἀνεπισ- 5 τρεπτεῖν.

18. Ἤθελε δ' αὐτῷ τὸ μὲν πῦρ μαχαίρᾳ μὴ σκαλεύειν, δυναστῶν ὀργὴν καὶ οἰδοῦντα θυμὸν μὴ κινεῖν· τὸ δὲ ζυγὸν μὴ ὑπερβαίνειν,

---

§ 18. Σ : ἤθελε — παρέλκωμεν. Cf. Φ^{apv} (non ad amussim) : σύμβολα δὲ αὐτοῦ πῦρ — p. 119, 6 : τοῦ ζῆν.

1. δαδίῳ Mén. Cob. (cf. Jambl., Protr., 21) λαδίω P¹Σ ἐλαδίω BF. εἰς > Cob. (ut Jambl.). 2. ὁμίχειν FΣ²⁻³⁻⁶⁻ᵛ ὁμιλεῖν BP¹Σ⁴. ἐκτὸς λεωφόρου] ἐντὸς λεωφόρου Mén. τὰς λεωφόρους Cob. 5. ἐπί BPF ἐν Σ. ἀνεπιστραφεῖν F. 7. σκαλεύειν] + ὅτι Σ + ἤτοι Φ. 8. οἰδοῦντα θυμόν BPF οἰδούντων θυμόν Σ οἰδούντων θυμῷ Φ.

---

1. δαδίῳ...] Jamblique, Protr., 21.
πρὸς ἥλιον τετραμμένον...] Jamblique, Protr., 21. Olympiodore, In Phaed., p. 25 (λάλει = ὁμιλεῖ = ὅμιχε). Cf. Hésiode, Op., 725. Pline, Hist. nat., 28, 19.
2. ἐκτὸς λεωφόρου....] Cf. Aristote dans Jamblique, V. P., 83, et Elien, V. H., IV, 17. Démétrius de Byzance dans Athénée, X, 452. Philon, Quod omnis prob., I, intr. Porphyre, V. P., 42. — Clément, Strom., V, 31. Jamblique, V. P., 105 et Protr., 21. Ambroise, Epist., I, 28, 1. Olympiodore, In Phaed., pp. 25 et 82.
μὴ ῥαδίως δεξιάν...] Plutarque, De amic. mult., 6. Jamblique, V. P., 257 (Timée). — Protr., 21. Ps-Plutarque, Educ. puer., 17. Mantissa, Prov., 2, 13.
3. ὁμωροφίους χελιδόνας...] Plutarque, Qu. conv., VIII, 7; In Hesiod., fr. 77 (Bern.). Porphyre, V. P., 42. — Clément, Strom., V, 28. Jamblique. Protr., 21.
γαμψώνυχα μὴ τρέφειν] Androcyde dans Tryphon (Rhet. gr., III, 193). Plutarque, Qu. conv., VIII, 7. — Jamblique, Protr., 21. Apostolius, Protr., V, 24 d. Arsénius, Prov., XIV, 56.
4. ἀπονυχίσμασι...] Cf. Jamblique, Protr., 21.
ὀξεῖαν μάχαιραν...] Cf. Jamblique, Protr., 21.
7. πῦρ μαχαίρᾳ μὴ σκαλεύειν] Androcyde dans Tryphon (Rhet. gr., III, 193). Démétrius de Byzance dans Athénée, X, 452. Plutarque, Qu. rom., 72; De Iside, 10; Numa, 14; In Hesiod., fr. 77. Horace, Serm., II, 3, 276. Porphyre, V. P., 42. Hippolyte, Adv. haer., VI, 27. Lucien, Ver. Hist., II, 28. Jamblique, V. P., 227. — Ps-Plutarque, Ed. puer., 17. Apostolius, Prov., XI, 5 a. Arsénius, Prov., XXXV, 16. Porphyrio, Ad Horat. Serm., II, 3, 276. — Cf. Jamblique, Protr., 21.
8. ζυγὸν μὴ ὑπερβαίνειν] Androcyde dans Tryphon, l. c. Démétrius de Byzance dans Athénée, l. c. Porphyre, V. P., 42. Plutarque, In Hesiod., fr. 77. Théol. Arithm., p. 31. Jamblique, V. P., 186. — Cf. Clément, Strom., V, 30. Jamblique, Protr., 21.

τουτέστι τὸ ἴσον καὶ δίκαιον μὴ ὑπερβαίνειν. ἐπί τε χοίνικος μὴ καθίζειν, ἐν ἴσῳ τῷ φροντίδα ποιεῖσθαι καὶ τοῦ μέλλοντος· ἡ γὰρ χοῖνιξ ἡμερήσιος τροφή. διὰ τοῦ καρδίαν μὴ ἐσθίειν ἐδήλου μὴ τὴν ψυχὴν ἀνίαις καὶ λύπαις κατατήκειν. διὰ δὲ τοῦ εἰς ἀποδημίαν βαδί-
5 ζοντα μὴ ἐπιστρέφεσθαι, παρήνει τὸ ἀπαλλαττομένοις τοῦ βίου μὴ ἐπιθυμητικῶς ἔχειν τοῦ ζῆν μηδ' ὑπὸ τῶν ἐνταῦθα ἡδονῶν ἐπάγεσθαι. καὶ τὰ ἄλλα πρὸς ταῦτα λοιπόν ἐστιν ἐκλαμβάνειν, ἵνα μὴ παρέλκωμεν.

19. Παντὸς δὲ μᾶλλον ἀπηγόρευε μήτε ἐρυθῖνον ἐσθίειν μήτε μελάνουρον, καρδίας τε ἀπέχεσθαι καὶ κυάμων· Ἀριστοτέλης δέ φησι

---

§ 19. Σ.

1. τουτέστι] ἤτοι Φ. μὴ ὑπερβαίνειν > FΦ. τε > F. 2. καθίζειν] + ἤγουν Φ. τῷ Σ²⁻⁴⁻⁶ DG τό Σ³ τοῦ BPF τοῦ παρόντος Φ τοῦ ἐνεστῶτος fr τῷ νῦν Σᵛ. ἡ] ὁ Σ. 3. ἡμερησία Φ. διά] + δέ Σ. 4. κατατήκειν BPFΣ κατατείνειν Φ. 5. παρήνει τό] ἤγουν Φ. ἀπαλλαττομένους Φ. 6. ἐνταῦθα] ἐνθάδε Σ. ὑπάγεσθαι Σ. 7. παρέλκομεν B¹. 8. ἐρυθρῖνον Σ⁶⁻ᵛ. 9. Ἀριστοτέλης δέ φησι > Σ.

---

1. ἐπί τε χοίνικος......] ANDROCYDE dans TRYPHON, *l. c.* DÉMÉTRIUS DE BYZANCE dans ATHÉNÉE, *l. c.* Plutarque, *De Iside*, 10; *Numa*, 14; *Qu. Rom.*, 72 et 112; *Qu. conv.*, VII, 6, 1. Porphyre, *V. P.*, 42. — Ps-Plutarque, *Ed. puer.*, 17. Mantissa, *Prov.*, I, 58. — Cf. Jamblique, *Protr.*, 21.
3. καρδίαν μὴ ἐσθίειν......] DÉMÉTRIUS DE BYZANCE dans ATHÉNÉE, *l. c.* Porphyre, *V. P.*, 42. — Ps-Plutarque, *Ed. puer.*, 17. Mantissa, *Prov.*, II, 10. Eustathe, *In Iliad.*, Ω, 128 — Cf. Jamblique, *Protr.*, 21; Clément, *Strom.*, V, 30.
4. εἰς ἀποδημίαν...] DÉMÉTRIUS DE BYZANCE dans ATHÉNÉE, *l. c.* Porphyre, *V. P.*, 42. — Ps-Plutarque, *Ed. puer.*, 17. — Cf. Plutarque, *Numa*, 14. Hippolyte, *Adv. haer.*, VI, 26, Jamblique, *Protr.*, 21. — *Variantes* dans Olympiodore, *In Phaed.*, p. 8, et Jamblique, *Protr.*, 21.
8. ἐρυθῖνον....] JAMBLIQUE, *V. P.*, 109. Hiéroclès, *In aur. Carm.*, 67. — Allégorie : Jamblique, *Protr.*, 21.
9. μελάνουρον] *Infra*, § 33. JAMBLIQUE, *V. P.*, 109. — Allégorie : Androcyde dans Tryphon (Rh. gr., III, 193). Ps-Plutarque, *Ed. puer.*, 17. Jamblique, *Protr.*, 21.
καρδίας] ARISTOTE dans ÉLIEN, *V. H.*, IV, 17 et dans PLUTARQUE (Aulu-Gelle, IV, 11). Plutarque, *Qu. conv.*, II, 3, 1. JAMBLIQUE, *V. P.*, 109. Hiéroclès, *In aur. Carm.*, 67. Scholie *Iliade*, Ω, 129. — Allégorie, cf. les symboles.
κυάμων] *Infra*, §§ 23 et 34 (ARISTOTE). — Allégorie : Hippolyte, *Adv. haer.*, VI, 27. Ps-Plutarque, *Ed. puer.*, 17. Apostolius, *Prov.*, XV, 11. Arsénius, *Viol.*, p. 415.

καὶ μήτρας καὶ τρίγλης. ἐνίοτε δ' αὐτὸν ἀρχεῖσθαι μέλιτι μόνῳ φασί τινες ἢ κηρίῳ ἢ ἄρτῳ, οἴνου δὲ μεθ' ἡμέραν μὴ γεύεσθαι· ὄψῳ τε τὰ πολλὰ λαχάνοις ἑφθοῖς τε καὶ ὠμοῖς, τοῖς δὲ θαλαττίοις σπανίως. στολὴ δὲ αὐτῷ λευκή, καθαρὰ καὶ στρώματα λευκὰ ἐξ ἐρίων· τὰ γὰρ λινᾶ οὔπω εἰς ἐκείνους ἀφῖκτο τοὺς τόπους. οὐδὲ πώποτε ἐγνώσθη 5 οὔτε διαχωρῶν οὔτε ἀφροδισιάζων οὔτε μεθυσθείς. **20.** ἀπείχετο καταγέλωτος καὶ πάσης ἀρεσκείας οἷον σκωμμάτων καὶ διηγημάτων φορτικῶν. ὀργιζόμενός τε οὔτε οἰκέτην ἐκόλαζεν οὔτε ἐλεύθερον οὐδένα.

---

§ 20. Σ.

1. ἐνίοτε δ' αὐτόν Σ[δ' > Σ⁶⁻ᵛ] (cf. Jambl., *V. P.*, 97, Porph., *V. P.*, 34) ἐνίοτε . αὐτὸν δέ F ἐνίοτε. αὐτόν τε BP¹ (B ante ἐνίοτε etiam interpunxit). μόνῳ PFΣ²⁻³⁻⁴⁻⁶ μόνον BΣᵛ. φασί τινες > Σ. 2. κηρίῳ DG *l* (favo) (cf. Jambl., *V. P.*, 97, Porph., *V. P.*, 34) κηρῶ BPF¹ Σ τυρῶ F². ὄψῳ Σ² ³⁻⁴ Hüb. Cob. ὄψου BPF Σ⁶⁻ᵛ DG ὄψον AC *fr.* 3. τε > F. σπανίως] + ἐχρῆτο Reiske + χρῆσθαι Diels. 4. λευκή] + καί Σ. 5. ἀφίκετο Σ. οὐδὲ πώποτε PFΣ οὐδέποτε B¹ + δέ Σ. 6. ἀφροδισιάζων] συνουσιάζων Σ³ ἀπείχετο]+δέ Σ. 7. καταγέλωτος FΣ³⁻⁶ᵇ⁻ᵛ κατὰ γέλωτος BPΣ²⁻⁴⁻⁶ᵃ καὶ γέλ.τος Cob. 7-8 οἷον — φορτικῶν > F¹. 8. τε > F. οὐδένα > F + ἐνουθέτει Cob²

---

1. μήτρας] Aristote dans Plutarque (Aulu-Gelle, IV, 11). Porphyre, *V. P.*, 45. Hiéroclès, *l. c.*
τρίγλης] *Infra*, § 33. Plutarque, *Qu. conv.*, IV, 5, 2, 8, et dans Aulu-Gelle, IV, 11. Porphyre, *V. P.*, 45.
1-3. ἐνίοτε — ὠμοῖς] Aristoxène dans Athénée, II, 47 A (cf. III, 108), Porphyre, *V. P.*, 34 et Jamblique, *V. P.*, 97 s. 106, 109, 150. Galien, *Op.*, t. VI, p. 742, K. Eustathe, *In Iliad.*, p. 868, 20. — Cf. sur le régime végétarien : Eudoxe dans Porphyre, *V. P.*, 7. Onésicrite dans Strabon, XV, 716. Poètes comiques, *infra*, §§ 37 ss. Diodore, X, 7. Plutarque, *De esu carn.*, I, 1. Cicéron, *De nat. deor.*, III, 36, 88; *Rep.*, III, 8. Philostrate, *Vit. Apol.*, I, 32, 2. Porphyre, *De abst.*, II, 28. Elien, *H. A.*, IX, 10. Sextus, *Adv. math.*, IX, 127. Strabon, VII, 298. Épiphane, *Adv. haer.*, I, 1. Jérôme, *Adv. Jovin.*, II, 6. Jamblique, *V. P.*, 13, 69, 186.
2. οἴνου — γεύεσθαι] Aristoxène dans Jamblique, *V. P.*, 97 (cf. 13, 69, 107). Clément, *Paed.*, II, 1, 11. Épiphane, *Adv. haer.*, I, 1.
3. τοῖς δὲ θαλαττίοις σπανίως] Aristoxène dans Jamblique, *V. P.*, 98, Porphyre, *V. P.*, 34. Aristote, *infra*, § 34. Jamblique, *V. P.*, 106 ss. Plutarque, *Qu. conv.*, VIII, 8. Athénée, VII, 308 C. Eustathe, *In Odys.*, p. 1720. 31.
4. στολὴ δὲ αὐτῷ λευκή....] Aristoxène dans Jamblique, *V. P.*, 100 (cf. 149). Élien, *V. H.*, XII, 32.
ἐξ ἐρίων] Au contraire, Aristoxène dans Jamblique, *V. P.*, 100. Apulée, *Apol.*, 56. Philostrate, *Vit. Apol.*, I, 32. 2. — Cf. Hérodote, II, 81.
5. οὐδὲ πώποτε ἐγνώσθη...] Diodore, X, 5, 2. Clément, *Strom.*, III, 24. Jérôme, *Adv. Jovin.*, II, 14 et 38.
6-7. ἀπείχετο καταγέλωτος...] Aristoxène dans Jamblique, *V. P.*, 171. Cf. *ibid.*, 51 et *Protr.*, 21.
8. ὀργιζόμενος...] Attribué aux Pythagoriciens par Aristoxène dans Jam-

ἐκάλει δὲ τὸ νουθετεῖν πελαργᾶν. μαντικῇ τε ἐχρῆτο τῇ διὰ τῶν κληδόνων τε καὶ οἰωνῶν, ἥκιστα δὲ διὰ τῶν ἐμπύρων, ἔξω τῆς διὰ λιβάνου. θυσίαις τε ἐχρῆτο ἀψύχοις· οἱ δέ φασιν ὅτι ἀλέκτορσι μόνον καὶ ἐρίφοις καὶ γαλαθηνοῖς τοῖς λεγομένοις ἀπαλίαις, ἥκιστα δὲ ἀρνάσιν.
5 ὅ γε μὴν Ἀριστόξενος πάντα μὲν τὰ ἄλλα συγχωρεῖν αὐτὸν ἐσθίειν ἔμψυχα, μόνον δ' ἀπέχεσθαι βοὸς ἀροτῆρος καὶ κριοῦ. **21.** ὁ δ' αὐτός φησιν, ὡς προείρηται, καὶ τὰ δόγματα λαβεῖν αὐτὸν παρὰ τῆς ἐν Δελφοῖς Θεμιστοκλείας.

Φησὶ δ' Ἱερώνυμος κατελθόντα αὐτὸν εἰς ᾅδου τὴν μὲν Ἡσιόδου

5-6. Cf. Φʳ : φασὶ δέ τινες αὐτὸν πάντα — κριοῦ.
7 - p. 122, 4 (γυναιξί). Σ. 9 - p. 122, 3. Φᵃᵖᵛ : φησί — θεῶν.

1. πελαργᾶν BFΣ et Suidas (s. v. πελαργᾶν) πελάργαν P¹ πεδαρτᾶν Schäfer, Hemsterhuis, Cob. (ex Jambl., V. P., 101, 197 et 231). τε] δέ Σ²⁻³⁻⁴. 2. δέ] + τῇ Cob. ἔξω] + τε F . τε > F. 3. φασιν ὅτι > Σ. ἀλεκτορίσι Σ. 4. καί² > Cob., sed cf. Jambl., V. P., 150, Porph., V. P., 36, Gellium, IV, 11, Hesych. s. v. ἀπάλιον. τοῖς — ἀρνάσιν > Σ. ἀπαλίοις Mén. et Cas. 5-6. ὅ γε — ἔμψυχα] φασὶ δὲ αὐτὸν συγχωρεῖν πάντα τὰ ἔμψυχα ἐσθίειν Σ. συγχωρεῖ F. 6. μόνου Φᵛ Σᵛ⁻⁶ δ'] δὲ αὐτόν F. ἀροτῆρος βοός ∽ F. 6-7. ὁ δ'αὐτός — καί > Σ. 7. αὐτὸν λαβεῖν ∽ F. τῆς] τοῖς B. 7-8. ἐν Δελφοῖς Θεμιστοκλείας BPF ἀδελφῆς Θεοκλείας Σ (cf. supra, § 8). 9. φησί] φασί Σ. Ἱερώνυμος > Σ. αὐτὸν κατελθόντα ∽ Σ.

BLIQUE, V. P., 197; à Archytas, par Plutarque, *De ser. num. vind.*, 5. Cicéron, *Tuscul.*, IV, 36, 78. Diodore, X, 7, 4. Ps-Plutarque, *Ed. puer.*, 14. Valère-Maxime, IV, 1, ext. 1.

1. πελαργᾶν] JAMBLIQUE, V. P., 101 (παιδαρτάσεις), **197** (παιδαρτᾶν), 231 (πεδαρτάσεις). SUIDAS, *s. v.* πελαργᾶν.
μαντικῇ...] *Infra*, § 32. Jamblique, V. P., 149. — Cf. Aëtius, V, 1, 3. Ps-Galien, *Hist. phil.*, 30. — Plutarque, *Numa*, 8. Cicéron, *De divin.*, I, 3, 5. Clément, *Strom*, I, 132. — Hippolyte, *Adv. haer.*, I, 25, 2. Jamblique, V. P., 93, 138, 147. — Épiphane, *Adv. haer.*, I, 1.
2-3. διὰ λιβάνου...] Porphyre, V. P., 11 et 36. Jamblique, V. P., 54, 98, 150. Θυσίαις τε ἐχρῆτο ἀψύχοις] Cf. *supra*, §§ 13 et 19.
3-4. οἱ δέ φασιν ... ἀρνάσιν] ARISTOXÈNE dans AULU-GELLE, IV, 11, et JAMBLIQUE, V. P., 98. — Porphyre, V. P., 36; *De abst.*, I, 26 et II, 28. Jamblique, V. P., 150.
5. Ἀριστόξενος...] Cf. Jamblique, V. P., 98 et Athenée, X, 418 E.
6. βοὸς ἀροτῆρος] Cf. Jamblique, V. P., 150.
7. ὡς προείρηται] *Supra*, § 8.
9. κατελθόντα...] Cf. *infra*, § 41.
τὴν μὲν Ἡσιόδου — θεῶν] cf. Jamblique, V. P., 218.

ψυχὴν ἰδεῖν πρὸς κίονι χαλκῷ δεδεμένην καὶ τρίζουσαν, τὴν δὲ Ὁμήρου κρεμαμένην ἀπὸ δένδρου καὶ ὄφεις περὶ αὐτὴν ἀνθ' ὧν εἶπον περὶ θεῶν, κολαζομένους δὲ καὶ τοὺς μὴ θέλοντας συνεῖναι ταῖς αὑτῶν γυναιξί. καὶ δὴ καὶ διὰ τοῦτο τιμηθῆναι ὑπὸ τῶν ἐν Κρότωνι. — φησὶ δ' Ἀρίστιππος ὁ Κυρηναῖος ἐν τῷ Περὶ φυσιολογιῶν Πυθαγόραν 5 αὐτὸν ὀνομασθῆναι ὅτι τὴν ἀλήθειαν ἠγόρευεν οὐχ ἧττον τοῦ Πυθίου.

22. Λέγεται παρεγγυᾶν αὐτὸν τοῖς μαθηταῖς ἑκάστοτε τάδε λέγειν εἰς τὸν οἶκον εἰσιοῦσι·

Πῇ παρέβην; τί δ' ἔρεξα; τί μοι δέον οὐκ ἐτελέσθη;

σφάγιά τε θεοῖς προσφέρειν κωλύειν, μόνον δὲ τὸν ἀναίμακτον 10 βωμὸν προσκυνεῖν· μηδὲ ὀμνύναι θεούς, ἀσκεῖν γὰρ αὐτὸν δεῖν ἀξιόπιστον παρέχειν· τούς τε πρεσβυτέρους τιμᾶν δεῖν, τὸ προηγούμενον τῷ χρόνῳ τιμιώτερον ἡγουμένους· ὡς ἐν κόσμῳ μὲν ἀνατολὴν δύσεως, ἐν βίῳ δὲ ἀρχὴν τελευτῆς, ἐν ζωῇ δὲ γένεσιν φθορᾶς.

5-6. Φ[apv] : ὠνομάσθη δὲ πυθαγόρας ὡς τὴν ἀλήθειαν ἀγορεύων — πυθίου. Σ : Πυθαγόρας ὁ Σάμιος φιλόσοφος διότι τὴν — Πυθίου.
§ 22. Σ : ὃς παρηγγύα τοῖς — φθορᾶς.

1. κίονα F. 2. κρεμαμένην P[1] (ut videtur) FΣΦ κεκραμένην B. εἶπε F. 3. ἑαυτῶν F. 4. καί[2] > F. 5. φυσιολόγων Hüb. et Cob. (ex *l* : physiologorum ?) 7. ἑκάστοτε τοῖς μαθηταῖς ∽ F. τάδε] ταῦτα Σ. 9. ἔρρεξα F. μοι δέον] δὲ μοι F. 10. σφάγια PΣ σφάγεια B σφαγεῖα F. 10. ἐκώλυε Σ. μόνον > Σ. βωμὸν δὲ προσκυνεῖν τὸν ἀναίμακτον ∽ Σ. 11. μηδὲ] μὴ F. ὀμνύειν Σ[2-3-4]. γάρ] δὲ Σ > F. αὐτὸν PF αὐτῶν B ἑαυτόν Σ. 12. τε > FΣ . δεῖν > F. 13. μέν > Σ. 14. δέ[1]] τὴν Σ. δέ[2] > Σ.

---

3. τοὺς μὴ θέλοντας συνεῖναι...] Cf. Jamblique, *V. P.*, 47 ss. et 132.
6. ὅτι τὴν ἀλήθειαν...] Autres étymologies dans Jamblique, *V. P.*, 7 et l'Étymol. magn., *post v.* πύελος (Cod. Vind.).
9. πῇ παρέβην...] PLUTARQUE, *De superst.*, 7; *De curios.*, 1. PORPHYRE, *V. P.*, 40. ARRIEN, *Diss. Epict.*, III. 10, 2, 3 ; IV, 6, 32. AUR. CARM., 42. Ausone, *Idyl.*, 16, 14. Thémistius, *Orat.*, XIII. — Cf. Diodore, X, 5, 1. Cicéron, *De senect.*, 11, 38. Jamblique, *V. P.*, 256 (Timée).
10. σφάγια...] *Supra*, § 13.
11. μηδὲ ὀμνύναι θεούς...] JAMBLIQUE, *V. P.*, 47 (TIMÉE). — DIODORE, X, 9, 1 et 2. — Julien, *Or.*, VIII, p. 306, 23, H. Jamblique, *V. P.*, 144, 150
12 ss. πρεσβυτέρους — γονέας] JAMBLIQUE, *V. P.*, 37 (TIMÉE). Cf. Aristoxène dans Jamblique, *V. P.*, 99, 175, 182. Porphyre, *V. P.*, 38.

— 123 —

23. καὶ θεοὺς μὲν δαιμόνων προτιμᾶν, ἥρωας δὲ ἀνθρώπων, ἀνθρώπων δὲ μάλιστα γονέας· ἀλλήλοις τε ὁμιλεῖν ὡς τοὺς μὲν φίλους ἐχθροὺς μὴ ποιῆσαι, τοὺς δὲ ἐχθροὺς φίλους ἐργάσασθαι· ἴδιόν τε μηδὲν ἡγεῖσθαι· νόμῳ βοηθεῖν, ἀνομίᾳ πολεμεῖν. φυτὸν ἥμερον
5 μήτε φθίνειν μήτε σίνεσθαι, ἀλλὰ μήτε ζῷον ὃ μὴ βλάπτει ἀνθρώπους. αἰδῶ καὶ εὐλάβειαν εἶναι μήτε γέλωτι κατέχεσθαι μήτε σκυθρωπάζειν. φεύγειν σαρκῶν πλεονασμόν· ὁδοιπορίης ἄνεσιν καὶ ἐπίτασιν ποιεῖσθαι· μνήμην ἀσκεῖν· ἐν ὀργῇ μήτε τι λέγειν μήτε πράσσειν· μαντικὴν πᾶσαν τιμᾶν. **24.** ᾠδαῖς χρῆσθαι πρὸς λύραν ὕμνῳ τε θεῶν καὶ ἀνδρῶν
10 ἀγαθῶν εὔλογον χάριν ἔχειν. τῶν δὲ κυάμων ἀπηγόρευεν ἀπέχεσθαι

---

§§ 23-24. Σ.

1. θεόν Σ. προτιμᾶν] + δαίμονας δὲ ἡρώων Cob.[2] (ex Jambl., *V. P.*, 37). 2. μάλιστα] + τούς Cob. 3. ἐχθροὺς δέ ~ F. 5. φθίνειν Σ φθείρειν BP[1] σίνειν F φθίειν Hermann. σίνεσθαι BPΣ φθίνειν F. μήτε [3]] μηδὲ Cob. (ex DGT). ζῷον] ζωήν Σ[2-3-4]. 6. αἰδοῖ καὶ εὐλαβείᾳ Mén. εἶναι] συνεῖναι Mén. εἰδέναι Mericus Cas. μετεῖναι Reiske ἀσκεῖν Cas. γέλωτι] καταγέλωτι Σ. 7. ὁδοιπορίης PF ὁδοιπορίοις Β ὁδοιπορίας Σ. 8. τι > F. μαντικήν] + οὐ Cas. Mén. Cob.[1] (at non Cob.[2]) cf. § 20. 10. ἔχειν χάριν ~ Σ. ἀπηγόρευεν ἀπέχεσθαι BP[1] (cf. § 19 : ἀπηγόρευε μήτε... ἐσθίειν... τε ἀπέχεσθαι) ἀπηγόρευεν ἔχεσθαι FD[1]ACT *fr* ἀπηγόρευεν χρῆσθαι D[2]G ἀπέχεσθαι Σ.

---

2. ἀλλήλοις τε ὁμιλεῖν...] JAMBLIQUE, *V. P.*, 40 (TIMÉE).
3-4. ἴδιόν τε μηδέν...] *Supra,* § 10.
νόμῳ βοηθεῖν, ἀνομίᾳ πολεμεῖν] ARISTOXÈNE dans JAMBLIQUE, *V. P.*, 99, 175 (cf. 223). PORPHYRE, *V. P.*, 38 et 39.
4-5. φυτὸν — ἀνθρώπους] ARISTOXÈNE dans JAMBLIQUE, *V. P.*, 89 s. (cf. 69,108, 168). — PORPHYRE, *V. P.*, 39. Plutarque, *Soll. an.*, 2, 5. Clément, *Strom.*, II, 92.
6. αἰδῶ — σκυθρωπάζειν] ARISTOXÈNE dans JAMBLIQUE, *V. P.*, 196 (cf. 10, 71, 226, 234). Porphyre, *V. P.*, 35 et 59.
7. φεύγειν σαρκῶν πλεονασμόν] ARISTOXÈNE dans JAMBLIQUE, *V. P.*, 196. Porphyre, *V. P.*, 35.
8. μνήμην ἀσκεῖν] TIMÉE dans JAMBLIQUE, *V. P.*, 256. Cicéron, *De sen.*, 11, 38. Diodore, X, 5, 1. — ARISTOXÈNE dans JAMBLIQUE, *V. P.*, 164 s.
9. ᾠδαῖς χρῆσθαι...] ARISTOXÈNE dans JAMBLIQUE, *V. P.*, 111 s., 149. Porphyre, *V. P.*, 38.
10 ss. τῶν δὲ κυάμων — μετέχειν τοῦ ψυχικοῦ] Cf. Héraclide Pontique dans Lydus, *De mens.*, IV, 29. Pline, *H. nat.*, 18, 118. Lucien, *Dial. mort.*, 20, 3 ; *Gal.*, 4. Porphyre, *V. P.*, 43. Clément, *Strom.*, III, 24. Athénée, II, 65 F. Jamblique, *V. P.*, 109 (cf. 106 et 107).

διὰ τὸ πνευματώδεις ὄντας μάλιστα μετέχειν τοῦ ψυχικοῦ· καὶ ἄλλως κοσμιωτέρας ἀπεργάζεσθαι, μὴ παραληφθέντας, τὰς γαστέρας καὶ διὰ τοῦτο καὶ τὰς καθ' ὕπνους φαντασίας λείας καὶ ἀταράχους ἀποτελεῖν.

Φησὶ δὲ ὁ Ἀλέξανδρος ἐν ταῖς τῶν Φιλοσόφων διαδοχαῖς καὶ 5 ταῦτα εὑρηκέναι ἐν Πυθαγορικοῖς ὑπομνήμασιν. **25.** ἀρχὴν μὲν τῶν ἁπάντων μονάδα· ἐκ δὲ τῆς μονάδος ἀόριστον δυάδα ὡς ἂν ὕλην τῇ μονάδι αἰτίῳ ὄντι ὑποστῆναι· ἐκ δὲ τῆς μονάδος καὶ τῆς ἀορίστου δυάδος τοὺς ἀριθμούς· ἐκ δὲ τῶν ἀριθμῶν τὰ σημεῖα· ἐκ δὲ τούτων τὰς γραμμάς, ἐξ ὧν τὰ ἐπίπεδα σχήματα· ἐκ δὲ 10 τῶν ἐπιπέδων τὰ στερεὰ σχήματα· ἐκ δὲ τούτων τὰ αἰσθητὰ

§ 25. Σ.

1. μάλιστα ΒΡΣ μᾶλλον F. 2. ἐργάζεσθαι F. τὰς γαστέρας μὴ παραληφθέντας ∾ F. 3. λείας] + τε Σ. 5-6. φησὶ — ὑπομνήμασιν] ἐν ὑπομνήμασι δὲ πυθαγορικοῖς καὶ ταῦτα εὕρηται Σ. δέ] + καί P. ἐν — διαδοχαῖς > F. 7. τῶν > F. 10-11. ἐκ δὲ² — σχήματα > F. 11. δὲ iter. scr. P¹.

2-4. ἄλλως — ἀποτελεῖν] Cicéron, *De div.*, I, 30, 62. Pline, *H. nat.*, 18, 118. Plutarque, *Qu. conv.*, VIII, 10, 1; *Qu. rom.*, 95. Clément, *Strom.*, III, 24. Tertullien, *De an.*, 48. Lucien, *Vit. Auct.*, 6. Apollonius, *Mir.*, 46. Aulu-Gelle, IV, 11. Jérôme, *Com. in Ez.*, I, 4, v. 9. Photius, *Cod.* 249, p. 439 A. Siméon Seth, *De alim.*, p. 114, L.

6-9. ἀρχὴν — τοὺς ἀριθμούς] Théophraste, *Met.*, 33. Eudore dans Simplicius, *In Phys.*, 39a. Aëtius, I, 3, 8. Nicomaque dans Photius, *Cod.* 187, p. 143 A. Anatolius, *Theol. Arithm.*, p. 5-6. Théol. Arithm. pp. 4 et 7. Moderatus dans Porphyre, *V. P.*, 49 ss. Sextus, *Adv. math.*, X, 249-284; *Pyrrh.*, III, 152 ss. Antonius Diogène dans Porphyre, *V. P.*, 38. Numénius dans Chalcidius, *In Tim.*, 193. Jamblique, *In Nic. ar.*, p. 74. Hippolyte, *Adv. haer.*, IV, 51; VI, 23. Épiphane, *Adv. haer.*, III, 2, 9. Ps-Justin, *Coh.*, 19. Ps-Galien, *Hist. phil.*, 35, 251 (Dox. 618). Irénée, *Adv. haer.*, II, 14, 6. Ps-Plutarque, *Vit. Hom.*, 145. Photius, *Cod.* 249, p. 439 A. Cf. Proclus, *In Remp.*, I, p. 97, Kr.

9-11. ἐκ δὲ τῶν ἀριθμῶν — αἰσθητὰ σώματα] Speusippe, dans les Théol. Arithm., p. 62. Aristote, *Met.*, Z, 2; N, 3, 4 et 5.— Hippolyte, *Adv. haer.*, IV, 51 et VI, 23. Sextus, *Adv. math.*, IV, 4 ss.; VII, 99; X, 249-284; *Pyrrh.*, III, 152 ss. Aëtius, I, 3, 8. Anonyme dans Macrobe, *In Somn. Scip.*, I, 5, 12; I, 6, 35. Photius, *Cod.* 249, p. 439 A.

σώματα, ὧν καὶ τὰ στοιχεῖα εἶναι τέτταρα, πῦρ, ὕδωρ, γῆν, ἀέρα, ἃ μεταβάλλειν καὶ τρέπεσθαι δι' ὅλων. καὶ γίγνεσθαι ἐξ αὐτῶν κόσμον ἔμψυχον, νοερόν, σφαιροειδῆ, μέσην περιέχοντα τὴν γῆν, καὶ αὐτὴν σφαιροειδῆ καὶ περιοικουμένην. **26**. εἶναι δὲ καὶ ἀντίποδας καὶ
5 τὰ ἡμῖν κάτω ἐκείνοις ἄνω. ἰσόμοιρά τε εἶναι ἐν τῷ κόσμῳ φῶς καὶ σκότος, καὶ θερμὸν καὶ ψυχρόν, καὶ ξηρὸν καὶ ὑγρόν· ὧν κατ' ἐπικράτειαν θερμοῦ μὲν θέρος γίγνεσθαι, ψυχροῦ δὲ χειμῶνα· ἐὰν δὲ ἰσομοιρῇ, τὰ κάλλιστα εἶναι τοῦ ἔτους, οὗ τὸ μὲν θάλλον, ἔαρ ὑγιεινόν, τὸ δὲ φθίνον, φθινόπωρον νοσερόν. ἀλλὰ καὶ τῆς
10 ἡμέρας θάλλειν μὲν τὴν ἕω, φθίνειν δὲ τὴν ἑσπέραν· ὅθεν καὶ

---

§ 26. Σ.

1. τέτταρα > B. 2. ἅ > F. μεταβάλλειν] + δέ F. γίνεσθαι F. 3-4. σφαιροειδῆ — καί¹ > F¹. 4. περιοικουμένην] οἰκουμένην Σ. 6. καί² > Σ. ψυχρόν] ὑγρόν F. καί⁴ > Σ. καὶ ὑγρὸν καὶ ξηρόν ~ P. 7. γίνεσθαι PF. χειμῶνα] + ξηροῦ δ' ἔαρ καὶ ὑγροῦ φθινοπώρου Cob. (ex C : ξηροῦ δ' ἔαρος καὶ ὑγροῦ φθινοπώρου? cf. Intr., p. 92). 8. ἰσομοιρεῖ F.

1-2. τὰ στοιχεῖα — τρέπεσθαι δι' ὅλων] Cf. Hippase (*Vors.*, I³, p. 38, 8). Philolaos, fr. 12 et 21. — Aristote, *Met.*, A, 5, p. 986a. Aëtius, I, 9, 2; I, 14, 2; I, 15, 3; II, 6, 3. Ovide, *Met.*, XV, 237. Lucien, *Vit. auct.*, 4. Vitruve, *Arch.*, II, 2 et VIII, 1. Ps. Galien, *Hist. phil.*, 10. — Théodoret, *Pr. ev.*, V, 21. Joh. Damasc., *Flor.*, II, 31. Macrobe, *In Somn. Scip.*, I, 6, 36 ss. Servius, *Ad Aen.*, VI, 724. Basile, *Hom. IV in hex.*, 5. — Ps-Ocellus, *De un. nat.*, I, 12 ss.; II, 5 ss.

2-3. κόσμον ἔμψυχον, νοερόν] Ecphante (*Vors.*, I³, p. 340, 29). — Aëtius, IV, 7, 1. Cicéron, *De nat. deor.*, I, 11, 27. Plutarque, *Qu. plat.*, VIII, 4, 3. Sextus, *Adv. math.*, IX, 127. Servius, *Ad Aen.*, VI, 724. — Cf. Aristote, *Phys.*, Δ, 6, 313b 22.

3. σφαιροειδῆ] Philolaos, fr. 7 et 12. Ecphante, *l. c.* — Aëtius, I, 15, 3. μέσην περιέχοντα τὴν γῆν] Ecphante (*Vors.*, I³, p. 340, 31).

4. περιοικουμένην — ἀντίποδας] Aristote, *De coelo*, B, 2, 285b 22.

5-6. ἰσόμοιρα — ὑγρόν] Cf. Alcméon, fr. 4. — Macrobe, *In Somn. Scip.*, I, 6, 60 ss. — Ps-Ocellus, *De un. nat.*, II, 4.

νοσερώτερον εἶναι. τόν τε περὶ τὴν γῆν ἀέρα ἄσειστον καὶ νοσερὸν καὶ τὰ ἐν αὐτῷ πάντα θνητά· τὸν δὲ ἀνωτάτω ἀεικίνητόν τε εἶναι καὶ καθαρὸν καὶ ὑγιᾶ καὶ πάντα τὰ ἐν αὐτῷ ἀθάνατα καὶ διὰ τοῦτο θεῖα. **27**. ἥλιόν τε καὶ σελήνην καὶ τοὺς ἄλλους ἀστέρας εἶναι θεούς· ἐπικρατεῖ γὰρ τὸ θερμὸν ἐν αὐτοῖς, ὅπερ ἐστὶ ζωῆς αἴτιον. τήν τε 5 σελήνην λάμπεσθαι ὑφ' ἡλίου. καὶ ἀνθρώπων εἶναι πρὸς θεοὺς συγγένειαν κατὰ τὸ μετέχειν ἄνθρωπον θερμοῦ· διὸ καὶ προνοεῖσθαι τὸν θεὸν ἡμῶν. εἱμαρμένην τε τῶν ὅλων καὶ κατὰ μέρος αἰτίαν εἶναι τῆς διοικήσεως.

§ 27. Σ.
6-8. Φ^{apv} : καὶ ἀνθρώπων — ἡμῶν.

1. νοσερώτερον BFΣ[6-v] νοσερωτέραν PΣ[2-3-4]. ἀέρα ΣDGT fr αἰθέρα BPF + καί Σ[2-3-4]. 2. τε > Σ. 3. ὑγιᾶ B ὑγεια F ὑγεία P[1]. 4. ἥλιον — θεούς > Σ. 5. ἐπικρατεῖν Cob. 6. ἀνθρώπους F ἀνθρώποις Cob. (ex l : hominibusque ?). θεοῦ F. 7. ἀνθρώπους Φ[a]. 7-8. διὸ — ἡμῶν > Σ. 8. τε] δέ F.

1-4. τόν τε περὶ τὴν γῆν ἀέρα — θεῖα] Cf. Philolaos (Vors., I[3], p. 306, 17). — Épiphane, Adv. haer., I, 1. Photius, Cod. 249, p. 439b 33.
4. ἥλιον — θεούς] Cf. Alcméon (Vors., I[3], p. 133). Épicharme, fr. 8. — Sur le culte du Soleil, cf. Timée dans Jamblique, V. P., 256, et Maxime de Tyr, Phil., 19, 3.
5. θερμόν ... ὅπερ ἐστὶ ζωῆς αἴτιον] Cf. Hippase (Vors., I[3], p. 38, 15). — Épicharme, fr. 48. — Hippolyte, Adv. haer., VI, 2, 25 et 28.
6. σελήνην λάμπεσθαι ὑφ' ἡλίου] Aëtius, II, 28, 5 (cf. II, 25, 14 et II, 29, 4).
ἀνθρώπων εἶναι πρὸς θεοὺς συγγένειαν] Cf. Aëtius, IV, 7, 1. Cicéron, De nat. deor., I, 11, 27; Tusc., V, 13, 38; Caton, 21, 78. Sextus, Adv. math., IX, 127. Jamblique, V. P., 153. Servius, Ad Aen., VI, 724.
7. διὸ καὶ προνοεῖσθαι...] Ecphante (Vors., I[3], p. 341, 7). — Aristoxène dans Jamblique, V. P., 174 (cf. 217, 219, 240). — Épiphane, Adv. haer., I, 1. Photius, Cod. 249, p. 439b 33.
8. εἱμαρμένην...] Aëtius, I, 25, 2. Ps-Galien, Hist. phil., 10. Photius, l. c. cf. Lydus, De mens., II, 101 et Jamblique, V. P., 109.

Διήκειν τε ἀπὸ τοῦ ἡλίου ἀκτῖνα διὰ τοῦ αἰθέρος τοῦ τε ψυχροῦ καὶ παχέος. — καλοῦσι δὲ τὸν μὲν ἀέρα ψυχρὸν αἰθέρα, τὴν δὲ θάλασσαν καὶ τὸ ὑγρὸν παχὺν αἰθέρα. — ταύτην δὲ τὴν ἀκτῖνα καὶ εἰς τὰ βένθη δύεσθαι καὶ διὰ τοῦτο ζωοποιεῖν πάντα. **28.** καὶ ζῆν μὲν
5 πάντα ὅσα μετέχει τοῦ θερμοῦ· διὸ καὶ τὰ φυτὰ ζῷα εἶναι· ψυχὴν μέντοι μὴ ἔχειν πάντα. εἶναι δὲ τὴν ψυχὴν ἀπόσπασμα αἰθέρος καὶ τοῦ θερμοῦ καὶ τοῦ ψυχροῦ. τῷ συμμετέχειν ψυχροῦ αἰθέρος διαφέρειν ψυχὴν ζωῆς· ἀθάνατόν τε εἶναι αὐτήν, ἐπειδήπερ καὶ τὸ ἀφ᾽ οὗπερ ἀπέσπασται ἀθάνατόν ἐστι. τὰ δὲ ζῷα γεννᾶσθαι ἐξ
10 ἀλλήλων ἀπὸ σπερμάτων, τὴν δὲ ἐκ γῆς γένεσιν ἀδύνατον ὑφίστασθαι. τὸ δὲ σπέρμα εἶναι σταγόνα ἐγκεφάλου περιέχουσαν ἐν ἑαυτῇ ἀτμὸν θερμόν. ταύτην δὲ προσφερομένην τῇ μήτρᾳ ἀπὸ μὲν τοῦ ἐγκεφάλου ἰχῶρα καὶ ὑγρὸν καὶ αἷμα προΐεσθαι, ἐξ ὧν σάρκας τε καὶ νεῦρα καὶ ὀστᾶ καὶ τρίχας καὶ τὸ ὅλον συνίστασθαι σῶμα· ἀπὸ δὲ
15 τοῦ ἀτμοῦ ψυχὴν καὶ αἴσθησιν. **29.** μορφοῦσθαι δὲ τὸ μὲν πρῶτον

3-4. Φ[v] : τὴν δὲ ἀκτῖνα τοῦ ἡλίου εἰς — πάντα.
11-15. Φ[ap] : τὸ δὲ σπέρμα — αἴσθησιν.

1. Διήκειν] διοίκειν B. 2. παχέως B. 2-3. καλοῦσι — παχὺν αἰθέρα > Σ. 3. παχὺν] ψυχρόν F. 4. βένθη P1FΣ βάθη BΦ[v]. 5. διό > F. 7. τῷ P τό BF. ψυχροῦ[2] iter. scr. B[1]. 7-8. ψυχροῦ, τῷ συμμετέχειν ψυχροῦ αἰθέρος. διαφέρειν τε ψυχήν Cob. (ex DG, sed cf. Intr., p. 83). 9. ἀφ᾽ οὗ Cob. (ex recentioribus). ἀθάνατον] + τε P. 10. ὑφίσταται B1P1. 11. σταγόνας B. περιέχουσα B. ἑαυτῇ] αὐτῇ Φ[ap]. 12. θερμὸν ἀτμόν ~F. ταύτης δὲ προσφερομένης Wellmann. 13. ἴγχωρα P. καί[2] > Φ. σάρκα Φ[ap]. τε > Φ. 14. καί[3] — ὅλον > Φ. συνίστασθαι BPΦ ὑφίστασθαι F. σῶμα > Φ. 15. ἀτμοῦ] + καί Φ[v].

1 et 4. διήκειν — ζωοποιεῖν πάντα] Cf. Macrobe, *In Somn. Scip.*, I, 6, 37. — Ps-Archytas (?) dans Jamblique, *Protr.*, 4.
6-7. εἶναι δὲ τὴν ψυχὴν ἀπόσπασμα ...] Cf. Cicéron, *De nat. deor.*, I, 11, 27; *Caton*, 21, 78, Sextus, *Adv. math.*, IX, 127. Hippolyte, *Adv. haer.*, VI, 25.
11. τὸ δὲ σπέρμα — ἐγκεφάλου] Alcméon (*Vors.*, I[5], p. 134, 5). Cf. Hippon (*Vors.*, I[5], p. 290, 10). Aëtius, II, 3, 2 et V, 4, 2. — Hippolyte, *Adv. haer.*, IV, 7.
15 ss. μορφοῦσθαι — ἐπιγινομένων] Varron dans Censorinus *De die nat.*, 9 ss. Théol. Arithm., p. 39 et p. 47. Ps-Plutarque, *Vit. Hom.*, 145. Aristide Quintilien, *De mus.*, III, p. 142. Proclus, *In Remp.*, II, pp. 26, 33, 35, K. Macrobe, *In Somn. Scip.*, I, 6, 14. Scholie *Iliade*, T, 119 = Cod. Voss. gr. 20 (Reitzenstein, *Berl. Phil. Woch.*, 1889, p. 624). Cf. Paul, *Sentent.*, IV, 9, 5. Plutarque, *De an. procr.*, 12 et dans Stobée, *Ecl.*, I, 1, 10.

παγὲν ἐν ἡμέραις τεσσαράκοντα, κατὰ δὲ τοὺς τῆς ἁρμονίας λόγους ἐν ἑπτὰ ἢ ἐννέα ἢ δέκα τὸ πλεῖστον μησὶ τελειωθὲν ἀποκυΐσκεσθαι τὸ βρέφος· ἔχειν δὲ ἐν αὐτῷ πάντας τοὺς λόγους τῆς ζωῆς, ὧν εἰρομένων συνέχεσθαι κατὰ τοὺς τῆς ἁρμονίας λόγους, ἑκάστων ἐν τεταγμένοις καιροῖς ἐπιγινομένων.   5

Τήν τε αἴσθησιν κοινῶς καὶ κατ' εἶδος τὴν ὅρασιν ἀτμόν τινα εἶναι ἄγαν θερμόν. καὶ διὰ τοῦτον λέγεται δι' ἀέρος ὁρᾶν καὶ δι' ὕδατος· ἀντερείδεσθαι γὰρ τὸ θερμὸν ἐπὶ τοῦ ψυχροῦ. ἐπεί τοι εἰ ψυχρὸς ἦν ὁ ἐν τοῖς ὄμμασιν ἀτμός, διειστήκει ἂν πρὸς τὸν ὅμοιον ἀέρα· νῦν δὲ ἔστιν ἐν οἷς ἡλίου πύλας καλεῖ τοὺς ὀφθαλμούς. τὰ δ' αὐτὰ καὶ 10 περὶ τῆς ἀκοῆς καὶ τῶν λοιπῶν αἰσθήσεων δογματίζειν.

30. Τὴν δὲ ἀνθρώπου ψυχὴν διῃρῆσθαι τριχῇ, εἴς τε νοῦν καὶ φρένας καὶ θυμόν. νοῦν μὲν οὖν καὶ θυμὸν εἶναι καὶ ἐν τοῖς ἄλλοις ζῴοις, φρένας δὲ μόνον ἐν ἀνθρώπῳ. εἶναι δὲ τὴν ἀρχὴν τῆς ψυχῆς ἀπὸ καρδίας μέχρις ἐγκεφάλου· καὶ τὸ μὲν ἐν τῇ καρδίᾳ μέρος αὐτῆς 15 ὑπάρχειν θυμόν, φρένας δὲ καὶ νοῦν τὰ ἐν τῷ ἐγκεφάλῳ· σταγόνας δὲ εἶναι ἀπὸ τούτων τὰς αἰσθήσεις. καὶ τὸ μὲν φρόνιμον ἀθάνατον, τὰ

12-16. Σ (Suidas, *s. v.* νοῦς· ὅτι Πυθαγόρας τὴν τοῦ ἀνθρώπου ψυχὴν διῃρῆσθαι ἔφη εἰς γ' — ἐγκεφάλῳ).

1 τεσσεράκοντα Β. 2. τελεωθέν (ωθέν 2ᵃm.?) Β. 6. ὅρασιν ΒΡ¹ κρᾶσιν F. 6-7. ἄγαν εἶναι ⏜ ΒΡ. 7. καί > F. τοῦτο Cob. (ex DGT *fr*). λέγεται] λέγει καί Bywater λέγει Reiske. 8. ἐπί BPF ἀπό TAC *fr* ὑπό DG. 9-10. νῦν δέ] + < θερμὸς ὢν ὑπὸ ψυχῆς ἀντερειδόμενος κατ' εὐθεῖαν πορεύεται ... > Reiske. 11. δογματίζει Cob. (ex *l* : decernit ?). 12. διαιρῆσθαι F. 13. φρένα F. θυμόν¹] + καί Σ²⁻³⁻⁴. οὖν > FΣ. εἶναι καὶ θυμόν ⏜ F. 15. τῇ > Σ. 16. τά > Ρ¹. 17. εἶναι DGT εἰδέναι BPF ἰέναι Kühn.

6-9. τήν τε αἴσθησιν — ὅμοιον ἀέρα] Cf. Aëtius, IV, 13, 9. — Héraclide Pontique dans Proclus, *In Tim.*, p. 141. Priscianus Lydus, *Met. in Theophr.*, p. 20, 16. — Archytas (*Vors.*, l³, p. 330, 17).

10. ἡλίου πύλας] HESYCHIUS, *Lex.*, *s. h. v.* — Cf. *Odyssée*, ω, 12.

12-16. τὴν δὲ ἀνθρώπου ψυχήν — ἐγκεφάλῳ] Cf. Philolaos, fr. 13. Lysis, *Lettre à Hipparque* (Jamblique, *V. P.*, 77). Aëtius, IV, 4, 1 et V, 5, 10. — Posidonius dans Galien, *De Hipp. et Plat. dogm.*, 5. Ps-Galien, *Hist. phil.*, 28. Cicéron, *Tusc.*, IV, 10. Pollux, *Onom.*, II, 226. Jamblique, *V. P.*, 109.

δὲ λοιπὰ θνητά. τρέφεσθαί τε τὴν ψυχὴν ἀπὸ τοῦ αἵματος. τοὺς δὲ λόγους ψυχῆς ἀνέμους εἶναι. ἀόρατον δ' εἶναι αὐτὴν καὶ τοὺς λόγους, ἐπεὶ καὶ ὁ αἰθὴρ ἀόρατος. **31**. δεσμά τε εἶναι τῆς ψυχῆς τὰς φλέβας καὶ τὰς ἀρτηρίας καὶ τὰ νεῦρα· ὅταν δὲ ἰσχύῃ καὶ καθ' αὑτὴν
5 γενομένη ἠρεμῇ, δεσμὰ γίνεσθαι αὐτῆς τοὺς λόγους καὶ τὰ ἔργα. ἐκριφθεῖσάν τε αὐτὴν ἐπὶ γῆς πλάζεσθαι ἐν τῷ ἀέρι ὁμοίαν τῷ σώματι. τὸν δὲ Ἑρμῆν ταμίαν εἶναι τῶν ψυχῶν καὶ διὰ τοῦτο Πομπέα λέγεσθαι καὶ Πυλαῖον καὶ Χθόνιον, ἐπειδήπερ οὗτος καὶ εἰσπέμπει ἀπὸ τῶν σωμάτων τὰς ψυχὰς ἀπό τε γῆς καὶ ἐκ θαλάττης·
10 καὶ ἄγεσθαι μὲν τὰς καθαρὰς ἐπὶ τὸν ὕψιστον, τὰς δὲ ἀκαθάρτους μήτε ἐκείναις πελάζειν μήτε ἀλλήλαις, δεῖσθαι δ' ἐν ἀρρήκτοις δεσμοῖς ὑπὸ Ἐρινύων. **32**. εἶναί τε πάντα τὸν ἀέρα ψυχῶν ἔμπλεων· καὶ τούτους δαίμονάς τε καὶ ἥρωας νομίζεσθαι καὶ ὑπὸ τούτων πέμπεσθαι ἀνθρώποις τούς τε ὀνείρους καὶ τὰ σημεῖα νόσους τε, καὶ οὐ

---

1. Φᵛ : τρέφεσθαι—αἵματος. 1-2. Φᵃᵖᵛ : τοὺς δὲ — εἶναι⁴. 3-4. Φᵃᵖᵛ : δεσμὰ — ἀρτηρίας. 3-5. Σ (Suidas, *s. v.* δεσμὰ τῆς ψυχῆς — ἔργα).
12-14. Φᵛ : εἶναι — νόσους.
14. Σ (Suidas, *s. v.* ὀνειρόπληκτον· ὅτι, ὥς φησι Π. ὀνείρους καὶ τοῖς κτήνεσι γίνεσθαι καὶ νόσους καὶ σημεῖα).

1. ἀπό ΒF Φᵛ ὑπό P. 3. ἀόρατος BF ὁρατός P. τε εἶναι] δέ Φᵃᵖ. τῆς > Φᵛ. τὰς τῆς ψυχῆς ∽ F. 4. ἰσχύῃ καί > Σ. αὑτὴν BP¹ αὐτὴν F ἑαυτὴν Σ. 5. γενομένη PF γινομένη B > Σ. ἠρεμεῖ BF τοὺς λόγους] πρὸ τοῦ λόγου Σ. 6. ἐκριφθεῖσαν P κρυφθεῖσαν B ἐξελθοῦσαν F. τε] δέ F. 8. πομπέα P πομπαῖα B πομπαῖον F. πυλαῖον] ἐμπολαῖον Hüb. καί³ > Cob. (ex ACT *fr*). 9. τε] + τῆς F. 10. μέν > F. τὰς μέν ∽ Cob. τὸν ὕψιστον] + κύκλον vel τὸ ὕψιστον legit Rohde. 11. μήτε¹] μηδέ F. 12. τε] δέ Φᵛ. 13. τούτους F τούτους τοὺς BP¹ ταύτας Φᵛ DG. νομίζεσθαι] ὀνομάζεσθαι Cob. 14. τούς τε > Φᵛ. τά > Φᵛ. νόσους τε PF καὶ νόσους Φᵛ (cf. Σ καὶ νόσους) νόσου τε B νόσου τε καὶ ὑγιείας Cob. (ex DG).

---

1. τρέφεσθαι — αἵματος] Ps-Plutarque, *Vit. Hom.*, 122.
5. ἠρεμῇ] Cf. Alcméon (*Vors.*, I⁵, p. 133, 36). — Photius, *Cod.* 249, p. 439 A.
6. πλάζεσθαι] Cf. Jamblique, *V. P.*, 139, 148.
10. ἐπὶ τὸν ὕψιστον] Cf. Philolaos (*Vors.*, I⁵, p. 320, 12). Épicharme, fr. 9 et 22. — *Aur. Carmen*, v. 71. — Aëtius, IV, 7, 1. Porphyre, *De antro nymph.*, 28.
12. εἶναι — ἔμπλεων] Aëtius, I, 8, 2. Plutarque, *De gen. Socr.*, 24; *De fac. in orb.*, 28, 6; 30, 1. Lydus, *De ost.*, 21.

μόνον ἀνθρώποις, ἀλλὰ καὶ προβάτοις καὶ τοῖς ἄλλοις κτήνεσιν· εἴς τε τούτους γίγνεσθαι τούς τε καθαρμοὺς καὶ ἀποτροπιασμοὺς μαντικήν τε πᾶσαν καὶ κληδόνας καὶ τὰ ὅμοια.

Μέγιστον δέ φησιν τῶν ἐν ἀνθρώποις εἶναι τὴν ψυχὴν πεῖσαι ἐπὶ τὸ ἀγαθὸν ἢ ἐπὶ τὸ κακόν. εὐδαιμονεῖν τε ἀνθρώπους ὅταν ἀγαθὴ 5 ψυχὴ προσγένηται, μηδέποτε δὲ ἠρεμεῖν μηδὲ τὸν αὐτὸν ῥόον κρατεῖν. **33.** ὅρκιόν τε εἶναι τὸ δίκαιον καὶ διὰ τοῦτο Δία ὅρκιον λέγεσθαι. τήν τε ἀρετὴν ἁρμονίαν εἶναι καὶ τὴν ὑγίειαν καὶ τὸ ἀγαθὸν ἅπαν καὶ τὸν θεόν· διὸ καὶ καθ' ἁρμονίαν συνεστάναι τὰ ὅλα. φιλίαν τε εἶναι ἐναρμόνιον ἰσότητα. τιμὰς θεοῖς δεῖν νομίζειν καὶ ἥρωσι 10 μὴ τὰς ἴσας, ἀλλὰ θεοῖς μὲν ἀεὶ μετ' εὐφημίας λευχειμονοῦντας καὶ ἁγνεύοντας, ἥρωσι δὲ ἀπὸ μέσου ἡμέρας. τὴν δὲ ἁγνείαν εἶναι διὰ καθαρμῶν καὶ λουτρῶν καὶ περιρραντηρίων καὶ διὰ τοῦ αὐτὸν καθαρεύειν ἀπό τε κήδους καὶ λεχοῦς καὶ μιάσματος παντὸς καὶ ἀπέχεσθαι βρωτῶν θνησειδίων τε κρεῶν καὶ τριγλῶν καὶ μελανούρων 15

1. κτ|||||σιν F. 2. γίνεσθαι PF. 4. τῶν] τόν B. εἶναι τῶν ἐν ἀνθρώποις ⁓ F. εἶναι] + τό Cob. 5. [ἢ ἐπὶ τὸ κακόν] secl. Reiske. 5-6. ἀγαθῇ ψυχῇ B¹. 6. αὐτόν* Cob. + ῥεύματος Wellmann. ῥόον] νόον Kühn. 10. δεῖ F. ἥρωας F. 11. μέν > F. 11-12. λευχειμονοῦντας καὶ ἁγνεύοντας > F¹. 13. αὐτόν BF αὐτόν P > Cob. 14. παντός > F. 15. βροτῶν B.

---

5. εὐδαιμονεῖν...] Xénocrate dans Aristote, *Top.*, II, 6. Cf. *Aur. Carmen*, v. 61-62.
6. μηδὲ τὸν αὐτὸν ῥόον κρατεῖν] Épicharme, fr. 2. Ovide, *Met.*, XV, 214 ss. Lucien, *Vit. auct.*, 4.
7. ὅρκιόν τε εἶναι τὸ δίκαιον] Jamblique, *V. P.*, 47.
8. τὴν ὑγίειαν] Cf. Alcméon, fr. 4.
9. καὶ τὸν θεόν] Lucien, *Vit. auct.*, 4.
καθ' ἁρμονίαν συνεστάναι τὰ ὅλα] Philolaos, fr. 2 et 6. — Aristote, *Mét.*, I, 5. Quintilien, *Inst. or.*, I, 10, 12. Strabon, X, 468. Hippolyte, *Adv. haer.*, I, 2, 2. Sextus, *Adv. math.*, IV, 6; VII, 98; *Pyrrh.*, III, 155. Athénée, XIV, 632 B. Censorinus, *De die nat.*, 13. 5. Ps-Plutarque, *De mus.*, 44, 2. Chalcidius, *In Tim.*, 72. Théon de Smyrne, *Expos.*, p. 139, 11.
φιλίαν... ἰσότητα] *Supra*, § 10.
10. τιμὰς θεοῖς...] Cf. Jamblique, *V. P.*, 37 (Timée), 99 (Aristoxène).
11. λευχειμονοῦντας...] Jamblique, *V. P.*, 100, 153. Diodore de Sicile, X, 9, 6.
12. ἀπὸ μέσου ἡμέρας...] Cf. Orphica, *Op. et dies*, 24, p. 154, A. Etym. magn., s. v. ἱερὸν ἦμαρ. Scholie *Iliade*, Θ, 66.
13. καὶ λουτρῶν...] Aristoxène dans Jamblique, *V. P.*, 99.
14. καὶ λεχοῦς] Jamblique, *V. P.*, 153. Cf. Théophraste, *De superst.*, 9.
15. θνησειδίων τε κρεῶν] Aristote dans Elien, *V. H.*, IV, 17. Hiéroclès, *In aur. carm.*, 67.

καὶ ὠῶν καὶ τῶν ὠοτόκων ζώων καὶ κυάμων καὶ τῶν ἄλλων ὧν παρακελεύονται καὶ οἱ τὰς τελετὰς ἐν τοῖς ἱεροῖς ἐπιτελοῦντες.

34. Φησὶ δ' Ἀριστοτέλης ἐν τῷ περὶ τῶν κυάμων παραγγέλλειν αὐτὸν ἀπέχεσθαι τῶν κυάμων ἤτοι ὅτι αἰδοίοις εἰσὶν ὅμοιοι· ἢ ὅτι
5 Ἅιδου πύλαις· ἀγόνατον γὰρ μόνον· ἢ ὅτι φθείρει· ἢ ὅτι τῇ τοῦ ὅλου φύσει ὅμοιον· ἢ ὅτι ὀλιγαρχικόν· κληροῦνται γοῦν αὐτοῖς. — τὰ δὲ πεσόντα μὴ ἀναιρεῖσθαι, ὑπὲρ τοῦ ἐθίζεσθαι μὴ ἀκολάστως ἐσθίειν ἢ ὅτι ἐπὶ τελευτῇ τινος. καὶ Ἀριστοφάνης δὲ τῶν ἡρώων φησὶν εἶναι τὰ πίπτοντα, λέγων ἐν τοῖς Ἥρωσι·

---

4. Cf. Σ : τοὺς κυάμους δὲ ἀποτρέπεσθαι ὅτι αἰδοίοις ἐοίκασι.
4. Cf. Φᵛ : ἐσέβετο δὲ τοὺς κυάμους ὅτι αἰδοίοις εἰσὶν ὅμοιοι.
6 - p. 132, 3. Σ : ὅτι τὰ πίπτοντα — τὰς ὥρας μηνύοντα (non ad amussim).

1. ὠοτόκων] + ἢ BP¹. 2. ἀποτελοῦντες F. 3. ἐν τῷ > F. post ἐν τῷ lacunam susp. Roeper. περί > Roeper (ut *fr*). κυάμων] Πυθαγορείων Diels. 3-4. παραγγέλλειν — κυάμων > F. 4. αὐτόν] αὐτῶν Β. τῶν κυάμων > Roeper (ut *fr*). 4-5. ἢ ὅτι ᾅδου πύλαις iterum F. 5. post πύλαις lac. susp. Diels. ἀγόνατον] ἄγονον J. Scaliger (ex *l* : infecundae?). τῇ] τό F. 6. ὀλιγαρχικόν] + τὸ ἀπέχεσθαι vel < οὐκ > ὀλιγαρχικόν Richards. 6-7. τὰ δὲ πεσόντα] τὰ πίπτοντα ἀπὸ τῆς τραπέζης Σ + ἀπὸ τραπέζης Hüb. Cob. 7. ὑπὲρ τοῦ] ἢ διὰ τό Σ. ἐθίζεσθαι F Σ αἰθίζεσθαι Β ἀηθίζεσθαι P¹. μὴ ἐθίζεσθαι ∼ Σ. 8. τελετῇ Σ²³⁻⁴. καί > FΣ. δέ] γάρ Σ. φησὶ τῶν ἡρώων ∼ F. 9. λέγων — Ἥρωσι > Σ.

---

1. καὶ ὠῶν] Plutarque, *Qu. conv.*, II, 3, 2.
1-2. ὧν παρακελεύονται — ἐπιτελοῦντες] JAMBLIQUE, *V. P.*, 138. Cf. Hippocrate, *De morbo sacro*, 1. Porphyre, *De abst.*, IV, 16.
4. ὅτι αἰδοίοις εἰσὶν ὅμοιοι] LUCIEN, *Vit. auct.*, 6. Aulu-Gelle, IV, 11, 10.
4-5. ὅτι Ἅιδου πύλαις· ἀγόνατον...] PORPHYRE, *De antro nymph.*, 19. Eustathe, *Ad Iliad.*, p. 948. Scholie *Iliade*, N, 589. — Cf. supra, § 24.
5. ὅτι φθείρει] JAMBLIQUE, *Protr.*. 21. Théophraste, *De caus. pl.*, V, 15, 1. Clément, *Strom.*, III, 24. Eustathe, *Ad Iliad.*, p. 948.
5-6. ὅτι τῇ τοῦ ὅλου φύσει ὅμοιον] Cf. *supra*, § 24 (μετέχειν τοῦ ψυχικοῦ). — Héraclide Pontique dans Lydus, *De mens.*, IV, 12. Antonius Diogène dans Porphyre, *V. P.*, 44, et Lydus, *l. c.* Hippolyte, *Adv. haer.*, I, 2, 14. Ps-Acro, *Schol. ad Horat. Serm.*, II, 6, 63.
6. ὅτι ὀλιγαρχικόν] HIPPOLYTE, *Adv. haer.*, VI, 27. LUCIEN, *Vit. auct.*, 6. JAMBLIQUE, *V. P.*, 260. Ps.-Plutarque, *Éd. puer.*, 17. Cf. Arsénius, *Violet.*, 44, 11, p. 415. Apostolius, XV, 11. Scholie d'Aristophane, *Equ.*, 41. Suidas, *s. v.* κυαμοτρώξ.
6-7. τὰ δὲ πεσόντα μὴ ἀναιρεῖσθαι] Cf. Athénée, X, 427 D.

Μηδὲ γεύεσθ' ἅττ' ἂν ἐντὸς τῆς τραπέζης καταπέσῃ.

— ἀλεκτρυόνος μὴ ἅπτεσθαι λευκοῦ, ὅτι ἱερὸς τοῦ Μηνὸς καὶ ἱκέτης. τὸ δ' ἦν τῶν ἀγαθῶν· τῷ τε Μηνὶ ἱερός, σημαίνει γὰρ τὰς ὥρας. — τῶν ἰχθύων μὴ ἅπτεσθαι, ὅσοι ἱεροί· μὴ γὰρ δεῖν τὰ αὐτὰ τετάχθαι θεοῖς καὶ ἀνθρώποις, ὥσπερ οὐδὲ ἐλευθέροις καὶ δούλοις. — **35**. καὶ τὸ μὲν λευκὸν τῆς τἀγαθοῦ φύσεως, τὸ δὲ μέλαν τοῦ κακοῦ. — ἄρτον μὴ καταγνύειν, ὅτι ἐπὶ ἕνα οἱ πάλαι τῶν φίλων ἐφοίτων, καθάπερ ἔτι καὶ νῦν οἱ βάρβαροι· μὴ δὴ διαιρεῖν, ὃς συνάγει αὐτούς· οἱ δέ, πρὸς τὴν ἐν Ἅιδου κρίσιν· οἱ δέ, εἰς πόλεμον δειλίαν ποιεῖν· οἱ δέ, ἐπεὶ ἀπὸ τούτου ἄρχεται τὸ ὅλον. — καὶ τῶν σχημάτων τὸ κάλλιστον σφαῖραν εἶναι τῶν στερεῶν, τῶν δὲ ἐπιπέδων κύκλον. — γῆρας καὶ πᾶν τὸ μειούμενον ὅμοιον· καὶ αὔξην καὶ νεότητα ταὐτόν.

---

2. Cf. $Φ^v$: ἀλεκτρυόνος μὴ ἅπτεσθαι ὅτι ἱερὸς τοῦ μηνὸς οἰκέτης.
7-9. $Φ^v$: παράγγελμα δὲ αὐτοῦ μὴ καταγνύειν — αὐτούς.
7-10. Cf. Σ : ἄρτον δὲ — δειλίαν ἐμποιεῖ.

1. μηδέ] μή F^1. γεύεσθαι B. καταπέσῃ τῆς τραπέζης ἐντός $\sim F^1$. μηδὲ — καταπέσῃ] μήτε δὲ τὰ ἐντὸς τῆς τραπέζης πίπτοντα ἀναιρεῖσθαι Σ. 2. λευκοῦ > $Φ^v$. Μηνός BPF ἡλίου Σ Διός (ut DG) vel Ζηνός Cas. ἱκέτης BPΣ οἰκέτης $FΦ^v$. 3. τὸ δ' ἦν τῶν ἀγαθῶν > Mén. σημαίνει] cf. μηνύοντα Σ. 5-6. καὶ — κακοῦ $\sim$ post ὥρας (3) Diels. τ' ἀγαθοῦ P. 7. ἄρτον] + δέ Σ. οἱ πάλαι $BPΦ^v$ οἱ παλαιοί Σ > F. τῶν φίλων > Σ Mén. sed cf. Jambl., V. P., 86. ἐφοίτουν F. 8. καθάπερ — βάρβαροι > Σ $Φ^v$. ἔτι > F. μὴ δὴ P^1B^2 μὴ δεῖ B^1 μὴ γοῦν $Φ^v$ μηδὲ F καὶ μή Σ. 9. αὐτούς] ἐφ' ἑαυτόν Σ. οἱ δὲ — κρίσιν > Σ. οἱ δέ²] ἢ ὅτι Σ. 10. ποιεῖν] ἐμποιεῖ Σ. τούτου PF τόπου B. 11. τῶν στερεῶν BP τὸ στερεόν F^1. 12. μειούμενον F μιμούμενον BP^1.

---

2. ἀλεκτρυόνος μὴ ἅπτεσθαι λευκοῦ...] ARISTOTE dans ÉLIEN, *V. H.*, IV, 17 et JAMBLIQUE, *V. P.*, 84. Plutarque, *Qu. conv.*, IV, 5, 2. — Cf. Jamblique, *V. P.*, 147; *Protr.*, 21. Plutarque, *De esu carn.*, 3; *Stoïc. rep.*, 32.
3. τὸ δ' ἦν τῶν ἀγαθῶν (sc. ἱκέτην εἶναι)] Cf. Jamblique, *V. P.*, 48 et 84.
4. τῶν ἰχθύων — ἱεροί] Cf. supra, § 19. — Jamblique, *V. P.*, 109.
6. τὸ μὲν λευκόν... (se rapporte à ἀλεκτρυόνος λευκοῦ)] Cf. Aristote, *Met.*, N, 6, p. 1093a. Jamblique, *V. P.*, 100 et 153. Ps-Plutarque, *Ed. puer.*, 17.
7. ἄρτον μὴ καταγνύειν] ARISTOTE dans JAMBLIQUE, *V. P.*, 86. — Cf. Anaximandre le Jeune dans Suidas, *s. v.* Ἀναξίμανδρος. — Hippolyte, *Adv. haer.*, VI, 27.
9. πρὸς τὴν ἐν Ἅιδου κρίσιν (scil. οὐ συμφέρει)] Jamblique, *V. P.*, 86.
10. ἐπεὶ ἀπὸ τούτου ἄρχεται τὸ ὅλον] Cf. Empédocle, fr. 34, Diels.
10-11. τῶν σχημάτων τὸ κάλλιστον] Cf. Platon, *Timée*, p. 33 B.

ὑγίειαν τὴν τοῦ εἴδους διαμονήν, νόσον τὴν τούτου φθοράν. — περὶ τῶν ἁλῶν, ὅτι δεῖ παρατίθεσθαι πρὸς ὑπόμνησιν τοῦ δικαίου· οἱ γὰρ ἅλες πᾶν σώζουσιν ὅ τι καὶ παραλάβωσι καὶ γεγόνασιν ἐκ τῶν καθαρωτάτων ὕδατος καὶ θαλάσσης. **36**. καὶ ταῦτα μέν φησιν ὁ Ἀλέξανδρος ἐν τοῖς Πυθαγορικοῖς ὑπομνήμασιν εὑρηκέναι καὶ τὰ ἐκείνων ἐχόμενα ὁ Ἀριστοτέλης.

Τὴν δὲ σεμνοπρέπειαν τοῦ Πυθαγόρου καὶ Τίμων ἐν τοῖς Σίλλοις δάκνων αὐτὸν ὅμως οὐ παρέλιπεν, εἰπὼν οὕτω·

Πυθαγόρην τε γόητας ἀποκλίνοντ' ἐπὶ δόξας,
θήρῃ ἐπ' ἀνθρώπων, σεμνηγορίης δαριστήν.

Περὶ δὲ τοῦ ἄλλοτε ἄλλον αὐτὸν γεγενῆσθαι Ξενοφάνης ἐν ἐλεγείᾳ προσμαρτυρεῖ, ἧς ἀρχή·

Νῦν αὖτ' ἄλλον ἔπειμι λόγον, δείξω δὲ κέλευθον.

2-4. Σ : καὶ τοὺς ἅλας παρατίθεσθαι — θαλάσσης.
11 - p. 134, 5 Σ (Suidas, *s. v.* Ξενοφάνης. ἐν ἐλεγείᾳ περὶ τοῦ ἄλλοτε ἄλλον αὐτὸν γεγενῆσθαι · καί ποτε — ἀίων; et *s. v.* στυφελίξαι · καί ποτε — ἀίων).
Φᵛ : φησὶ δὲ Ξενοφάνης περὶ αὐτοῦ · καί — ἀίων.

1. εἴδους BP γένους F. 2. ἁλῶν] ἄλλων F. 3. καί¹] ἄν Cob. (ex DG). καθαρωτάτων BPF καθαρῶν Σ. 4. ὕδατος BPF ὑδάτων Σ ἡλίου Cob. 4-6. καὶ ταῦτα — Ἀριστοτέλης > F¹. 9. τε] δέ Plutarchus, *Numa*, VIII, 6. γόητας BP¹ Plut. γοητείας F γόητος Mén. Cas. ἀποκλίνοντ' Plut. ἀπόκλινον BP¹ ἀποκλεινόν F ἀποκλίναντ' Cob. ἐπὶ δόξας BP¹ Plut. ἐπίδοξον F ἐπὶ δόξαν Mén. ἐπὶ δόξην vel ἐπὶ δόξας Cas. 10. ὁ ἀριστήν F. 11. Ξενοφάνης PFΣΦᵛ ξενοκράτης B. 12. προσμαρτυρεῖ ἧς PF προσμαρτυρίης B. ἀρχήν F.

---

7. Τίμων...] Plutarque, *Numa*, VIII, 6.
11. Ξενοφάνης] Fr. 7, Diels.

ὁ δὲ περὶ αὐτοῦ φησιν οὕτως ἔχει·

    Καί ποτέ μιν στυφελιζομένου σκύλακος παριόντα
    φασί γ' ἐποικτεῖραι καὶ τόδε φάσθαι ἔπος·
    Παῦσαι μηδὲ ῥάπιζ', ἐπειὴ φίλου ἀνέρος ἐστὶ
    ψυχή, τὴν ἔγνων φθεγξαμένης ἀίων.   5

καὶ ταῦτα μὲν ὁ Ξενοφάνης.

37. Ἔσκωψε δὲ αὐτὸν Κρατῖνος μὲν ἐν Πυθαγοριζούσῃ· ἀλλὰ καὶ ἐν Ταραντίνοις φησὶν οὕτως·

    Ἔθος ἐστὶν αὐτοῖς, ἄν τιν' ἰδιώτην ποθὲν
    λάβωσιν εἰσελθόντα, διαπειρώμενον   10
    τῆς τῶν λόγων ῥώμης ταράττειν καὶ κυκᾶν
    τοῖς ἀντιθέτοις, τοῖς πέρασι, τοῖς παρισώμασι,
    τοῖς ἀποπλάνοις, τοῖς μεγέθεσιν νουβυστικῶς.

2-5. Anthol. Pal., VII, 120.
7-13. Σ (Suidas, s. v. Ξενοφάνης ... ἔσκωψε δ'αὐτόν — νουβυστικῶς).

1. ὁ δέ PF οἱ δέ B.   2. καί] δή Anth. μιν PΣΦ Anth. μήν BF. παριόντος B Σ²⁻³ (s. v Ξεν.) παρόντα Σᵛ (s. v. Ξεν.).   3. φασί γ' P¹Φᵛ Σ (s. v. Ξεν.) et Σᵛ (s. v. στυφ.) φασὶ γοῦν F φασίν B Σ²⁻³ (s. v. στυφ.) Anth. φασί Σ⁶ (s. v. στυφ.).   3-4. ἐποικτεῖραι — φίλου > B. 4. ῥαπίζειν Σ²⁻³ (s. v. στυφ.). ἐπειή ΣΦᵛ ἐπεὶ ἢ P¹F ἐπεὶ ἡ Σ⁶ (s. v. στυφ.) ἐπεὶ ἢ Diels. ἐστί] ἐστὶν ἡ F.   5. ἔγνως F. φθεγγαμένης F¹ φθεγξαμένην Σ²⁻³ (s. v. Ξεν.).   7. αὐτόν] + καί Σ. μέν > FΣ. Πυθαγοριζούσῃ BP¹Σ²⁻³⁻⁴⁻⁶ πυθαγορίζουσι Σᵛ τοῖς πυθαγορικοῖς F. ἀλλά > Σ. 8. φησὶν οὕτως > Σ. οὕτως BP οὕτω F.   9. ἄν τιν'] ἐάν Σ. 9-10. λάβωσι ποθέν ∼ F.   10. διαπειρωμένοις Scaliger.   12. παρισώμασι BΣ παρισάμασι P¹ ἀντισώμασι F.   13. μεγέθεσιν νουβυστικῶς Σ μεγέθεσιν νουβιστικῶς B μεγέθεσι νουβυστικός P μεγέθεσιν οὐ βυστικῶς F.

---

7 ss. Cf. Athénée, IV, p. 161. Cratinos, fr. 7 (Kock, II, p. 291).

— 135 —

Μνησίμαχος δ' Ἀλκμαίωνι·

Ὡς Πυθαγοριστὶ θύομεν τῷ Λοξίᾳ
ἔμψυχον οὐδὲν ἐσθίοντες παντελῶς.

38. Ἀριστοφῶν Πυθαγοριστῇ·

5   Ἔφη καταβὰς εἰς τὴν δίαιταν τῶν κάτω
ἰδεῖν ἑκάστους· διαφέρειν δὲ πάμπολυ
τοὺς Πυθαγοριστὰς τῶν νεκρῶν· μόνοισι γὰρ
τούτοισι τὸν Πλούτωνα συσσιτεῖν ἔφη
δι' εὐσέβειαν. — Εὐχερῆ θεὸν λέγεις
10 εἰ τοῖς ῥύπου μεστοῖσιν ἥδεται ξυνών.

ἔτι ἐν τῷ αὐτῷ·

Ἐσθίουσί τε
λάχανά τε καὶ πίνουσιν ἐπὶ τούτοις ὕδωρ·
φθεῖρας δὲ καὶ τρίβωνα τήν τ' ἀλουσίαν
15 οὐδεὶς ἂν ὑπομείνειε τῶν νεωτέρων.

4-15. Σ (Suidas, s. v. Πυθαγόρας ... Ἀριστοφῶν λέγει περὶ τῶν Πυθαγοριστῶν — νεωτέρων).

1-2. δ' Ἀλκμαίωνι· Ὡς Cob. δαλκμαίωνι ὡς F ἀλκμαιώνιος P¹ λακμαίωνι ὡς B. 2. πυθαγοριστί F πυθαγοριστῇ BP Πυθαγορισταί Mén. 4. ἀριστοφάνης Σ²⁻³. πυθαγοριστῇ BPF λέγει περὶ τῶν Πυθαγοριστῶν Σ. 5. ἔφη Cob. ἔφη τε BPF > Σ. τῶν BPF αὐτῶν Σ. 8 συσσιτεῖν BP¹ συσσιτεῖν FΣ. 9. εὐχερῇ] δυσχερῇ Cob. 9-10. λέγεις εἰ τοῖς P²T AC fr λέγει σίτοις B λέγεις ἐν τοῖς F λέγεις τοῖς P¹ λέγειν σίτοις Σ⁶⁻ᵛ λέγεις εἴστυοις Σ²⁻³⁻⁴. 10. μεστοῖσιν F μεστοῖς BP¹ Σ. 11. ἔτι ἐν τῷ αὐτῷ > Σ. 12. ἐσθίουσί τε > BP Σ. 13. τε > F. 14. δέ] τε P¹. τρίβωνας Σ²⁻³⁻⁴. 15. νεωτέρων BFΣ ἑτέρων P ἐνερτέρων Naber ἐνεωτέρων Nauck ἑτέρων < νεκρῶν > Diels.

---

1. Mnésimaque, fr. 1 (Kock, II, p. 436).
4. Aristophon, fr. 12-13 (Kock, II, p. 280).
5. ἔφη καταβάς] Supra, § 21; infra, § 41.

39. Ἐτελεύτα δ' ὁ Πυθαγόρας τοῦτον τὸν τρόπον. συνεδρεύοντος μετὰ τῶν συνήθων ἐν τῇ Μίλωνος οἰκίᾳ τούτου, ὑπό τινος τῶν μὴ παραδοχῆς ἀξιωθέντων διὰ φθόνον ὑποπρησθῆναι τὴν οἰκίαν συνέβη. — τινὲς δ' αὐτοὺς τοὺς Κροτωνιάτας τοῦτο πρᾶξαι, τυραννίδος ἐπίθεσιν εὐλαβουμένους, — τὸν δὴ Πυθαγόραν καταλειφθῆναι διεξιόντα· καὶ 5 πρός τινι χωρίῳ γενόμενος, πλήρει κυάμων, ἵνα < μὴ > διέρχοιτο, αὐτόθι ἔστη, εἰπὼν ἁλῶναι < ἂν > μᾶλλον ἢ πατῆσαι, ἀναιρεθῆναι δὲ κρεῖττον ἢ λαλῆσαι· καὶ ὧδε πρὸς τῶν διωκόντων ἀποσφαγῆναι. — οὕτω δὴ καὶ τοὺς πλείστους τῶν ἑταίρων αὐτοῦ διαφθαρῆναι, ὄντας πρὸς τοὺς τετταράκοντα. διαφυγεῖν δὲ ὀλίγους, ὧν ἦν καὶ Ἀρχύτας 10 ὁ Ταραντῖνος καὶ Λῦσις ὁ προειρημένος. **40.** φησὶ δὲ Δικαίαρχος

1-10. Σ (ἐτελεύτα — τετταράκοντα).

1. τελευτᾶ Σ³. 2. [τούτου] secl. Cob¹. τοῦ < ἀθλη > τοῦ vel τοῦ < Κροτωνιά > του Cob². 4. κροτωνίτας B. 5. καταλειφθῆναι Schwartz (*solum relictum esse* vertit Meib.) καταληφθῆναι libri. ἐξιόντα Σ⁴. 6. γενόμενος scripsi γενόμενον BPFΣ. ἵνα < μὴ > διέρχοιτο scripsi (cf. §§ 40 et 45) ἵνα διήρχετο αὐτόθι Σ ἵνα αὐτόθι BPF αὐτόθι TAP⁵ ἵνα [αὐτόθι] Cob. αὐτίκα αὐτόθι Mén. 7. ἂν add. Cob. 7-8. [ἀναιρεθῆναι — λαλῆσαι] secl. Cob. 8. δέ] δὴ F. λαλῆσαι] ἀλαλῆσαι Herelius ἁλῦσαι Mericus Cas. (sed cf. Intr., p. 24). ἀποσφαγῆναι BPΣ ἀναιρεθῆναι F. 9. δή BF δέ PΣ. πλείους F. ἑτέρων B. 10. τούς > F. ὀλιγίστους B. Ἀρχύτας] Ἄρχιππος Mén. Hüb. Cob. ex Jambl., *V. P.*, 249, Porphyr., *V. P.*, 55.

1-3. συνεδρεύοντος — συνέβη et 9-11 : οὕτω δὴ — προειρημένος] Hesychius (Scholie Platon). Aristoxène dans Jamblique, *V. P.*, 248 ss. Néanthe dans Porphyre, *V. P.*, 54 ss. Diodore, X, 11. Philodème, *Rhét.*, II, p. 180. Tzetzès, *Chil.*, XI, 80 ss. Cf. Plutarque, *De Gen. Socr.*, 13; *Stoïc. rep.*, 37. Hippolyte, *Adv. haer.*, I, 2. Olympiodore, *In Phaed.*, p. 8. Hesychius, *Lex.*, s. v. Ἰταλιώτης.

4-5. τινὲς — εὐλαβουμένους] Timée dans Jamblique, *V. P.*, 254 ss. Justin, XX, 4. Arnobe, *Adv. nat.*, I, 40. Ps-Acro, *Schol. in Horat. Serm.*, II, p. 162. Cf. Polybe, II, 39. Athénagore, *Leg.*, 31. Ausone, *Ecl.*, 31. Appien, *De bello mithr.*, 28.

5-8. τὸν δὴ Πυθαγόραν — ἀποσφαγῆναι] Cf. Hermippe, *infra*, § 40. Ps-Acro, *Schol. in Horat. Serm.*, II, p. 185. Attribué à des Pythagoriciens par Néanthe et Hippobotos dans Jamblique, *V. P.*, 189 et Porphyre, *V. P.*, 61; Ambroise, *De Virg.*, I, 4; Olympiodore, *In Phaed.*, p. 5; Nonnus, *Comm. in Greg. hist.*, 18; Artemii Passio, 29.

11. φησὶ δὲ Δικαίαρχος...] Fragment plus étendu dans Porphyre, *V. P.*, 56. Thémistius, *Or.*, XXIII, p. 285 B. Firmicus Maternus, I, 8, 18 ss. Tzetzès, *Chil.*, XI,

τὸν Πυθαγόραν ἀποθανεῖν καταφυγόντα εἰς τὸ ἐν Μεταποντίῳ ἱερὸν τῶν Μουσῶν, τετταράκοντα ἡμέρας ἀσιτήσαντα.

Ἡρακλείδης δέ φησιν ἐν τῇ τῶν Σατύρου Βίων ἐπιτομῇ μετὰ τὸ θάψαι Φερεκύδην ἐν Δήλῳ ἐπανελθεῖν εἰς Ἰταλίαν καὶ πανδαισίαν
5 εὑρόντα Κύλωνος τοῦ Κροτωνιάτου εἰς Μεταπόντιον ὑπεξελθεῖν κἀκεῖ τὸν βίον καταστρέψαι ἀσιτίᾳ μὴ βουλόμενον περαιτέρω ζῆν.

Ἕρμιππος δέ φησι, πολεμούντων Ἀκραγαντίνων καὶ Συρακουσίων, ἐξελθεῖν μετὰ τῶν συνήθων τὸν Πυθαγόραν καὶ προστῆναι τῶν Ἀκραγαντίνων· τροπῆς δὲ γενομένης, περικάμπτοντα αὐτὸν τὴν τῶν κυάμων
10 χώραν ὑπὸ τῶν Συρακουσίων ἀναιρεθῆναι, τούς τε λοιποὺς, ὄντας πρὸς τοὺς πέντε καὶ τριάκοντα, ἐν Τάραντι κατακαυθῆναι, θέλοντας ἀντιπολιτεύεσθαι τοῖς προεστῶσι. **41.** καὶ ἄλλο τι περὶ Πυθαγόρου φησὶν ὁ Ἕρμιππος. λέγει γὰρ ὡς γενόμενος ἐν Ἰταλίᾳ κατὰ γῆς οἰκίσκον ποιῆσαι καὶ τῇ μητρὶ ἐντείλαιτο τὰ γινόμενα εἰς δέλτον γράφειν
15 σημειουμένην καὶ τὸν χρόνον, ἔπειτα καθιέναι αὐτῷ ἔστ' ἂν ἀνέλθῃ.

5-10. Cf. Φ^{apv} (non ad amussim). 12-15. Cf. Φ^v : φασὶ δὲ ὅτι γενόμενος — αὐτῷ.

1. καταφυγόντα BP Porphyr., *V. P.*, 57 ἀποφυγόντα F. 3. Ἡρακλείδης BP ἡρακλῆς F. Σατύρου] ἀτύρου B. ἐπιτομῇ] ἐπὶ τοῦ μή B. 4. post καί lac. susp. Cob. 5. Κύλωνος] Μίλωνος Mén. et Cob². (ut DG). μετάποντον B. ἐξελθεῖν F (ἐλθών Φ). 7. πολεμούντων] + τῶν F. Συρακουσίων BPFΦ^{ap} συρρακουσίων Φ^v Συρακοσίων Hüb. Cob. 8. τὸν Πυθαγόραν μετὰ τῶν συνήθων ∼ F. μετὰ τῶν συνήθων > Φ. τὸν Πυθαγόραν] αὐτόν Φ. προστῆναι] + τὸν πυθαγόραν F¹. 9. διακάμπτοντα Φ^p. 10. Συρακουσίων BPF συρρακουσίων Φ^v συρακοσίων Φ^{ap}. 11. τούς] τοῖς B. 13. ὁ > F. λέγει γάρ > F. 14. ποιῆσαι St. ποιῆσαι BP¹F ἐποίησε Φ^v. ἐντείλαιτο F ἔντειλαι τό P ἐντεῖλαι B¹ ἐνετείλατο Φ^v. 15. αὐτῷ FΦ^v αὐτό P αὐτόν B¹.

---

90. Cf. Papyrus d'Herculanum (Crönert, *Studien zur Pal. und Papyr.*, VI, p. 147).

3-6. Ἡρακλείδης — ζῆν] Anonyme dans PORPHYRE, *V. P.*, 55 ss. NICOMAQUE dans JAMBLIQUE, *V. P.*, 252.

7 ss. Ἕρμιππος...] HESYCHIUS (Scholie Platon). — ARTEMII PASSIO, 29.

12 ss. καὶ ἄλλο τι...] Cf. *supra*, §§ 21 et 38. — Lucien, *Gal.*, 18. Tertullien, *De an.*, 28. Scholie de Sophocle, *Electre*, v. 62. — Eustathe, *Ad Odys.*, pp. 1701, 61 et 1961, 10. Origène, *C. Celse*, II, 55.

τοῦτο ποιῆσαι τὴν μητέρα. τὸν δὲ Πυθαγόραν μετὰ χρόνον ἀνελθεῖν ἰσχνὸν καὶ κατεσκελετευμένον· εἰσελθόντα τε εἰς τὴν ἐκκλησίαν φάσκειν ὡς ἀφῖκται ἐξ Ἅιδου· καὶ δὴ καὶ ἀνεγίνωσκεν αὐτοῖς τὰ συμβεβηκότα. οἱ δὲ σαινόμενοι τοῖς λεγομένοις ἐδάκρυόν τε καὶ ὤμωζον καὶ ἐπίστευον εἶναι τὸν Πυθαγόραν θεῖόν τινα, ὥστε καὶ τὰς γυναῖκας 5 αὐτῷ παραδοῦναι, ὡς καὶ μαθησομένας τι τῶν αὐτοῦ· ἃς καὶ Πυθαγορικὰς κληθῆναι. καὶ ταῦτα μὲν ὁ Ἕρμιππος.

42. Ἦν δὲ τῷ Πυθαγόρᾳ καὶ γυνή, Θεανὼ ὄνομα, Βροντίνου τοῦ Κροτωνιάτου θυγάτηρ· οἱ δὲ γυναῖκα μὲν εἶναι Βροντίνου, μαθήτριαν δὲ Πυθαγόρου. ἦν αὐτῷ καὶ θυγάτηρ Δαμώ, ὥς φησι Λῦσις ἐν ἐπιστολῇ τῇ πρὸς Ἵππασον, περὶ Πυθαγόρου λέγων οὕτως· « Λέγοντι δὲ 10 πολλοὶ τὺ καὶ δαμοσίᾳ φιλοσοφεῖν, ὅπερ ἀπαξίων Πυθαγόρας, ὅς γέ τοι Δαμοῖ τᾷ ἑαυτοῦ θυγατρὶ παρακαταθέμενος τὰ ὑπομνήματα ἐκέλευσε μηδενὶ τῶν ἐκτὸς τᾶς οἰκίας παραδιδόμεν. ἁ δὲ δυναμένα

1-4. Cf. Φᵛ : μετὰ δὲ χρόνον — συμβεβηκότα. οἱ δ'ἐθαύμαζον.
2. ἰσχνόν BPF στυγνός Φᵛ. κατεσκελευμένον P¹. τε] δέ Φᵛ. τὴν > F.
3. δὴ καί > Φᵛ. αὐτοῖς PFΦᵛ αὐτός B. 7. καί — Ἕρμιππος > F.
9. μέν > F. βροντίνου εἶναι ⁓ F. 10-11. ἐν — Ἵππασον > F¹. 11. Ἵππασον BP ἵππαρχον F² Hüb. Cob. Jambl., V. P., 75, Epistol. gr., p. 603. λέγοντι] φαντί Jambl. 12. τύ Hüb. Cob. τοι BPF σε Jambl. Epist. δαμασίᾳ F¹. φιλοσοφέν Cas. Mén. Epist. (Cod. F) + τοῖς ἐντυγχάνουσι Jambl. τόπερ Jambl. ἀπαξίωσε Cob. Jambl. Epist. 13. τοι BP¹ Jambl. τᾶι F > Epist. τά] + ἑαυτοῦ F. ὑπομνάματα Kühn Cob. Epist. ἐκέλευσε BPF ἐπέσκαψε Kühn Cob. Epist. παραδιδόμεν. ἁ] παραδιδομένα B.

---

8. γυνὴ Θεανώ] Hermésianax dans Athénée, XIII, 599 A. Porphyre, V. P., 4. Jamblique, V. P., 146, 265. Suidas, s. v. Θεανώ². Artemii Passio, 29. Cf. Photius, Cod. 249, et Arsénius, Violet., p. 310, W.
9. οἱ δὲ γυναῖκα ...] Suidas, s. v. Θεανώ ¹ et ². Jamblique, V. P., 267. — Cf. Dicéarque dans Porphyre, V. P., 19, et Didyme dans Clément, Strom., I, 80.
10. θυγάτηρ Δαμώ] JAMBLIQUE, V. P., 146.
Λῦσις ἐν ἐπιστολῇ...] EPISTOLOGRAPHI GRAECI, Hercher, p. 603 et JAMBLIQUE, V. P., 72. Cf. Clément, Strom., V, 57. Synésius, Epist. ad Her., 143. Nicéphore Greg., Hist., VIII, 7.

— 139 —

πολλῶν χρημάτων ἀποδίδοσθαι τώς λόγως οὐκ ἐβουλάθη· πενίαν καὶ τὰς τῶ πατρὸς ἐπισκήψιας ἐνόμιζε χρυσῶ τιμιωτέρας ἦμεν, καὶ ταῦτα γυνά. » **43**. ἦν καὶ Τηλαύγης υἱὸς αὐτοῖς, ὃς καὶ διεδέξατο τὸν πατέρα καὶ κατά τινας Ἐμπεδοκλέους καθηγήσατο. Ἱππόβοτός γέ τοί
5 φησι λέγειν Ἐμπεδοκλέα Τηλαύγει·

κλυτὲ κοῦρε Θεανοῦς Πυθαγόρεώ τε.

σύγγραμμα δὲ φέρεται τοῦ Τηλαύγους οὐδέν, τῆς δὲ μητρὸς αὐτοῦ Θεανοῦς τινα. ἀλλὰ καί φασιν αὐτὴν ἐρωτηθεῖσαν ποσταία γυνὴ ἀπ' ἀνδρὸς καθαρεύει, φάναι· « ἀπὸ μὲν τοῦ ἰδίου παραχρῆμα, ἀπὸ δὲ
10 τοῦ ἀλλοτρίου οὐδέποτε. » τῇ δὲ πρὸς τὸν ἴδιον ἄνδρα μελλούσῃ

---

1. χραμάτων Cob. ἀποδόσθαι Epist. τώς F Epist. τ' ὡς B θῶς P¹. λόγως F Epist. λόγος BP¹. ἐβουλάθη BP Epist. (Cod. F) ἐβουλήθη F Epist. (Codd. PR). πενίαν] + δέ Cob. Epist. 2. τῶ πατρός T Epist. τῶ πρὸς π̅ρ̅ς̅ F τῶ π̅ρ̅ί̅ ὅς P¹ τῶν πατρίων B. ἐπισκήψιας *fr* ἐπισκήψειας F ἐπισκεψίας BP¹ ἐπισκάψιας Epist. ἐνόμιζε BPF ἐνόμισε Epist. ἐνόμιξε Hercher. ἦμεν BP Epist. (Cod. P) εἶμεν F ἔμεν Epist. (Codd. FR). 2-3. καί — γυνά > Epist. 3. γυνά ἦν. καί interp. F. αὐτοῖς BPF αὐτοῦ Cob. (ex DG). 4. γέ τοι] δέ F. 5. ἐνπεδοκλέα B. Τηλαυγεῖ F τηλαυγῆ BP Τήλαυγες Bentley et Cob. (ex *l* : telauges?). 6. Πυθαγόρεω F πυθαγόραω P¹ πυθαγορίω B. 7. φέρεται > F. 8. Θεανοῦς τινα ἄλλα F. 9. δέ > B.

---

3. ἦν καὶ Τηλαύγης...] DIOGÈNE, I, 15 et VIII, 53. — PORPHYRE, *V. P.*, 4. JAMBLIQUE, *V. P.*, 146. Eusèbe, *Pr. ev.*, X, 14, 14. Suidas, *s. v.* Θεανώ² et *s. v.* Τηλαύγης. Photius, *Cod.* 249. Arsénius, *Viol.*, p. 310, W.
4. καὶ κατά τινας Ἐμπεδοκλέους καθηγήσατο] EUSÈBE, *Pr. ev.*, X, 14, 14. SUIDAS, *s. v.* Τηλαύγης et *s. v.* Ἐμπεδοκλῆς. ARSÉNIUS, *Viol.*, p. 310, W.
6. κλυτὲ... Πυθαγόρεώ τε] Fr. 155, Diels.
8. Θεανοῦς τινα] DIDYME dans CLÉMENT, *Strom.*, I, 80; cf. IV, 44. Suidas, *s. v.* Θεανώ¹ et ². Stobée, *Ecl. phys.*, 10, 13. Pollux, *Onom.*, X, 21. Censorinus, *De die nat.*, 7. — Lettres dans Hercher, *Epistol. graeci*, p. 603 ss.
8-10. ἐρωτηθεῖσαν — οὐδέποτε] CLÉMENT, *Strom.*, IV, 121. Jamblique, *V. P.*, 132. Stobée, *Flor.*, 74, 53. Théodoret, *Gr. aff.*, XII, 7, 3. Théon, *Progymn.* (Rhet. gr., II, p. 98). Arsénius, *Viol.*, p. 294, W. – Attribué à Pythagore dans Jamblique, *V. P.*, 55.

πορεύεσθαι παρήνει ἅμα τοῖς ἐνδύμασι καὶ τὴν αἰσχύνην ἀποτίθεσθαι, ἀνισταμένην τε πάλιν ἅμα αὐτοῖσιν ἀναλαμβάνειν. ἐρωτηθεῖσα « ποῖα; » ἔφη· « ταῦτα δι' ἃ γυνὴ κέκλημαι. »

44. Ὁ δ' οὖν Πυθαγόρας, ὡς μὲν Ἡρακλείδης φησὶν ὁ τοῦ Σαραπίωνος, ὀγδοηκοντούτης ἐτελεύτα, κατὰ τὴν ἰδίαν ὑπογραφὴν 5 τῶν ἡλικιῶν· ὡς δὲ οἱ πλείους, ἔτη βιοὺς ἐνενήκοντα.

Καὶ ἡμῶν ἐστιν εἰς αὐτὸν πεπαιγμένα οὕτως ἔχοντα·

Οὐ μόνος ἀψύχοις ἐπέχες χέρας, ἀλλὰ καὶ ἡμεῖς.
τίς γὰρ ὃς ἐμψύχων ἥψατο, Πυθαγόρα;
ἀλλ' ὅταν ἑψηθῇ τι καὶ ὀπτηθῇ καὶ ἁλισθῇ, 10
δὴ τότε καὶ ψυχὴν οὐκ ἔχον ἐσθίομεν.

ἄλλο·

Ἦν ἄρα Πυθαγόρης τοῖος σοφός, ὥστε μὲν αὐτὸς
μὴ ψαύειν κρειῶν καὶ λέγεν ὡς ἄδικον,
σιτίζειν δ' ἄλλους. ἄγαμαι σοφόν· αὐτὸς ἔφα μὲν 15
οὐκ ἀδικεῖν, ἄλλους δ' αὐτὸς ἔτευχ' ἀδικεῖν.

7-11. Φ^v : ἐστὶ δὲ εἰς αὐτὸν ἡμῶν ἐπίγραμμα · οὐ — ἐσθίομεν.
8-11. Anthol. Palat., VII, 121.

2. αὐτοῖς P¹. 4. φησίν > F. 6. ἐνενήκοντα] + ἐννέα Cas. Jacoby. 7. πεπηγμένα F + μέν BP¹. οὕτως ἔχοντα > F. 8. ἀψύχοις ἐπέχες BP¹ ἀψύχοις ἐπέσχες F ἀψύχων ἀπέχες Anthol. ἀψύχων ἀπέσχες Φ^v ἐμψύχων ἀπέχες TAC fr Cob. : cf. Intr., p. 86. χεῖρας Φ^v. 9. ὅς>Φ^v. Πυθαγόρη Anthol. 10. τι] τί Φ^v τε F. ἁλισθῇ BΦ^v Anthol. ἀϊσθῇ F¹ ἀγλισθῇ P. 11. οὐκ] μή Anthol. ἐσθίωμεν F. 12. ἀλλ' F. 13. ἄρα > F. 14. λέγειν B. 15. ἀγαμη B. 16. ἔτευχ' ἀδικεῖν Cob. ἔτυχ' ἀδικεῖν BPF ἄρ' ἦν ἀδικῶν St. Cob². (ex DG) ἐᾷ γ' ἀδικεῖν Meib.

---

1. ἅμα τοῖς ἐνδύμασι καὶ τὴν αἰσχύνην...] Cf. Hérodote, I, 8. Clément, Paed., II, 100, 2 et III, 33. Plutarque, Coniug. pr., 10.
5. κατὰ τὴν ἰδίαν ὑπογραφήν] Cf. supra, § 10.
6. ἐνενήκοντα] HESYCHIUS (Scholie Platon). Papyrus d'Herculanum (Crönert, Studien zur Paläog., VI, p. 147). — Variantes : Galien, t. XIV, p. 567, K. Jamblique, V. P., 265. Théol. Arithm., p. 49. Syncellus, Chron., p. 247 C. Photius, Cod. 249. Tzetzès, Chil., XI, 92.
8-11. Cf. § 13.
13-16. Cf. § 12.

45. καὶ ἄλλο·

Τὰς φρένας ἢν ἐθέλῃς τὰς Πυθαγόραο νοῆσαι
ἀσπίδος Εὐφόρβου βλέψον ἐς ὀμφάλιον.
φησὶ γὰρ οὗτος· Ἐγὼν ἦν πρόβροτος. ὃς δ' ὅτε οὐκ ἦν
φάσκων ὥς τις ἔην, οὔτις ἔην ὅτ' ἔην.

καὶ ἄλλο, ὡς ἐτελεύτα·

Αἴ, αἴ, Πυθαγόρης τί τόσον κυάμους ἐσεβάσθη;
καὶ θάνε φοιτηταῖς ἄμμιγα τοῖς ἰδίοις.
χωρίον ἦν κυάμων· ἵνα μὴ τούτους δὲ πατήσῃ,
ἐξ Ἀκραγαντίνων κάτθαν' ἐνὶ τριόδῳ.

Ἤκμαζε δὲ καὶ κατὰ τὴν ἑξηκοστὴν Ὀλυμπιάδα· καὶ αὐτοῦ τὸ σύστημα διέμεινε μέχρι γενεῶν ἐννέα ἢ καὶ δέκα. **46**. τελευταῖοι

7-10. Anthol. Palat., VII, 122.

2. ἐθέλῃς DGT *fr* ἐθέλοις BPF. Πυθαγόραο DGT *fr* πυθαγόροιο BP¹ πυθαγοροῖο F. 3. ἐφόρβου B. ὀμφάλιον Mén. ὀμφαλόον F ὀμφαλόν BP¹. 4-5. φησὶ — τις ἔην > F¹. 4. ἐγών P αἰγῶν B. ἦν¹ St. Cob. (ex DG) ἤμην BP. 5. φάσκων Cob¹. φάσκειν BP. ὣς B ὅς P. οὔτις Cob¹. ὄκτις BP¹ ὅστις F. ὅτ' ἔην F ὅτε ἦν BP. 4-5. φησὶ γάρ· οὗτος (οὗτος· St. Cob².) ἐγὼν ἦν πρὸ βροτός (πρόβροτος St. Cob².)· ὃς δὲ ὅτ' οὐκ ἦν (ὅς δ' ὅτε οὐκ ἦν St. ὃς δ' ὁπότ' οὐκ ἦν Cob².) || φάσκεν ὅτ' ἦν, δήπουγ' (δήπου St. Cob².) οὐκ ἄρ' (ἄν St.) ἔην ὅτ' ἔην (ὅτε ἦν St.) St. Roeper Cob². (cf. DG, Intr., p. 86). S. θάνε (θάναι B) φοιτηταῖς BPF θανὲ φυιτοῖς Codex Anthol. 11. καί > Cob. τήν] + δευτέραν καὶ Jacoby. 12. ἤ > F. καί > Pear. Cob².

2-5. Cf. § 5.
7-10. Cf. § 40.
11. ἤκμαζε δὲ...| AUGUSTIN, *De civ.*, 18, 37. — Cf. Aristoxène dans Porphyre, *V. P.*, 9. Cicéron, *De rep.*, II, 28; *Tusc.*, I, 38 et IV, 2. Diodore, X, 3, 1. Clément, *Strom.*, I, 65 et 129. Aulu-Gelle, XVII, 21, 6. Jamblique, *V. P.*, 35. Solinus, XI, 31. Strabon, XIV, 638. Eusèbe, *Chr.*, II, 201. Cyrille, *In Jul.*, I, 13 A. Tatien, *Adv. Gr.*, 41.
12. ἐννέα ἢ καὶ δέκα] Cf. Diodore, XV, 76, 4. Photius, *Cod.* 249.
12 ss. τελευταῖοι — Φλιάσιοι] Cf. Platon, *Phédon*. Jamblique, *V. P.*, 251 et 267.

γὰρ ἐγένοντο τῶν Πυθαγορείων, οὕς καὶ Ἀριστόξενος εἶδε, Ξενόφιλός τε ὁ Χαλκιδεὺς ἀπὸ Θράκης καὶ Φάντων ὁ Φλιάσιος καὶ Ἐχεκράτης καὶ Διοκλῆς καὶ Πολύμναστος, Φλιάσιοι καὶ αὐτοί. ἦσαν δὲ ἀκροαταὶ Φιλολάου καὶ Εὐρύτου τῶν Ταραντίνων.

Γεγόνασι δὲ Πυθαγόραι τέτταρες περὶ τοὺς αὐτοὺς χρόνους, οὐ πολὺ ἀπ' ἀλλήλων ἀπέχοντες· εἷς μὲν Κροτωνιάτης, τυραννικὸς ἄνθρωπος· ἕτερος Φλιάσιος, σωμασκητής, ἀλείπτης ὥς φασί τινες· τρίτος Ζακύνθιος· < τέταρτος > οὗτος, οὗ φασιν εἶναι τὠπόρρητον τῆς φιλοσοφίας, αὐτῶν διδάσκαλος· ἐφ' οὗ καὶ τὸ « Αὐτὸς ἔφα » παροιμιακὸν εἰς τὸν βίον ἦλθεν. 47. οἱ δὲ καὶ ἄλλον, ἀνδριαντοποιὸν Ῥηγῖνον, γεγονέναι φασὶ Πυθαγόραν, πρῶτον δοκοῦντα

---

1. εἶδε] οἶδε vel ᾔδει Richards. 2. ἀπὸ Θράκης > F. φελιάσιος F (ut videtur). 3. καί² > F. 7. [ἀλείπτης] secl. Kühn. [ἀλείπτης — τινες] secl. Hüb. Cob. 8. τέταρτος add. Hüb. + αὐτός Cob. οὗτος, οὗ φασιν Hüb. οὗ φασιν οὗτος (οὕτως F) ~ BPF. τὠπόρρητον scripsi τοὐπόρρητον BF τοὐπόρητον P¹ τἀπόρρητα fr Cob. 9. [αὐτῶν διδάσκαλος] secl. Hüb Cob. [διδάσκαλος] secl. Kühn. 11. δοκούντων B.

---

1. οὓς καὶ Ἀριστόξενος εἶδε] Cf. Suidas, s. v. Ἀριστόξενος. Aulu-Gelle, IV, 11.
6. εἷς μὲν Κροτωνιάτης...] Cf. Théopompe et Hermippe dans Athénée, V, p. 213 F. Tertullien, Apol., 46, 13.
7. σωμασκητής] Cf. supra, §§ 12-13.
8. Ζακύνθιος] Aristoxène, Harm., II, p. 36. Artémon dans Athénée, XIV, 637 B.
8-9. τὠπόρρητον τῆς φιλοσοφίας] Aristote dans Jamblique, V. P., 31. Timée, ibid., 258. Dicéarque dans Porphyre, V. P., 19. Aristoxène dans Diogène, VIII, 15.
9. αὐτὸς ἔφα] vulgaire. Cicéron, De nat. deor., I, 5, 10. Quintilien, Inst. or., II, 1, 27. Clément, Strom., II, 24. Origène, C. Celse, I, 7. Cyrille, Com. in Is., 32. Julien, Epist., 63. Valère-Maxime, VIII, 15, ext. 1. Hermias, Irris. gent., 16. Théodoret, Gr. aff., I, 12. Grég. Naz., Or., 27, 10. Scholie d'Aristophane, Nuées, 195. Olympiodore, Vita Plat. (fin). Cramer, Anecd. Par., IV, 414. Hiéroclès, In Aur. Carm., 45 ss. Eustathe, Ad Iliad., p. 37, 35. Suidas, s. v. αὐτὸς ἔφα. — Cf. Jamblique, V. P., 53, 88, 255 (Timée). Élien, V. H., IV, 17. Ammien-Marcellin, XXII, 16, 21. Ausone, XVIII, 29, 38. Boëce, Inst. mus., I, 33.
10-11. ἀνδριαντοποιὸν Ῥηγῖνον] Polémon dans Athénée, I, 19 B. Pline, H. n., 34, 19, etc.

ῥυθμοῦ καὶ συμμετρίας ἐστοχάσθαι· καὶ ἄλλον, ἀνδριαντοποιὸν Σάμιον· καὶ ἕτερον, ῥήτορα μοχθηρόν· καὶ ἰατρὸν ἄλλον, τὰ περὶ σκίλλης γεγραφότα καί τινα περὶ Ὁμήρου συντεταγμένον· καὶ ἕτερον Δωρικὰ πεπραγματευμένον, ὡς Διονύσιος ἱστορεῖ.

5 Ἐρατοσθένης δέ φησι, καθὸ καὶ Φαβωρῖνος ἐν ὀγδόῃ Παντοδαπῆς Ἱστορίας παρατίθεται, τοῦτον εἶναι τὸν πρῶτον ἐντέχνως πυκτεύσαντα ἐπὶ τῆς ὀγδόης καὶ τετταρακοστῆς Ὀλυμπιάδος, κομήτην καὶ ἁλουργίδα φοροῦντα. ἐκκριθῆναί τε ἐκ παίδων καὶ χλευασθέντα αὐτίκα προσβῆναι τοὺς ἄνδρας καὶ νικῆσαι. 48. δηλοῦν δὲ τοῦτο καὶ τοὐ-
10 πίγραμμα, ὅπερ ἐποίησε Θεαίτητος·

Πυθαγόρην τινά, Πυθαγόρην, ὦ ξεῖνε, κομήτην,
ἀδόμενον πύκτην εἰ κατέχεις Σάμιον,
Πυθαγόρης ἐγώ εἰμι· τὰ δ'ἔργα μου εἴ τιν' ἔροιο
Ἠλείων, φήσεις αὐτὸν ἄπιστα λέγειν.

---

2. σκίλλης Muret et Cas. (cf. Plin. N. H., XIX, 30, Galen., XIV, p. 567, K) σκύλλης C κίλλης B κήλης PF. 5-6. καθό — Ἱστορίας > F. ἐν] + τῇ Cob. 6. πρώτως F. 8. ἐκκριθέντα Cob. (ex l : selectumque?). ἐκ] + τῶν F. 9. δηλοῦν Cob. (ex DG δηλοῖ?) ἁπλοῦν BPF. τούτῳ P. 11. Πυθαγόρην² > F. 12. ἀιδόμενον B ἀδόμενον P ἀηδόμενον F. 14. ἠλεῖον F.

---

1. Σάμιον] Pline, *ibid.*, etc.
2. ῥήτορα μοχθηρόν] Un rhéteur Πειθαγόρας est cité par Philostrate, *Vit. Sophist.*, 19.
ἰατρὸν ἄλλον] Cf. Celse, *De medic.*, I, procem.
2-3. τὰ περὶ σκίλλης γεγραφότα] Cf. PLINE, *H. n.*, 19, 30. GALIEN, t. XIV, p. 567, K.
4. ὡς Διονύσιος ἱστορεῖ] Denys d'Halicarnasse ? (Maass, *Phil. Unt.*, III, p. 32).
7. ἐπὶ τῆς ὀγδόης καὶ τετταρακοστῆς Ὀλυμπιάδος] Cf. Africanus dans Eusèbe, *Chron.*, I, p. 200. Antilochus dans Clément, *Strom.*, I, 80. Tite-Live, I, 18, 2. Denys d'Halic., *Ant. rom.*, II, 59, 2.
6-7. πυκτεύσαντα ... κομήτην] Syncellus, *Chron.*, p. 239B. Lucien, *Gal.*, 8; *Vit. auct.*, 2. Jamblique, *V. P.*, 11 et 30. Augustin, *Ep.*, III, 137, 3. Cf. Ps-Plutarque, *Prov. alex.*, 108. Hesychius, *s. v.* ἐν Σάμῳ κομήτης. Diogénien, IV, 58, Arsénius, *Viol.*, 234. Apostolius, VII, 31. Prov. Vatic., app., I, 87.

Τοῦτον ὁ Φαβωρῖνός φησιν ὅροις χρήσασθαι διὰ τῆς μαθηματικῆς ὕλης, ἐπὶ πλέον δὲ Σωκράτην καὶ τοὺς ἐκείνῳ πλησιάσαντας καὶ μετ' αὐτοὺς Ἀριστοτέλην καὶ τοὺς Στωικούς· ἀλλὰ μὴν καὶ τὸν οὐρανὸν πρῶτον ὀνομάσαι κόσμον· καὶ τὴν γῆν στρογγύλην· ὡς δὲ Θεόφραστος, Παρμενίδην· ὡς δὲ Ζήνων, Ἡσίοδον. **49.** τούτῳ φησὶν 5 ἀντιπαρατάσσεσθαι Κύλωνα, καθάπερ Ἀντίλοχον Σωκράτει.

Ἐπὶ δὲ τοῦ ἀθλητοῦ Πυθαγόρου καὶ τοῦτο ἐλέγετο τὸ ἐπίγραμμα·

Οὕτω πυκτεύσων ἐς Ὀλύμπια παισὶν ἄνηβος
ἤλυθε Πυθαγόρης Ἐρατοκλέους Σάμιος.

Ὁ δὲ φιλόσοφος καὶ ὧδε ἐπέστειλε· 10

« Πυθαγόρης Ἀναξιμένει.

Καὶ σύ, ὦ λῷστε, εἰ μηδὲν ἀμείνων ἧς Πυθαγόρεω γενεήν τε καὶ κλέος, μεταναστὰς ἂν οἴχεο ἐκ Μιλήτου. νῦν δὲ κατερύκει σε ἡ πατρόθεν εὔκλεια· καὶ ἐμέ τε ἂν κατείρυκεν Ἀναξιμένει ἐοικότα. εἰ δὲ ὑμεῖς

---

2. σωκράτη B. ἐκεῖνο F. 3. μετ' αὐτοὺς scripsi μετ' αὐτά P¹ μεταυτά B μετὰ ταῦτα F. 4. πρῶτον > B. 5. τοῦτο F. φησίν BPF φασίν Cob. (ex DGT *fr*). 6. Κύλωνα Mén. Cob. (cf. § 40) κύδωνα BPF. Ἀντίλοχον Cob. (cf. II, 46) ἀντίδοχον BP¹F ἀντίδικον T *fr*. 7. ἐπί PF ἐπεί B. τὸ ἐπίγραμμα > F. 8. οὕτω BP¹F οὗτος Cob. (ut *fr* T). εἰς F. 9. ἦλθε B. Ἐρατοκλέους scripsi (cf. Jambl., *V. P.*, 25) ὁ χρο ... B¹ ὁ χροτέω P¹ ὁ κρότεω F ὁ κράτεω ACT *fr* Cob. ὁ χροτώνιος B². 10. ὧδε > B¹. 13. ἡ > B¹. 14. τε] δέ Cob. κατείρυκεν P κατήρυκε B κατέρυκεν F.

---

1. ὅροις χρήσασθαι...] Aristote, *Met.*, A, 5, p. 987 *a*; M, 3, p. 1078 *b* 21; *Eth. Nicom.*, E, 8, p. 1132 *b* 21. Cf. *Magna mor.*, A, 1, p. 1182 *a* 11. Jamblique, *V. P.*, 161.

4. κόσμον] Cf. Platon, *Gorgias*, p. 508A. Aëtius, II, 1, 1. Jamblique, *V. P.*, 37, 59, 162. Ps-Galien, *Hist. phil.*, 10. Scholie *Iliade*, Γ, 1. Photius, *Cod.* 249, p. 440*a*.

5. Παρμενίδην] Cf. Diogène, IX, 21.
   τούτῳ φησίν...] Aristote dans Diogène, II, 46.

11. Πυθαγόρης Ἀναξιμένει] Réponse à la Lettre d'Anaximène à Pythagore, Diogène, II, 5.

οἱ ὀνήιστοι τὰς πόλιας ἐκλείψετε, ἀπὸ μὲν αὐτέων ὁ κόσμος αἱρεθήσεται, ἐπικινδυνότερα δὲ αὐτῇσι τὰ ἐκ Μήδων. **50**. οὔτε δὲ ἀεὶ καλὸν αἰθερολογίη μελεδωνόν τε εἶναι τῇ πατρίδι κάλλιον. καὶ ἐγὼ δὲ οὐ πάντα περὶ τοὺς ἐμεωυτοῦ μύθους, ἀλλὰ καὶ ἐν πολέμοις οὓς δια-
5 φέρουσιν ἐς ἀλλήλους Ἰταλιῶται. »

Ἐπειδὴ δὲ περὶ Πυθαγόρου διεληλύθαμεν, ῥητέον περὶ τῶν ἐλλογίμων Πυθαγορικῶν· μεθ᾽ οὓς περὶ τῶν σποράδην κατά τινας φερομένων· ἔπειθ᾽ οὕτως ἐξάψομεν τὴν διαδοχὴν τῶν ἀξίων λόγου ἕως Ἐπικούρου καθὰ καὶ προειρήκαμεν. περὶ μὲν οὖν Θεανοῦς καὶ Τηλαύ-
10 γους διειλέγμεθα· λεκτέον δὲ νῦν περὶ Ἐμπεδοκλέους πρῶτον· κατὰ γάρ τινας Πυθαγόρου διήκουσεν.

---

1. οἱ ὀνήιστοι Hüb. οἱ ὀνηστοί F οἷον ᾗστοι B οἷον ᾗστοί P¹. πόλεις F. ἐκλείψετε P ἐκλίψεται B ἐκλείψητε F αἱρεθήσεται F εὑρεθήσεται BP. 2. ἐπικινδυνότερα T *fr* ἐπικινδυνότερον DG ἐπὶ δὲ κινδυνότερα B¹P¹F (κινδυνώτερα). δὲ > BP. αὐτῇσι F αὐτῆς ᾗ P¹ αὐτῆς εἲ B. δέ > F¹. αἰεί F. 3. καλόν > F¹. αἰθερολογεῖν B. 4. ἐμεωυτοῦ P ἐμέω ὠυτοῦ B (ὠυ 2ᵃ m.?) ἐμὲ αὐτοῦ F. 5. ἐς > F. 6. τόν B¹. 8. λόγου F λόγους BP¹. 10. δὲ νῦν > F. πρῶτον F πρώτου BP¹. 11. διήκουσεν F διήκουσε B διήκουεν P¹.

---

4. ἀλλὰ καὶ ἐν πολέμοις...] Cf. Porphyre. *V. P.*, 21. Jamblique, *V. P.*, 33. 6-11. ἐπειδὴ — διήκουσεν] Cf. I, 15; VIII, 91; IX, 20.

COMMENTAIRE

ET

ÉTUDE DES SOURCES

Φέρε καί — διαλάβωμεν. Cette introduction reprend la classification annoncée dans le Prologue, au paragraphe 13. Je renvoie à ce propos aux notes de l'Introduction, pages 50 et suivantes.

1. Le premier chapitre traite de l'origine et de l'ascendance de Pythagore.

§ 1. — ὡς φησιν Ἕρμιππος. Cette citation d'Hermippe me paraît, à cause de sa place et parce que Σάμιος représente plutôt l'opinion vulgaire, se rapporter à la profession du père du philosophe et non à la patrie de Pythagore.

Τυρρηνὸς ἀπὸ μιᾶς τῶν νήσων κτλ.] Néanthe, dans Porphyre, *V. P.*, 2, cite plus particulièrement l'île de Lemnos. Cette opinion avait rallié de bonne heure de solides autorités, puisque à Aristoxène se joignent, d'après Clément d'Alexandrie (*Strom.*, I, 62), Aristarque (lequel?) (¹) et Théopompe. D'où vient cette tradition? Les anciens biographes ont-ils voulu, comme le pense Ed. Meyer (²), expliquer par cette origine barbare le mysticisme de Pythagore, qui paraissait étranger à la Grèce? Ou les Pythagoriciens étrusques (cf. Jamblique, *V. P.*, 127) n'ont-ils pas cherché, par l'invention de ces rapports, à glorifier leur patrie?

(¹) Preller, Rose, Stählin conjecturent, en place de ce nom, celui d'Aristote.
(²) *Gesch. des Altert.*, II, §§ 502 s.

Un passage de Plutarque (*Qu. Conv.*, VIII, 7) montre que, de son temps encore, on fouillait le folklore étrusque pour y trouver l'explication de plusieurs croyances et préceptes pythagoriciens et que l'on concluait, de ces concordances, à l'origine étrusque de Pythagore. Mais, précisément, ces parallèles sont institués par quelqu'un qui se réclame de la race étrusque. A ce point de vue encore, rien de plus instructif qu'un fragment d'Antonius Diogène conservé par Porphyre, *V. P.*, 10 : l'opinion de l'origine tyrrhénienne s'y trouve liée à une légende miraculeuse dont l'origine étrusque n'est pas douteuse ([1]).

Origine phliasienne. — L'extrait qui débute par ἔνιοι δέ se prolonge, à en juger par la continuation du style indirect, jusque Ζωίλου τοῦ θείου. Cette opinion est déjà signalée par l'historien Lycus dans Porphyre, *V. P.*, 5. Mais une concordance plus intéressante est fournie par un passage de Pausanias (II, 13, 1), qui rapporte la généalogie suivante : Hippase, Euphron, Mnésarque, Pythagore. Pausanias prétend la tenir de traditions locales de Sicyone et de Phlionte. La ville de Phlionte servait de décor, dans un conte d'Héraclide Pontique (cf. *infra*, § 8), à l'entrevue de Pythagore avec le tyran Léon. D'autre part, il existait à Phlionte, dès le début du IVe siècle, un cercle pythagoricien qu'a rendu célèbre le début du *Phédon*. Dès lors, on est fondé à chercher l'origine de ces légendes du type hagiographique dans la confrérie de l'endroit et à donner ainsi raison à Pausanias.

Pour illustrer la tradition isolée qui appelle Marmacos le père de Pythagore, notons que Plutarque (*Paul-Émile*, 2, 1 et *Numa*, 8, 11) et Festus (*s. v. Aemilia*) donnent le nom de Mamercus à l'un des fils du philosophe. Ici, nous avons affaire au travail des généalogistes romains : la *gens* Aemilia prétendait, en effet, descendre de ce personnage, qui aurait été surnommé Aemylios.

([1]) W. Schulz, *Herakles am Scheidewege*, — *Philologus*, 1909, p. 493. L'auteur de cet article s'est mépris sur le rôle attribué à Pythagore dans la légende.

§ 2. — καὶ τρία ποτήρια κτλ. Ce débris d'anecdote n'est pas à sa place dans un chapitre qui est réservé à la famille du philosophe. Ce genre de surprises forme une des caractéristiques de la « manière » de Diogène. Cette note annonce déjà les relations de Pythagore avec les prêtres égyptiens (§ 3) : celles-ci sont attestées par un grand nombre de biographes, dont le plus ancien est Antiphon (Porphyre, *V. P.*, 7).

ἔσχε δὲ καὶ ἀδελφούς... Cette notice provient, à en juger par le nom de Τυρρηνός, de la même source primordiale que les traditions de l'origine étrusque. J'en vois une preuve de plus dans le fait qu'elles se retrouvent, réunies, dans l'extrait biographique d'Antonius Diogène, cité plus haut. Un degré plus ancien dans les autorités biographiques est formé par le nom de Néanthe (Porphyre, *V. P.*, 2). Signalons que dans le fragment de Néanthe comme dans celui d'Antonius Diogène, le frère aîné s'appelle, non Εὔνομος, mais Εὔνοστος : ce sont, à l'origine, de simples variantes paléographiques.

καὶ δοῦλον Ζάμολξιν : vieille légende que racontaient déjà, à en croire Hérodote (IV, 95), les colons grecs du Pont et de l'Hellespont. Elle est destinée à expliquer certaines ressemblances des idées religieuses des Gètes avec celles des Pythagoriciens, spécialement en ce qui concerne la croyance à l'immortalité de l'âme. Elle s'est constituée des mêmes éléments que les récits des voyages de Pythagore, mais elle a suivi un processus tout différent et servi des tendances contraires : Pythagore est apparu comme le maître, non comme le disciple de Zamolxis. C'est, sans doute, parce que les colons avaient grand intérêt à rehausser le prestige de la civilisation grecque dans leurs relations avec les populations de l'hinterland.

La citation d'Hérodote paraît se rapporter à Κρόνον νομίζοντες ; c'est à tort : il n'est pas question de cette identification dans le texte de l'historien. Voilà un des nombreux exemples de citations inexactes qu'on trouve dans les compilations de la littérature alexandrine. C'est Mnaséas (d'après Suidas, *s. v.* Ζαμ., et l'Etymologicum magnum, *ibid.*), qui identifiait Zamolxis avec Cronos. Dans ces textes, la citation de Mnaséas voisine avec celle d'Hérodote. On peut croire qu'il en était de même dans l'un des manuels compulsés par Diogène : ainsi s'expliquerait la méprise du compilateur.

2. Section réservée à l'éducation et aux voyages d'études de Pythagore.

οὗτος ἤκουσε κτλ. Les autorités qui confirment les rapports avec Phérécyde sont si nombreuses et si anciennes et les légendes qu'elles racontent sont empreintes d'une tendance édificatrice si évidente qu'on peut les faire dériver des cercles des anciens Pythagoriciens eux-mêmes. La tradition repose-t-elle sur un fondement historique ou est-elle seulement destinée à expliquer des ressemblances de doctrines?

Ces rapports apparaissent, dans la tradition, sous un double aspect : dans sa jeunesse, Pythagore reçoit les enseignements de Phérécyde; plus tard, il donne ses soins à son maître, accablé par la vieillesse et la maladie, et l'ensevelit pieusement. La fixation chronologique du second événement était, chez les Anciens, fort débattue. Les uns estimaient que Pythagore, à l'époque de la mort de Phérécyde, n'avait pas quitté l'Ionie; selon les autres, il s'était déjà établi en Italie et il avait dû faire le voyage de Crotone à Délos pour aller soigner son maître. L'auteur suivi ici par Diogène adopte la première opinion, comme Dicéarque et Néanthe (Porphyre, *V. P.*, 56 et 1), Porphyre, *V. P.*, 15, et probablement Apulée, *Flor.*, II, 15. Un anonyme antérieur à Dicéarque (Porphyre, *V. P.*, 55), Héraclide Lembos (Diogène, VIII, 40) et Nicomaque (Jamblique, *V. P.*, 184, 252; cf. Porphyre, *V. P.*, 55) reportent ce voyage à une date ultérieure et le font coïncider avec le début des troubles antipythagoriciens de Crotone. Sans mentionner ce synchronisme, Diodore, X, 3, 4, comme Aristoxène probablement (Diogène, I, 118), place le voyage à la même époque.

Ces divergences d'opinion s'expliquent par les variations des historiens anciens sur la chronologie de la vie de Pythagore.

Par exemple, si l'on adopte la fixation ordinaire de l'ἀκμή de Phérécyde à 544 (Diogène, I, 121), et qu'on place, comme Aristoxène (Porphyre, V. P., 9), le départ de Pythagore pour l'Italie vers 532, il est bien évident que Pythagore dut quitter l'Italie pour aller ensevelir son maître à Délos. Ceux qui sont d'un autre avis reculent d'autant le départ de Pythagore pour Crotone : c'est le cas pour Dicéarque et Néanthe et probablement aussi pour Timée, qui plaçait ce départ vers 512 (¹).

La source de Diogène en ce passage paraît être Néanthe; qu'on se reporte, pour en juger, au § 1 (cf. § 15) de la *Vie* de Porphyre.

ἤκουσεν Ἑρμοδάμαντος. Ce personnage peu connu est présenté comme l'un des maîtres de Pythagore par Néanthe, *ibid.*, et par Apollonius (Porphyre, V. P., 2 et Jamblique, V. P., 11), qui paraît utiliser Timée. Dans Apulée (*Flor.*, II, 15), ce descendant de Créophyle porte le nom de Léodamas : simple variante orthographique. Cette notice témoigne des efforts tentés par les familles des aèdes ioniens pour rattacher à leurs Écoles un génie tel que Pythagore.

§ 3. — ἐγένετο οὖν ἐν Αἰγύπτῳ ... Dans ce chapitre, Diogène cite Antiphon, mais seulement pour corroborer un détail : Pythagore aurait appris la langue égyptienne. Dans la *Vie* de Porphyre, l'extrait de ce biographe est plus étendu (§§ 7 et 8) et la comparaison permet de lui rapporter aussi le passage de Diogène qui mentionne une lettre de recommandation adressée par Polycrate à Amasis.

La question chronologique est, ici encore, très confuse. Antiphon place la période des voyages au temps de Polycrate (532 et après), à une époque où d'autres biographes, Aristoxène en tête, font entreprendre à Pythagore le voyage d'Italie. Nous reconnaissons ici les mêmes divergences chronologiques que nous avons constatées à propos de Phérécyde. Antiphon suit la tradition de Dicéarque.

(¹) Cf. le *Musée belge*, 1920, pp. 5 et suiv.

Une autre différence consiste en ce que les relations de Pythagore avec Polycrate apparaissent ici comme cordiales. Selon Aristoxène et d'autres auteurs, au contraire, Pythagore gagne l'Italie pour fuir la tyrannie de Polycrate.

Les auteurs qui placent les voyages d'études au début du règne de Polycrate sont : Jamblique, *V. P.*, 11 (Apollonius); les Theologoumena Arithm., p. 40; Strabon, XIV, 632, et Apulée, *Flor.*, II, 15. Strabon combine d'ailleurs les deux traditions : quand Pythagore rentre à Samos, Polycrate gouverne toujours la ville et le philosophe se décide à s'expatrier. Même contamination de deux sources contradictoires dans Diogène (εἶτα ἐπανῆλθεν εἰς Σάμον κτλ). Ces divergences n'ont pas provoqué l'étonnement du compilateur, qui adopte successivement les deux points de vue.

On ne peut dire avec certitude si Diogène (ou l'un de ses auteurs) a pris aussi dans Antiphon l'idée des voyages en Chaldée et en Perse. Mais Antonius Diogène (Porphyre, *V. P.*, 11 ss.), qui paraît utiliser Antiphon, décrit aussi l'initiation de Pythagore à la science et aux rites religieux des Chaldéens et des Mages.

Les notices sur les voyages de Pythagore à l'étranger remontent aux sources les plus anciennes de la biographie, Aristoxène et Timée. On peut même déjà découvrir cette tendance chez Isocrate (*Busiris*, 28). Cette partie de la légende de Pythagore paraît avoir une origine indépendante de la tradition de l'École : Pythagore, démon ou dieu, n'avait, en effet, rien à apprendre auprès des prêtres ou des savants étrangers. C'est donc dans la tradition érudite que se sont formés les rudiments de ces récits. Les tendances xénophiles des historiens du IVe siècle, toujours enclins à expliquer la civilisation grecque par des emprunts à l'Orient ou à l'Égypte, ont pénétré aussi dans la biographie. Mais, une fois ce courant établi, l'esprit de l'École réagit sur les récits en vogue et s'ingénia à leur donner un caractère merveilleux ou édifiant et à les adapter à la propagande pythagoricienne.

On peut noter, dans ces récits, une tendance à élargir de plus en plus le cercle des voyages du philosophe. Plus la tradition est récente, plus nombreux et éloignés sont les peuples dont la religion, la science ou les mœurs servent d'objet d'études à Pythagore. C'est que le cercle des connaissances géographiques et ethnographiques des historiens s'est agrandi. C'est aussi que tous rivalisent à trouver des sources nouvelles des doctrines pythagoriciennes. A l'origine, on se contente de l'Égypte, de la Chaldée, de la Perse. Plus tard, on y joint l'Arabie, l'Inde, la Judée, la Gaule. On voit que Diogène s'en est sagement tenu aux traditions les plus anciennes.

Notre auteur rapporte ensuite que Pythagore visita, en compagnie d'Épiménide, l'antre du mont Ida, en Crète. Porphyre, *V. P.*, 17 (cf. un fragment biographique d'un papyrus d'Herculanum) [1], raconte aussi l'initiation de Pythagore aux mystères de l'Ida. D'autre part, Apulée, *Flor.*, II, 15, met en rapport Pythagore avec le prophète crétois Épiménide. Ces biographes s'intéressent avant tout à la formation du caractère religieux et du mysticisme de Pythagore. A un stade plus ancien de la tradition, au contraire, c'est par des motifs profanes qu'on explique le voyage en Crète. Selon Timée, que suivent Apollonius (Jamblique, *V. P.*, 25), Justin, XX, 4, et Valère-Maxime, VIII, 7, ext. 2, le voyage de Pythagore en Crète et à Lacédémone avait pour but l'étude des lois et des institutions. Il faut encore rattacher au même groupe de traditions la légende selon laquelle Pythagore prit femme en Crète (Porphyre, *V. P.*, 4 ; Suidas, *s. v.* Θεανώ[2]).

Pythagore revient ensuite à Samos et, ne pouvant supporter la tyrannie de Polycrate, il s'embarque pour Crotone. En Italie, il établit des lois et fonde une Société de trois cents membres qui gouverne aristocratiquement la ville.

La première partie de cette notice provient d'Aristoxène (Porphyre, *V. P.*, 9). La seconde est un résumé assez inexact de

---

[1] Crönert, *Studien zur Paläographie...*, VI, p. 147.

Timée (Justin, XX, 4, et Apollonius dans Jamblique, *V. P.*, 254). Cet historien avait évalué à trois cents le nombre des membres de la Société et avait attribué à leur politique des tendances conservatrices. Mais, comme, dans son récit des persécutions dirigées contre les Pythagoriciens (Jamblique, *V. P.*, 254 ss.), ceux-ci s'élèvent contre les exigences du mouvement démocratique, la Société peut passer, aux yeux d'un lecteur superficiel, pour un club aristocratique. L'erreur s'est aggravée du fait que Diogène attribue à Pythagore l'établissement de lois nouvelles. Pythagore est devenu ainsi un réformateur politique.

Il n'est pas sans intérêt de suivre le processus de cette altération de la tradition, puisque, par bonheur, l'examen des passages parallèles permet d'en découvrir l'origine. Nicomaque (Porphyre, *V. P.*, 21, et Jamblique, *V. P.*, 33), citant les villes où s'est exercée l'influence de Pythagore, ajoute αἷς καὶ νόμους ἔθετο διὰ Χαρώνδα τε τοῦ Καταναίου καὶ Ζαλεύκου τοῦ Λοκροῦ. Ce texte permet de reconstituer trois étapes dans l'altération de la tradition. On commence par rattacher les législateurs (mythiques?) de la Grande-Grèce à l'École pythagoricienne; on fait ensuite honneur de leur œuvre à l'influence de Pythagore; enfin, un abréviateur peu consciencieux dépeint Pythagore comme un réformateur politique.

3. §§ 4 et 5. — Diogène rapporte quelles furent, selon Héraclide Pontique, les existences antérieures de Pythagore : Aethalide, fils d'Hermès; Euphorbe, héros de la guerre de Troie; Hermotime et enfin Pyrrhos, pêcheur délien. Héraclide présente cette série de préincorporations comme un récit de Pythagore (περὶ αὑτοῦ τάδε λέγειν) et il insère dans ce récit deux anecdotes. L'une rapporte qu'Euphorbe décrivait le circuit (περιπόλησις) de son âme dans des métempsycoses animales et végétales, ainsi que les châtiments qu'elle avait subis ou qu'elle avait vu infliger à d'autres âmes dans les Enfers. L'autre est un trait de la vie d'Hermotime : voulant prouver qu'il avait existé sous le nom d'Euphorbe, il se rendit à Branchides et y désigna le bouclier d'Euphorbe, ex-voto dédié par Ménélas en souvenir de sa victoire sur Euphorbe.

E. Rohde, qui a, le premier, étudié cette curieuse légende (*Rhein. Mus.*, XXVI, p. 557), supposait d'abord qu'Héraclide s'inspirait ici d'un livre pythagoricien apocryphe, une sorte de Κατάβασις εἰς Ἅιδου où Pythagore se serait mis en scène. Dans une Scholie de Sophocle (*Électre*, v. 62), en effet, Pythagore paraît présenter la connaissance de ses existences antérieures comme une révélation qu'il a reçue aux Enfers. Diogène nous aurait même conservé un fragment de cet ouvrage, au § 14 de cette biographie.

Plus tard (*Psyche*, II², p. 417), convaincu par des objections de Diels (*Archiv für Gesch. der Phil.*, III, p. 469), il convint que l'existence d'un tel écrit à l'époque d'Héraclide n'était pas prouvée. Il admit que la γραφή citée au § 14 est l'ouvrage pythagoricien tripartite cité aux §§ 6 et ss., dont l'auteur a pu utiliser le récit d'Héraclide. Le rapport établi par le Scholiaste de Sophocle entre les métempsycoses et la descente aux Enfers dérive d'une combinaison tardive. La seconde notice ne provient pas, d'ailleurs, d'Héraclide, puisque la κατάβασις est expliquée par une supercherie, mais de la parodie d'Hermippe (Diogène, VIII, 41). La légende des préincorporations serait tout entière de l'invention d'Héraclide, sauf la partie relative à Euphorbe, où Rohde reconnaît un fonds beaucoup plus ancien. Divers auteurs (Scholiaste d'Apollonius de Rhodes, I, 645; Cléarque et Dicéarque dans Aulu-Gelle, IV, 11) répètent cette tradition avec de légères modifications. D'après Rohde, l'ouvrage d'Héraclide qui est utilisé ici par Diogène ne peut pas être le περὶ τῶν ἐν ᾍδου comme le supposait Diels. Cette conjecture se heurterait aux mêmes objections que soulève l'hypothèse d'un ouvrage intitulé Κατάβασις : le rapport établi entre la descente aux Enfers et les métempsycoses est tardif.

Tout récemment, P. Corssen (*Rhein. Mus.*, 1912, p. 28) et A. Rehm (*ibid.*, p. 423) ont cru reconnaître dans ce fragment d'Héraclide un extrait du dialogue *Abaris*, qui mettait en scène Pythagore et paraît avoir contenu une description des Enfers.

Ce me semble être une entreprise chimérique de rechercher a quelle œuvre d'Héraclide ce fragment appartient. Il est possible que ce soit au περὶ τῶν ἐν ᾅδου, comme le pensait Diels ; je ne puis me rallier, sur ce point, à la critique de Rohde. En effet, une profonde différence sépare la version du Scholiaste de celle d'Héraclide. Le premier place la description des Enfers dans la bouche de Pythagore. Dans le récit d'Héraclide, au contraire, Pythagore ne joue qu'un rôle très effacé : c'est Euphorbe qui retrace les épisodes de la vie infernale. Pour la même raison, il est difficile d'admettre que nous ayons affaire à un extrait de l'*Abaris*, où Pythagore, et non Euphorbe, était au premier plan.

Rohde estime que cette légende est sortie tout entière, hormis l'épisode d'Euphorbe, de l'imagination d'Héraclide. Cette opinion ne me paraît pas suffisamment tenir compte de l'antiquité des passages parallèles et des conditions d'éclosion de la littérature religieuse. Pour jeter quelque lumière sur ce sujet, il est nécessaire de considérer les rapports de la version d'Héraclide avec celles des autres auteurs.

On peut classer en trois catégories les textes qui nous entretiennent de ce sujet. Les uns ne mentionnent que le souvenir de l'incarnation de l'âme de Pythagore dans la personne d'Euphorbe. D'autres rapportent la même série de métempsycoses que le texte d'Héraclide. Dans cette catégorie, il faut distinguer ceux qui se contentent de reproduire la même série de noms, de ceux qui établissent un rapport entre cette révélation et une descente aux Enfers de Pythagore : Tertullien (*De anima*, 28), le Scholiaste de Sophocle (*Électre*, v. 62) et Suidas (*s. v.* ᾅδη). Cette tradition, dégagée des éléments parodiques qu'une critique assez tardive y a introduits, me paraît représenter une variante ancienne et intéressante. Elle est apparentée aux notices du IVe siècle qui rapportent une descente de Pythagore aux Enfers : Hiéronyme de Rhodes (Diogène, VIII, 21), Aristophon (Diogène, VIII, 38), etc.

Enfin, d'autres auteurs connaissent des séries différentes de métempsycoses dont Euphorbe forme toujours le noyau. Je relève dans cette catégorie les noms de Dicéarque et de Cléarque, biographes à peu près contemporains d'Héraclide. La notice des Theologoumena Arithmetica, page 40, qui cite comme autorités Aristoxène, Androcyde, Eubulide, Néanthe et Hippobotos, a négligé de rappeler les noms des personnages qui forment la chaîne mystique; elle se borne à indiquer le nombre d'années (216) de l'intervalle qui sépare deux incarnations.

La plus ancienne allusion au miracle mnémonique de Pythagore paraît figurer dans les vers d'Empédocle (fr. 129 Diels = Porphyre, *V. P.*, 30; Jamblique, *V. P.*, 67) [1] :

ὁππότε γὰρ πάσῃσιν ὀρέξαιτο πραπίδεσσιν,
ῥεῖ᾿ ὅ γε τῶν ὄντων πάντων λεύσσεσκεν ἕκαστον
καί τε δέκ᾽ ἀνθρώπων καί τ᾽ εἴκοσιν αἰώνεσσιν.

Si l'on considère l'antiquité de ces notices, leur nombre et leur variété, il me semble impossible d'admettre que le seul récit d'Héraclide puisse avoir fourni la matière de cette riche éclosion de légendes religieuses. Il faut en chercher l'origine dans la littérature miraculeuse sortie, dans le courant des VIe, Ve et IVe siècles, des Confréries pythagoriciennes. On peut affirmer que la version d'Héraclide n'est pas empruntée à une Κατάβασις attribuée à Pythagore, non pour les raisons invoquées par Rohde, mais parce que la description des Enfers y était faite par Euphorbe. C'est là une des caractéristiques de la tradition héraclidienne : Euphorbe est la figure centrale de la légende, bien qu'on ne puisse méconnaître que Pythagore forme comme le couronnement et la raison d'être de la construction mystique.

Cette remarque permet de jeter quelque lumière sur le

---

[1] Rohde, *Psyche*, II², p. 447; Diels, *Vors.*, I³, p. 272. Empédocle, il est vrai, ne citait pas le nom du personnage qu'il décrit dans ces vers. Timée y reconnaissait Pythagore (Diogène, VIII, 54); d'autres, Parménide. En tout cas, l'opinion de quelques auteurs modernes (par exemple, Zeller, *Sitzungsber. der Berl. Akad.*, 1889, pp. 985 et suiv.), selon qui ce portrait est celui d'un personnage mythique de l'âge d'or, ne me paraît pas soutenable. Les anciens, qui lisaient le texte intégral du poème, y ont vu un personnage historique.

caractère de l'œuvre religieuse utilisée par Héraclide. Elle est née d'un essai de syncrétisme de la sotériologie pythagoricienne avec le culte phrygien du héros *Bon-Pasteur*. Il a dû exister au VIe siècle, dans la littérature de la renaissance religieuse qu'on appelle ordinairement orphique, faute d'une désignation plus exacte, quelque apocalypse d'Euphorbe. On peut rattacher aux idées de ce courant religieux qui glorifie le héros asiatique, une tradition rapportée par Callimaque ([1]) (Hunt, *Oxyrh. Pap.*, VII, p. 33) :

... γράφοντα (scil. τὸν Θαλῆν) τὸ σχῆμα
τοὐξεῦρ' ὁ Φρὺξ Εὔφορβ[ος], ὅστις ἀνθρώπων
τρ[ίγ]ωνα καὶ σκ[αληνὰ] πρῶτος ἔγρ[α]ψε
καὶ κύκλον ἐπ[ταμήκε'] ἠδὲ νηστεύειν
τῶν ἐμπνεό[ντ]ων ε[ἶ]πεν·

Euphorbe est représenté ici comme le révélateur de la géométrie astrologique et l'initiateur à la pratique de l'abstinence. On comprend ainsi pourquoi il a pu être honoré comme un pré-pythagoricien et pourquoi il forme la principale figure de la chaîne de métempsycoses de Pythagore ([2]).

On peut signaler un autre trait caractéristique de la légende d'Héraclide dans l'histoire de la reconnaissance du bouclier. Le rôle joué par Hermotime en cette occasion est attribué dans toutes les autres traditions à Pythagore et la scène de l'anecdote est placée ailleurs : à Argos, à Mycènes, à Delphes, etc.

La comparaison avec quelques passages parallèles (Maxime de Tyr, Diodore, Tertullien, Scholiaste de l'*Iliade*) permet, malgré les divergences, d'éclaircir le texte de Diogène, qui pèche par obscurité (ἐπέδειξεν ἣν Μενέλαος ἀνέθηκεν ἀσπίδα, etc.). Il faut

---

([1]) L'auteur suivi par Diodore, X, 6, 4, s'est imaginé que le nom d'Euphorbe représentait ici Pythagore, ce qui est inadmissible, pour des raisons d'ordre chronologique. On ne pouvait songer à faire décrire par Thalès des figures géométriques inventées par Pythagore. L'auteur de Diogène Laërce, I, 25, a bien compris qu'il s'agissait du héros phrygien.

([2]) Comparez à ceci le rôle que joue ce personnage (Βουκολίδης Εὔφορβος) dans la révélation des vertus magiques des pierres (Orphée, *Lith.*, v. 431 et suiv.).

entendre que Hermotime, comme signe du miracle, désigne l'un des boucliers déposés en ex-voto comme étant celui d'Euphorbe. On le retourne et l'on découvre l'inscription Εὐφόρβου, qui convainc les assistants.

4. §§ 6-10. — Chapitre relatif aux écrits de Pythagore.

Diogène commence par une polémique contre ceux qui nient que Pythagore ait laissé des écrits. Le texte présente ici quelques difficultés d'interprétation. Il est donc nécessaire de le traduire :

« Certains prétendent que Pythagore n'a pas laissé d'écrit; mais ils se trompent. Héraclite, en tout cas, le crie presque et déclare : « Pythagore, le fils de Mnésarque, a pratiqué la
» recherche plus que tous les hommes — et, ayant fait un choix,
» il a composé ces livres (qui forment) sa propre science, sa
» lourde érudition, ses artifices [ou : et, ayant pillé ces écrits,
» il a fabriqué sa propre sagesse… etc.] ». Il a parlé ainsi, vu que, au début de son traité *De la Nature*, Pythagore s'exprime comme suit : « Non, par l'air que je respire; non, par l'eau que
» je bois, je n'infligerai pas un blâme au sujet de ce discours ».

Sur le point de savoir quel sens Diogène (ou sa source) a donné à la seconde partie du fragment d'Héraclite, il n'y a pas de doute possible. De toute évidence, il l'a interprétée dans le premier sens, puisqu'il y relève une preuve de l'existence d'écrits de Pythagore. En outre, Diogène établit un rapport de cause à effet (ἐπειδήπερ) entre le début du φυσικόν de Pythagore et la critique d'Héraclite. Diels remarque, à juste titre ([1]), qu'il paraît considérer le blâme d'Héraclite comme une réplique à une sorte de défi de Pythagore et il propose de corriger le οὐ κατοίσω ψόγον des manuscrits : « je n'infligerai pas de blâme », d'ailleurs mal construit avec περί, en οὔ κοτ' οἴσω ψόγον : « je ne supporterai jamais de blâme ».

([1]) *Ein gefälschtes Pythagorasbuch*, dans l'*Archiv für Gesch. der Philos.*, III, p. 453.

Diogène indique ensuite la nature des trois ouvrages écrits par Pythagore : c'est un παιδευτικόν, un πολιτικόν et un φυσικόν. Il en cite des extraits aux §§ 9 et 10.

H. Diels a démontré ([1]) que ce traité tripartite est un faux écrit vers le IIIe ou le IIe siècle avant Jésus-Christ en dialecte ionien et rédigé en partie d'après le *Recueil de Sentences pythagoriciennes* d'Aristoxène. Non seulement il en retrouve des débris dans la biographie de Diogène, mais il en signale encore l'influence dans le Ps.-Ocellus, Varron, Ovide, Diodore et Lucien. Diels pense que le faussaire a calqué la division tripartite de son livre sur celle de l'ouvrage pythagoricien que, d'après certaines traditions, Philolaos aurait vendu à Platon (Satyrus dans Diogène, VIII, 9; Jamblique, *V. P.*, 199, et Diogène, VIII, 15 = Aristoxène). Il aurait opposé son œuvre, comme une édition authentique des écrits, restés secrets, de Pythagore, à la publication de Philolaos, condamnée par les Pythagoriciens restés réfractaires à toute divulgation des doctrines par l'écrit.

On peut chercher ailleurs encore l'explication de la division tripartite et rendre compte en même temps des titres choisis par le faussaire. Il est à noter, tout d'abord, que la distinction de trois sciences correspond aux trois ordres d'activité de l'ancienne Société pythagoricienne : les études scientifiques, l'éducation de la jeunesse, la politique. C'est aussi la raison pour laquelle certains auteurs prétendent que la Société était divisée en classes, parmi lesquelles on note des οἰκονομικοί, des πολιτικοί, des φυσικοί ou θεωρητικοί ([2]). On peut encore rapprocher cette distinction de celle qu'établit, dans la philosophie de Zoroastre, une notice des Scholies de Platon (*In I^{um} Alcib.*, p. 480). On sait qu'un grand nombre d'auteurs, dont le plus ancien est Aristoxène (Hippolyte, *Adv. haer.*, I, 2, 13), considèrent Zoroastre comme le principal maître de philosophie de Pythagore.

([1]) *Loc. cit.*, pp. 451 ss.

([2]) JAMBLIQUE, *V. P.*, 72, 74, 107, 108, 150; SCHOLIES à Théocrite, XIV, 5; PHOTIUS, *Cod.* 249; SUIDAS, *s. v.* Πυθαγόρας; AULU-GELLE, I, 9; VARRON dans St AUGUSTIN, *De ord.*, II, 20. Cf. mon *Essai sur la politique pythagoricienne* (Paris, Champion, 1922), pp. 23 et suiv.

L'extrait de la scholie : τρία μέρη φιλοσοφίας εἶναι κατ' αὐτόν, φυσικόν, οἰκονομικόν, πολιτικόν, reproduit à peu près les titres des ouvrages pythagoriciens, car on peut donner à οἰκονομικόν son sens le plus général. Le περὶ φύσεως de Zoroastre est cité par Antonius Diogène dans Porphyre, *V. P.*, 12; Proclus, *In Remp.*, II, p. 109, et Suidas, *s. v.* Ζωροάστρης, et il est aisé de reconnaître dans les doctrines qui lui sont attribuées (Hippolyte, *Adv. haer.*, I, 2, 13 et VI, 23; Plutarque, *De an. procr.*, II, 2, etc.) des théories pythagoriciennes qu'on n'a même pas pris la peine de déguiser.

Je crois retrouver la mention de ces ouvrages pythagoriciens dans l'une des versions de la Lettre de Lysis à Hipparque (ou Hippase) sur le précepte pythagoricien du secret (Hercher, *Epist. gr.*, p. 601 ss.; cf. Jamblique, *V. P.*, 146; Diogène, VIII, 42). Pythagore aurait laissé à sa fille Damo des ὑπομνήματα, qui auraient passé à sa fille Bitalé, puis à Télaugès. Celui-ci les aurait utilisés pour écrire l' Ἱερὸς Λόγος (en prose et en dialecte dorien). Il est fort possible que cette revision de la Lettre ait d'abord servi d'introduction à la publication du faux tripartite. Elle aura servi plus tard de marraine à l'édition de l' Ἱερὸς Λόγος miraculeusement retrouvé. Ainsi se succèdent plusieurs générations d'apocryphes qui se volent leurs actes d'état civil, d'ailleurs truqués, et se chassent les uns les autres ([1]).

La constitution du texte, le sens et l'authenticité du fragment d'Héraclite forment des questions fort controversées. Évidemment, il ne peut venir à l'esprit de personne de l'interpréter à la façon de Diogène, qui fait dépendre ταύτας τὰς συγγραφάς de ἐποιήσατο et qui regarde ces συγγραφαί comme des écrits de Pythagore.

Th. Gomperz (*Sitzungsber. der Wien. Ak.*, 1887, p. 1003) considère les mots ἐκλεξάμενος ταύτας τὰς συγγραφάς comme une interpolation introduite par l'auteur de l'ouvrage pythagoricien apocryphe pour servir de preuve d'authenticité à son œuvre. Il

---

[1] Cf. mes *Études sur la Littérature pythagoricienne*, pp. 105 et 205.

entend πολυμαθείην comme un complément direct et σοφίην comme une apposition. Ed. Zeller (*Sitz. der Berl. Ak.*, 1889, p. 986) incline à croire que ταύτας τὰς συγγραφάς aurait remplacé un ταῦτα primitif. A son avis, σοφίην joue le rôle de complément direct, πολυμαθείην celui d'apposition. Diels (*Archiv f. Gesch. der Phil.*, III, p. 451, n. 1, et *Vorsokr.*, I³, p. 103), qui interprète le texte comme Zeller, tient le fragment pour apocryphe ou tout au moins pour falsifié. La principale objection qu'il élève contre l'authenticité est que ce texte sert de point d'appui à un *faux* pythagoricien. Selon lui, il fut créé sur le modèle des fragments 40 et 81. Cependant Burnet (*Early Greek Philos.*, p. 147, 3, — trad. franç., p. 150) et Eisler (*Weltenmantel und Himmelszelt*, p. 720, 2) admettent l'authenticité du texte. Tout récemment, enfin, Gercke (*Einleitung in die Altert.*, II², 1902, p. 366), précisant certaines remarques de Burnet, a répondu d'une façon qui me paraît convaincante aux objections de Diels. Concernant les origines suspectes du fragment, il remarque que le faussaire devait juger bien plus avantageux de tirer parti d'un texte authentique d'Héraclite; qui paraissait faire allusion aux συγγράμματα pythagoriciens, que d'en forger de toutes pièces un nouveau ou d'entreprendre une falsification, qu'un érudit alexandrin pouvait aisément dénoncer. Après une pénétrante analyse du sens des mots et des rapports grammaticaux, il traduit : *Pythagoras verarbeitete die Forschung, das vorhandene Wissen (anderer), und machte, nachdem er seine Auswahl daraus getroffen hatte, diese Urkunden zu einer eigenen Afterweisheit.* Ταύτας τὰς συγγραφάς est pris ici pour un complément direct, mais le terme ne désigne nullement des écrits de Pythagore, mais bien les sources écrites de son érudition.

Deux vers d'un auteur du V° siècle, Ion de Chios (Diels, *Vors.*, I³, p. 287, fr. 4 douteux), rappellent assez une partie du fragment d'Héraclite :

εἴπερ Πυθαγόρης ἐτύμως ὁ σοφὸς περὶ πάντων
ἀνθρώπων γνώμας ᾔδεε κἀξέμαθεν.

Le rapport est évident. Ion aurait-il, par hasard, fait allusion aux mots méchants d'Héraclite? En tout cas, les deux textes s'éclairent l'un l'autre, bien que l'un soit inspiré par la bienveillance, l'autre pénétré d'une acerbe critique.

Revenons au texte de Diogène.

Au § 7, après avoir cité les trois ouvrages de Pythagore, l'auteur ajoute : τὸ δὲ φερόμενον ὡς Πυθαγόρου Λύσιδός ἐστι. Cette note paraît former le complément de l'opinion anonyme qui ne reconnaissait pas d'écrits authentiques de Pythagore : ἔνιοι μὲν Πυθαγόραν μηδὲ ἓν καταλιπεῖν σύγγραμμά φασι. Il semble qu'on puisse regarder ces deux phrases comme des vestiges du fonds primitif de la biographie, recouvert, lors d'un remaniement postérieur, par l'alluvion de l'ouvrage tripartite. En effet, dans le Prologue (16), Pythagore est classé parmi les philosophes qui n'ont pas laissé d'écrits. Entre tous les auteurs qui niaient l'existence d'ouvrages authentiques de Pythagore, retenons le nom de Démétrius, l'une des sources favorites de nos biographies. Il citait, en effet, Philolaos comme le premier Pythagoricien qui eût écrit περὶ φύσεως (Diogène, VIII, 85).

Il n'est guère possible de préciser la nature ou le titre de l'ouvrage que la note de Diogène attribue à Lysis. Ménage songeait aux *Vers Dorés*. Mais Nauck a prouvé que la publication des Χρυσᾶ Ἔπη est d'époque fort tardive ([1]). Selon Diels (*l. c.*, p. 452, n. 4), l'auteur de Diogène envisageait peut-être le poème de l' Ἱερὸς Λόγος. On peut s'étonner de voir attribuer un ouvrage pythagoricien à Lysis, car celui-ci passait pour l'auteur d'une Lettre, célèbre dans la Tradition alexandrine, qui condamne l'enseignement public et réprouve, par conséquent, toute publication.

Diogène reproduit ensuite un extrait d'Héraclide Lembos qui attribue six ouvrages à Pythagore. La formule qui introduit cette citation paraît, de prime abord, indiquer qu'Héraclide ne

---

([1]) Dans l'Appendice à son édition de la *V. P.* de JAMBLIQUE. Cf. mes *Études sur la Littérature pythagoricienne*, pp. 45 et suiv.

fait qu'ajouter ces ouvrages aux trois livres cités plus haut : φησὶ ... γεγραφέναι αὐτὸν καὶ περὶ τοῦ ὅλου κτλ. Cette impression se renforce du fait qu'ailleurs (Diogène VIII, 44 : κατὰ τὴν ἰδίαν ὑπογραφὴν τῶν ἡλικιῶν), Héraclide semble faire allusion à une doctrine rapportée dans l'apocryphe (§ 10). Mais cette théorie était aussi exposée dans l' Ἱερὸς Λόγος cité par cet auteur ([1]). En outre, si le compilateur avait trouvé dans la biographie d'Héraclide la mention des trois livres cités plus haut, il n'aurait pas employé, pour les introduire, une formule par laquelle il ne reconnaît que ces trois ouvrages comme authentiques.

Le premier des ouvrages portés sur la liste d'Héraclide est un poème intitulé περὶ τοῦ ὅλου. Τὸ ὅλον désigne l'Univers dans les textes pythagoriciens ou orphiques (Diels, Vors., I³, pp. 284, 22 ; 331, 2 ; II, p. 170, 30).

Un autre poème, dont le premier vers est cité, est un Ἱερὸς Λόγος, dont le texte fut établi, au IV siècle sans doute, d'après les fragments retrouvés çà et là dans la littérature pythagoricienne ([2]). Il ne doit pas être confondu avec un autre Ἱερὸς Λόγος qui était écrit en prose dorienne ([3]).

Du περὶ ψυχῆς et du περὶ εὐσεβείας, nous ne savons rien.

Le cinquième nom de la liste est *Hélothalès*. Cet ouvrage mettait probablement en scène, dans un dialogue, le père du poète-philosophe Épicharme. On sait que les Pythagoriciens avaient revendiqué Épicharme pour l'un des leurs (Jamblique., *V. P.*, 166, 266 etc.) : Diogène le range parmi les Pythagoriciens et lui consacre même une biographie. Plusieurs ouvrages, entre autres un livre publié sous le nom de son fils Métrodore (Jamblique, *V. P.*, 241), avaient mis en relief et commenté les doctrines pythagoriciennes cachées dans ses comédies. Il est vraisemblable, en effet, qu'Épicharme a été influencé par la renaissance reli-

---

([1]) Cf. mes *Études sur la Littérature pythagoricienne,* pp. 19 et 33.
([2]) *Ibid.,* pp. 1-75.
([3]) *Ibid.,* pp. 191-208.

gieuse du VIe siècle. *Hélothalès* est une production des cercles pythagoriciens qu'il faut expliquer par les même tendances [1].

Le dernier ouvrage cité par Héraclide porte le titre *Croton*. On peut songer à y reconnaître le nom du héros éponyme fondateur de Crotone, dont le souvenir est évoqué dans l'un des Discours prononcés par Pythagore à son arrivée à Crotone (Jamblique, *V. P.*, 50). Mais, il est plus vraisemblable que ce livre était consacré à un Pythagoricien qui fut l'époux de Théano, selon certaines versions (Suidas, *s. v.* Θεανώ [1]).

Τὸν δὲ μυστικὸν λόγον Ἱππάσου φησὶν εἶναι, γεγραμμένον ἐπὶ διαβολῇ Πυθαγόρου. Cet ouvrage, reconnu comme apocryphe par la critique alexandrine, est une variante de l'Ἱερὸς Λόγος qui, selon Timée (Jamblique, *V. P.*, 259), fut composé par les adversaires politiques des Pythagoriciens comme une parodie du poème authentique qui portait ce titre. Cet historien attribue à Ninon la version sur laquelle il a mis la main. Mais il cite (§ 257), parmi les adversaires de la Société pythagoricienne, un certain Hippase, qu'on peut identifier avec celui auquel Héraclide attribue la paternité de ce pamphlet antipythagoricien.

§ 8. — Ἴων δὲ ὁ Χῖος ἐν τοῖς Τριαγμοῖς φησιν αὐτὸν ἔνια ποιήσαντα ἀνενεγκεῖν εἰς Ὀρφέα. Cette note reparaît dans Clément d'Alexandrie, *Strom.*, I, 131. Elle doit être rapprochée d'un extrait d'Épigène cité par Clément au même endroit, d'après lequel la Κατάβασις εἰς ᾅδου et l'Ἱερὸς Λόγος orphiques sont l'œuvre du pythagoricien Cercops, les Φυσικά et le Πέπλος, de Brontinos.

Diogène rapporte ensuite l'entrevue que Pythagore aurait eue avec le tyran Léon de Phlionte et au cours de laquelle il se serait proclamé *philosophe*. La source citée est Sosicrate; mais celui-ci tient l'anecdote d'Héraclide Pontique (Cicéron, *Tusc.*, V, 3, et Diogène, I, 12). D'après Valère-Maxime (VIII, 7, 2), c'est à Olympie que Pythagore aurait fait cette déclaration.

Les passages parallèles, fort nombreux, permettent de com-

---

[1] Sur cette littérature, cf. DIELS, *Vors.*, I², p. 116.

pléter et d'éclaircir le texte de Diogène. Si Pythagore s'appelle modestement *philosophe* (« qui cherche la Sagesse », ou mieux, peut-être, « l'ami du Sage »), c'est parce que, à son avis, Dieu seul est sage. La déclaration de Pythagore apparaît comme une réaction et une protestation contre l'idéal du VIe siècle, qui visait à atteindre la sagesse elle-même ([1]).

Le mot φιλόσοφος apparaît pour la première fois, à ce qu'il semble, dans un fragment d'Héraclide (35, Diels) : « il faut que les hommes *philosophes* soient instruits (ἵστορας) d'un très grand nombre de choses ». On peut rapprocher l'expression εὖ μάλα πολλῶν ἵστορας de l'ἱστορίη et de la πολυμαθείη dont Héraclide fait, par ailleurs (fr. 40 et 129), une spécialité de Pythagore. Le terme φιλόσοφος apparaît encore, un peu plus tard, dans le titre d'un ouvrage de Zénon d'Élée, πρὸς τοὺς φιλοσόφους (Suidas, *s. v.* Z.), livre de polémique qui visait peut-être les Pythagoriciens. Chez Hérodote (I, 30), le mot est associé à l'idée de θεωρίη, comme dans le conte d'Héraclide Pontique. A partir de cette époque, le mot est assez souvent employé : on le note dans le Corpus hippocratique, dans Gorgias, Alcidamas, Isocrate, Platon. Le sentiment religieux auquel il faudrait rapporter, pour une part, d'après Héraclide Pontique, l'invention du mot *philosophe* est aussi exprimé dans le *Phèdre* de Platon, p. 278 d, et dans l'*Apologie*, pp. 23 et 29.

§§ 9-10. — Extraits des trois livres cités plus haut; à en juger par la nature des doctrines, ils proviennent du παιδευτικόν.

Diogène cite le texte original de deux fragments (3 et 4); les deux autres extraits sont rapportés sous la forme doxographique. Le troisième est illustré par une anecdote, évidemment étrangère au livre. Les fragments 3 et 4 et l'anecdote sont reproduits aussi par Diodore, X, 9 (3, 4, 5); en outre, la première doctrine rapportée par Diogène se trouve dans cet auteur plus longue-

---

([1]) Diodore, X, 10, 1 : Καταμεμφόμενος γὰρ τοὺς πρὸ αὐτοῦ κεκλημένους ἑπτὰ σοφοὺς ἔλεγεν ὡς σοφὸς μὲν οὐδείς ἐστιν ἄνθρωπος ὤν...

ment développée (8 et 9). Dans Diodore, le second fragment manque; par contre, d'autres doctrines enchâssées dans le même chapitre proviennent aussi, sans doute, de l'ouvrage pythagoricien (9, 1, 2 et 6). L'anecdote est rapportée par Plutarque au Pythagoricien Clinias et, par un Gnomologe, à Épicure ([1]).

L'auteur à qui Diodore et Diogène ont emprunté ces fragments ne se contentait donc pas de citer le texte du παιδευτικόν. Il en rehaussait le sens par des anecdotes tirées tantôt de la légende de Pythagore, tantôt de celle des Pythagoriciens (Diodore, X, 9, 1 et 2). Diels (*l. c.*, p. 462) pense que cet intermédiaire a dû être Alexandre Polyhistor. Corssen (*Rh Mus.*, 1912, p. 251) est d'avis que Diogène (ou son auteur) ne connaît le παιδευτικόν que par le περὶ πυθαγορικῶν συμβόλων d'Androcyde, écrivain ionien du IVe siècle. Les raisons sur lesquelles il s'appuie sont de deux sortes : d'abord, des vestiges de dialecte ionien ont subsisté dans l'anecdote de Diogène (σωυτοῦ), ainsi que dans le commentaire du fragment 4 (νεηνίσκος, νεηνίης). Ensuite, Jamblique rapporte, *V. P.*, 145, sous l'autorité d'Androcyde, une anecdote qui pourrait servir d'exemple au fragment 1 (= 7 et 8 dans Diodore).

Les raisons linguistiques invoquées sont sans valeur : la forme ionienne σωυτοῦ est de l'invention de Cobet; quant aux termes νεηνίης, νεηνίσκος, il est naturel que l'auteur, pour les expliquer, les retienne du texte à commenter. Le second motif paraît plus sérieux, surtout si l'on considère que la source de Diogène et de Diodore semble avoir eu pour principe d'illustrer la théorie par l'exemple. Mais le rapport est trop vague pour qu'on puisse se prononcer avec quelque assurance.

La matière du παιδευτικόν paraît être fort antique et digne d'intérêt, encore que ses origines soient suspectes. Le fragment 1 n'est qu'une paraphrase d'une doctrine de l'ancien Ἱερὸς Λόγος ([2]). Comme Diels l'a montré (*l. c.*, p. 466 ss.), les autres fragments

---

[1] Sur les confusions de ce genre, cf. USENER, *Epicurea,* pp. LX et suiv.
[2] *Études,* pp. 24 et suiv.

rappellent, par certains traits, les Πυθαγορικαὶ Ἀποφάσεις d'Aristoxène. Mais ces concordances partielles ne me paraissent pas prouver à suffisance que l'auteur du παιδευτικόν ait pillé l'ouvrage de ce biographe; on peut aussi bien imaginer qu'ils ont puisé tous deux à des sources communes plus anciennes. L'ouvrage mériterait qu'on tentât un nouvel essai de reconstitution plus parfait, par une étude fort poussée des notices communes à Diodore et à Diogène.

5. §§ 10-16. — Dans les paragraphes qui suivent, le compilateur a jeté pêle-mêle une foule de notices disparates, abrégées, mutilées, obscures, concernant les différents genres d'activité de Pythagore. Beaucoup rapportent des découvertes (εὑρήματα) du philosophe.

Il débute par une citation de Timée : εἰπέ τε πρῶτος κοινὰ τὰ φίλων εἶναι καὶ φιλίαν ἰσότητα. Les deux formules sont solidaires l'une de l'autre et inséparables d'une autre définition de l'amitié, célèbre dans l'Antiquité : τί ἐστι φίλος; ἄλλος ἐγώ. C'est l'*alter ego* des Latins, que notre langue a adopté. Très tôt, cette définition devint proverbiale, puisqu'on la trouve déjà dans la *Grande Morale*, II, 15. Φιλία = ἰσότης paraît avoir été, dans l'opinion de Timée, le fondement de la règle de la communauté des biens. Les auteurs d'Alexandre Polyhistor (*infra*, § 33) ajoutent un correctif à cette définition : l'amitié est, pour eux, une ἐναρμονία ἰσότης ([1]). Le κοινὰ τὰ τῶν φίλων est déjà cité dans certains textes du Ve et du IVe siècle comme une sorte de proverbe : Euripide, *Oreste*, v. 735 (cf. *Phénic.*, v. 243); Platon, *Lysis*, p. 207 c, et *Phèdre*, p. 279 c. Selon Timée, ce n'était pas une vaine formule, mais une règle de l'organisation de la Société, où les biens étaient mis en communauté. Zénobe (*Centur.*, IV, 79), Photius (*Lex.*, *s. v.* κοινά) et le Scholiaste du *Phèdre* ont conservé un extrait de Timée qui ne laisse aucun

---

([1]) Allusion de PLATON, *Lois*, VI, p. 757 A. Cf. EURIPIDE, *Phén.*, 536 : ἰσότητα τιμᾶν ἢ φίλους ἀεὶ φίλοις... συνδεῖ.

doute sur cette interprétation. On peut donc, avec certitude, rattacher à la citation de Timée, dans Diogène, le début de la description de la Société pythagoricienne : κατετίθεντο τὰς οὐσίας εἰς ἓν ποιούμενοι.

Jamblique (*V. P.*, 71-73) nous présente, de l'organisation de la Société, un tableau complet qu'il tient d'Apollonius. Celui-ci, qui est tributaire de Timée pour la plus grande partie de sa Biographie de Pythagore, a utilisé, ici aussi, son auteur favori : une simple comparaison avec le fragment de Timée cité plus haut et avec le début de son récit des Persécutions (§ 254) [1] permet de le constater. Or, il y a une concordance remarquable entre la description d'Apollonius et la notice incomplète et obscure de Diogène. Voici comment il faut reconstituer le texte original, si mal utilisé par Diogène : après une période d'examen de trois ans (oubliée ici), les disciples entrent dans une sorte de noviciat et mettent leurs biens en communauté. On ne leur permet pas de voir le maître; un rideau le dérobe à leurs yeux pendant qu'ils écoutent ses paroles. En outre, ils doivent garder le silence. Après cinq années de ce régime, ils sont admis à voir Pythagore [2] et deviennent des disciples parfaits ou *ésotériques*.

L'exposé emprunté à Timée est interrompu mal à propos en cet endroit par l'intercalation d'une note tirée d'Hermippe. Mais il se continue au § 11 : καὶ γὰρ καὶ σεμνοπρεπέστατος κτλ. L'auteur veut justifier la règle qui faisait de la contemplation de Pythagore un privilège réservé aux disciples parfaits : c'est qu'il était d'une beauté majestueuse et qu'on le croyait une incarnation d'Apollon.

Des traits de la description de Timée se retrouvent épars et souvent défigurés dans la tradition. Tantôt, on rappelle la règle du silence de cinq ans [3], que l'on interprète dans un sens

---

[1] Cf. la *Revue de l'Instruction publique en Belgique,* 1909, pp. 95 et suiv.

[2] Pythagore, selon Timée (JAMBLIQUE, *V. P.*, 254), paraît avoir mené, après la fondation de la Société, une vie complètement retirée et pour ainsi dire secrète.

[3] La plus ancienne allusion au silence pythagoricien est celle d'ISOCRATE, *Busiris*, 29.

absolu; tantôt, celle de la communauté des biens, qui se mue rapidement en une sorte de communisme; tantôt encore, la distinction des disciples en ésotériques et exotériques, qui a servi de point de départ à l'établissement de diverses classifications et hiérarchies dans la Société pythagoricienne. Ce type d'organisation, si étonnant qu'il puisse paraître à nos yeux modernes, trop habitués à ne considérer en Pythagore que le savant et le philosophe, cadre assez avec les idées de la sotériologie et de la mystique de son École.

Hermippe rapporte que les Pythagoriciens n'ensevelissaient pas leurs morts dans des cercueils de cyprès. J'ai montré ailleurs ([1]) qu'il tient ce détail d'un recueil d'Ἀκούσματα, tout comme Jamblique, *V. P.*, 155. Le cyprès rentre dans la catégorie des arbres sacrés (*ibid.*, 154). La raison invoquée est que le sceptre de Zeus est fait de ce bois; d'autres hypothèses avaient été émises, car Jamblique ajoute ἢ δι' ἄλλον τινὰ μυστικὸν λόγον. Les rites d'ensevelissement de certaines sectes pythagoriciennes nous sont connus par une note de Pline, *H. N.*, XXXV, 46 : le mort est enveloppé de feuilles de myrte, d'olivier et de peuplier noir et déposé dans un cercueil de terre cuite. Nous ne savons quelle est la nature des règles d'inhumation auxquelles Plutarque (*De gen. Socr.*, 16) fait allusion.

§ 11. — Comme je l'ai dit, les légendes miraculeuses rapportées par Diogène au § 11 se rattachent à l'extrait de Timée. La première : ὡς εἴη Ἀπόλλων ἐξ Ὑπερβορείων ἀφιγμένος, est empruntée au même cycle de croyances que la note d'Aristote dans Élien, *V. H.*, II, 26 (cf. IV, 17, Jamblique, *V. P.*, 91, 135; Porphyre, *V. P.*, 28). Ailleurs, il est représenté comme l'incarnation d'Apollon Péan ou Pythien ou encore d'un autre Olympien (Jamblique, *V. P.*, 1 à 9, 30; cf. Lucien, *Dial. mort.*, 20, 3, et *Gallus*, 15 et 18). D'autres traditions, plus modestes, rapportent qu'il était honoré comme un dieu ou un bon démon. Ce sont là des variantes de la doctrine sotériologique.

---

[1] *Études*, p. 301.

La seconde légende : λόγος δέ ποτε αὐτοῦ παραγυμνωθέντος τὸν μηρὸν ὀφθῆναι χρυσοῦν, est intimement liée à la première, car elle en est comme le fondement thaumaturgique. Elles apparaissent dans le même rapport dans un récit de Jamblique, *V. P.*, 91-92 (cf. 135 et Porphyre, *V. P.*, 28), vraisemblablement emprunté au dialogue *Abaris* d'Héraclide Pontique : Pythagore montre, au prêtre d'Apollon Hyperboréen, Abaris, sa « cuisse d'or », comme le signe de son incarnation apollinienne. Un scholiaste de Lucien (p. 124, Rabe) a fort bien saisi ce rapport : ἐλέγετο γὰρ ὁ Π. ἐντετυπῶσθαι τῷ δεξιῷ αὐτοῦ μηρῷ τὸν Φοῖβον. D'autres versions placent la révélation de la nature divine de Pythagore en d'autres circonstances : ἐν ἀγῶνι (Élien, *V. H.*, II, 26; Jamblique, *V. P.*, 140), ἐν Ὀλυμπίᾳ (Élien, *V. H.*, IV, 17; Plutarque, *Numa*, 8, 6 ; Artemii Passio, 29), ἐν θεάτρῳ (Apollonius, *Mir.*, 6).

Un autre trait merveilleux de la vie de Pythagore est le salut que lui adressa un fleuve qu'il traversait. Les textes parallèles ne s'accordent pas sur le nom du fleuve. Diogène et Jamblique, *V. P.*, 134, lisent Νέσσος ; Aristote (Élien, *V. H.*, II, 26 et IV, 17) : Κόσας ; Apollonius, *Mir.*, 6 : ὁ κατὰ Σάμον ποταμός ; Porphyre, *V. P.*, 27 : Καύκασος. Diels (*De Casa flumine Metapontino*, — *Hermes*, XXXIII [1898], pp. 334 et suiv.) a retrouvé le nom exact du fleuve qui passait à Métaponte, dans un poème de Bacchylide (X, 119) : ἄλσος τέ τοι ἱμερόεν | Κάσαν παρ' εὔυδρον... L'accord de Jamblique et de Diogène indique une source commune : précisément, les trois légendes se suivent aussi dans le contexte de Jamblique.

Diogène termine ce long extrait par une citation du dixième livre des *Histoires* de Timée : Pythagore remarque que la femme porte, à ses différents âges, des noms de divinités, Κόρη, Νύμφη, Μήτηρ. Ceci est emprunté à l'un des grands Discours que Pythagore prononça à son arrivée à Crotone et dont Jamblique a conservé le texte, emprunté à Timée. Il ressort de la comparaison avec Jamblique, *V. P.*, 56, que Diogène a omis le dernier nom de la série : Μαῖα.

§ 12. — L'exposé se poursuit sous la forme du discours indirect; mais, il ne s'ensuit pas nécessairement que Diogène ou son auteur continue à puiser dans Timée. Il est possible que la citation d'Anticlide ne se rapporte pas uniquement au rôle joué par Moiris dans l'invention des éléments de la géométrie. Pythagore étudia spécialement l' « espèce arithmétique » de la géométrie (εἶδος ἀριθμητικόν). Par cette expression, il faut entendre simplement l'arithmétique, qui, pour les Anciens, faisait partie de la géométrie. Le manuel de Nicomaque, par exemple, représente les nombres sous des formes géométriques et étudie leurs propriétés et leurs combinaisons par les mêmes procédés que celles des figures.

Τόν τε κανόνα τὸν ἐκ μιᾶς χορδῆς εὑρεῖν. Cette note, peu explicite, attribue à Pythagore l'invention d'un instrument de musique monocorde, appelé κανών (règle), employé quelquefois dans la pratique, mais réservé surtout aux démonstrations théoriques. Les passages parallèles montrent que Diogène ne songe pas tant à rapporter à Pythagore la fabrication du monocorde, que la découverte des rapports arithmétiques des intervalles musicaux. Chez un grand nombre d'autres auteurs, la même notice se présente sous une autre forme, d'ailleurs anecdotique. Pythagore, passant à côté d'une forge, remarque que les sons produits par les coups de différents marteaux sont harmonieux; il étudie le phénomène et découvre les lois de l'harmonique. Le plus ancien témoignage qui confirme l'attribution à Pythagore de cet εὕρημα est celui de Xénocrate (d'après Héraclide, dans Porphyre, *In Ptol. harm.*, I, 3); mais la notice y est dépourvue des éléments anecdotiques.

Οὐκ ἠμέλησε δὲ οὐδὲ ἰατρικῆς. Nombreux sont les passages parallèles, cités dans l'édition, qui n'offrent pas plus d'intérêt que la note de Diogène. Un seul texte de Jamblique, deux fois répété (§§ 163 et 244), précise la nature des méthodes thérapeutiques des Pythagoriciens. Rohde a cru retrouver dans ces passages un extrait d'Aristoxène ([1]). Je ne puis me rallier

---

([1]) *Kleine Schriften,* II, p. 156.

à son avis, car la comparaison d'un autre passage de la *V. P.* de Jamblique, tiré de Timée (¹) (264 : ἐν οἷς ἐπὶ τὴν ἰατρικήν τινες κατενεχθέντες καὶ διαίτῃ τοὺς ἀρρώστους ὄντας θεραπεύοντες ἡγεμόνες κατέστησαν τῆς εἰρημένης μεθόδου) avec les notices des §§ 163 et 244, montre qu'il s'agit ici d'un emprunt fait à Timée.

Notons, chez Diogène, une tendance à rapporter à Pythagore des coutumes ou des doctrines qui, dans ses sources, sont simplement attribuées aux Pythagoriciens. C'est l'un des ferments les plus actifs d'altération qui agissent dans la littérature alexandrine aux dépens de l'ancienne tradition.

Diogène rapporte ensuite, d'après Apollodore le Mathématicien (ὁ λογιστικός, ou, comme dit Athénée, ὁ ἀριθμητικός), une anecdote célèbre : Pythagore, ayant découvert la proposition géométrique du carré de l'hypoténuse (a^2 [a = hypoténuse du triangle rectangle] = $b^2 + c^2$), sacrifia une hécatombe. La même citation d'Apollodore reparaît dans Athénée, X, 418 F, et dans Plutarque, *Non posse suav*. etc., 11. Diogène y fait encore allusion au livre I, 25, où la proposition en question a fait place à un problème de nature peu différente : inscrire un triangle rectangle dans le cercle.

Dans les traditions parallèles, on peut relever diverses variantes. Tout d'abord, les auteurs ne s'accordent pas sur la nature de la proposition ou du problème géométrique dont Pythagore est l'inventeur. Plutarque, *l. c.*, donne à choisir entre la formule du carré de l'hypoténuse et la surface de la parabole; ailleurs (*Qu. conv.*, VIII, 2, 4), il imagine un autre problème : deux figures étant données, en construire une troisième, égale à la première, semblable à la seconde. Une autre variante concerne le sacrifice d'actions de grâces. Les sectes pythagoriciennes qui condamnaient le « meurtre » des animaux et prêchaient l'abstinence de viande s'étaient offusquées de voir attribuer à leur maître le sacrifice d'une hécatombe ou même

---

(¹) *Revue de l'Instruction publique en Belgique,* 1909, pp. 91 et suiv.

simplement d'un bœuf (¹). Aussi représentaient-ils ce bœuf comme une reproduction en pâte (Antonius Diogène dans Porphyre, *V. P.*, 36) ou en argile (Grégoire de Naz., *Ep.*, 198). On peut comparer, à cette substitution, l'offrande d'un bœuf formé de pâte (Diogène, VIII, 53), ou d'aromates (Athénée, I, 5 E), faite par le pythagoricien (?) Empédocle, grand-père du philosophe, après une victoire aux Jeux. Enfin, Pamphila (Diogène, I, 24) rapporte que Thalès sacrifia un bœuf, après qu'il eut réussi à inscrire le triangle rectangle dans le cercle : c'est une simple variante d'attribution.

Le reste du § 12 et le § 13 sont constitués par l'exposé d'une polémique qui débute par deux citations de Favorinus. Diogène tire la première notice des Ἀπομνημονεύματα : avant Pythagore, les entraîneurs nourrissaient les athlètes de fromages humides et de figues sèches. Le philosophe, le premier, introduisit la viande dans leur régime; son premier élève fut Eurymène. Diogène joint à ces indications une note tirée de la Παντοδαπὴ Ἱστορία du même auteur : « autrefois, on nourrissait aussi les athlètes de froment ». Remarquons d'abord que cette note additionnelle provient sans doute d'une erreur de lecture commise par Favorinus ou par Diogène : le même mot a été écrit dans l'un des ouvrages τυροῖς, dans l'autre, πυροῖς. Dans les passages parallèles, en effet, il n'est jamais question de froment.

Une légende analogue est rapportée par Porphyre, dans sa *V. P.*, 15, et dans le *De abst.*, I, 26, où je relève, parmi les sources citées, le nom d'Héraclide Pontique. Ces notices doivent être rattachées, sans doute, à la tradition qui représentait Pythagore exerçant, dans sa jeunesse, le métier d'athlète (Ératosthène, dans Diogène, VIII, 47; St Augustin, *Epist.*, III, 137, 3; Lucien, *Gallus*, 8, etc.). Dans l'hypothèse, probable, que cette forme de la légende est la plus ancienne,

---

(¹) Un écho de ces polémiques s'est conservé dans CICÉRON, *De nat. deor.*, III, 36, 88 : *sed id quidem non credo, quoniam ille ne Apollini quidem Delio hostiam immolare voluit.*

quelle attitude les sectes qui rejetaient, comme un crime, l'usage de la viande, allaient-elles prendre à l'égard de ces combinaisons? Une simple négation eût paru tendancieuse. On recourut à l'artifice des homonymes. Le Pythagore qui nourrissait les athlètes de viande n'était pas le philosophe, mais un maître de gymnase du même nom. Telle est la variante recueillie par Diogène et qu'on retrouve dans Jamblique, *V. P.*, 25 (Timée?) (¹); Diogène, VIII, 46; Pline, *H. N.*, XXIII, 63. Les citations de plusieurs athlètes du nom de Pythagore dans les listes des vainqueurs olympiques (Ératosthène, dans Diogène, VIII, 47, [48ᵉ olymp.]; Plutarque, *Numa*, 13 [16ᵉ olymp.]; Denys d'Halicarnasse, *Ant. rom.*, II, 58, etc.) étaient de nature à favoriser ce dédoublement.

Diogène explique pourquoi certains auteurs se refusent à attribuer à Pythagore cette innovation : c'est que le philosophe ordonne de respecter la vie des animaux; ceux-ci ont, en effet, en commun avec nous, le droit de vivre, que confère la possession d'une âme. La doctrine que les animaux sont les frères de l'homme est vieille. Dans la doxographie, le plus ancien témoignage est celui de Dicéarque (Porphyre, *V. P.*, 19), si l'on ne veut pas faire état des extraits d'ouvrages pythagoriciens conservés par Alexandre Polyhistor (Diogène, VIII, 28). L'idée de conclure, comme un corollaire de cette théorie, que les animaux ont un droit intangible à la vie, a dû naître assez tôt, puisqu'elle apparaît déjà dans les Καθαρμοί d'Empédocle (fr. 135, Diels). On retrouve la même théorie du droit naturel chez Cicéron, *De rep.*, III, 11, 19; Plutarque, *De esu carn*, II, 3; Sénèque, *Ep.*, 108, 18; Porphyre, *De abst.*, III, 1 et 26; Sextus Empiricus, *Adv. math.*, IX, 127; Jamblique, *V. P.*, 69, 108, 168, etc., où je devine l'influence de Timée, rehaussée plus tard de couleurs stoïciennes.

Sur cette explication est venue se greffer une autre interprétation. La raison de justice qui vient d'être invoquée ne serait

---

(¹) Comparez le contenu de ce paragraphe avec JUSTIN, XX, 4 (Timée).

qu'un prétexte : en réalité, Pythagore, en interdisant l'usage de la viande, voulait habituer les hommes à vivre simplement et aisément, à manger des légumes crus comme à boire de l'eau, car ce régime entretient la santé du corps et la pénétration de l'esprit. On reconnaît ici, à n'en pas douter, des vestiges d'une contamination des théories pythagoriciennes par l'idéal cynique. On sait qu'au IVe siècle, par l'intermédiaire de Diodore d'Aspende ([1]) et d'autres pythagoriciens, une certaine fusion ou, pour mieux dire, un rapprochement s'opéra entre ces deux conceptions de la vie morale.

Diodore de Sicile (X, 17, 1-3) croit que Pythagore obéit aux mêmes préoccupations en établissant les prescriptions de son régime alimentaire. La communauté des sources transparaît parfaitement dans l'emploi des mêmes termes et l'exposé des mêmes lieux communs cyniques. Je relève encore des traces de cette interprétation dans la *Vie de Pythagore* de Jamblique, § 13 (Apollonius) : χρόνου μάλιστα φείδεσθαι καὶ χάριν τούτου (cf. εὐπορίστους de Diogène) οἰνοποσία τε καὶ κρεωφαγία καὶ ἔτι πρότερον πολυφαγία ἀποταξάμενος ... καὶ ψυχῆς καθαρότητα κτησάμενος ὑγείαν τε ... τοῦ σώματος. *Ibid.*, 68 (Apollonius) : ἐμψύχων ἀποχὴν πάντων καὶ ἔτι βρωμάτων τινῶν ταῖς εὐαγείαις τοῦ λογισμοῦ καὶ εἰλικρινείαις ἐμποδιζόντων. Dans ce dernier passage, les abstinences sont rapportées au principe invoqué en première ligne par Diogène : (69) ἀλόγων ζώων τινὰ διὰ δικαιοσύνης καὶ φυσικῆς ἐπιπλοκῆς καὶ κοινότητος ... εἰρήνευσιν. Jamblique tire encore parti de cette double interprétation dans le chapitre XXIV (§§ 106-108), relatif au régime alimentaire. C'est dans Timée que nos auteurs paraissent avoir pris la formule de cette contamination des deux points de vue, absolument étrangers à l'origine.

Jamblique, *V. P.*, 25 (= Apollonius — Timée) attribue aussi à un homonyme du philosophe l'introduction de l'usage de la viande dans les gymnases et il rappelle aussitôt que dans son voyage à Délos, Pythagore avait réservé ses dévotions à un

---

([1]) Cf. TANNERY, *Archiv für Gesch. der Philos.*, IX, pp. 176 et suiv.

seul autel, celui où l'on n'offre pas de sacrifices sanglants. Nous pouvons suivre un développement parallèle dans le texte de Diogène, qui rapporte la même tradition. L'identité des sources en paraît plus évidente. L'autorité d'Aristote (ἐν Δηλίων πολιτείᾳ) n'est invoquée, semble-t-il, que pour confirmer l'existence de l'autel en question. Cette anecdote, qui figure encore dans Cicéron (*De nat. deor.*, III, 36, 88) et Clément (*Strom.*, VII, 6, 31), représente les tendances des sectes qui prêchaient le respect de la vie des animaux.

Revenons à la polémique qui se termine ici. On pourrait supposer que Diogène en emprunte les premiers éléments à Favorinus. Il s'ensuivrait que la réplique serait donnée par Diogène lui-même. Mais cela supposerait qu'il utilisait les œuvres de Timée ou, si l'on n'accepte pas cette conclusion, d'anciens auteurs en tout cas (Aristote, par exemple) qui figurent parmi les sources ordinaires du fonds primitif de la biographie. Il paraît donc plus sage de renoncer à cette hypothèse et d'admettre que la première citation de Favorinus ne corrobore qu'un détail, mis d'ailleurs en évidence comme une addition : καὶ πρῶτόν γε Εὐρυμένη.

§ 14. — Diogène énumère ici trois découvertes de Pythagore (πρῶτον est répété trois fois); et, comme l'introduction du régime carné dans les gymnases est présentée aussi sous une forme heurématique (πρῶτος), à côté des notices sur l'invention du κανών et la découverte du carré de l'hypoténuse (εὗρε) ([1]), il devient clair que cette section de la biographie est consacrée aux εὑρήματα.

Πρῶτόν τέ φασι τοῦτον ἀποφῆναι τὴν ψυχὴν κύκλον ἀνάγκης ἀμείβουσαν ἄλλοτ' ἄλλοις ἐνδεῖσθαι ζῴοις : c'est la doctrine de la métempsycose. Innombrables sont les passages parallèles, dont le plus

---

([1]) Cf. encore, plus haut (10) : εἰπέ τε πρῶτος... κοινὰ τὰ φίλων εἶναι καὶ φιλίαν ἰσότητα.

ancien est formé par l'anecdote de Xénophane (*infra*, § 36). Elle est exposée ici sous une forme poétique : on y reconnaît, en effet, les formules qu'emploient deux vers orphiques cités par Proclus (Abel, *Orph.*, fr. 222-223) :

οὕνεκ' ἀμειβομένη ψυχὴ κατὰ κύκλα χρόνοιο
ἀνθρώπων ζώοισι μετέρχεται ἄλλοθεν ἄλλοις.

L'expression κύκλος ἀνάγκης désigne le cercle que décrit, par une loi fatale, l'âme tombée du ciel, émigrant de corps en corps sur la terre pour se purifier et retournant enfin à son lieu d'origine. Le terme, employé dans ce sens mystique par les Orphiques (fr. 226) et par les inscriptions sur tablettes d'or de Pétélie (κύκλου δ'ἐξέπταν βαρυπενθέος ἀργαλέοιο), est devenu commun dans la théologie néo-platonicienne (par exemple Olympiodore, *In Phaed.*, p. 103). Ἐνδεῖσθαι, se lier, est l'expression consacrée, dans les textes pythagoriciens, pour désigner l'entrée de l'âme dans le corps : Euxithée, dans Athénée, IV, 157 C; Jamblique, *V. P.*, 153; Clément, *Strom.*, VII, 31. Dans Clément, comme dans Diogène, la notice doxographique accompagne l'anecdote de la visite à l'autel non sanglant de Délos.

Le second εὕρημα est plutôt une adaptation : Pythagore, selon Aristoxène, introduisit en Grèce les poids et les mesures. Une note d'Hippolyte (*Adv. haer.*, I, 2, 18 : τοὺς δὲ ἀριθμοὺς καὶ τὰ μέτρα παρὰ Αἰγυπτίων φασὶ τὸν Π. μαθεῖν) permet de conjecturer que Pythagore fit ces emprunts à l'Égypte. Cette notice doit nous ouvrir les yeux sur les défauts qui déparent même l'ancienne tradition pythagoricienne.

Voici enfin une découverte astronomique : Pythagore reconnut que l'étoile du matin et l'étoile du soir ne sont qu'un seul et même astre. Diogène rapporte cette note doxographique à Parménide. On peut voir, par l'examen d'un autre passage, IX, 23, que Diogène a pris pour une citation la formule de ses sources qui signalait une variante d'attribution : οἱ δέ φασι Παρμενιδην (¹). Selon Apollodore (Stobée, *Ecl*, I, 24), cette découverte astronomique doit être rapportée au Pythagorisme. Notre notice peut servir à expliquer la note trop vague de Pline, *H. N.*, II, 37, de même qu'elle est éclaircie à son tour par le texte de Martianus Capella, VIII, 882 : Pythagore fixe à un an la durée de la révolution de la planète Vénus.

Le reste du § 14 et le § 15 sont consacrés à montrer que Pythagore jouissait en Italie d'un grand prestige : telle est la seule idée commune des notes assez disparates qui suivent.

1. Οὕτω δὲ ἐθαυμάσθη, ὥστε ἔλεγον τοὺς γνωρίμους αὐτοῦ παντοίας (παντοίους F) θεοῦ φωνάς : « il fut tant admiré qu'on appelait ses familiers des voix de Dieu de toute espèce ». Déjà l'ancienne philologie avait jugé le texte corrompu. Elle s'offusquait d'abord de l'image hardie des « hommes-voix »; mais l'adjectif παντοίας lui paraissait surtout maladroitement employé. Is. Casaubon soupçonnait une lacune. Les anciennes corrections cherchent à appliquer θεοῦ φωνάς, non aux disciples de Pythagore, mais à ses doctrines. Méricus Casaubon propose : τὰς γνωρίμους αὐτοῦ παροιμίας θεοῦ φωνάς (ses préceptes notoires) (²). La correction de Rittershuis, remplaçant τοὺς γνωρίμους par τὰς γνώμας, ne résout qu'à moitié la difficulté, puisqu'elle laisse subsister παντοίας; on peut en dire autant de celle de Kühn : ὥστε λέγειν τοὺς γνωρίμους < τὰ > αὐτοῦ.

Cobet suppose avoir affaire à une formule en dialecte dorien. Pour résoudre la première difficulté, il considère φωνάς non comme un accusatif, mais comme un génitif (φωνᾶς). Il rattache ensuite ce génitif à un substantif qu'il retrouve dans παντοίας : μάντιας (= μάντεις); reste à rendre à θεοῦ sa forme dorienne θεῶ. Il traduit *divinae vocis interpretes*. Ainsi, par le jeu d'une simple conjecture, qui, au point de vue paléographique, s'écarte très peu du texte original, Cobet paraît avoir surmonté un double embarras.

Mais on peut présenter plusieurs objections à cette brillante

---

(¹) Cf. Introd., p. 10.
(²) CORSSEN (*Rh. Mus.*, 1912, p. 241) intercale λόγους après αὐτοῦ.

conjecture. Il me semble difficile d'admettre, tout d'abord, que le dialecte dorien ait subsisté dans la forme casuelle de l'accusatif, alors que l'auteur cite, non un écrit, mais une formule du langage. Ensuite, dans l'hypothèse de Cobet, ce serait les profanes qui considéreraient les disciples de Pythagore comme des interprètes d'une voix divine (qui est évidemment celle de Pythagore) : les paroles sibyllines du maître seraient expliquées au vulgaire par les disciples. Mais cette conception est en contradiction avec la règle du secret de l'École, dont la réalité est admise par toute la tradition ancienne.

Je préférerais revenir aux premiers essais de l'ancienne philologie. Il faut toujours, autant que possible, illustrer les passages obscurs de notre biographie par des parallèles empruntés au reste de la tradition. En voici quelques-uns, décisifs, à mon avis. Aristote, dans Élien. *Ver. hist.*, IV, 17 : ὡς χρησμῷ θείῳ, οὕτως οἱ τότε προσεῖχον τοῖς λεγομένοις ὑπ' αὐτοῦ, et dans Jamblique, *V. P.*, 82 : ὅσα παρ' ἐκείνου ἐρρέθη, ταῦτα πειρῶνται διαφυλάττειν ὡς θεῖα δόγματα; Timée, dans Jamblique, *V. P.*, 53 : διὰ δὲ τὰς παραινέσεις ὁμολογεῖται παρασκευάσαι μηδένα τὴν ἐκείνου προσηγορίαν ὀνομάζειν, ἀλλὰ πάντας θεῖον αὐτὸν καλεῖν. Ce sont les paroles de Pythagore qui sont considérées par ses disciples comme des θεῖοι χρησμοί. Qui ne voit l'exacte concordance de cette expression avec θεοῦ φωναί? Ce qui manque dans le texte de Diogène, c'est un substantif qui soit l'équivalent de τὰ λεγόμενα; il est évident qu'il se cache dans le mot παντοίας. Les termes ordinairement employés par nos biographes pour désigner les préceptes ou maximes des philosophes sont, non παροιμίαι, d'ordinaire réservé aux proverbes, mais ἀποφθέγματα, παρακλήσεις, παραινέσεις, παραγγέλματα, παραγγελίαι, φωναί (par exemple, Jamblique, *V.P.*, 161 et 266). — Je choisirais παραγγελίαι : c'est le terme qui se rapproche le plus, par la forme, du mot à éliminer.

2. Ἀλλὰ καὶ αὐτὸς ἐν τῇ γραφῇ φησι « δι' ἑπτὰ καὶ διηκοσίων ἐτέων ἐξ ἀΐδεω παραγεγενῆσθαι ἐς ἀνθρώπους. Cette note paraît être d'introduction assez récente, car elle n'a avec le contexte qu'un rapport fort vague. Le dialecte ionien indique une citation

textuelle. E. Rohde (*Rh. Mus.*, 1871, p. 557, n. 1) y voyait primitivement un extrait d'une sorte de Κατάβασις εἰς ᾅδου attribuée à Pythagore; mais il s'est rallié, plus tard (*Psyché*, II², p. 417), à l'avis de Diels, qui rapporte ce fragment à l'ouvrage cité aux §§ 6 et 9.

Plus récemment, Corssen (*Rh. Mus.*, 1912, pp. 241 et suiv.) a émis l'opinion que Diogène tient d'Androcyde, qui écrivait en dialecte ionien, tous les extraits de cet ouvrage. Ainsi s'expliquerait que le dialecte ionien soit conservé même dans le discours indirect. Cet argument est faible. Dans les citations textuelles, les auteurs adaptent les cas et les modes de la phrase citée aux nécessités de la syntaxe de leur phrase. En outre, il est bien évident que Diogène ne conserve le dialecte ionien que parce qu'il cite Pythagore : le texte d'Androcyde n'eût pas été jugé digne d'un tel honneur.

La doctrine de ce fragment doit être expliquée par la légende des métempsycoses rapportée par Héraclide. Après avoir quitté un corps humain, l'âme (qui deviendra celle de Pythagore) passe par des vies animales et végétales et descend aux Enfers pour y être punie (§ 4 : καὶ εἰς ὅσα φυτὰ καὶ ζῷα παρεγένετο καὶ ὅσα ἡ ψυχὴ ἐν τῷ ᾅδῃ ἔπαθε); c'est seulement après ces purifications qu'elle revient dans un corps humain. Selon notre texte, il faut compter 207 ans entre deux incorporations humaines. Mais dans le texte parallèle des Théol. Arithm., p. 40, qui cite tout à la fois trois biographes : Aristoxène, Néanthe, Hippobotos, et deux écrivains pythagoriciens : Androcyde et Eubulide, le nombre d'années est fixé à 216. Or, dans les Arithmologies, 6 est le chiffre consacré à l'âme et son cube, 216, est appelé le cube « psychogonique », générateur de l'âme (Théol. Arithm., *l. c.*; Plutarque, *De an. procr.*, 13; Proclus, *In Remp.*, II, pp. 68 et suiv.; *In Tim.*, II, p. 270, etc.). Cette variante a donc des titres à notre préférence ([1]). On peut déduire encore de cette

---

([1]) Comparez à ceci le rôle que joue le nombre 216 dans les récentes explications du nombre nuptial platonicien (*Rép.*, VIII, 546 B), par exemple, ADAM, *The Rep. of Plato,* II, pp. 274 et suiv.

note que les auteurs cités plus haut admettaient, pour Pythagore, une chaîne de métempsycoses analogue, pour le nombre des participants, à celle d'Héraclide Pontique : Pythagore, né vers 570, aurait vécu sous le nom de Pyrrhus, né vers 786, d'Hermotime, vers 1002, et, vers 1218, dans la personne d'Euphorbe, qui était un homme fait à la date des Τρωϊκά (1184).

Le Commentaire de Berne à Lucain (p. 289, Us.) attribue à Pythagore la doctrine d'un intervalle métempsychique beaucoup plus long, 462 ans. Selon Varron (St Augustin, *De civ. Dei*, XXII, 28), les *Genethliaci* comptent 440 ans. D'autres traditions (Proclus, *In Remp.*, II, p. 173), qui s'inspirent de l'Orphisme, ramènent la période à 300 ans.

3. Diogène rapporte que des étrangers : Lucaniens, Peucétiens, Messapiens et Romains, reçurent l'enseignement de Pythagore. Cette note provient d'Aristoxène, comme le montre une citation de Porphyre, *V. P.*, 22, et de Jamblique, *V. P.*, 241 (Nicomaque). Il semble que le Pythagorisme ait pénétré dans les populations italiques indigènes, principalement en Lucanie : des Lucaniens figurent dans le Catalogue des Pythagoriciens de Jamblique (*V. P.*, 267 = Aristoxène). La mention des Romains me paraît être une allusion à la légende bien connue des rapports de Pythagore avec Numa.

§ 15. — Deux phrases (τῶν τε ἑξακοσίων — Ἱστορίαις) interrompent l'ordre de l'exposé et doivent avoir été introduites assez tard dans la biographie. Il est évident, en effet, que les mots ἔλεγόν τε καὶ οἱ ἄλλοι Πυθαγόρειοι (fin du § 15) suivaient immédiatement, à l'origine, la note qui concerne Philolaos. Les deux phrases intruses ont rompu la succession naturelle des idées et les rapports de transition. Elles ont été insérées à cette place pour donner de nouvelles preuves de la célébrité de Pythagore. Une citation de Favorinus nous permet de conjecturer que ce sont des additions de Diogène.

La première de ces notices porte des traits légendaires : six cents disciples venaient la nuit écouter Pythagore. Elle est issue d'une combinaison de deux traditions. Selon Antiphon

(Porphyre, *V. P.*, 9; cf. Jamblique. *V. P.*, 27), Pythagore enseignait, à Samos, aussi bien la nuit que le jour. D'autre part, le nombre de six cents disciples est donné par Jamblique, *V. P.*, 29, et Suidas, *s. v.* γνώριμοι et *s. v.* Πυθαγόρας.

« Si quelques-uns parvenaient à le voir, ils l'écrivaient à leurs parents, comme s'ils avaient obtenu un grand bienfait. » Contempler Pythagore est représenté comme une rare faveur : nous reconnaissons ici la conception de Timée analysée plus haut.

Selon l'autre légende, les Métapontins auraient appelé sa maison le temple de Déméter et la rue où il habitait, le temple des Muses. Même notice dans Jamblique, *V. P.*, 170, et Justin, XX, 4 (ici moins précise : *ut ex domo eius templum facerent*). Par contre, à en croire Porphyre, *V. P.*, 4, Timée rapportait ces faits à la ville de Crotone et Valère-Maxime, VIII, 15, 2, adopte la même variante. Cette divergence ne provient pas de deux sources différentes, car le contexte de la note de Jamblique est le même que celui de Porphyre, mais elle dérive d'une confusion qui paraît avoir été commise par Porphyre et Valère-Maxime. En effet, il est admis, tout d'abord, que Justin s'inspire de Timée ([1]); or, il est en désaccord avec Porphyre. En outre, Timée rapportait que les Crotoniates avaient élevé un temple aux Muses sur le conseil de Pythagore (Jamblique, *V. P.*, 50 et 264); il est donc peu vraisemblable qu'ils aient donné ce nom à la rue où habitait le philosophe. Enfin, nous savons que Métaponte se montra plus longtemps accueillante au Pythagorisme ([2]) que Crotone, d'où il fut expulsé assez tôt et pour longtemps, par des troubles politiques (Jamblique [Timée], *V. P.*, 254-264).

Revenons à la notice du début du § 15 : « Philolaos est le seul qui dérogea à la règle du secret en publiant les trois livres fameux que Platon demanda par lettre qu'on lui achetât ». La

---

[1] ROHDE, *Kleine Schriften*, II, p. 122.
[2] Cf. CICÉRON, *De fin.*, V, 2, et VALÈRE-MAXIME, VIII, 7, 2.

lettre en question, adressée à Dion, est mentionnée encore par Diogène, III, 9, et VIII, 84.

Un texte plus complet de cette tradition figure dans Jamblique, *V. P.*, 199, où Diels (*Vors.*, I³, p. 34, 12) reconnaît par conjecture un extrait d'Aristoxène. On y apprend que Philolaos, grâce à sa parenté avec les Πυθαγόρειοι, avait eu connaissance des trois livres pythagoriciens. Réduit à la plus grande misère, il les aurait vendus à Dion, qui agissait pour le compte de Platon. Les Πυθαγόρειοι ne désignent pas ici les Pythagoriciens, semble-t-il, mais les descendants de Pythagore, à moins que l'auteur de la note ne se soit refusé à voir un pythagoricien en Philolaos. Une vieille légende, qui se rattache à une tradition de la *Lettre* de Lysis, voulait que la famille de Pythagore gardât, dans le plus grand secret, des ὑπομνήματα de l'ancêtre (Jamblique, *V. P.*, 146; Hercher, *Epist. gr.*, p. 603). Ce sont ces livres, apparemment, que Philolaos aurait vendus.

Ce qui donne du poids à la conjecture de Diels, c'est que la citation d'Aristoxène, qui suit dans Diogène (ἔλεγόν τε καὶ οἱ ἄλλοι Πυθαγόρειοι μὴ εἶναι πρὸς πάντας πάντα ῥητά, ὥς φησιν 'Α.), se répète dans la notice de Jamblique : θαυμάζεται δὲ καὶ ἡ τῆς φυλακῆς ἀκρίβεια κτλ. Satyrus, dans Diogène, III, 9, et Aulu-Gelle, III, 17, reproduisent la même forme de la légende, tandis qu'Hermippe varie, selon sa coutume, l'anecdote traditionnelle (Diogène, VIII, 85) : Platon achète *un* livre *de* Philolaos à l'un des parents de celui-ci. Une autre variante (anonyme dans Diogène, VIII, 85) est plus légendaire encore : Platon intervient auprès de Denys pour faire relâcher un disciple de Philolaos jeté en prison; en récompense, il reçoit les livres pythagoriciens. Tzetzès, tout en se tenant dans la tradition d'Hermippe, accentue le côté romanesque de l'histoire (*Chil.*, X, 797 ss.) : le rôle de Platon y est devenu plus odieux encore, puisqu'il fait acheter les livres à des veuves tombées dans la misère.

L'étude des traditions et de la valeur de cette légende se complique du fait qu'elle touche à plusieurs problèmes qui n'ont pas encore été définitivement résolus : la publication et l'authenticité des écrits de Philolaos ([1]); la légende du pythagoricien Timée, qui n'est, semble-t-il, qu'un double de celle de Philolaos; l'origine d'une des traditions de la *Lettre* de Lysis, etc.

§ 16. — Le second extrait d'Aristoxène (ἔνθα καί indique un second emprunt aux Παιδευτικοί Νόμοι qui viennent d'être cités) est une anecdote : comme quelqu'un demandait à Xénophile comment il donnerait à son fils la meilleure éducation, il répondit : « si la ville qu'il habite est bien gouvernée ». Le sens et l'intention de la réponse ne ressortent pas au premier coup d'œil. C'est que, dans l'original, l'anecdote illustrait des considérations philosophiques, que Diogène a omises, sur les rapports de la politique et de l'éducation. Mais on peut rapprocher, de ce passage, des fragments des Πυθαγορικαί Ἀποφάσεις où Aristoxène enseigne que le succès de l'éducation privée, morale et religieuse, dépend de la fermeté de l'autorité politique (Stobée, *Flor.*, 43, 49; Jamblique, *V. P.*, 175, 203, etc.).

C'est encore à Aristoxène qu'est emprunté le noyau de la seconde notice du § 16, où on lit que les législateurs Zaleucus et Charondas appartenaient à l'École de Pythagore. Ce biographe étendait d'ailleurs ces rapports à d'autres législateurs de la Grande-Grèce (Jamblique, *V. P.*, 130, 172 et 267) ([2]) : Timarès de Locres (ou Timaratos), Phytios, Hélicaon, Théoclès (variantes : Euthyclès et Théétète) et Aristocratès de Rhégium. Un bon nombre d'autres auteurs, dont le plus ancien est Posidonius (Sénèque, *Ep.*, 90, 6), se font l'écho de la tradition relative à Zaleucus et Charondas. Inutile de dire que, si les rapports pythagoriciens des législateurs de Rhégium paraissent vraisemblables, par contre, on se trouve en plein mystère quand on aborde les personnages de Zaleucus et Charondas ([3]).

([1]) Cf. là-dessus, BURNET, *L'Aurore de la Philos. grecque*, pp. 320 et suiv.

([2]) Le texte des §§ 129-130 se retrouve inchangé au § 249, qui est un extrait d'Aristoxène (la citation est au § 251).

([3]) Cf. là-dessus, mon *Essai sur la Politique pythagoricienne*, pp. 28, 177 et suiv., et 254.

6. §§ 17-18. — Énoncé et explication des Symboles pythagoriciens.

Les symboles sont des formules de défenses visant des actions qui concernent des objets ou des êtres doués d'une force magique (ἱερά) : ils rappellent, par maint côté, les tabous de certains peuples sauvages. Appelés originellement ἀκούσματα (révélations) et σύμβολα (signes de reconnaissance?), ils ont été observés à la lettre dans les temps les plus anciens du Pythagorisme. Plus tard, par la vertu d'une confusion à laquelle prêtait le mot *symbole* et, concurremment, d'un progrès de la conscience morale et religieuse, ils ont été expliqués symboliquement. Deux auteurs du IVe siècle : Androcyde le Pythagoricien (Tryphon, dans les *Rhet. gr.*, III, 193) et Anaximandre le Jeune (Suidas, *s. v.*), ont écrit des traités d'interprétation allégorique des Symboles. Celui d'Anaximandre paraît n'avoir guère laissé des traces que dans Suidas et Hippolyte, *Adv. haer.*, VI, 27. La fortune de l'autre ouvrage, au contraire, fut considérable [1]. Hoelk (*De Acusmatis sive Symbolis Pyth.*, Kiel, 1894) rapporte à Androcyde le plus grand nombre des textes qui présentent une interprétation allégorique [2].

Bœhm (*De Symbolis Pyth.*, Berlin, 1905), prenant ces préceptes dans leur sens le plus littéral, en a étudié les origines en se servant de la méthode ethnologique bien connue. Les coutumes des peuples sauvages, barbares ou moyenâgeux sont invoquées pour expliquer ces survivances d'un état préhistorique dans la mystique grecque du VIe siècle. Déjà Aristote avait tracé la voie dans ce mode d'interprétation (Jamblique, *V. P.*, 84-86). Les croyances animistes sont l'alpha et l'oméga de cette herméneutique. La méthode est un peu monotone et trop uniforme pour être toujours vraie. Elle manque aussi de critique : il est

---

[1] Sur l'authenticité de cet ouvrage, voyez les opinions contradictoires de HOELK, *loc. cit.*, p. 44; de CORSSEN, *Rh. Mus.*, 1912, pp. 244 et suiv., et de FREUDENTHAL, *s. v.* Androcydes, dans Pauly-Wissowa.

[2] Voyez dans mes *Études*, p. 286, le stemma des diverses traditions.

évident que, sous le nom d'ἀκούσματα ou σύμβολα, on a réuni des abstinences et des préceptes de nature et d'origine très diverses, qu'il ne suffit pas de classer selon leur objet (nourriture, rites, instruments, etc.). Le principe du tabou (μὴ ... ὅτι ἱερόν) me paraît être la raison d'être originelle de la plupart d'entre eux. Mais il n'y a pas qu'une sorte de tabou. Divers essais de classification d'après les genres de tabous devraient servir d'étude préliminaire à une nouvelle tentative d'exégèse.

Dans la tradition adoptée par Diogène, le texte de deux symboles diffère notablement de celui des passages parallèles.

1. φορτίον συγκαθαιρεῖν καὶ μὴ συνεπιτιθέναι. Les autres auteurs rapportent une formule contradictoire : φορτίον μὴ συγκαθαιρεῖν, συνεπιτιθέναι δέ. L'erreur de Diogène est évidente, mais je m'en tiens ici au principe conservateur que j'ai suivi partout ailleurs. Il faut garder cette correction d'un esprit simple (Diogène ou ses sources?), qui aura trouvé peu charitable la formule ordinaire du précepte.

2. J'observe la même réserve à l'égard du symbole ἐκτὸς λεωφόρου μὴ βαδίζειν, que les textes parallèles formulent ainsi : τὰς λεωφόρους μὴ βαδίζειν. L'origine de cette faute doit sans doute être cherchée dans une confusion paléographique (ἐκτός serait sorti de ἐντός), mais je la tiens pour antérieure au travail de nos copistes.

La tradition des Symboles présente plusieurs méprises de ce genre; à n'en pas douter, elles doivent être portées en compte aux écrivains eux-mêmes. Ainsi Olympiodore (*In Phaed.*, p. 25) a lu, dans le texte d'un autre symbole, μὴ ὁμιλεῖν (comme BP[1] d'ailleurs), au lieu de μὴ ὁμίχειν, puisqu'il écrit μὴ λάλει. Dans un autre passage, εἰς ἱερόν tient la place de εἰς ὅρια (ou ὅρους). Autre exemple : un symbole défend de représenter sur les anneaux une figure de dieu; Julien (*Or.*, VIII, p. 306) croit qu'il est interdit d'y graver le nom d'une divinité. La variante provient d'une confusion : EIKONA = ONOMA. D'autres exemples pourraient être cités.

7. §§ 19-21. — Régime alimentaire et habitudes de vie de Pythagore.

Remarquons tout d'abord que toutes les particularités par lesquelles Diogène caractérise le genre de vie de Pythagore sont d'ordinaire appliquées, dans les sources, aux Pythagoriciens. Aristote, Aristoxène, Timée dépeignent la vie pythagoricienne de leur temps : le compilateur rapporte l'établissement de ces règles à Pythagore.

Diogène mentionne l'abstinence du rouget (ἐρυθῖνος ou ἐρυθρῖνος), de l'oblade (μελάνουρος), des fèves et du cœur des animaux. Il ajoute, d'après Aristote, le mullet de mer (τρίγλη) et la matrice. On pourrait préjuger, de la forme de la citation, que la seconde notice seule provient d'Aristote. Mais l'étude des sources montre que la première aussi dérive du même auteur, probablement par une voie indirecte. D'après Diogène, VIII, 34, et Plutarque (dans Aulu-Gelle, IV, 11) ([1]), Aristote rapportait aux Pythagoriciens l'interdiction de manger des fèves, le cœur des animaux et certains poissons qualifiés ἱεροί, tels que le mullet, l'ortie de mer (ἀκαλήφη) et d'autres encore, dont les noms sont omis. Or, dans un passage de Jamblique manifestement inspiré des mêmes sources, *V. P.*, 109 (cf. Élien, *V. H.*, IV, 17 et II, 26; Aulu-Gelle, *l. c.*; Diogène, VIII, 34), les abstinences du rouget et de l'oblade sont attribuées au même scrupule religieux (χθονίων ἐστὶ θεῶν). La notice de Porphyre, *V. P.*, 45, dérive aussi d'Aristote.

Aristoxène convenait (Jamblique, *V. P.*, 98) que les Pythagoriciens, ses amis, admettaient rarement des poissons sur leur table ; mais, selon sa coutume, il néglige la signification religieuse de cette abstinence pour l'attribuer à des raisons d'hygiène. Sur la question des fèves, son opinion est plus étrange encore et en contradiction avec le reste de la tradition. Il soutenait, en effet, que c'était l'un des légumes préférés de Pythagore (Aulu-Gelle, IV, 11). L'origine de ces divergences

---

([1]) Cf. encore *Qu. conv.*, II, 3, 1 ; IV, 5, 2, et VIII, 8.

doit être cherchée dans la diversité des règles des nombreuses sectes pythagoriciennes qui existaient au Ve et au IVe siècle.

Ces restrictions du régime alimentaire étaient expliquées allégoriquement par certains auteurs : pour le cœur, voir dans les symboles du § 18; pour les fèves, Ps-Plutarque, *Ed. puer.*, 17; Hippolyte, *Adv. haer.*, VI, 27, etc.; pour le rouget, Jamblique, *Protrept.*, 21; pour l'oblade, Androcyde dans Tryphon (*Rh. gr.*, III, 193); Ps-Plut., *l. c.*; Jamblique, *l. c.*; pour les poissons d'une façon générale, Plutarque, *Qu. conv.*, VIII, 8; Athénée, VII, 308 C; Eustathe, *In Odyss.*, μ, p. 1720, 31. Les abstinences avaient donc été enveloppées dans le système général d'interprétation allégorique des ἀκούσματα. Il est clair cependant qu'elles furent primitivement observées à la lettre, comme des tabous alimentaires.

Le reste du chapitre (§ 19 et § 20), composé de notes détachées et assez disparates (régime, costume, habitudes, pratiques religieuses), est un remaniement de la description qu'Aristoxène avait laissée de la vie pythagorique. Comme c'est l'habitude dans les compilations, la source ne se trouve citée qu'à la fin de l'exposé, à propos d'un détail; l'origine des autres notices resterait mystérieuse, si les passages parallèles ne fournissaient la matière de comparaisons instructives. Un second procédé, dont nous avons déjà signalé l'emploi ci-dessus, consiste à rapporter à Pythagore ce qui, dans le texte original, était donné comme une pratique des Pythagoriciens. Enfin, une nouvelle particularité des méthodes du compilateur est qu'il remanie le texte qu'il copie, en adoptant, sur différents points, des opinions diamétralement opposées à celle de sa source, sans signaler la contradiction. Ce travail de démarquage est un échantillon remarquable de la manière de Diogène et il caractérise, en général, l'érudition de l'époque alexandrine et impériale. Aussi ce chapitre mérite-t-il une étude détaillée.

1. Ἐνίοτε δ' αὐτὸν ἀρκεῖσθαι μέλιτι μόνῳ φασί τινες ἢ κηρίῳ ἢ ἄρτῳ, οἴνου δὲ μεθ' ἡμέραν μὴ γεύεσθαι. Comparez Jamblique, *V. P.*, 97 (Aristoxène) : ἀρίστῳ δὲ ἐχρῶντο ἄρτῳ καὶ μέλιτι ἢ κηρίῳ, οἴνου δὲ

μεθ' ἡμέραν οὐ μετεῖχον. Le terme vague ἐνίοτε a remplacé l'expression précise ἀρίστῳ des sources. Diogène, en outre, laisse croire que Pythagore mangeait tantôt du pain, tantôt du miel seul. Aristoxène réunit ces deux aliments (cf. encore Athénée, II, p. 47 A). Porphyre, *V. P.*, 34, commet la même erreur que Diogène.

2. ὄψῳ τε τὰ πολλὰ λαχάνοις ἐφθοῖς τε καὶ ὠμοῖς, τοῖς δὲ θαλαττίοις σπανίως correspond à Aristoxène, *ibid.*, 98 : χρῆσθαι δὲ δείπνῳ καὶ οἴνῳ καὶ μάζῃ καὶ ἄρτῳ καὶ ὄψῳ καὶ λαχάνοις ἐφθοῖς τε καὶ ὠμοῖς· παρατίθεσθαι δὲ κρέα ζῴων θυσίμων ἱερείων· τῶν δὲ θαλασσίων ὄψων σπανίως χρῆσθαι. Cf. Porphyre, *V. P.*, 34, qui ne parle pas des poissons. Dans Diogène, la mention de la viande (ὄψον et κρέατα) a été omise à dessein parce que le compilateur admet l'abstinence complète, comme on le verra plus loin.

3. στολὴ δὲ αὐτῷ λευκή, καθαρά = Id., *ibid.*, 100 et 149.

4. καὶ στρώματα λευκὰ ἐξ ἐρίων· τὰ γὰρ λινᾶ οὔπω εἰς ἐκείνους ἀφῖκτο τοὺς τόπους. Cf. Id., *ibid.*, 100 (et 149) : εἶναι δὲ τὰ στρώματα ἱμάτια λινᾶ· κωδίοις γὰρ οὐ χρῆσθαι. Ici, le compilateur a rejeté, pour des raisons archéologiques, la tradition d'Aristoxène, admise par Apulée, *Apol.*, 56, et Philostrate, *Vit. Apol.*, I, 32, 2 (cf. Hérodote, II, 81, pour les usages funéraires).

5. οὐδὲ πώποτε ἐγνώσθη οὔτε διαχωρῶν οὔτε ἀφροδισιάζων οὔτε μεθυσθείς. Cette note manque dans nos fragments d'Aristoxène, mais elle est bien dans le goût des Πυθαγορικαὶ Ἀποφάσεις. Les parallèles doivent être cherchés ailleurs : Diodore, X, 5, 2; Clément, *Strom.*, III, 24; St Jérôme, *Adv. Jovin.*, II, 14 et 38. Les deux premiers traits sont destinés, à mon avis, à distinguer l'idéal purement pythagoricien des amis d'Aristoxène, des coutumes relâchées de certains pythagoriciens cyniques.

6. ἀπείχετο καταγέλωτος καὶ πάσης ἀρεσκείας κτλ. = Aristoxène, dans Jamblique, *V. P.*, 171 : δυσφημίας δὲ πάσης καθαρεύειν τῆς τε σχετλιαστικῆς καὶ τῆς μαχίμου καὶ τῆς λοιδορητικῆς καὶ τῆς φορτικῆς.

7. ὀργιζόμενός τε οὔτε οἰκέτην ἐκόλαζεν οὔτε ἐλεύθερον οὐδένα = Aristoxène, *ibid.*, 197 : λέγεται ... ὡς οὔτε οἰκέτην ἐκόλασεν

οὐδεὶς αὐτῶν ὑπὸ ὀργῆς ἐχόμενος οὔτε τῶν ἐλευθέρων ἐνουθέτησέ τινα. Diogène a omis un mot intéressant : ἐνουθέτησε, qui devait être dans ses sources, car il passe aussitôt à cette notion.

8. ἐκάλει δὲ τὸ νουθετεῖν πελαργᾶν.

Toute la tradition manuscrite, y compris Σ, lit ici πελαργᾶν (πελάργαν P¹). Les seuls passages parallèles sont Suidas, s. v. πελαργᾶν, et Jamblique, V. P., 101, 231 et 197 (Aristoxène), où on lit, respectivement : παιδαρτάσεις, πεδαρτάσεις (le substantif), et παιδαρτᾶν. Scaliger conjecturait παιδαρτύσεις. Hemsterhuis, Schäfer, Cobet et Nauck rétablissent πεδαρτᾶν et πεδαρτάσεις. Schäfer y reconnaissait une forme dorienne : πεδ (= μετ) — ἀρτᾶν, et expliquait par μεθαρμόζειν.

L'explication donnée par Jamblique, V. P., 197, n'est pas très claire : « Aucun Pythagoricien... ne réprimanda jamais une personne de condition libre quand il était en colère; mais il attendait (ἀνέμενεν) le retour de la raison. Ils donnaient au fait de réprimander le nom de παιδαρτᾶν, car ils pratiquaient l'attente (ἀναμονή), en gardant le silence et le calme ».

L'explication vise moins à caractériser la façon dont l'admonestation était faite qu'à montrer l'attitude du maître pendant la réprimande, comme si παιδαρτᾶν (ou πεδαρτᾶν) s'appliquait, non à l'action même de réprimander, mais à l'effort que le supérieur devait faire sur lui-même pour se mettre en état de corriger son élève. Par conséquent, s'il fallait lire πεδαρτᾶν et considérer le mot comme l'équivalent de μεθαρμόζειν (= arranger d'une autre manière : le passif de ἀρτᾶν a, dans Hérodote au moins, le sens de ἀρτύεσθαι), le mot signifierait, d'après le texte de Jamblique, non pas changer le sentiment de l'enfant (qui a commis une faute), mais changer son propre état d'âme avant de réprimander. Dans ce cas, on peut s'étonner que le verbe ne soit pas employé à la voix moyenne.

Il n'est pas facile de déterminer avec certitude quelle leçon il faut adopter dans le texte de Diogène. Il me paraît plus prudent de conserver la tradition unanime des manuscrits. N'est-il pas vraisemblable qu'un auteur aussi peu averti que lui a lu et écrit

ΠΕΛΑΡΓΑΝ? Il serait d'ailleurs bien excusable, puisqu'il s'agit, en l'espèce, d'un ἅπαξ, sur l'orthographe duquel il était difficile de se renseigner.

9. μαντικῇ τε ἐχρῆτο τῇ διὰ τῶν κληδόνων τε καὶ οἰωνῶν, ἥκιστα δὲ διὰ τῶν ἐμπύρων, ἔξω τῆς διὰ λιβάνου. Le seul texte parallèle que nous puissions tirer de Jamblique provient, lui aussi, d'un remaniement (cf. la mention des classes de la Société, au § 150) : 149 : προσεῖχε δὲ καὶ φήμαις καὶ μαντείαις καὶ κληδόσιν καὶ ὅλως πᾶσι τοῖς αὐτομάτοις; 150 : ἐπέθυε δὲ θεοῖς λίβανον. Cf. 98 : γίνεσθαι σπονδάς τε καὶ θυσίας θυημάτων τε καὶ λιβανωτοῦ, et Porphyre, *V. P.*, 36.

La note signifie que Pythagore ne pratiquait pas la divination par l'examen des entrailles des victimes; évidemment parce que, selon l'auteur, il ne sacrifiait pas d'animaux. Aëtius, V, 1, 3 (μόνον τὸ θυτικὸν οὐκ ἐγκρίνει : cf. Ps-Galien, *Hist. phil.*, 30, où οὐκ ἀνῄρει provient d'une confusion), partage cet avis. Hippolyte, *Adv. haer.*, I, 25, 2, et Jamblique, *V. P.*, 93 et 147, connaissent une méthode de divination par les nombres dont on a retrouvé des exemples dans les manuscrits magiques ([1]).

10. θυσίαις τε ἐχρῆτο ἀψύχοις· οἱ δέ φασιν ὅτι ἀλέκτορσι μόνον καὶ ἐρίφοις καὶ γαλαθηνοῖς τοῖς λεγομένοις ἁπαλίαις, ἥκιστα δὲ ἀρνάσιν. Voici ce que le texte d'Aristoxène offrait au compilateur, d'après la citation qui suit (μόνον δ'ἀπέχεσθαι βοὸς ἀροτῆρος καὶ κριοῦ) et d'après Athénée, X, 418 E; Jamblique, *V. P.*, 98, et Aulu-Gelle, IV, 11 : Pythagore permettait de manger toute espèce d'animaux, sauf le bœuf laboureur et le bélier; quant à lui, il avait une préférence marquée pour les porcelets et les chevreaux. Selon Porphyre, *V. P.*, 36, il sacrifiait quelquefois des poulets et des porcelets. D'après le remaniement de Jamblique, *V. P.*, 150, il permettait aux disciples de rang inférieur de sacrifier un coq,

---

([1]) TANNERY, *Notices et Extraits*, XXXI, 2 (1886), pp. 248 et suiv.; DESROUSSEAUX, *Mélanges d'Archéologie et d'Histoire* (ÉC. FR. DE ROME, VI [1886], pp. 534 et suiv.); CATALOGUS COD. ASTROL. GR., VII, p. 21, etc.

un agneau ou quelque autre jeune animal, point de bœuf. On voit que le compilateur a adopté un point de vue entièrement opposé à l'opinion de sa source. Il en a fait une variante anonyme, sans en respecter d'ailleurs la teneur : μόνον remplace τὰ πολλά; ἥκιστα est en contradiction avec Jamblique, *V. P.*, 150, mais il est d'accord avec ἀπέχεσθαι κριοῦ. Il se pourrait, d'ailleurs, que l'auteur de Jamblique y ait mis du sien.

Le remaniement paraît être l'œuvre d'un compilateur qui corrigeait Aristoxène par Timée. J'ai montré plus haut que les Pythagoriciens de Timée rejetaient les sacrifices sanglants (cf. encore Plutarque, *Numa*, VIII, 10 ; Jamblique, *V. P.*, 25, 54, 108; Épiphane, *Adv. haer.*, I, 1) et l'alimentation carnée et interdisaient l'usage du vin (Jamblique [Apollonius], *V. P.*, 13 et 69). Je ne connais pas l'origine de la note qui concerne l'emploi de la laine : elle est en contradiction consciente avec le reste de la tradition.

Timée paraît avoir été l'un des rares auteurs du IVe siècle qui n'aient pas admis que les Pythagoriciens tuaient des animaux, soit pour les sacrifices, soit pour l'alimentation. Eudoxe (Porphyre, *V. P.*, 7) et Onésicrite (Strabon, XV, 716) ainsi que les poètes de la comédie moyenne (cf. *infra*, §§ 36-38) suivent, il est vrai, une tradition analogue ; mais Timée est le seul biographe érudit chez qui cette doctrine soit systématiquement exposée. Tel n'est pas l'avis d'Aristote (Jamblique, *V. P.*, 85), selon qui les Pythagoriciens sacrifiaient et mangeaient des animaux en qui n'entrait pas l'âme humaine, au cours de ses transmigrations ; ni d'Aristoxène (*ibid.*, 98, cf. Porphyre, *De abst.*, II, 28; Photius, *Cod.* 249, p. 438 B), d'après qui les Pythagoriciens ne touchaient qu'aux chairs des victimes des sacrifices ; ni d'Héraclide Pontique (Porphyre, *De abst.*, I, 26), qui attribuait à Pythagore l'introduction de l'usage de la viande dans les gymnases. Dans ces opinions si variées, nous percevons comme un écho des querelles des sectes pythagoriciennes du IVe siècle.

§ 21. — Citation d'Hiéronyme de Rhodes : Pythagore étant descendu aux Enfers, y a vu les tourments infligés aux âmes d'Hésiode et d'Homère, en punition des fables immorales qu'ils avaient débitées sur les dieux ; il a assisté aussi au châtiment des hommes qui s'étaient dérobés pendant leur vie au devoir conjugal. Le biographe ajoute naïvement que les femmes de Crotone, au récit de cette aventure, comblèrent d'honneurs Pythagore.

C'est là la plus ancienne mention de la légende d'une descente aux Enfers de Pythagore ; le poète comique Aristophon, qui est à peu près contemporain d'Hiéronyme, y fait aussi allusion (*infra*, § 38) et, un peu plus tard, Hermippe (*infra*, § 41) explique la croyance à ce miracle par une supercherie.

La description des récompenses et des châtiments de l'autre vie est un thème que les prédicateurs ont, de tout temps, aimé à développer. Les deux doctrines que Pythagore rapporte des Enfers, dans le récit d'Hiéronyme, trouvent un parallèle dans le reste de la tradition : Jamblique, *V. P.*, 48 (cf. 50), 132 et 218 ; mais, ici, la mise en scène est différente.

Diogène rapporte ensuite l'étymologie qu'Aristippe donnait du nom de Pythagore : ὅτι τὴν ἀλήθειαν ἠγόρευεν οὐχ ἧττον τοῦ Πυθίου. Jamblique, *V. P.*, 7 (Apollonius), l'explique d'une façon différente : ὅτι ἄρα ὑπὸ τοῦ Πυθίου προηγορεύθη αὐτῷ (sc. τῷ πατρί). Toutefois, les deux étymologies ont ceci de commun qu'elles établissent un rapport entre le nom de Pythagore et le culte d'Apollon Pythien, comme certains récits merveilleux de la Tradition de l'École (*supra*, p. 170).

L'Étymol. magnum (cod. Vindob.), *s. v.* Πυθαγόρας, propose une autre étymologie encore : παρὰ τὸ πύθω — τὸ ἐρωτῶ — καὶ τὸ ἀγορῶ — τὸ λέγω. ἐρωτώμενος γὰρ μόνον, ἔλεγεν. Elle présente Pythagore dans le rôle d'un oracle.

8. Dans les §§ 22-24, l'auteur a rassemblé des préceptes pythagoriciens de nature fort différente. Par la disparate des notices, le décousu des idées, l'asyndète des phrases, le morceau rappelle assez les §§ 19-20. Le travail de rédaction y a été réduit au minimum, ce qui en rend la compréhension malaisée.

Le texte débute par λέγεται παρεγγυᾶν et, comme toutes les propositions qui suivent restent à l'infinitif, on peut en déduire qu'elles ont une commune origine. Il semble que Diogène, ou l'un de ses auteurs, après avoir dépouillé l'une ou l'autre de ses sources, a jeté ses notes dans ce casier, sans prendre la peine de les répartir, selon leur sujet, dans les diverses sections de la biographie. Peut-on retrouver le nom de l'auteur ou des auteurs dont les ouvrages ont fourni la matière de cette étrange moisson?

Rohde, après avoir relevé d'abord (*Rh. Mus.*, 1872, p. 28) [1] des traces des *Histoires* de Timée, y reconnaît, dans une étude postérieure (*Gr. Roman*, p. 253, n. 3), un extrait d'Aristote. Mais cette hypothèse ne résiste pas à l'examen : plusieurs notices, comme l'interdiction des sacrifices sanglants (cf. Jamblique, *V. P.*, 85), ne peuvent provenir d'Aristote; une autre présente un commentaire de l'abstinence des fèves qui est tout différent de celui d'Aristote (*infra*, § 34).

Selon Diels (*Archiv*, III, p. 470), Diogène aurait réuni ici des notes extraites du παιδευτικόν, l'apocryphe cité au § 9. Il fait valoir des concordances avec les fragments d'Aristoxène, la source habituelle du faussaire, et relève, dans la langue, des traces de dialecte ionien (σίνεσθαι, ὁδοιπορίης). Mais on peut objecter que deux notes de la collection, σφάγια θεοῖς προσφέρειν κωλύειν et κυάμων ἀπέχεσθαι, ne proviennent pas d'Aristoxène (cf. Aulu-Gelle, IV, 11). En outre, la présence d'un fragment poétique (πῆ παρέβην κτλ.) dans un ouvrage en prose tel que le παιδευτικόν serait difficile à expliquer.

Conformément à son principe, qui consiste à rapporter à Androcyde tout vestige de dialecte ionien (cf. *supra*, pp. 167 et 181), Corssen (*Rh. Mus.*, 1912, pp. 255 et suiv.) suppose ici

---

[1] *Kleine Schriften*, II, pp. 133 et suiv.

un nouvel extrait du περὶ συμβόλων; mais il accorde que c'est là une pure hypothèse.

En face de ces divergences d'opinion, il me paraît nécessaire de passer en revue les notices pour étudier le sens, les parallèles et l'origine de chacune d'elles.

1. Pythagore recommande à ses disciples de réciter ce vers, tous les jours, en rentrant chez eux : πῆ παρέβην; τί δ' ἔρεξα; τί μοι δέον οὐκ ἐτελέσθη; Cette note est relative à l'examen de conscience auquel les Pythagoriciens se livraient chaque jour. Selon Timée (Jamblique, *V. P.*, 256), non seulement ils pratiquaient cet exercice au soir, mais chaque matin encore ils procédaient à un autre examen où ils traçaient le plan des occupations de la journée. Cette remarque permet de rapporter encore à Timée quatre autres vers que cite Porphyre, *V. P.*, 40, et qui complètent la notice. J'ai montré ailleurs ([1]) qu'il faut les rattacher à l' Ἱερὸς Λόγος.

2-3. σφάγιά τε θεοῖς προσφέρειν κωλύειν et son complément μόνον δὲ τὸν ἀναίμακτον βωμὸν προσκυνεῖν dérivent, comme nous l'avons vu (pp. 175 et suiv.), du même auteur. La première note est empruntée à un discours que Pythagore prononça à son arrivée à Crotone (Jamblique, *V. P.*, 54).

4-7. C'est de la même série de discours que sont extraits les préceptes suivants : μηδὲ ὀμνύναι θεούς ... τούς τε πρεσβυτέρους τιμᾶν δεῖν ... θεοὺς μὲν δαιμόνων προτιμᾶν ... ἀλλήλοις τε ὁμιλεῖν..., avec les commentaires qui les accompagnent (Jamblique, *V. P.*, 47, 37, 40). Les parallèles tirés d'autres auteurs ne manquent pas, mais des concordances textuelles en rendent certaine l'attribution à Timée.

8. ἴδιόν τε μηδὲν ἡγεῖσθαι : déjà rapporté à Timée, au § 10.

9-10. νόμῳ βοηθεῖν, ἀνομίᾳ πολεμεῖν et φυτὸν ἥμερον μήτε φθίνειν μήτε σίνεσθαι κτλ. Ces deux préceptes font partie des recommandations adressées tous les soirs à la société par le membre le

---

([1]) *Études sur la Littérature pythagoricienne*, p. 9.

plus âgé. J'y ai reconnu, dans une autre étude ([1]), des formules stéréotypées (Jamblique, *V. P.*, 99, 175, 223; Porphyre, *V. P.*, 38 et 39), issues de l' Ἱερὸς Λόγος : de là le mot σίνεσθαι.

11-13. αἰδῶ καὶ εὐλάβειαν εἶναι μήτε γέλωτι κατέχεσθαι μήτε σκυθρωπάζειν. — φεύγειν σαρκῶν πλεονασμόν. — ὁδοιπορίης ἄνεσιν καὶ ἐπίτασιν ποιεῖσθαι. Dans un extrait d'Aristoxène (Jamblique, *V. P.*, 196), on peut signaler des concordances avec les deux premiers préceptes. Quant au troisième, il est isolé dans la tradition. La même antithèse des mots « tension » et « relâchement » reparaît dans Jamblique, *V. P.*, 224, appliquée à l'action de la musique sur les passions.

14-15. μνήμην ἀσκεῖν = Aristoxène dans Jamblique, *V. P*, 164-165; Timée, *ibid.*, 256. — ἐν ὀργῇ μήτε τι λέγειν μήτε πράσσειν : cf. *supra*, § 20 (Aristoxène).

16. μαντικὴν πᾶσαν τιμᾶν est en contradiction avec la note du § 20; aussi a-t-on voulu ajouter < οὐ > devant πᾶσαν. C'est sans doute une erreur de transcription de Diogène, qui a résumé par le mot πᾶσαν diverses espèces de mantique, sans songer qu'il y englobait la divination extispiciale.

17. ᾠδαῖς χρῆσθαι πρὸς λύραν κτλ. = Aristoxène dans Jamblique, *V. P.*, 111-112, 149 (remaniement); Porphyre, *V. P.*, 38.

18. Interdiction de manger des fèves. Deux raisons sont invoquées. La première est d'ordre religieux : διὰ τὸ... μάλιστα μετέχειν τοῦ ψυχικοῦ; l'autre, d'ordre plutôt médical : cette alimentation trouble les fonctions digestives et procure des songes agités.

La première est expliquée par un vers de l' Ἱερὸς Λόγος souvent cité : ἶσόν τοι κυάμους τε φαγεῖν κεφαλάς τε τοκήων ([2]). La seconde est reproduite par une foule d'auteurs dont les textes n'apportent pas d'élément nouveau. La juxtaposition de ces deux sortes d'interprétation, religieuse et rationaliste, rappelle le commentaire sur l'abstinence de viande (§ 13). Dans le chapitre XXIV de Jamblique (106-109), où les notices de Timée sont com-

---

([1]) *Études*, p. 13.
([2]) *Études*, pp. 23, 36 et suiv.

binées avec celles d'Aristote, les mêmes raisons sont invoquées pour expliquer la répulsion ou la préférence de Pythagore pour telle ou telle nourriture. Serait-il trop hardi de conjecturer dans le texte de Diogène, qui ne peut être rapporté ni à Aristoxène ni à Aristote, un emprunt à Timée?

Résumons les conclusions de notre étude comparative. Ce chapitre est formé de notes de lecture prises par moitié à Aristoxène, par moitié à Timée, rédigées à la hâte et rassemblées sans ordre. Un certain nombre proviennent indirectement de l' Ἱερὸς Λόγος.

9. Les §§ 25 à 33 sont formés par un exposé de doctrines pythagoriciennes qu'Alexandre Polyhistor a empruntées à des Πυθαγορικὰ ὑπομνήματα. Ces extraits, qu'on attribue généralement, depuis Zeller, au néo-pythagorisme, n'ont jamais été étudiés, malgré leur importance capitale pour l'histoire philosophique [1]. J'ai l'intention d'éclaircir tout d'abord un texte qui présente de nombreuses difficultés d'interprétation; ensuite de montrer par des rapprochements tirés de la littérature présocratique et spécialement pythagoricienne, l'ancienneté des problèmes qui sont discutés ici et le caractère pythagoricien de la plupart des doctrines qui y sont exposées.

1. Doctrine des nombres.

Nos auteurs semblent ramener tout à la monade primitive; mais ils ajoutent que la dyade formée de la monade doit être tenue pour une seconde ἀρχή : la première est considérée comme la cause agissante, l'autre comme la matière. La même doctrine est exposée à peu près dans les mêmes termes par Aëtius, I, 3, 8 : (Diels, *Vors.*, I³, p. 349, 23) : πάλιν δὲ τὴν μονάδα καὶ τὴν ἀόριστον

---

[1] Je n'ai eu connaissance de l'article de WELLMANN : *Eine Pythagoreische Urkunde des IV Jahrh. v. Chr.* (*Hermes*, 1919, pp. 225-248), qu'après la rédaction de ces pages. Ce critique revendique les extraits d'Alexandre pour un document authentiquement pythagoricien : il cherche à prouver qu'ils sont tirés de l'œuvre d'un disciple de Philolaos, qui serait, peut-être bien, Xénophile. On pourra se rendre compte que mon etude ne fait pas double emploi avec l'article, si instructif par certains côtés, de Wellmann.

δυάδα ἐν ταῖς ἀρχαῖς· σπεύδει δὲ αὐτῷ (τῷ Πυθαγόρᾳ) τῶν ἀρχῶν ἡ μὲν ἐπὶ τὸ ποιητικὸν αἴτιον καὶ εἰδικὸν ὅπερ ἐστὶ νοῦς ὁ θεός, ἡ δὲ ἐπὶ τὸ παθητικόν τε καὶ ὑλικόν, ὅπερ ἐστὶν ὁ ὁρατὸς κόσμος.

Certains Pythagoriciens n'admettent qu'un principe (la monade), d'autres, deux principes (la monade et la dyade indéterminée). Selon les apparences, ces deux théories se sont accommodées et fondues dans le texte de Diogène. Voici l'explication de ces divergences d'opinion, selon Eudore, dans Simplicius, *In Phys.*, 39 a, p. 181, 10 : κατὰ τὸν ἀνωτάτω λόγον φατέον τοὺς Πυθαγορικοὺς τὸ ἓν ἀρχὴν τῶν πάντων λέγειν, κατὰ δὲ τὸν δεύτερον λόγον δύο ἀρχὰς τῶν ἀποτελουμένων εἶναι, τό τε ἓν καὶ τὴν ἐναντίαν τούτῳ φύσιν ... ὥστε ὡς μὲν ἀρχὴ τὸ ἕν, ὡς δὲ στοιχεῖα τὸ ἓν καὶ ἡ ἀόριστος δυὰς ἀρχαί, ἄμφω ἓν ὄντα πάλιν, καὶ δῆλον ὅτι ἄλλο μέν ἐστιν ἓν ἡ ἀρχὴ τῶν πάντων, ἄλλο δὲ ἓν τὸ τῇ δυάδι ἀντικείμενον, ὃ καὶ μονάδα καλοῦσιν.

Certains Pythagoriciens, visés par Théophraste, *Met.*, 33 (*Vors.*, I³, p. 349, 14), avaient établi une opposition entre la monade et la dyade indéterminée : καθάπερ ἀντίθεσίν τινα ποιοῦσιν τῆς ἀορίστου δυάδος καὶ τοῦ ἑνός, ἐν ᾗ καὶ τὸ ἄπειρον καὶ τὸ ἄτακτον καὶ πᾶσα ὡς εἰπεῖν ἀμορφία καθ' αὑτήν. La même distinction entre la monade, cause agissante et divine, et la dyade indéterminée, principe matériel, reparaît dans les traités d'Arithmologie : Nicomaque (Photius, *Cod.* 187, p. 143 A), Anatolius, περὶ δεκάδος (éd. Heiberg, pp. 5 et 6), Théol. Arithm., pp. 4 et 7. La source commune de ces textes date au moins du IVe siècle. Cette doctrine est exposée encore avec clarté par plusieurs doxographes : Modératus dans Porphyre, *V. P.*, 49 s.; Antonius Diogène, *ibid.*, 38; Épiphane, *Adv. haer.*, III, 2, 9; Ps-Justin, *Coh.*, 19; Ps-Galien, *Hist. phil.*, 35, 251; Irénée, *Adv. haer.*, II, 14, 6; Ps-Plutarque, *Vit. Hom.*, 145; Jamblique, *In Nic. arithm.*, p. 74; Proclus, *In Remp.*, I, p. 97, K.

Les termes employés par Hippolyte, *Adv. haer.*, VI, 23, pour caractériser ces deux principes sont particulièrement aptes à éclaircir le texte de Diogène : Πυθαγόρας τοίνυν ἀρχὴν τῶν ὅλων ἀγέννητον ἀπεφήνατο τὴν μονάδα, γεννητὴν δὲ τὴν δυάδα καὶ πάντας τοὺς ἄλλους ἀριθμούς. καὶ τῆς μὲν δυάδος πατέρα φησὶν εἶναι τὴν μονάδα, πάντων δὲ τῶν γεννωμένων μητέρα δυάδα, γεννητὴν γεννητῶν (¹).

D'après Numénius (dans Chalcidius, *In Tim.*, 193), la doctrine qui fait éclore la dyade de la monade est celle d'une partie seulement des Pythagoriciens. Sextus Empiricus, qui développe longuement (*Adv. math.*, X, 249-284, cf. *Pyrrh.*, III, 152-157) la doctrine résumée par Alexandre Polyhistor, distingue nettement cette théorie des deux ἀρχαί, de celle qui n'admet qu'un principe, le point, dont sortent tous les éléments géométriques : (281) τινὲς δ' ἀπὸ ἑνὸς σημείου τὸ σῶμά φασι συνίστασθαι· τουτὶ γὰρ τὸ σημεῖον ῥυὲν γραμμὴν ἀποτελεῖν, τὴν δὲ γραμμὴν ῥυεῖσαν ἐπίπεδον ποιεῖν, τοῦτο δὲ εἰς βάθος κινηθὲν τὸ σῶμα γεννᾶν τριχῇ διαστατόν. (282) διαφέρει δὲ ἡ τοιαύτη τῶν Πυθαγορικῶν στάσις τῆς τῶν προτέρων (ceux dont les doctrines ont été rapportées précédemment [261-280])· ἐκεῖνοι μὲν γὰρ ἐκ δυοῖν ἀρχῶν, τῆς τε μονάδος καὶ τῆς ἀορίστου δυάδος, ἐποίουν τοὺς ἀριθμούς, εἶτ' ἐκ τῶν ἀριθμῶν τὰ σημεῖα καὶ τὰς γραμμὰς τά τε ἐπίπεδα σχήματα καὶ τὰ στερεά· οὗτοι δὲ ἀπὸ ἑνὸς σημείου τὰ πάντα τεκταίνουσιν κτλ. Les auteurs d'Alexandre développent donc le point de vue de l'une de ces στάσεις. L'Anonyme de Photius (*Cod.* 249, p. 439 A.) expose successivement les deux systèmes, sans faire ressortir leur opposition. Ajoutons encore que les Pythagoriciens cités par Aristote, *Met.*, Z, 2, p. 1028 *b* 16 et N, 3, p. 1090 *b* 5 (*Vors.*, I³, p. 351, 23 et 27), paraissent avoir défendu la seconde de ces théories : δοκεῖ δέ τισι τὰ τοῦ σώματος πέρατα, οἷον ἐπιφάνεια καὶ γραμμὴ καὶ στιγμὴ καὶ μονάς, εἶναι οὐσίαι, καὶ μᾶλλον ἢ τὸ σῶμα καὶ τὸ στερεόν, et : εἰσὶ δέ τινες οἳ ἐκ τοῦ πέρατα εἶναι καὶ ἔσχατα τὴν στιγμὴν μὲν γραμμῆς, ταύτην δ' ἐπιπέδου, τοῦτο δὲ τοῦ στερεοῦ, οἴονται εἶναι ἀνάγκην τοιαύτας φύσεις εἶναι.

2. **Les formes géométriques.**

Diogène continue en exposant la formation des corps géomé-

(¹) Hippolyte appuie cette doctrine d'une comparaison avec les théories de Zaratas (Zoroastre), le maître de Pythagore : c'est un emprunt au περὶ φύσεως (pythagoricien) attribué au mage. Cf. ci-dessus, p. 161.

triques, qui constituent l'armature des corps sensibles et des éléments. La formation des solides au moyen des surfaces, de celles-ci au moyen des lignes, des lignes par les points est une théorie fréquemment développée dans la géométrie ancienne et dans l'arithmologie et la philosophie pythagoriciennes. Déjà elle est attribuée aux Pythagoriciens cités par Speusippe, (Théol. arithm., p. 62). Elle se confond sensiblement avec celle de la seconde στάσις pythagoricienne distinguée par Sextus ([1]) : le point de départ seul est différent. Dans la plupart de ces extraits, les premiers nombres sont dits correspondre aux éléments géométriques (1 est le point, 2, la ligne, 3, la surface, 4, le solide); ceux-ci sortent les uns des autres à la façon des premiers nombres. La formule employée par Diogène n'est pas très claire : ἐκ τῶν ἀριθμῶν τὰ σημεῖα, « des nombres sortent les points ». Le singulier (« du nombre 1 se forme le point ») eût été plus exact et eût mieux concordé avec les exposés des autres doxographes. Il faut expliquer, sans doute, cette divergence par l'habitude, propre à l'arithmétique pythagoricienne, de représenter les chiffres par des points disposés en constructions géométriques. La même méthode rend compte de la doctrine qui fait dériver les éléments géométriques des premiers nombres : les unités du nombre trois sont disposées en triangle, le nombre quatre représente les quatre angles de la pyramide triangulaire, le plus simple des solides.

3. Les éléments et leur transmutation.

La théorie des éléments nous est connue par un fragment de Philolaos, 12 (*Vors.*, I[3], p. 314, 12) : καὶ τὰ μὲν τᾶς σφαίρας σώματα πέντε ἐντί, τὰ ἐν τᾷ σφαίρᾳ πῦρ < καὶ > ὕδωρ καὶ γᾶ καὶ ἀήρ, καὶ ὁ τᾶς σφαίρας ὁλκὰς πέμπτον. Les derniers mots de cet extrait sont expliqués pas cette notice d'Aëtius (=Théophraste), II, 6, 3, (*Vors.*, I[3], p. 306, 6) : ... ἐκ δὲ τοῦ δωδεκαέδρου τὴν τοῦ παντὸς

---

[1] Cf. les auteurs cités ci-dessus à propos du rôle de la monade et de la dyade. On peut y joindre : HIPPOLYTE, *Adv. haer.*, IV, 51 ; MACROBE, *In Somn. Scip.*, I, 5, 12 ss., et I, 6, 35 ; PROCLUS, *In Tim.*, II, p. 223 e.

σφαῖραν. Que les ouvrages pythagoriciens utilisés par Aristote aient admis aussi la théorie des éléments, c'est ce que prouve cette note, *Met.*, A, p. 986 *a* 4, où le mot στοιχεῖα désigne bien les éléments matériels ([1]) : ἐοίκασι ὡς ἐν ὕλης εἴδει τὰ στοιχεῖα τάττειν· ἐκ τούτων γὰρ ὡς ἐνυπαρχόντων συνεστάναι καὶ πεπλάσθαι φασὶ τὴν οὐσίαν, et une autre, p. 987 *a* 2 ([2]).

Certains passages des doxographes attribuent aux Pythagoriciens la doctrine de quatre éléments : Aëtius, II, 6, 3, I, 14, 2, et I, 15, 3; cf. Lucien, *Vit. auct.*, 4; Ovide, *Met.*, XV, 237; Vitruve, *De arch.*, II, 2 et VIII, 1. D'autres y ajoutent un cinquième élément, l'éther : Aëtius, IV, 9, 10 et II, 6, 2. Nous verrons plus loin que les extraits d'Alexandre mentionnent également l'αἰθήρ, mais ce mot, auquel est accolé chaque fois un adjectif différent, désigne l'un ou l'autre des quatre éléments.

Notons que les Pythagoriciens d'Alexandre négligent ou ignorent le cinquième « corps » dont parle Philolaos. D'autre part, le mot employé ici pour désigner les éléments, στοιχεῖα, prouverait que ces Pythagoriciens sont tout au plus des contemporains de Platon ([3]) : Philolaos appelle encore les éléments σώματα. Mais il est possible que la terminologie des sources n'ait pas été fidèlement gardée par Alexandre. On constate souvent ce défaut dans la doxographie ancienne : ainsi Aëtius emploie le mot στοιχεῖα dans son exposé des doctrines de Philolaos (*Vors.*, I[3], p. 306, 15).

La doctrine de la transmutation des éléments (ἃ μεταβάλλειν καὶ τρέπεσθαι δι' ὅλων) est commune à tous les philosophes présocratiques ou à peu près ([4]). Elle n'est pas étrangère au Pythagorisme. Voici d'abord un fragment de Philolaos où elle me paraît implicitement contenue (*Vors.*, I[3], p. 306, 17) ... τὸ δ' ὑπὸ

([1]) GILBERT, *Aristoteles' Urteile über die pyth. Lehre*, — *Archiv für Gesch. der Phil.*, XXII (1909), p. 152.

([2]) GILBERT, *ibid.*, p. 153. Cf. ARISTOTE, *Mét.*, A, p. 990 *a* 16.

([3]) WELLMANN. *loc. cit.*, p. 228.

([4]) W. HEIDEL, *Qualitative Change in Pré-socratic Philosophy*, dans l'*Archiv*, XIX (1906), pp. 333-379.

τούτοις ὑποσέληνόν τε καὶ περίγειον μέρος, ἐν ᾧ τὰ τῆς φιλομεταβόλου γενέσεως, οὐρανόν (1). Les doxographes sont plus explicites : Aëtius, I, 9, 2 : οἱ ἀπὸ Θάλεω καὶ Πυθαγόρου καὶ οἱ Στωικοὶ τρεπτὴν καὶ ἀλλοιωτὴν καὶ μεταβλητὴν καὶ ῥευστὴν ὅλην δι' ὅλης τὴν ὕλην. Cf. Ps-Galien, *Hist. phil.*, 10. Dans les passages, cités plus haut, d'Ovide, de Lucien et de Vitruve, cette théorie est liée intimement à la doctrine des quatre éléments. On peut y joindre des notes de Macrobe, *In Somn. Scip.*, I, 6, 36; Servius, *In Aen.*, VI, 724, et St Basile, *Hom. IV in Hex.*, 5.

Comment expliquer, en face de ces témoignages, la notice d'Aristote, *Met.*, A, 8, p. 989 b 28 : ἐκ τίνος μέντοι τρόπου κίνησις ἔσται πέρατος καὶ ἀπείρου μόνον ὑποκειμένων καὶ περιττοῦ καὶ ἀρτίου, οὐθὲν λέγουσιν, ἢ πῶς δυνατὸν ἄνευ κινήσεως καὶ μεταβολῆς γένεσιν εἶναι καὶ φθορὰν ἢ τὰ τῶν φερομένων ἔργα κατὰ τὸν οὐρανόν ? Ce reproche ne s'adresse, probablement, qu'aux Pythagoriciens qui expliquaient par les seuls nombres la formation du monde.

4. Le κόσμος.

D'après certains doxographes, Pythagore aurait le premier attribué à l'Univers le nom de κόσμος : Aëtius, II, 1, 1; Jamblique, *V. P.*, 37 (Timée), 59, 162; Favorinus dans Diogène, VIII, 48; Ps-Galien, *Hist. phil.*, 10; Scholie de l'*Iliade*, Γ, 1; Photius, *Cod.* 249, p. 440 A. Toutefois, certains doxographes emploient déjà le terme κόσμος en décrivant le système astronomique d'Anaximandre (*Vors.*, I³, p. 16) (2). Dans la terminologie de Philolaos, κόσμος désigne la région supralunaire.

Le monde est considéré comme animé et spirituel, théorie qui est aussi celle du pythagoricien Ecphante (*Vors.*, I³, p. 340, 28) : κινεῖσθαι δὲ τὰ σώματα μήτε ὑπὸ βάρους μήτε πληγῆς ἀλλ' ὑπὸ θείας δυνάμεως, ἣν νοῦν καὶ ψυχὴν προσαγορεύει. τούτου μὲν οὖν τὸν κόσμον (je préférerais : τούτου μὲν οὖν τοῦ κόσμου) εἶναι ἰδέαν· δι' ὃ καὶ

---

(1) Cf. HIPPASE (*Vors.*, I⁵, p. 38, 9); Ps-Philolaos, fr. 21 (*Vors.*, p. 318, 21 ss.).

(2) Dans DIOGÈNE, VIII, 48, la citation de Théophraste ne se rapporte pas à l'invention du mot κόσμος, mais seulement à la doctrine de la rotondité de la terre, comme on peut en juger par IX, 21 (DIELS, *Doxogr. gr.*, p. 492, 7.)

σφαιροειδῆ ὑπὸ θείας δυνάμεως γεγονέναι. La doxographie nous présente plusieurs notices qui complètent et expliquent le résumé trop succinct de Diogène : Aëtius, IV, 7, 1; Plutarque, *Qu. plat.*, VIII, 4, 3; Sextus, *Adv. math.*, IX, 127 : ἓν γὰρ ὑπάρχειν πνεῦμα τὸ διὰ παντὸς τοῦ κόσμου διῆκον ψυχῆς τρόπον, τὸ καὶ ἑνοῦν ἡμᾶς πρὸς ἐκεῖνα; Cicéron, *De nat. deor.*, I, 11, 27: *censuit animum esse per naturam rerum omnem intentum et commeantem ex quo nostri animi carperentur*; cf. Servius, *Ad Aen.*, VI, 724. Il faut bien admettre que c'est là une doctrine de l'ancien Pythagorisme, si l'on veut comprendre la théorie de la respiration du monde, particulière aux Pythagoriciens que citent Aristote, *Phys.*, Δ, 6, p. 213 *b* 22, et Stobée, *Ecl.* I, 18, 1 *c* (*Vors.*, I[3], p. 354, 16). D'après Épiphane, *Adv. haer.*, I, 7 (*Doxogr.*, p. 589), Pythagore aurait même considéré le monde comme un dieu personnel : σῶμα δὲ λέγει εἶναι τὸν θεὸν τοῦτ' ἔστιν οὐρανόν, ὀφθαλμοὺς δὲ αὐτοῦ καὶ τὰ ἄλλα ὥσπερ ἐν ἀνθρώπῳ ἥλιον καὶ σελήνην καὶ τὰ ἄλλα ἄστρα καὶ τὰ κατ' οὐρανὸν στοιχεῖα ([1]).

La théorie de la sphéricité du κόσμος est attestée par un grand nombre de fragments pythagoriciens et de notes doxographiques : je renvoie surtout aux fragments 7 et 12 de Philolaos, au fragment d'Ecphante rapporté ci-dessus et à Aëtius, I, 15, 3.

En cet endroit, on s'attendrait à rencontrer le système astronomique qui est regardé, depuis Aristote, comme propre au Pythagorisme : la théorie du feu central, de l'antiterre, etc. Il est remarquable que nos extraits ne s'étendent pas sur la partie astronomique : cependant le peu qu'en dit Alexandre permet de juger que la théorie admise par ses auteurs est celle du géocentrisme.

Ce phénomène peut s'expliquer par plusieurs raisons. Il est possible que les ouvrages utilisés par Alexandre appartiennent à une période du Pythagorisme antérieure au développement des théories astronomiques décrites par Aristote. Mais on peut admettre aussi qu'ils n'ont pas subi l'influence de Philolaos et

---

([1]) Cf. Orphica, éd. Abel, fr. 123.

qu'ils marquent un retour à l'opinion commune que l'on observe encore chez certains philosophes du IVe siècle dépendant de l'École pythagoricienne ([1]).

La dernière des théories de ce chapitre : (γῆν) περιοικουμένην· εἶναι δὲ καὶ ἀντίποδας καὶ τὰ ἡμῖν κάτω ἐκείνοις ἄνω, me paraît admise aussi par les Pythagoriciens d'Aristote, si j'interprète bien ce passage du *De coelo*, B, 2, 285 *b* 22 : δῆλον τοίνυν ὅτι ὁ ἀφανὴς πόλος ἐστὶ τὸ ἄνω· καὶ οἱ μὲν ἐκεῖ οἰκοῦντες ἐν τῷ ἄνω εἰσὶν ἡμισφαιρίῳ καὶ πρὸς τοῖς δεξιοῖς· ἡμεῖς δ' ἐν τῷ κάτω καὶ πρὸς τοῖς ἀριστεροῖς, ἐναντίως ἢ ὡς οἱ Πυθαγόρειοι λέγουσιν· ἐκεῖνοι γὰρ ἡμᾶς ἄνω τε ποιοῦσι καὶ ἐν δεξιῷ μέρει, τοὺς δ' ἐκεῖ κάτω καὶ ἐν τῷ ἀριστερῷ.

5. Formation des saisons.

La distinction des quatre qualités des éléments : chaud, froid, sec, humide, est commune à tous les systèmes cosmologiques des Présocratiques; il en va de même pour l'explication des quatre saisons de l'année par l'alternance de leurs influences. Chez les Pythagoriciens, ces qualités devaient rentrer dans le tableau général des Oppositions, qui furent plus tard réduites à dix. La théorie présente affirme qu'elles se trouvent en proportions égales dans la nature. La présence de la lumière et de l'obscurité dans ces oppositions était destinée à expliquer la formation du jour et de la nuit, qui a été oubliée par le doxographe. Voici ce qu'en dit Parménide, fragment 9 (*Vors.*, I[3], p. 159) : αὐτὰρ ἐπειδὴ πάντα φάος καὶ νὺξ ὀνόμασται | καὶ τὰ κατὰ σφετέρας δυνάμεις ἐπὶ τοῖσί τε καὶ τοῖς | πᾶν πλέον ἐστὶν ὁμοῦ φάεος καὶ νυκτὸς ἀφάντου | ἴσων ἀμφοτέρων, ἐπεὶ οὐδετέρῳ μέτα μηδέν. Peut-être aussi les auteurs d'Alexandre avaient-ils établi un rapport de dépendance entre la lumière et l'obscurité, d'une part, et certaines qualités physiques, d'autre part, comme l'avait fait déjà Héraclite (Diogène, IX, 11 = *Vors.*, I[3], p. 69, 28) : τὴν

---

(1) C'est l'hypothèse à laquelle se rallie WELLMANN, *loc. cit.*, pp. 242 et suiv.; il fait remarquer, à juste titre, que dans le *Phédon*, Simmias accorde sans difficulté à Socrate que la terre se trouve au centre du monde. On peut ajouter qu'Ecphante est revenu, lui aussi, à la théorie du géocentrisme (*Vors.*, I[3], p. 340).

μὲν γὰρ λαμπρὰν ἀναθυμίασιν φλογωθεῖσαν ἐν τῷ κύκλῳ τοῦ ἡλίου ἡμέραν ποιεῖν, τὴν δὲ ἐναντίαν ἐπικρατήσασαν νύκτα ἀποτελεῖν· καὶ ἐκ μὲν τοῦ λαμπροῦ τὸ θερμὸν αὐξόμενον θέρος ποιεῖν, ἐκ δὲ τοῦ σκοτεινοῦ τὸ ὑγρὸν πλεονάζον χειμῶνα ἀπεργάζεσθαι.

Du texte rapporté par Alexandre, on peut dégager une seconde théorie : c'est que l'ἰσομοιρία est une cause de beauté et de salubrité. L'influence prépondérante des théories médicales sur la philosophie de nos auteurs apparaîtra plus loin d'une façon remarquable. Nous en relevons, ici déjà, un indice. Même observation, en effet, dans ce texte d'Alcméon (fr. 4 = *Vors.*, I[3], p. 136, 1) : τῆς μὲν ὑγείας εἶναι συνεκτικὴν τὴν ἰσονομίαν τῶν δυνάμεων, ὑγροῦ, ξηροῦ, ψυχροῦ, θερμοῦ, πικροῦ, γλυκέος καὶ τῶν λοιπῶν, τὴν δ' ἐν αὐτοῖς μοναρχίαν νόσου ποιητικήν. C'est encore le thème du discours du médecin Euryximaque dans le *Banquet* de Platon (p. 188 a b). Enfin, Hippocrate estime aussi que le printemps est la saison la plus saine, l'automne, la plus funeste (*Aph.*, 3, 9); ailleurs (*Epid.*, II, 1, 4), il compare, comme nos auteurs, l'automne à la soirée pour l'insalubrité.

6. Distinction de l'air terrestre et de l'air supérieur.

La division du monde en deux parties, à l'une desquelles on attribue la perfection et le don d'immortalité, tandis qu'on fait, de l'autre, le domaine du changement et de la mort, n'est qu'une variante de la distinction des régions sublunaire et supralunaire. Or, celle-ci est attestée dans l'ancien Pythagorisme par un texte de Philolaos cité ci-dessus. Les doxographes aussi en font mention : tel Photius, *Cod.* 249, p. 439 B 33, et spécialement Épiphane, *Adv. haer.*, I, 1 : διώριζεν δὲ ἅμα τὰ ἀπὸ σελήνης [καὶ] ἄνω ἀθάνατα λέγων, τὰ δὲ ὑποκάτω θνητά. Ce qui est nouveau, ici, c'est que les caractères propres à chaque partie sont imputés à la qualité de l'air qu'elle renferme. C'est le mouvement perpétuel qui détermine sa pureté, son aptitude à former et à conserver la vie; c'est son immobilité qui cause la maladie et la mort. Alcméon, lui aussi, reconnaît une nature divine au mouvement perpétuel (Aristote, *De an.*, A, 2, p. 405 a 30 = *Vors.*, I[3], p. 133, 40) : φησὶ γὰρ αὐτὴν (τὴν ψυχὴν) ἀθάνατον εἶναι διὰ τὸ ἐοικέναι τοῖς ἀθανάτοις· τοῦτο δ' ὑπάρχειν αὐτῇ ὡς ἀεὶ κινουμένῃ. κινεῖσθαι γὰρ καὶ τὰ θεῖα πάντα συνεχῶς ἀεί, σελήνην, ἥλιον, τοὺς ἀστέρας καὶ τὸν οὐρανὸν ὅλον.

On peut remarquer que l'importance attribuée à l'air, ainsi que la théorie du mouvement perpétuel de l'air supraterrestre, rappellent la doctrine d'Anaximène (*Vors.*, I³, p. 24, 11) et de Diogène d'Apollonie (*Vors.*, I³, p. 425, 16, fr. 5). En tout cas, le caractère matérialiste de ce passage atteste une origine ancienne et une étroite parenté avec la physique ionienne.

7. Divinité des astres.

« Le Soleil, la Lune et les autres astres sont des dieux. »

Alcméon avait déjà formulé une doctrine semblable (*Vors.*, I³, p. 133, 40 ss.) : il croyait que les astres sont immortels et divins parce qu'ils sont animés et qu'ils ont un mouvement perpétuel. Les raisons invoquées par nos auteurs sont un peu différentes : les astres sont animés et divins parce qu'ils se trouvent dans l'air supérieur, qui est perpétuellement agité (§ 26, fin), et qu'ils contiennent le maximum de chaleur ; or, le chaud est la cause de la vie. Ceci nous reporte aux théories d'Héraclite, de Diogène d'Apollonie, des Atomistes et de certains écrivains hippocratiques (cf., par exemple, *De carn.*, 2). Parmi les écrivains pythagoriciens dont les tendances rappellent le mieux ce point de vue, il faut citer surtout Hippase (*Vors.*, I³, p. 38, 15). Certains extraits, que nous examinerons plus loin et qui concernent la nature de l'âme humaine, nous fourniront l'occasion d'approfondir ces théories.

On peut se demander s'il ne faut pas établir un rapport entre cette doctrine de la divinité des astres et le culte des planètes des astrologues, bien que celle-là soit justifiée par des considérations d'ordre purement scientifique. Certains ont cru retrouver, en effet, dans l'ancien Pythagorisme, des traces d'une influence des doctrines astrologiques [1].

---

[1] BOLL, *Die Erforschung der antiken Astrologie*, dans les *Neue Jahrb. f. d. kl. Alt.*, 1908, p. 119.

8. On ne sait à qui rapporter la paternité de la doctrine astronomique : τὴν σελήνην λάμπεσθαι ὑφ' ἡλίου ([1]). Aëtius, II, 28, 5, l'attribue déjà à Thalès et à Pythagore, Eudème (*Vors.*, I[3], p. 25, 7) à Anaximène. En tout cas, la théorie paraît bien établie dès le Ve siècle; elle figure dans les fragments de Parménide (14 et 15) et d'Empédocle (45). Selon Aëtius, II, 25, 14, les Pythagoriciens considéraient la Lune comme un corps réflecteur et, d'après Aristote, un certain nombre d'entre eux expliquaient les éclipses de lune par l'interposition de la Terre ou de l'Antiterre entre le Soleil et la Lune (Aëtius, II, 29, 4).

9. La doctrine que la chaleur est l'origine de la vie a un corollaire : c'est que les hommes sont parents des dieux. Ceci est une vieille idée religieuse qui trouve son expression et son développement surtout dans le mysticisme orphique. C'est une des théories fondamentales du Pythagorisme primitif ([2]), pour la même raison qu'elle est à la base de l'Orphisme. Le Pythagorisme savant n'a pas répudié l'ancienne tradition religieuse, mais il tâche de l'épurer, comme dans maint autre cas, et de la justifier par une doctrine scientifique assez matérialiste. Aëtius, IV, 7, 1, Sextus, *Adv. math.*, IX, 127, et Cicéron, *De nat. deor.*, I, 11, 27, *Cato*, 21, 78, *Tusc.*, V, 13, 38, sont d'accord pour rapporter aux Pythagoriciens la doctrine de la parenté des dieux et des hommes : mais ils l'expliquent par l'identité de nature de l'âme universelle et de l'âme humaine, sans en chercher la cause primordiale dans une essence commune, la chaleur.

10. La croyance à la πρόνοια divine est si naturelle dans une société religieuse qui a comme but le perfectionnement moral, qu'il n'est pas nécessaire d'en rechercher la source. D'autres écrivains pythagoriciens en affirment l'existence : Ecphante (Aëtius, II, 3, 3 = *Vors.*, I[3], p. 341, 7) : ἐκ μὲν ἀτόμων συνεστάναι

([1]) Cf. BOLL, *Finsternisse*, dans Pauly-Wissowa, VI, col. 2342 ss.
([2]) Cf. JAMBLIQUE, *V. P.*, 153, et des vers de l'Ἱερὸς Λόγος, dans mes *Études sur la Littérature pythagoricienne*, pp. 70 et suiv.

τὸν κόσμον, διοικεῖσθαι δὲ ὑπὸ προνοίας; Aristoxène (Jamblique, *V. P.*, 174 = *Vors.*, I³, p. 363, 4) : τὸ διανοεῖσθαι περὶ τοῦ θείου, ὡς ἔστι τε καὶ πρὸς τὸ ἀνθρώπινον γένος οὕτως ἔχει ὡς ἐπιβλέπειν καὶ μὴ ὀλιγωρεῖν αὐτοῦ, χρήσιμον εἶναι ὑπελάμβανον οἱ Πυθαγόρειοι. Ajoutons Jamblique, *V. P.*, 217, 219, 240; Épiphane, *Adv. haer.*, I, 1.

11. L'explication de la διοίκησις τῶν ὅλων est encore un des grands problèmes que se pose la physique ionienne. Non seulement chaque philosophe la rapporte à une cause différente : ὑπὸ τοῦ Νείκους καὶ τῆς Φιλίας (Empédocle, *Vors.*, I³, p. 273, 5); ὑπὸ προνοίας (Ecphante, *ibid.*, 341, 7); ὑπὸ τοῦ Νοῦ (Anaxagore, p. 390, 4); φύσει τινὶ ἀλόγῳ (les Atomistes, *ibid.*, II³, p. 6, 40); καθ' εἱμαρμένην (Héraclite, *ibid.*, I³, pp. 68, 28, — 69, 8, — 72, 35), mais on finit par ne plus s'entendre sur le sens des mots et certaines formules paraissent de plus en plus vides de sens. Ainsi Anaxagore, déjà, remarque : εἶναι κενὸν τοῦτο τοὔνομα (τὴν εἱμαρμένην). Parménide et Démocrite identifient l'ἀνάγκη avec l'εἱμαρμένη, la δίκη et la πρόνοια (Aëtius, I, 25, 3 = *Vors.*, I³, p. 143, 33).

La croyance pythagoricienne à l'εἱμαρμένη est attestée par divers passages des doxographes : Aëtius, I, 25, 2, Ps-Galien, *Hist. phil.*, 10, Lydus, *De mens.*, II, 101, Jamblique, *V. P.*, 219. La notice détaillée de Photius, *Cod.* 249, p. 439 B, est curieuse par les distinctions qu'elle établit entre les diverses causes de la διοίκησις : καὶ πάντα μὲν τὰ ἄλλα μέρη κατὰ τὴν πρόνοιαν καὶ τὴν βεβαίαν τάξιν καὶ τὴν εἱμαρμένην τοῦ θεοῦ ἑπομένην αὐτῷ φασι διοικεῖσθαι, τὰ δὲ μετὰ τὴν σελήνην τέσσαρσιν αἰτίαις, κατὰ θεόν, καθ' εἱμαρμένην, κατὰ προαίρεσιν ἡμετέραν, κατὰ τύχην.

12. Origine de la vie.

Les théories cosmogoniques exposées ici sont complètement différentes de celles que Varron et Censorinus attribuent aux Pythagoriciens. En effet, d'après les auteurs qu'ils suivent, auxquels il faut joindre les sources du Ps-Ocellus (l. III), les animaux, et en particulier le genre humain, ont toujours existé. Varron, *De re rust.*, I, 3 : *sive contra principium horum* (*animalium*) *exstitit nullum, ut credidit Pythagoras Samius;* Censorinus, *De die nat.*, IV, 3 : *sed prior illa sententia, qua semper humanum genus fuisse creditur, auctores habet Pythagoram Samium et Ocellum Lucanum et Archytam Tarentinum omnesque adeo Pythagoricos.*

Notre cosmogonie, au contraire, expose et explique l'apparition de la vie sur la terre. C'est au soleil qu'est dévolu le rôle de puissance créatrice de la vie. Un texte attribué à Archytas par Jamblique, *Protr.*, 4, développe la même conception : ἅλιός γε μὰν ὀφθαλμός ἐντι καὶ ψυχὰ τῶν φύσιν ἐχόντων· ὁρῆταί τε γὰρ δι' αὐτῶ πάντα καὶ γεννῆται καὶ νοῆται, ῥιζωθέντα καὶ γεννᾱθέντα δὲ τράφεται καὶ ἀέξεται καὶ ζωπυρῆται μετ' αἰσθάσιος (¹). L'auteur de l'Ἱερὸς Λόγος dorien professait une théorie analogue (Hippolyte, *Adv. haer.*, VI, 2, 28) : δημιουργὸν δὲ εἶναι τῶν γενομένων πάντων φησὶν ὁ Πυθαγόρειος λόγος τὸν μέγαν γεωμέτρην καὶ ἀριθμητὴν ἥλιον κτλ (²). Somme toute, la doctrine que les âmes proviennent des astres — attribuée à Pythagore par Hippolyte, *Adv. haer.*, VI, 2, 25, et proclamée par Epicharme (*Vors.*, I³, p. 127, 22) — ou qu'elles y retournent (ἄκουσμα recueilli par Aristote, dans Jamblique, *V. P.*, 82) n'est pas essentiellement différente de celle-ci. Elle se retrouve encore chez un philosophe imbu d'idées pythagoriciennes, Parménide, qui en fait une théorie cosmogonique (Diogène, IX, 22 = *Vors.*, I³, p. 138, 12) : γένεσίν τε ἀνθρώπων ἐξ ἡλίου πρῶτον γενέσθαι. Une influence semblable est reconnue au feu central par quelques Pythagoriciens cités par Aristote (*Vors.*, I³, p. 356, 20) : πῦρ μὲν ἐν τῷ μέσῳ λέγουσι τὴν δημιουργικὴν δύναμιν τὴν ἐκ μέσου πᾶσαν τὴν γῆν ζωογονοῦσαν καὶ τὸ ἀπεψυγμένον αὐτῆς ἀναθάλπουσαν.

Notre système cosmogonique, en plaçant l'origine de la vie dans les abîmes de la mer, reproduit une conception qui est fréquente dans la physique ionienne. Il convient de citer ici quelques philosophes présocratiques dont les fragments sont

---

(¹) Cf. MACROBE, *In Somn. Scip.*, I, 6, 37.
(²) Cf. *Études,* p. 197.

aptes à éclaircir l'exposé trop bref et obscur de Diogène. Je renvoie tout d'abord aux théories d'Empédocle (*Vors.*, I³, p. 213, 1-14), dont les attaches pythagoriciennes sont connues. Mais les parallèles les plus instructifs sont ceux qu'on peut emprunter à Anaximandre (*Vors.*, I³, p. 17, 5) : τὰ δὲ ζῷα γίνεσθαι < ἐξ ὑγροῦ > ἐξατμιζομένου ὑπὸ τοῦ ἡλίου (cf. 21, 7); à Archélaos (*Ibid.*, pp. 411, 2 et 412, 2), à Démocrite (*Vors.*, II³, p. 49, 6) et à Hippocrate, *De carn.*, 3 (cf. 2) : κυκλεομένων δὲ τουτέων, ὅτε συνεταράχθη, ἀπελείφθη τοῦ θερμοῦ πουλὺ ἐν τῇ γῇ ἄλλοθι καὶ ἄλλοθι, τὰ μὲν μεγάλα, τὰ δὲ ἐλάσσω, τὰ δὲ καὶ πάνυ σμικρά, πλῆθος πολλά. καὶ τῷ χρόνῳ ὑπὸ τοῦ θερμοῦ ξηραινομένης τῆς γῆς, ταῦτα καταλειφθέντα περὶ αὐτὰ σηπεδόνας ποιέει οἷόνπερ χιτῶνας κτλ.

De ces rapprochements, on pourrait conclure que ces théories cosmogoniques appartiennent à un Pythagorisme assez tardif, où l'influence de la physique ionienne l'emporte sur les doctrines propres à l'École. Il n'en est rien. La conception d'un état cosmique primordial, où tous les éléments étaient mêlés et en pleine fermentation et d'où sortirent par évolution les êtres vivants, fait partie des doctrines les plus anciennes du Pythagorisme superstitieux ([1]). Il en est question, en effet, dans les superstitions qui concernent les fèves : l'abstinence des fèves est expliquée par la croyance que cette plante sortit de la même fermentation ou « pourriture » que les hommes, à l'origine des choses. Voici comment s'exprime Antonius Diogène (Porphyre, *V. P.*, 44; cf. Lydus, *De mens.*, IV, 42, et Hippolyte, *Adv. haer.*, I, 2, 14) ([2]) sur ce sujet : ὅτι τῆς πρώτης ἀρχῆς καὶ γενέσεως ταραττομένης καὶ πολλῶν ἅμα συνηνεγμένων καὶ συσπειρομένων καὶ συσσηπομένων ἐν τῇ γῇ κατ' ὀλίγον γένεσις καὶ διάκρισις συνέστη

([1]) Cf. JAMBLIQUE, *V. P.*, 154 (un texte transposé par Westermann au § 153 pour expliquer θαλάττῃ) : ταύτην πρώτην γονὴν τῆς ὑγρᾶς φύσεως καὶ τροφὴν τῆς πρώτης καὶ κοινωτέρας ὕλης ὑπολαμβάνων.

([2]) Dans Hippolyte, cette doctrine est tirée de l'ouvrage (d'origine pythagoricienne) attribué à Zaratas, le περὶ φύσεως dont j'ai parlé ci-dessus, p. 161 et p. 200, note 1.

ζώων τε ὁμοῦ γεννωμένων καὶ φυτῶν ἀναδιδομένων, τότε δὴ ἀπὸ τῆς αὐτῆς σηπεδόνος ἀνθρώπους συστῆναι καὶ κύαμον βλαστῆσαι.

C'est dans cette partie de nos extraits qu'il est fait mention pour la première fois de l'éther. Il est remarquable qu'Alexandre n'en ait pas parlé dans la notice relative aux quatre éléments. Au reste, l'éther n'apparaît pas ici comme le nom d'un cinquième élément, mais il désigne, différencié par divers adjectifs, les éléments connus : αἰθὴρ ψυχρός, l'air; αἰθὴρ παχύς, l'eau; au § 28, il est question d'un αἰθὴρ θερμός qui ne peut être que le feu. Nous n'avons pas l'équivalent de la terre, à supposer que le terme ait pu s'appliquer aussi à cet élément. Toutefois, si l'on se reporte à la distinction des quatre qualités physiques énumérées plus haut : ψυχρόν, θερμόν, ὑγρόν, ξηρόν, dont trois termes au moins s'appliquent à l'éther, on peut admettre que les deux théories se recouvrent complètement : dans ce cas ξηρὸς αἰθήρ aurait désigné la terre.

Ces appellations peuvent paraître, à première vue, bizarres. Mais, si l'on recherche le sens du mot αἰθήρ chez les Présocratiques, on remarque qu'il a subi de grandes variations et l'on comprend qu'il a pu prêter à confusion. Il désigne tantôt le feu (Phérécyde, Anaxagore, Hippocrate et, en certains endroits, Empédocle), tantôt l'air (Empédocle, cf. le *Timée* de Platon), tantôt un élément de nature assez indéterminée, plus pur et plus élevé que les autres (les Orphiques, les Poètes, etc.). Dans nos extraits pythagoriciens, le mot αἰθήρ s'applique à tous les éléments. Comment expliquer cette particularité? Par la doctrine de la μεταβολή des éléments qui a été exposée plus haut. Si les éléments sont sujets à la transmutation, c'est qu'il y a au fond de tous un même *substratum*, l'αἰθήρ, qui, en prenant ces différentes qualités physiques, change d'aspect et de nom pour le vulgaire, mais non pour le philosophe. Alexandre ne nous a, malheureusement, conservé aucune notice sur le fonctionnement de cette transmutation et sur l'essence même de l'éther.

13. La doctrine de la parenté de tous les êtres vivants, dont il est question dans l'extrait suivant, est encore un reste du Pytha-

gorisme primitif. Chez nos auteurs, elle reçoit un fondement scientifique, analogue à celui qui établit la parenté des dieux et des hommes : aussi, je renvoie aux doxographes cités plus haut à ce propos. On peut y joindre cette note de Dicéarque, dans Porphyre, *V. P.*, 19 : πάντα τὰ γινόμενα ἔμψυχα ὁμογενῆ δεῖ νομίζειν. Elle explique aussi les vieux préceptes pythagoriciens rapportés par Aristoxène (Jamblique, *V. P.*, 98 et 99 = Diogène, VIII, 23) : ζῷον ὃ μὴ πέφυκε βλαβερὸν τῷ ἀνθρωπίνῳ γένει μήτε βλάπτειν μήτε φθείρειν et ἥμερον φυτὸν καὶ ἔγκαρπον μήτε βλάπτειν μήτε φθείρειν. D'ailleurs, cette doctrine se retrouve chez un grand nombre de philosophes présocratiques : Anaxagore, Empédocle, Démocrite, Diogène d'Apollonie, Archélaos, Cleidème, etc.

14. Nature de l'âme.

Les animaux seuls, à l'exclusion des plantes, ont une âme, laquelle est une particule d'éther chaud et d'éther froid. C'est par sa participation à l'éther froid que l'âme diffère du simple principe vital [1].

La théorie que la vie a son origine dans le feu (τὸ θερμὸν ὅπερ ἐστὶ ζωῆς αἴτιον) nous est déjà connue. Dans l'échelle des êtres, l'âme des animaux forme donc un degré plus élevé que la vie des plantes : elle est constituée par l'adjonction de l'air au feu. Il semble que ceci soit un compromis entre les deux doctrines principales des philosophes présocratiques : *a)* l'âme est de nature aérienne et froide (jeu de mots étymologique : ψυχή = ψυχρόν); *b)* l'âme est de nature ignée et chaude (ζῆν = ζεῖν) [2].

Mais comment l'âme se forme-t-elle par l'adjonction, à la chaleur de la vie, de l'éther froid, c'est-à-dire de l'air? On peut

---

[1] Cf. Introduction, p. 83. WELLMANN, *loc. cit.*, pp. 229 et 241, me paraît s'être mépris sur le sens de ce passage. Il croit que la partie immortelle de l'âme est constituée par l'éther chaud; la partie mortelle, par l'éther froid. L'auteur pythagoricien dit tout autre chose : les plantes sont aussi des êtres vivants (ζῷα), parce qu'elles participent à l'éther chaud; les animaux, en plus de la vie, ont une âme, parce qu'ils participent à l'éther froid.

[2] Cf. ARISTOTE, *De anima*, A, 2, 405 *b* 24, et le commentaire de PHILOPONUS à ce passage, **92, 2.**

éclaircir et expliquer cette obscure théorie par les doctrines d'autres physiciens ioniens; on apprend ainsi que c'est par l'intermédiaire de la première respiration du nouveau-né. Les Orphiques croyaient que l'âme entre dans le corps humain par la respiration (Aristote, *De an.*, A, 5 = *Vors.*, II[3], p. 170, 30) : τὴν ψυχὴν ἐκ τοῦ ὅλου εἰσιέναι ἀναπνεόντων, et Philoponus (*Comm. in h. loc.*) explique ainsi cette doctrine : φασὶ δὲ αἰνίττεσθαι τὰ ἔπη (ὀρφικὰ) διὰ μὲν τῆς ἀναπνοῆς τὴν ἐπιτηδειότητα τοῦ δεξομένου τὴν ψυχὴν σώματος, διότι ἡ ἀναπνοὴ καταψύχουσα τὸ ἔμφυτον θερμὸν εἰς συμμετρίαν ἄγει. Héraclite professe la même opinion (*Vors.*, I[3], p. 75, 14) : τοῦτον δὴ τὸν θεῖον λόγον καθ' Ἡράκλειτον δι' ἀναπνοῆς σπάσαντες νοεροὶ γινόμεθα. Ce sont les doctrines du pythagoricien Hippon qui expliquent le mieux notre texte (*Vors.*, I[3], p. 289, 36) ... ἐπεὶ γὰρ ἡ μὲν ζωὴ ἐκ τῆς ψυχῆς ὑπάρχει, ἡ δὲ ψυχὴ ἐκ ψυχροῦ (ἐξ ὕδατος γάρ), διὰ τοῦτο δεῖ τῆς ἀναπνοῆς κολαζούσης τῇ ψύξει τὸ περικάρδιον θερμὸν καὶ οὐκ ἐώσης τῆς ψυχικῆς δυνάμεως ἐπικρατέστερον γενέσθαι, λέγω δὴ τῆς ψυχρᾶς. Le traité hippocratique *Sur la nature de l'Enfant*, c. 12, expose une théorie un peu différente, dont j'extrais ce passage : αὐτὸ δὲ τὸ θερμαινόμενον ἕλκει ἐς ἑωυτὸ αὖθις ἕτερον πνεῦμα ψυχρὸν διὰ τῆς ῥαγῆς, ἀφ' οὗ τρέφεται ... πᾶν γὰρ τὸ θερμὸν τῷ ψυχρῷ τρέφεται τῷ μετρίῳ. Il faut encore rapprocher de cette doctrine, malgré des divergences sensibles, cet extrait de Philolaos rapporté par Ménon (*Vors.*, I[3], p. 308, 16) : μετὰ γὰρ τὴν ἔκτεξιν εὐθέως τὸ ζῷον ἐπισπᾶται τὸ ἐκτὸς πνεῦμα ψυχρὸν ὄν· εἶτα πάλιν καθαπερεὶ χρέος ἐκπέμπει αὐτό. διὰ τοῦτο δὴ καὶ ὄρεξις τοῦ ἐκτὸς πνεύματος, ἵνα τῇ ἐπεισάκτῳ τοῦ πνεύματος ὁλκῇ θερμότερα ὑπάρχοντα τὰ ἡμέτερα σώματα πρὸς αὐτοῦ καταψύχηται.

La doctrine de l'immortalité de l'âme est basée sur les qualités de ses éléments, l'éther froid et l'éther chaud, dont il a été question précédemment. En effet, l'air supraterrestre est καθαρὸς καὶ ὑγιὴς καὶ πάντα τὰ ἐν αὐτῷ ἀθάνατα; d'autre part, le θερμὸς αἰθήρ est ζωῆς αἴτιον. Ici se pose un problème assez important pour la reconstitution des théories des auteurs d'Alexandre. Cette preuve de l'immortalité de l'âme semble s'appliquer aussi à l'âme des animaux, puisqu'elle a la même origine et la même nature que l'âme humaine. Or, au § 30, l'auteur déclare que la partie immortelle de l'âme humaine (φρένες) est précisément celle dont sont dépourvus les animaux. Ces deux doctrines paraissent inconciliables, sans doute parce qu'elles proviennent de sources différentes. D'après la première, l'âme des animaux participerait aussi à l'immortalité : cette théorie s'accorde assez avec la croyance pythagoricienne à la métempsycose animale. D'après la seconde, au contraire, la transition de l'animal à l'homme est impossible, vu que l'âme animale périt avec le corps. Il est remarquable qu'on ne trouve pas dans ces extraits la moindre allusion à la métempsycose. Il apparaît de plus en plus clairement qu'Alexandre a choisi ses auteurs parmi les physiciens et les médecins pythagoriciens, dont l'esprit scientifique s'était déjà dégagé des superstitions anciennes et chez qui l'influence de la physique ionienne l'emporte sur les spéculations propres à l'École.

15. Théorie de la reproduction.

« Les animaux naissent les uns des autres, par le moyen des semences; il est impossible de supposer (¹) la génération par la terre. »

Par ces mots, il ne faut pas entendre, je pense (²), la génération cosmogonique, dont il a été question plus haut : il s'agit maintenant de la reproduction actuelle des animaux. D'après une croyance populaire, en effet, certains animaux se reproduiraient par l'intermédiaire de la terre. Platon y fait allusion dans le *Banquet*, p. 191 b : ἐγέννων καὶ ἔτικτον οὐκ εἰς ἀλλήλους, ἀλλ' εἰς γῆν, ὥσπερ οἱ τέττιγες. Nos auteurs auraient donc voulu rencontrer ici cette théorie populaire.

(¹) ὑφίστασθαι (moyen) = ὑπολαμβάνειν. On peut aussi considérer ὑφίστασθαι comme un passif et traduire : « Il est impossible que la génération par le moyen de la terre existe. »

(²) WELLMANN, *loc. cit.*, p. 229, croit qu'il s'agit toujours de la création; mais les mots γεννᾶσθαι ἐξ ἀλλήλων ne sont pas ambigus et d'ailleurs la cosmogonie est terminée au § 27.

La définition du sperme (σταγὼν ἐγκεφάλου περιέχουσα ἐν ἑαυτῇ ἀτμὸν θερμόν) se rapproche beaucoup de celle d'Alcméon et de celle d'Hippon : Aëtius, V, 3, 3, et Censorinus, *De die nat.*, 5, 2 (*Vors.*, I[3], pp. 134 et 290). L'opinion du *Timée*, pp. 73 d, 91 b, et d'Hippocrate, *De gen.*, 1, n'en est qu'une variante. D'après les doxographes, tous les débats des philosophes anciens sur ce sujet se ramènent à la question : le sperme est-il de nature corporelle ou spirituelle? La définition de nos auteurs paraît provenir, encore une fois, d'un compromis de deux théories contraires : le sperme est en partie de nature corporelle, par la goutte de cervelle; en partie d'essence spirituelle, par l'ἀτμὸς θερμός qu'elle contient ([1]). Aëtius attribue à Pythagore deux définitions différentes : la première n'a rien de commun avec celle de nos auteurs (V, 3, 2 = *Dox.*, p. 417) : ἀφρὸν τοῦ χρηστοτάτου αἵματος τὸ σπέρμα, περίττωμα τροφῆς ὥσπερ [τὸ] αἷμα καὶ μυελόν. La seconde s'en rapproche davantage (V, 4, 2) : ἀσώματον μὲν εἶναι τὴν δύναμιν τοῦ σπέρματος ὥσπερ νοῦν τὸν κινοῦντα, σωματικὴν δὲ τὴν ὕλην τὴν προχεομένην. Pour Anaxagore aussi, la semence contient une sorte de θερμὸς ἀτμός; d'après Censorinus, *De die nat.*, 6, 2 (= *Vors.*, I[3], p. 398, 1), *sunt qui aetherium calorem inesse arbitrentur, qui membra disponat, Anaxagoran secuti.*

La théorie la plus intéressante à relever dans ce chapitre est celle des rapports harmoniques des périodes du développement du fœtus. Elle est exprimée en ces termes : ἔχειν δὲ ἐν αὐτῷ πάντας τοὺς λόγους τῆς ζωῆς, ὧν εἰρομένων συνέχεσθαι κατὰ τοὺς τῆς

([1]) L'auteur pythagoricien explique la formation du fœtus par le moyen de la goutte de cervelle et de la vapeur chaude du mâle; il ne dit mot d'une coopération quelconque de la femelle. Je ne puis donc me rallier à l'interprétation de WELLMANN, *loc. cit.*, p. 233, qui distingue ici une semence mâle contenant une vapeur chaude, laquelle donne la vie, et une semence femelle (ἀπὸ μὲν τοῦ ἐγκεφάλου < scil. θήλεος >!) fournissant la matière du corps. Le texte ne dit rien de tel : la cervelle dont il est question ici est évidemment celle du mâle, dont une goutte contenant une vapeur forme le sperme. La goutte de cervelle fournit la lymphe, l'humeur et le sang, dont se créera le corps; la vapeur donne l'âme et la sensation. Il est donc inutile de corriger le texte ταύτην δὲ προσφερομένην en ταύτης δὲ προσφερομένης.

ἁρμονίας λόγους, ἑκάστων ἐν τεταγμένοις καιροῖς ἐπιγινομένων. Le texte n'est pas très clair : heureusement, un grand nombre de passages parallèles indiquent ce qu'il faut entendre par les rapports harmoniques. La plupart de ces textes admettent deux sortes de grossesses, l'une de sept mois, dont la délivrance arrive vers le deux cent dixième jour, l'autre de neuf mois, qui se termine soit au deux cent soixante-dixième jour, soit au début du dixième mois, vers le deux cent soixante-quatorzième jour. Ils expliquent ce nombre exact de jours par des combinaisons arithmologiques que la phrase de Diogène laisse seulement deviner et dans le détail desquelles il nous faut maintenant entrer.

Le fœtus se développe dans le corps de la mère suivant des lois harmoniques semblables à celles de la musique. Le κανών des principales harmonies musicales, celles de quarte, de quinte et d'octave, peut être représenté par les chiffres 6-8-9-12. Un autre κανών, celui de la quinte, de l'octave et de la double quinte, a comme échelle 6-9-12-18. Si l'on additionne ces chiffres, on obtient, pour la première somme, 35, pour la seconde, 45. En multipliant ces nombres par 6, chiffre qui représente le nombre de jours pendant lesquels le fœtus est encore de consistance laiteuse ([1]), on trouve le chiffre exact du jour de l'accouchement du septième et du neuvième mois, soit 210 et 270. Telle est, en résumé, la théorie la plus ordinaire des λόγοι συμφωνίας ou ἁρμονίας. On la trouve exposée, par exemple, dans les *Théol. Arithm.*, p. 39, et dans Proclus, *In Remp.*, II, pp. 34 et 35, qui l'attribue à Empédocle et à certains médecins (ἀνατομικοί). Dans d'autres auteurs, se présentent diverses variantes : ainsi Varron (Censorinus, *De die nat.*, 9 ss.) obtient le nombre de jours de la grossesse du dixième mois, 274, en multipliant 7, le nombre des jours nécessaires à la première formation du fœtus

---

([1]) Telle est l'explication fournie par Varron, dans Censorinus, *De die nat.*, 11. Mais il est plus vraisemblable que 6 est employé ici parce qu'il représente le nombre zoogonique ou psychogonique. (*Théol. Arithm.*, p. 39, et Psellus. περὶ ἀριθμῶν, d'après Tannery, *Revue des Études grecques*, 1892, p. 345.)

dans ce genre de grossesse, par 40, le nombre des jours nécessaires au second développement : le produit, soit 280, représenterait quarante semaines, mais il doit être diminué des six jours, parce que l'accouchement a lieu au début de la dernière semaine. Macrobe, *In Somn. Scip.*, I, 6, 14 ss., tire le nombre 35 de l'addition des deux premiers cubes 8 et 27, dont l'un est mâle, l'autre femelle. Aristide Quintilien (*De mus.*, III, p. 142, M) obtient le nombre 45 de la grossesse de neuf mois, en ajoutant, à 35, le nombre parfait 10, dont les parties 1, 2, 3 et 4, peuvent représenter aussi un κανών harmonique. On trouve encore des allusions à ces doctrines dans Plutarque, *De an. procr. in Tim.*, 12 (cf. Stobée, *Ecl.*, I, 1, 10); Ps-Plutarque, *De vit. Hom.*, 145; les *Théol. Arithm.*, p. 47.

Proclus, *In Remp.*, II, 26, rapporte à Pythagore une théorie analogue, où les nombres 35 et 45 sont obtenus par les rapports de certains éléments d'un triangle; mais le texte est trop lacuneux pour qu'on puisse reconstituer la doctrine. Un Scholiaste d'Homère, *Ad Iliad.*, T, 119 (Bekker, II, p. 521; cf. Reitzenstein, *Berl. Phil. Woch.*, 1889, p. 624), prend pour point de départ un triangle dont les côtés ont comme longueurs : 3, 4 et 5. La base de la démonstration est constituée par la doctrine que les nombres impairs sont mâles, les nombres pairs femelles. Si l'on multiplie la somme des deux produits 4×5 et 5×5 ($= 45$) par le nombre de la surface (6), on obtient 270, le nombre des jours de la grossesse de neuf mois; si l'on procède de même pour 4×5 et 3×5 ($= 35$), le produit, 210, représente le nombre des jours de la grossesse de sept mois. Ces enfants naissent viables parce qu'il entre un nombre mâle et un nombre femelle dans la conjonction d'où ils tirent leur origine. Par contre, les fœtus qui naissent au bout de huit mois sont des avortons parce que le nombre des jours de cette grossesse, 240, est produit par conjonction des seuls nombres femelles : $(5 \times 5) + (3 \times 5)$.

Si l'on se demande à quoi correspond, en embryologie, chacune des périodes de six, huit, neuf et douze jours, qui sont en rapports harmoniques, on trouvera la réponse dans **Varron** (Censorinus, *De die nat.*, 9) : *eos vero numeros qui in uno* *quoque partu aliquid adferunt mutationis, dum aut semen in sanguinem, aut sanguis in carnem, aut caro in hominis figuram convertitur, inter se conlatos rationem habere eam quam voces habent quae in musice* σύμφωνοι *vocantur.*

Ces théories extrêmement curieuses ont eu une influence même sur les auteurs du *Corpus* hippocratique. C'est par elles qu'il faut expliquer certains passages obscurs de leurs ouvrages, par exemple, *De diaeta*, I, 8 (Diels, *Vors.*, I³, p. 107, 4) : χώρην δὲ ἀμείψαντα καὶ τυχόντα ἁρμονίης ὀρθῆς ἐχούσης συμφωνίας τρεῖς συλλήβδην, διεξιὸν διὰ πασέων (¹), ζώει καὶ αὔξεται τοῖσιν αὐτοῖσιν οἵσίπερ καὶ πρόσθεν· ἢν δὲ μὴ τύχῃ τῆς ἁρμονίης ... πᾶς ὁ τόνος μάταιος, οὐ γὰρ ἂν προσαείσαι· ἀλλ' ἀμείβει ἐκ τοῦ μέζονος ἐς τὸ μεῖον πρὸ μοίρης (cf. I, 9). L'auteur du *De septim. partu*, 9, paraît aussi faire allusion à une théorie de ce genre. Enfin, il est intéressant de noter que la doctrine pythagoricienne des nombres de la grossesse a pénétré jusque dans le droit romain : Paul, *Sentent.*, IV, 9, 5.

16. Théorie des sensations (²).

Les auteurs d'Alexandre expliquent la vue par la seule activité du cerveau : celui-ci émet une vapeur chaude (cf. *infra* : σταγόνας δὲ εἶναι ἀπὸ τούτων τὰς αἰσθήσεις) qui va saisir l'objet extérieur. Ces Pythagoriciens forment la seule école philosophique qui explique la vue par une émanation des yeux, sans supposer une activité quelconque de l'objet ou du milieu. Aëtius attribue à Pythagore une théorie qui repose sur le même principe (IV, 13, 9 = *Dox.*, p. 404, 9) : ἔνιοι δὲ καὶ Πυθαγόραν τῇ δόξῃ ταύτῃ συνεπιγράφουσιν == < ἀκτῖνας > ἀφ᾽ ἑκατέρου φησὶ τῶν ὀφθαλμῶν ἀποτεινομένας τοῖς πέρασιν αὐτῶν οἱονεὶ χειρῶν ἐπαφαῖς περικαθαπτούσας τοῖς ἐκτὸς σώμασι τὴν ἀντίληψιν αὐτῶν πρὸς τὸ ὁρατικὸν ἀναδιδόναι. Archytas professait une théorie analogue, d'après

---

(¹) Je proposerais de restituer ainsi le texte de ce passage si discuté : συλλαβήν, δι᾽ ὀξεῶν, διὰ πασέων, qui sont les noms des trois « accordements » principaux. (PHILOLAOS, fr. 6, Diels.)

(²) Concernant les problèmes que se posaient les philosophes anciens sur ce sujet, voyez l'article d'A. HAAS, *Antike Lichttheorien*, dans l'*Archiv*, XX (1907), pp. 345-386.

Apulée, *Apol.*, 15 (*Vors.*, I³, p. 330, 18) : *seu tantum oculis profecti (radii) sine ullo foris amminiculo.*

Voici comment je comprends le raisonnement, assez obscur, formulé par les auteurs d'Alexandre pour prouver que la sensation est une vapeur chaude. Prenons la vue comme exemple. C'est par l'intermédiaire de la vapeur chaude des yeux qu'on voit à travers l'air et l'eau. Si la vue s'opère à travers ces éléments, c'est parce que le chaud s'appuie contre le froid. — Entendons par là que la vapeur chaude sortant des yeux résiste, se conserve intacte et distincte de l'air qu'elle traverse. En effet, si cette vapeur était froide, elle s'entr'ouvrirait au contact de l'air extérieur, qui serait semblable à elle ; elle se confondrait avec lui et la sensation ne pourrait s'opérer ([1]).

En certains endroits, l'auteur pythagoricien appelle les yeux les « portes du Soleil ([2]) ». Il faut entendre, par cette expres-

---

([1]) HAAS (*loc. cit.*, p. 354) comprend d'une façon un peu différente la théorie exposée ici : « Pythagoras erklärte das Sehen durch eine heisse Ausdünstung, die von dem Auge zu dem Objekte strömt, infolge des Widerstandes, den sie bei dem Kalten findet, von den sichtbaren Gegenständen zurückgedrängt wird und so deren Empfindung zu dem Auge gelangen lässt. » Il adopte la leçon de la *Vulgate* ἀπό et il paraît croire que le ψυχρόν dont il est question dans le texte est le froid des objets visibles. A mon avis, le froid dont parle l'auteur est celui du milieu (l'air) que traverse la vapeur chaude avant d'arriver aux objets. La différence des qualités physiques du milieu et de la vapeur permet à celle-ci de résister, de se conserver intacte et d'arriver jusqu'aux objets. L'auteur, en effet, cherche à expliquer par là (γάρ) le fait qu'on voit seulement à travers l'eau et à travers l'air.

([2]) νῦν δὲ ἔστιν ἐν οἷς ἡλίου πύλας καλεῖ τοὺς ὀφθαλμούς. Cobet suppose une lacune après νῦν δέ. Reiske la remplit en partie : νῦν δὲ < θερμὸς ὢν ὑπὸ ψυχῆς ἀντερειδόμενος κατ' εὐθεῖαν πορεύεται >...; il ajoute qu'elle a dû être plus longue, mais il renonce à l'achever. — Après une hypothèse irréelle, νῦν δέ annonce l'exposé de l'état de choses réel. Celui-ci manquerait-il ici ? Dans l'hypothèse d'une lacune, la restitution de Reiske serait en tout cas fautive. Il croit, en effet, que dans la phrase : ἀντερείδεσθαι γὰρ τὸ θερμὸν ἐπὶ (ἀπὸ vulg.) τοῦ ψυχροῦ, ce dernier mot désigne l'air de l'âme. C'est une erreur : le ψυχρόν représente l'air froid à travers lequel la vapeur passe. L'hypothétique lacune devrait donc être ainsi comblée, pour le sens bien entendu : νῦν δὲ < θερμὸς ὤν, ἐπὶ τοῦ ἀέρος ἀντερειδόμενος κατευθύνει . ἀλλὰ καὶ > ἔστιν... Mais je pense qu'on peut supprimer tous ces détours et se contenter du texte des manuscrits. L'expression ἡλίου πύλας, tirée de l'*Odyssée*, signifie que les yeux sont le réceptacle des rayons solaires (cf. πύριον et ἡλιοειδές de Priscianus). La remarque n'aurait aucune raison d'être en cet endroit, si l'auteur ne voulait

sion, que les yeux sont comme les réceptacles des rayons solaires et qu'ils contiennent un élément igné. Héraclide Pontique attribuait une doctrine de ce genre à Pythagore (Proclus, *In Tim.*, p. 141 = II, p. 8, 9, D) : ὅτι τὸν ὀφθαλμὸν ἀνάλογον εἶναι τῷ πυρὶ δείκνυσιν ὁ Πυθαγόρας ἐν τῷ πρὸς Ἄβαριν λόγῳ. L'expression ἡλίου πύλας (*Odyssée*, ω, 12) est illustrée par cette note de Priscianus Lydus, *Met. in Theoph.*, p. 20, 16 : πῶς οὖν καὶ πύριον καὶ ἡλιοειδὲς παρὰ τοῖς Πυθαγορείοις τὸ ὀπτικὸν λέγεται αἰσθητήριον; ὡς φωτός, φήσω, δεκτικόν, διά τε τοὺς λεπτοὺς καὶ διαυγεστάτους καὶ καθαρωτάτους ὑμένας καὶ διὰ τὰ ἐν αὐτοῖς περιεχόμενα διαφανέστατα ὑγρά κτλ. Il est encore question des rayons des yeux dans la théorie pythagoricienne qui explique les images des miroirs, d'après Aëtius, VI, 14, 3 : οἱ ἀπὸ Πυθαγόρου κατὰ τὰς ἀντανακλάσεις τῆς ὄψεως· φέρεσθαι μὲν γὰρ τὴν ὄψιν τεταμένην ὡς ἐπὶ τὸν χαλκόν κτλ.

Il est difficile d'établir un rapport entre cette théorie des sensations et celle qui est attribuée à Pythagore dans une autre notice d'Aëtius, IV, 9, 10 : καθαρὸν ἕκαστον εἶναι τῶν αἰσθητῶν ἐξ ἑκάστου στοιχείου προερχόμενον· πρὸς μὲν οὖν τὴν ὅρασιν τὸ αἰθερῶδες πεφυκέναι, πρὸς δὲ τὴν ἀκοὴν τὸ πνευματικόν, πρὸς δέ τὴν ὄσφρησιν τὸ πυρῶδες, πρὸς δὲ τὴν γεῦσιν τὸ ὑγρόν, πρὸς δὲ τὴν ἁφὴν τὸ γεῶδες ([1]). Il semble que le système exposé par Alexandre suppose la théorie des nerfs ou πόροι, telle qu'Alcméon, Empédocle et Parménide l'avaient formulée (cf. *Vors.*, I[3], p. 221, 10 : ἴσμεν δὲ ὅτι οἱ τοὺς πόρους ὑποτιθέμενοι οὐ κενοὺς ὑπετίθεντο τούτους, ἀλλὰ πεπληρωμένους λεπτομερεστέρου τινὸς σώματος οἷον ἀέρος).

---

expliquer par là pourquoi la vapeur qui est dans les yeux est très chaude (τὴν ὅρασιν ἀτμόν τινα εἶναι ἄγαν θερμόν). Pour en revenir aux formes de l'hypothèse irréelle, notons qu'il est des cas où l'exposé réel des faits, annoncé par νῦν δέ, est omis : c'est quand une phrase explicative en tient lieu (MATTHAEI, *Gramm.*, n° 1216). N'est-ce pas le cas du passage que nous examinons? L'auteur de cet exposé succinct a remplacé l'idée que nous rendrions éventuellement par θερμὸς ὢν κατευθύνει par l'énoncé de ses causes.

([1]) C'est cette doctrine apparemment que résument ALBINUS, *Inst. de Plat. doctr.*, 14, et CHALCIDIUS, *In Tim.*, 50 : *est porro Pythagoricum dogma similia non nisi a similibus suis comprehendi*.

17. Psychologie. a) Les parties de l'âme.

L'âme, d'après les auteurs d'Alexandre, comprend trois parties : D'abord le θυμός, mot auquel on peut donner le sens ancien de *principe vital*, qui a son siège dans le cœur. Le νοῦς, situé dans le cerveau, n'est pas entendu ici dans le sens platonicien, car l'homme l'a en commun avec les animaux; c'est une sorte d'intelligence inférieure, un centre des sensations. Enfin, les φρένες (ou φρόνιμον), c'est-à-dire l'esprit proprement dit, qui est particulier à l'homme, ont aussi leur siège dans le cerveau.

Cette doctrine est tout à fait remarquable. D'abord, elle est exempte de toute influence platonicienne et elle diffère complètement de celle des néo-pythagoriciens. Ensuite, la terminologie présente des signes certains d'antiquité. Ainsi, le sens du mot νοῦς est aussi celui que lui attribuent Anaxagore (*Vors.*, I³, p. 396, 36 ss.), Archélaos (*ibid.*, p. 412, 7) et Diogène d'Apollonie (*ibid.*, pp. 425, 5 et 426, 11 s.), et les φρένες occupent un rang supérieur au νοῦς, ce qui est contraire à l'opinion commune.

Si nous consultons la doxographie pythagoricienne, nous ne trouvons nulle part une classification identique. Ce qui reparaît le plus fréquemment c'est la distinction de l'ἄλογον et du λογικόν, chez Posidonius, par exemple (Galien, *de Hipp. et Plat. dogm.*, 5), et Cicéron, *Tusc.*, IV, 10. Ailleurs (Aëtius, IV, 4, 1, Pollux, *Onom.*, II, 226), l'ἄλογον est divisé en θυμικόν et ἐπιθυμητικόν, comme chez Platon.

Un seul texte offre avec l'extrait d'Alexandre quelque analogie : c'est celui d'Aëtius, IV, 5, 10 (*Dox.*, p. 391 a 23) : Πυθαγόρας τὸ μὲν ζωτικὸν περὶ τὴν καρδίαν, τὸ δὲ λογικὸν καὶ νοερὸν περὶ τὴν κεφαλήν (cf. Ps-Galien, *Hist. phil.*, 28). Pour le siège de ces différentes facultés psychiques, je renvoie à cette note de Jamblique, *V. P.*, 109 : ἡγεμονίαι γάρ εἰσι (ἡ καρδία καὶ ὁ ἐγκέφαλος) καὶ ὡσανεὶ ἐπιβάθραι καὶ ἕδραι τινὲς τοῦ φρονεῖν καὶ τοῦ ζῆν.

La doctrine de Philolaos présente certaines concordances dans la classification des facultés, mais des différences notables dans le choix des vocables (fr. 13 = *Vors.*, I³, p. 314).

Il place le νοῦς dans le cerveau, la ψυχή et l'αἴσθησις dans le cœur. Le νοῦς semble correspondre aux φρένες des auteurs d'Alexandre, l'αἴσθησις au νοῦς, la ψυχή au θυμός. Il est encore question des parties de l'âme dans la *Lettre* de Lysis (Jamblique. *V. P.*, 77), mais non sous une forme de classification rigoureuse : l'auteur distingue le λογιστικόν ou νοητικόν et les ἐπιθυμίαι, qui ont leur siège à la fois dans le cœur et les φρένες. Rappelons encore, pour clore cette série de rapprochements, qu'Alcméon, tout en distinguant ξυνιέναι, le propre de l'esprit humain, de αἰσθάνεσθαι, commun à tous les animaux (Théophraste, *De sensu*, 25), place dans le cerveau le siège de ces deux facultés. Empédocle (Aristote, *De an.*, Γ, 4, 427 b 21, Théophraste, *De sensu*, 25) et Parménide (Théophraste, *De sensu*, 3) ignorent cette différence.

b) Τρέφεσθαί τε τὴν ψυχὴν ἀπὸ τοῦ αἵματος : doctrine attribuée à Pythagore par le Ps-Plutarque, *De vit. Hom.*, 122. Telle est aussi la croyance d'Empédocle (fr. 105, *Vors.*, I³, p. 261) et de certains auteurs du *Corpus* hippocratique, *De vent.*, 14, *De morb.*, I, 30. On peut en rapprocher la vieille conception selon laquelle les âmes des morts se nourrissent de sang.

c) Nos auteurs se préoccupent aussi, comme la plupart des philosophes anciens([1]), de donner une définition de la voix et des paroles. Le problème ordinairement posé consiste à déterminer si la voix est de nature corporelle ou incorporelle. Les Pythagoriciens, par un compromis dont nous avons signalé ailleurs d'autres exemples, estiment qu'elle est corporelle (ἀνέμους εἶναι); mais elle est invisible, comme l'âme, parce que l'éther, dont elles sont formées l'une et l'autre, est invisible. — Cet *éther* est simplement l'air (appelé parfois éther froid) dont l'âme est, pour une part, composée; nous allons apprendre, d'ailleurs, que l'âme est attachée au corps par les bronches.

d) Par les *liens de l'âme*, dont il est question dans la suite,

---

([1]) Voyez sur ce sujet les opinions d'ANAXAGORE (*Vors.*, I³, p. 397, 30), d'ARCHÉLAOS (*Ibid.*, p. 411, 3) et de DÉMOCRITE (*Vors.*, II³, p. 39, 11).

il faut entendre ceux qui l'attachent au corps et non ceux qui unissent toutes ses parties entre elles pour en former un tout. Dans les textes pythagoriciens, on ne peut retrouver cette doctrine que dans de brèves allusions : Euxithée dans Athénée, IV, p. 157 C; Jamblique, *V. P.*, 153; Diogène, VIII, 14.

Ce sont les veines, les bronches (ἀρτηρίαι) et les tendons qui sont considérés comme les liens de l'âme. En effet, d'une part, l'air entre dans la composition de l'âme (cf. *supra*, p. 213); d'autre part, le sang constitue sa nourriture. Il est remarquable que nos auteurs ne citent pas la moelle et le cerveau parmi les liens de l'âme, comme le font Démocrite (*Vors.*, II³, p. 55, 18) et le *Timée* de Platon (p. 73) : et cela, malgré le rôle important qu'ils attribuent à la substance nerveuse dans la reproduction et les sensations.

Que signifie la phrase : ὅταν δὲ ἰσχύῃ καὶ καθ' αὑτὴν γενομένη ἠρεμῇ? Le sens de ces expressions peut être éclairé par un passage du *Phédon* de Platon, où l'on a découvert une allusion aux doctrines d'Alcméon, p. 96 b (*Vors.*, I³, p. 133, 34) : ὁ δ' ἐγκέφαλός ἐστιν ὁ τὰς αἰσθήσεις παρέχων τοῦ ἀκούειν καὶ ὁρᾶν καὶ ὀσφραίνεσθαι, ἐκ τούτων δὲ γίγνοιτο μνήμη καὶ δόξα, ἐκ δὲ μνήμης καὶ δόξης λαβούσης τὸ ἠρεμεῖν, κατὰ ταῦτα γίγνεσθαι ἐπιστήμην (¹). Un passage d'Hippocrate, *De morbo sacro*, 14, explique encore le sens de ἠρεμεῖν : ὁκόσον δ' ἂν ἀτρεμήσῃ ὁ ἐγκέφαλος χρόνον, τοσοῦτον καὶ φρονεῖ ἄνθρωπος. — ἰσχύειν et ἠρεμεῖν représentent l'état de l'âme qui laisse reposer les sensations et en tire la réflexion. καθ' αὑτὴν γενομένη ne désigne pas l'âme séparée du corps par la mort (car alors il n'y a plus de δεσμά), mais caractérise son état pendant les profondes méditations, les extases ou les songes. C'est alors, en effet, que l'âme jouit d'une vigueur particulière, d'après les Pythagoriciens cités par Photius, *Cod.* 249, p. 439 A : εἰ γὰρ κατὰ ποσόν τι ἡ ψυχὴ τοῦ σώματος ἐν τῷ ζῆν τὸ ζῷον χωριζομένη

(¹) Voir encore dans le *Timée*, pp. 43 à 45, la description des effets des mouvements déréglés et du retour au calme des cercles de l'âme (particulièrement p. 44 b, c).

βελτίων γίνεται εαυτῆς ἔν τε τοῖς ὕπνοις κατὰ τοὺς ὀνείρους καὶ ἐν ταῖς ἐκστάσεσι τῶν νόσων μαντικὴ γίνεται κτλ.

18. Eschatologie.

La phrase ἐκριφθεῖσάν τε αὐτὴν ἐπὶ γῆς πλάζεσθαι ἐν τῷ ἀέρι ὁμοίαν τῷ σώματι est destinée à justifier la croyance aux fantômes, très vivace dans le Pythagorisme. Il semble que l'auteur n'envisage ici que le sort des âmes qui ont été violemment arrachées (ἐκριφθεῖσαν) au corps par le suicide, l'assassinat ou un accident mortel, les βιαιοθάνατοι des textes magiques. Virgile, *Aen.*, VI, 435, emploie une expression analogue en parlant des suicidés : *lucemque perosi | proiecere animas*. D'après le pythagoricien de Lucien, *Philops.*, 29, seules les âmes de ceux qui ont péri de mort violente errent sur la terre.

Les surnoms d'Hermès, χθόνιος, πομπεύς (ailleurs πομπαῖος ou πομπός), sont assez connus, et leur rapport avec les fonctions qu'on attribue ici au dieu est bien clair. Πυλαῖος, l'Hermès gardien des portes est pris ici dans un sens figuré. Le sens mystique de πύλαι est expliqué ainsi par Porphyre, *De antro nymph.*, 31 : τοῦ Συρίου Φερεκύδους μύχους καὶ βόθρους καὶ ἄντρα καὶ θύρας καὶ πύλας λέγοντος καὶ διὰ τούτων αἰνιττομένου τὰς τῶν ψυχῶν γενέσεις καὶ ἀπογενέσεις. L'Hermès πυλαῖος est donc celui qui préside à l'entrée des âmes dans le corps et à leur sortie.

Alexandre expose ensuite quel est le sort des âmes après la mort. Mais le rapport de ces nouvelles théories avec celles qu'on attribue d'ordinaire aux Pythagoriciens, la métempsycose et la croyance à l'Hadès, n'est pas bien clair. Les âmes pures vont ἐπὶ τὸν ὕψιστον; les âmes impures sont retenues dans des liens éternels par les Erinyes. L'endroit réservé à ces châtiments n'est pas indiqué. Est-ce l'Hadès sous son ancienne forme chthonienne? Est-ce, au contraire, l'atmosphère terrestre qui sert de séjour aux âmes, comme on le voit dans certains fragments orphiques (par exemple fr. 155), dans Virgile, *Aen.*, VI, 740; Plutarque, *De fac. in orbe lunae*, 28; Cicéron, *Somn. Scip.*, etc., qui utilisent des sources beaucoup plus anciennes ([1])? Notre texte ne permet pas de répondre à cette question avec précision; mais une autre δόξα que nous analyserons plus loin : εἶναί τε πάντα τὸν ἀέρα ψυχῶν ἔμπλεων, plaide en faveur de la seconde solution.

Un autre problème consiste à fixer le sens de ἐπὶ τὸν ὕψιστον. Zeller (*Phil. der Griechen*, III, 2⁴, p. 91, 1) sous-entend ici θεόν et voit dans ces mots la trace d'une influence des doctrines hébraïques. Rohde (*Psyche*, II, p. 165, 2) estime que, dans ce cas, πρός conviendrait mieux que ἐπί et qu'on n'est pas en droit, d'ailleurs, d'attribuer aux auteurs d'Alexandre des doctrines judaïques. Il conjecture ἐπὶ τὸν ὕψιστον <κύκλον> ou ἐπὶ τὸ ὕψιστον.

Ὁ ὕψιστος ne doit pas être interprété dans le sens judaïque, mais bien dans le sens astrologique. Ὁ ὕψιστος (θεός ou κύκλος, c'est une seule et même chose) désigne, d'après certains textes, la plus haute des sphères célestes divinisée, celle des étoiles fixes : Cicéron, *Somn. Scip.*, 4 : *quorum unus (globus) est caelestis extumus qui reliquos complectitur*, SUMMUS IPSE DEUS, *arcens et continens ceteros*; Apulée, *De mundo*, 27 (cf. *De Plat.*, I, 12), l'appelle *summus exsuperantissimusque divum* ([2]).

Nous retrouvons, dans d'autres textes pythagoriciens, la croyance à un retour de l'âme vers les hauteurs du ciel : les *Vers d'or*, où ont été recueillis tardivement un bon nombre de fragments de l'ancien Ἱερὸς Λόγος ([3]), promettent à l'âme purifiée du disciple l'arrivée à l'éther libre (v. 70). D'après les Pythagoriciens d'Aëtius, IV, 7, 1, les âmes retournent, après la mort, vers

---

([1]) NORDEN, *Aeneis, Buch VI*, 1903, p. 19 et pp. 34 et suiv.

([2]) M. CUMONT (*Jupiter summus exsuperantissimus*, dans l'*Archiv für Religionswiss.*, VI [1909], pp. 323 et suiv.) a montré comment cette croyance d'origine « chaldéenne », c'est-à-dire astrologique, s'est répandue dans le monde grec et romain. Dans une première étude (*Hypsistos*, Supplément à la *Revue de l'Instr. publ. en Belgique*, 1897, p. 11), M. CUMONT estimait que le mot ὕψιστος de notre passage était l'indice d'un syncrétisme judéo-hellénique.

([3]) *Études sur la Littérature pythagoricienne*, p. 77.

l'âme du monde dont elles ont été détachées et qui, pour nos auteurs, est constituée par l'éther chaud. Pour Épicharme aussi, chez qui les Anciens avaient découvert tant d'influences pythagoriciennes : εὐσεβὴς νόῳ πεφυκὼς οὐ πάθοις κ' οὐδὲν κακὸν|κατθανών. ἄνω τὸ πνεῦμα διαμενεῖ κατ' οὐρανόν (fr. 22, *Vors.*, I³, p. 124, 4 ; cf. fr. 9, p. 122, 13). La théorie que Claudien rapporte à Philolaos (*De statu an.*, II, 7 = *Vors.*, I³, p. 320, 12) n'est pas très différente : *diligitur corpus ab anima quia sine eo non potest uti sensibus : a quo postquam morte deducta est agit in mundo* (= le κόσμος situé au-dessus de l'οὐρανός) *incorporalem vitam*.

La doctrine rapportée ici peut être ancienne ([1]) ; seul l'emploi du mot ὕψιστος pour désigner la sphère la plus élevée divinisée peut paraître un indice d'un remaniement récent ([2]), si l'on ne veut pas admettre que le doxographe a déformé quelque peu la pensée de ses auteurs.

La suite de l'exposé d'Alexandre présente encore quelques difficultés. D'après les Pythagoriciens, l'air est plein d'âmes : ce sont elles que nous appelons démons et héros. Il ne peut être question ici des âmes qui sont sorties du corps en état de pureté parfaite : celles-ci résident, en effet, au plus haut des cieux. D'après une notice d'Aëtius (1, 8, 2 = *Doxogr.*, p. 307), les termes ἥρωες et δαίμονες désignent également les âmes bonnes et mauvaises dans le langage pythagoricien, comme dans la religion grecque ordinaire. Suivant une autre doctrine pythagoricienne, au contraire, les δαίμονες et ἥρωες sont des âmes divinisées (Aristoxène dans Jamblique, *V. P.*, 99 ; Timée, *ibid.*, 37).

Ici, ces termes s'appliquent apparemment aux âmes impures et à celles qui ont été purifiées par des châtiments et qui séjournent dans les airs. De là, on peut tirer une présomption en faveur de l'hypothèse que nous avons formulée plus haut, selon laquelle l'Hadès serait situé dans l'atmosphère terrestre.

---

[1] GRUPPE, *Griech. Myth.*, p. 1095, n. 1 (cf. p. 1498), a montré que la croyance selon laquelle les âmes des morts vont dans le ciel est fort ancienne.

[2] On songera à rapprocher cette croyance d'origine astrologique de la doctrine selon laquelle les astres sont des dieux (*supra*, p. 207).

Une autre preuve que ces οὐσίαι ψυχικαί, comme les appelle Aëtius, comprennent de bons et de mauvais esprits, c'est que certains d'entre eux envoient aux hommes des maladies et qu'on doit se purifier de leur contact par l'observation de rites religieux (καθαρμοί et ἀποτροπιασμοί) ; tandis que d'autres manifestent leur bienfaisante influence par l'envoi de présages et en se prêtant aux pratiques divinatoires des hommes.

19. Notes diverses.

a) μέγιστον δέ φησιν τῶν ἐν ἀνθρώποις εἶναι τὴν ψυχὴν πεῖσαι ἐπὶ τὸ ἀγαθὸν ἢ ἐπὶ τὸ κακόν. On reconnaît dans ces mots une conception de la Rhétorique qui rappelle celle des Sophistes : un art de persuasion indifférent à la morale, capable de pousser au mal comme au bien.

b) εὐδαιμονεῖν τε ἀνθρώπους ὅταν ἀγαθὴ ψυχὴ προσγένηται. Il y a, dans cette doctrine, un jeu de mots étymologique (εὐδαιμονεῖν et εὖ — δαίμων) qui se rehausse, aux yeux des Pythagoriciens, d'un sens philosophique profond (δαίμων = ψυχή) : on ne peut être heureux sans posséder une âme vertueuse ou un « bon démon ». Cette idée reparaît dans divers fragments pythagoriciens, comme dans ces vers de l' Ἱερὸς Λόγος conservés par les *Vers d'or* (61) :

Ζεῦ πάτερ, ἢ πολλῶν κε κακῶν λύσειας ἅπαντας
εἰ πᾶσιν δείξαις οἵῳ τῳ δαίμονι χρῶνται ([1]).

On trouve des conceptions analogues dans Xénocrate (Aristote, *Top.*, II, 6) : εὐδαίμονα εἶναι τὸν τὴν ψυχὴν ἔχοντα σπουδαίαν· ταύτην γὰρ ἑκάστου εἶναι τὸν δαίμονα, et dans Démocrite (fr. 171, *Vors.*, II[3], p. 95, 6) : εὐδαιμονίη οὐκ ἐν βοσκήμασιν οἰκεῖ οὐδὲ ἐν χρυσῷ· ψυχὴ οἰκητήριον δαίμονος.

c) μηδέποτε δὲ ἠρεμεῖν μηδὲ τὸν αὐτὸν ῥόον κρατεῖν. Le sujet de cette phrase, d'allure héraclitique, n'est pas défini ; mais il est vraisemblable qu'il est question ici de l'homme, comme dans la phrase précédente.

([1]) *Études sur la Littérature pythagoricienne*, pp. 67 et suiv.

On peut y voir une allusion à la doctrine de la métempsycose. Le sort de l'âme varie d'une incarnation à l'autre, comme le dit le Pythagore de Lucien, *Vit. auct.*, 5 : καὶ σεωυτὸν ἕνα δοκέοντα καὶ ἄλλον ὁρεόμενον ἄλλον ἐόντα εἴσεαι... νῦν μὲν οὗτος, πάλαι δὲ ἐν ἄλλῳ σώματι καὶ ἐν ἄλλῳ ὀνόματι ἐφαντάζεο.

Mais il est possible que l'auteur fasse allusion aux changements que subissent le corps et l'âme pendant le cours de la vie. A ce sujet, on peut rappeler les paroles qu'Ovide place dans la bouche de Pythagore, *Met.*, XV, 214 : *nostra quoque ipsorum semper requieque sine ulla|corpora vertuntur ; nec quod fuimus sumusve cras erimus.* Épicharme a conservé un écho d'une telle doctrine (fr. 2, *Vors.*, I³, p. 118) : ὧδε νῦν ὅρη | καὶ τὼς ἀνθρώπως· ὁ μὲν γὰρ αὔξεθ', ὁ δέ γα μὰν φθίνει, | ἐν μεταλλαγᾷ δὲ πάντες ἐντὶ πάντα τὸν χρόνον κτλ.

d) ὅρκιόν τε εἶναι τὸ δίκαιον καὶ διὰ τοῦτο Δία ὅρκιον λέγεσθαι. Il faut entendre : ce qui est juste a la valeur du serment; en d'autres termes, il n'est pas nécessaire de prêter serment pour être tenu à l'observation d'une promesse. Une idée peu différente est exposée dans Jamblique, *V. P.*, 47, et Diogène, VIII, 22 ([1]) : elle tend à bannir le serment des conventions et surtout des conversations des hommes.

e) τὸν θεὸν < ἁρμονίαν εἶναι >. Même doctrine dans Lucien, *Vit. auct.*, 4. Nous ne trouvons dans la littérature pythagoricienne aucun texte qui explique cette doctrine.

f) καθ' ἁρμονίαν συνεστάναι τὰ ὅλα. Pour les Pythagoriciens d'Aristote (*Met.*, A, 5) τὸν ὅλον οὐρανὸν ἁρμονίαν εἶναι καὶ ἀριθμόν, comme pour Philolaos d'ailleurs (fr. 2 et 6). Nombre de notices doxographiques rapportent la même doctrine.

g) τιμὰς θεοῖς δεῖν νομίζειν καὶ ἥρωσι μὴ τὰς ἴσας. — Jamblique, *V. P.*, 37 (Timée) et 99 (Aristoxène), ainsi que Diogène, ci-dessus, 23, distinguent aussi les honneurs qu'on doit réserver aux dieux de ceux qu'on rend aux héros.

([1]) Cf. Diogène, I, 60 : καλοκἀγαθίαν ὅρκου πιστοτέραν ἔχε.

En consacrant l'après-midi au culte des héros, les Pythagoriciens sont d'accord avec les Orphiques (Abel, *Orph.*, p. 154, fr. 24; cf. l'*Etym. magnum*, *s. v.* ἱερὸν ἦμαρ, et le scholiaste de l'*Iliade*, Θ, 66) ([1]).

h) Sur le port de vêtements blancs dans les cérémonies du culte, cf. Jamblique, *V. P.*, 153. Selon Aristoxène (Jamblique, *V. P.*, 100), Diodore de Sicile, X, 9, 6, et Diogène, ci-dessus, 19, les Pythagoriciens ne portaient que des vêtements blancs.

i) La définition de la pureté rituelle est destinée à expliquer le terme ἁγνεύοντας, qualité requise pour l'accomplissement des cérémonies. Les moyens préconisés dans ce but diffèrent peu des règles ordinaires de la religion grecque. Ainsi le deuil et les accouchements sont des causes de souillure; même croyance dans Jamblique, *V. P.*, 153 et 256 (Timée) ([2]). En ce qui concerne l'usage des bains, les notices varient : d'après nos auteurs et Aristoxène (Jamblique, *V. P.*, 98), les Pythagoriciens se baignaient volontiers. D'après Aristote (Jamblique, *V. P.*, 83, Élien, *V. H.*, IV, 17), il leur était interdit οὐδὲ εἰς περιρραντήριον ἐμβάπτειν οὐδὲ ἐν βαλανείῳ λούεσθαι; mais il est question ici des bains publics, qui les auraient exposés au contact des hommes impurs ([3]).

Les auteurs d'Alexandre ne paraissent pas avoir observé l'abstinence de toute espèce de viande, mais seulement de la chair de certains poissons, des animaux ovipares et des animaux morts ou tués sans effusion de sang, ainsi que des viandes déjà entamées, accidentellement, par d'autres animaux (βρωτῶν κρεῶν). L'abstinence des θνησείδια κρέατα est confirmée par des notes d'Aristote (Élien, *V. H.*, IV, 17) et d'Hiéroclès, *In aur. Carm.*, 67; les mystes d'Éleusis y étaient aussi astreints, d'après Porphyre, *De abst.*, IV, 16.

([1]) L'heure de midi est celle où les fantômes se manifestent, dans les légendes grecques : Rohde, *Psyche*, I, p. 149, 2.

([2]) Cf. aussi Théophraste, *De superst.*, 9, et, pour le culte d'Éleusis, Porphyre, *De abst.*, IV, 16.

([3]) Cf. Orphée, *Lith.*, 366 ss., et Hippocrate, *De morbo sacro*, 2.

Ce passage de Diogène est le seul témoignage qui nous autorise à attribuer aux Pythagoriciens l'abstinence des œufs. On peut en rapprocher, il est vrai, un texte de Plutarque, *Qu. conv.*, II, 3, 2, mais il n'est pas très décisif : ἐξ ἐνυπνίου τινὸς ἀπειχόμην ᾠῶν πολὺν ἤδη χρόνον... ὑπόνοιαν μέντοι παρέσχον ἐνέχεσθαι δόγμασιν ὀρφικοῖς ἢ πυθαγορικοῖς καὶ τὸ ᾠόν, ὥσπερ ἔνιοι καρδίαν καὶ ἐγκέφαλον, ἀρχὴν ἡγούμενος γενέσεως ἀφοσιοῦσθαι. On peut expliquer cette abstinence soit, comme Plutarque, par des théories biologiques, soit, avec plus de vraisemblance, par l'usage qu'on faisait des œufs dans les cultes funéraires ([1]).

La remarque finale d'Alexandre : καὶ τῶν ἄλλων ὧν παρακελεύονται καὶ οἱ τὰς τελετὰς ἐν τοῖς ἱεροῖς ἐπιτελοῦντες, trouve un parallèle dans Jamblique, *V. P.*, 138 : ἔστι δὲ καὶ τῶν ἀποταγμάτων τὰ πολλὰ ἐκ τελετῶν εἰσενηνεγμένα. Une notice de Porphyre, *De abst.*, IV, 16, sur les abstinences des cultes d'Éleusis, présente un bon nombre de points de concordance avec les préceptes pythagoriciens : παραγγέλλεται γὰρ καὶ Ἐλευσῖνι ἀπέχεσθαι καὶ κατοικιδίων ὀρνίθων καὶ ἰχθύων καὶ κυάμων ῥοιᾶς τε καὶ μήλων καὶ ἐπ' ἴσης μεμίανται τό τε λέχους (1. λεχοῦς ?) ἅψασθαι καὶ τὸ θνησειδίων. D'après un autre passage (*ibid.*, IV, 22), une loi sacrée d'Éleusis défendait de nuire aux animaux. Voici quelques autres exemples de concordances entre les prescriptions pythagoriciennes et celles des cultes :

1. θύειν χρὴ ἀνυπόδητον (Aristote dans Jamblique, *V. P.*, 85) : se retrouve dans les lois sacrées d'Andanie (Michel, n° 694), de Lycosura (Dittenberger, II², p. 803), de Jalysos (Michel, n° 434);

2. port de vêtements blancs : Andanie (*ibid.*), Lycosura (*ibid.*);

3. abstinence de fèves et de poissons : règles orphique et éleusinienne;

4. défense de porter des anneaux (Jamblique, *Protr.*, 21, Clément, *Str.*, V, 5, 28) : Lycosura (*ibid.*);

([1]) M. Nilsson, *Das Ei im Totenkult der Alten,* dans l'*Archiv für Relig.*, XI (1908), p. 530; Rohde, *Psyche,* II, p. 126, 1 et p. 407.

5. ἐμψύχων ἀπέχεσθαι : attribué aussi aux Orphiques;

6. emploi de linges blancs pour l'ensevelissement des morts (Jamblique, *V. P.*, 155) : loi de Julis (Michel, n° 398).

La polémique d'Hippocrate contre les μάγοι, καθαρταί, ἀγύρται et ἀλαζόνες, dans le *Traité de la maladie sacrée*, 1, est très instructive au point de vue des concordances qui nous intéressent. Parmi les moyens qu'emploient ces charlatans pour soigner l'épilepsie, je relève ceux-ci, qui rappellent des pratiques pythagoriciennes : καθαρμοὺς προσφέροντες καὶ ἐπαοιδάς, λουτρῶν τε ἀπέχεσθαι κελεύοντες καὶ ἐδεσμάτων πολλῶν (l'auteur cite la trigle, l'oblade, le coq, etc.), ... ἱμάτιον δὲ μέλαν μὴ ἔχειν (θανατῶδες γὰρ τὸ μέλαν)... μηδὲ πόδα ἐπὶ ποδὶ ἔχειν μηδὲ χεῖρα ἐπὶ χειρὶ (ταῦτα γὰρ πάντα κωλύματα εἶναι).

*
* *

Dans son *Histoire de la Philosophie grecque* ([1]), Ed. Zeller se refuse à reconnaître dans ces extraits des théories de l'ancienne école pythagoricienne. Il attribue les ὑπομνήματα cités par Alexandre au IIe ou au Ier siècle avant J.-C., c'est-à-dire à une période du développement de la philosophie pythagoricienne qu'on est convenu d'appeler néopythagorisme. Diverses raisons, importantes, on le devine, ont amené le père de l'histoire philosophique à prononcer une condamnation aussi grave. D'abord, on ne retrouve pas dans cet exposé plusieurs des doctrines qu'Aristote et les principaux doxographes nous ont habitués à considérer comme des caractéristiques de l'ancien pythagorisme : les théories du πέρας et de l'ἄπειρον, les dix oppositions et le système astronomique bien connu (antiterre, feu central, etc.).

On doit avouer qu'une bonne partie des doctrines exposées ici sortent du cadre des études ordinaires des anciens Pythagoriciens; elles se rapportent surtout à l'anthropologie et à la psychologie. En outre, on y chercherait en vain les théories caractéristiques

---

([1]) *Die Philosophie der Griechen*, I, 1[5], pp. 360 et suiv., et surtout III, 2[4], pp. 103 et suiv.

du Pythagorisme d'Aristote. Mais il faut remarquer que celui-ci n'a pas épuisé son sujet et qu'il ne cite guère que les travaux mathématiques et astronomiques des Pythagoriciens, parce que c'est dans ce domaine qu'ils se sont spécialisés et qu'ils ont inventé des méthodes et des théories originales. Lui-même prend soin de nous en instruire : *Met.*, A, p. 990 *a* 16 : περὶ πυρὸς ἢ γῆς ἢ τῶν ἄλλων τῶν τοιούτων σωμάτων οὐδ' ὁτιοῦν εἰρήκασιν, ἅτε οὐδὲν περὶ τῶν αἰσθητῶν οἶμαι λέγοντες ἴδιον (ἴδιον = indépendant, original); p. 987 *a* 2, il observe que les Pythagoriciens se sont ralliés aux opinions de leurs prédécesseurs, en ce qui concerne la σωματικὴ ἀρχή, définie comme ὕδωρ, πῦρ καὶ τοιαῦτα σώματα (¹). Sur toutes ces questions, ils n'ont rien changé aux points de vue et aux méthodes des autres philosophes présocratiques, en sorte que leurs théories ne présentaient, aux yeux d'Aristote, aucun intérêt pour son histoire de la philosophie. Aussi a-t-il passé sous silence les doctrines qu'ils avaient professées dans le domaine de l'histoire naturelle.

Un exemple typique peut appuyer notre argumentation : la découverte du papyrus de Ménon nous a révélé un ensemble de doctrines médicales de Philolaos (²); or, ces extraits ne rappellent en rien les autres théories de Philolaos, pas plus que celles des autres Pythagoriciens.

Il semble donc que les ὑπομνήματα πυθαγορικά qui ont fourni la matière des extraits d'Alexandre étaient des traités de physique, de physiologie et de psychologie, dans le genre des περὶ φύσεως des Présocratiques. Ces sciences étaient à coup sûr cultivées dans l'École pythagoricienne : les fragments nouveaux de Philolaos suffiraient à le prouver. En outre, parmi les Présocratiques, il est un bon nombre de philosophes que les doxographes rattachent au Pythagorisme, quoique leurs théories philosophiques et le genre des recherches auxquelles

---

(¹) Cf. O. GILBERT, *Aristoteles' Urteile über die pythag. Lehre* dans l'*Arch. für Gesch. der Philos.*, XXII, 1909, pp. 152 et 153.
(²) Anonymus Lond., 18, 8, p. 31, dans DIELS, *Vors.*, I⁵, p. 308.

ils se sont adonnés s'écartent beaucoup de la tradition pythagoricienne à laquelle Aristote a donné une sorte de caractère officiel. On ne saurait trop insister sur leurs attaches pythagoriciennes et sur l'importance de la place qu'ils devraient tenir dans un exposé de la philosophie de l'École. Tels sont Alcméon, Hippase, Ménestor, Xuthos, Hippon, Ecphante, Lycon, etc., qui se sont occupés surtout de cosmologie, de physiologie, de médecine, et dont les fragments ne présentent, peut-on dire, aucune théorie spécifiquement pythagoricienne.

Enfin, notre étude a montré qu'en cherchant bien dans les maigres fragments qui subsistent des travaux pythagoriciens sur ce genre de questions, on peut instituer de nombreux parallèles avec les extraits d'Alexandre. Au contraire, en comparant ceux-ci à divers ouvrages néopythagoriciens, on n'arrive pas à établir de concordance probante. Les passages parallèles montrent bien, çà et là, quelque rapport avec des apocryphes ou des fragments d'apocryphes connus : Ocellus, Archytas, Philolaos, etc., mais en de si rares occasions, qu'on ne peut supposer une utilisation de ces sources. D'autre part, il est tout à fait remarquable que les doctrines platoniciennes n'aient exercé aucune influence sur les ouvrages consultés par Alexandre (cf., par exemple, p. 222), tandis qu'elles ont marqué de leur empreinte les théories néopythagoriciennes.

La seconde objection de Zeller est qu'on peut relever, dans nos ὑπομνήματα, des influences stoïciennes : cette objection vise le fond comme la langue philosophique des extraits. Zeller signale tout d'abord plusieurs emprunts à la terminologie scientifique du stoïcisme : tels seraient le mot αἴτιον, pour désigner la cause agissante, et les termes μεταβάλλειν καὶ τρέπεσθαι δι' ὅλων, appliqués aux transmutations des éléments ([1]). On peut répondre que ces observations, si elles étaient justes, prouveraient seulement que le doxographe emploie une terminologie philosophique influencée par le stoïcisme. Aristote

---

[1] III, 2⁴, p. 104, notes 1 et 2.

lui-même se sert de son propre vocabulaire technique en exposant les théories de ses prédécesseurs. Comme le dit M. Robin ([1]), « s'il y a là une raison suffisante pour apporter au témoignage, dans sa forme, la correction qu'il comporte, il n'y en a peut-être pas pour l'invalider complètement ». Une bonne partie des doctrines des philosophes présocratiques est traitée de cette façon par les doxographes. Théophraste, par exemple (Alexandre, *In Met.*, A, 3, 984 b 3 = *Vors.*, I³, p. 140, 7), expose ainsi une doctrine de Parménide : δύο ποιῶν τὰς ἀρχάς, πῦρ καὶ γῆν, τὸ μὲν ὡς ὕλην, τὸ δὲ ὡς αἴτιον καὶ ποιοῦν ([2]). Quant à l'expression μεταβάλλειν, on me permettra de mettre en doute l'exactitude de la remarque de Zeller : je m'en réfère, là-dessus, à l'étude de W. Heidel, *Qualitative change in presocratic Philosophy* ([3]).

Pour le fond, Zeller établit quelques rapprochements entre les doctrines des Pythagoriciens d'Alexandre Polyhistor et certaines théories stoïciennes. Mais aucun de ces parallèles n'est décisif. On ne trouve, dans notre exposé, aucune des doctrines fondamentales du stoïcisme, non plus qu'aucun des mots de la terminologie spéciale créée par les Stoïciens. Là où quelque analogie est évidente, on peut l'attribuer au fait que le Pythagorisme et le Stoïcisme ont puisé à des sources communes (conceptions populaires, superstitions religieuses, physique ionienne, etc.), ou l'expliquer par des emprunts des Stoïciens au Pythagorisme. De telles influences ont souvent été signalées : on sait que Zénon avait écrit un livre intitulé Πυθαγορικά (Diogène, VII, 4).

On peut d'ailleurs reprocher à Zeller d'avoir employé quelquefois des critères arbitraires en essayant de distinguer les doctrines de l'ancien Pythagorisme des développements qu'elles reçurent dans la suite. Je n'en veux qu'un exemple : un frag-

---

([1]) *Sur une hypothèse récente relative à Socrate*, dans la *Revue des Études grecques*, 1916, p. 162.

([2]) Voyez dans WELLMANN, *loc. cit.*, p. 227, n. 4, la justification des expressions αἴτιον — ὕλη, ποιοῦν — πάσχον.

([3]) *Archiv für Gesch. der Philos.*, XIX (1906), pp. 333-379.

ment d'un ouvrage perdu d'Aristote assure que Πυθαγόραν ἄλλο τὴν ὕλην καλεῖν ὡς ῥευστὴν καὶ ἀεὶ ἄλλο <καὶ ἄλλο> γιγνόμενον (Damascius, *De princ.*, II, 172 = *Vors.*, I³, p. 326, 7). Zeller en conteste simplement l'authenticité ou refuse de reconnaître l'antiquité de la doctrine (¹), parce que ce texte est en contradiction avec sa conception des doctrines de l'ancien Pythagorisme.

Nous n'avons aucune indication précise qui nous permette de deviner quels sont les ὑπομνήματα πυθαγορικά dont Alexandre a tiré ces extraits. Tantôt le verbe des citations est au singulier : (30) καλεῖ, (32) φησίν; on pourrait supposer qu'Alexandre vise Pythagore, mais on peut croire aussi que cette forme désigne l'auteur particulier qui est résumé en cet endroit. Tantôt la citation est au pluriel : (27) καλοῦσιν, et paraît se rapporter aux œuvres de divers Pythagoriciens. En quelques endroits la langue paraît se ressentir d'influences poétiques : (27) εἰς τὰ βένθη δύεσθαι, (31) πλάζεσθαι, (32) ῥόον non contracté, sans qu'on puisse en tirer une conclusion précise.

Diels (²) croit qu'il est possible de considérer ces ὑπομνήματα comme les trois livres : παιδευτικόν, πολιτικόν, φυσικόν, dont il est question au paragraphe 6 et dont Diogène cite des extraits aux paragraphes 9 et 10. Mais on peut objecter, à cette hypothèse, le pluriel de la citation que nous venons de signaler (³).

(¹) I, 1⁵, p. 366.

(²) *Archiv für Gesch. der Philos.*, III, p. 471.

(³) WELLMANN (*loc. cit.*, pp. 242 et suiv.) ne me paraît pas avoir remarqué cette difficulté, puisqu'il rapporte toutes les doctrines à l'ouvrage d'un seul Pythagoricien. — L'expression πυθαγορικὰ ὑπομνήματα, employée pour désigner ces livres, est remarquable. Ce terme ὑπομνήματα s'applique proprement aux *Notes* ou *Souvenirs*. On le retrouve dans JAMBLIQUE, *V. P.*, 146 (ὑπομνήματα laissés par Pythagore à sa famille) et 199 (τὰ πυθαγόρεια ὑπομνήματα) et dans une seconde rédaction de la *Lettre* de Lysis à Hipparque (*Études*, p. 104). — On pourrait croire que nous avons affaire ici à ce Recueil de notes secrètes prétendument retrouvé, mais en réalité composé par un faussaire, et tenu par Alexandre pour un ouvrage authentique. Mais cette hypothèse rencontre la même objection que celle de Diels. En tout cas, nos ὑπομνήματα seraient tout différents de l'apocryphe pythagoricien du même nom dont un faussaire a tiré l'Ἱερὸς Λόγος écrit en dialecte dorien : cet opuscule traitait, en effet, de l'arithmologie (*Études*, p. 203).

L'intérêt que présenteraient ces extraits, si l'on pouvait les attribuer avec sécurité à l'ancien Pythagorisme, découlerait surtout du sujet qu'ils traitent. La doxographie et les fragments pythagoriciens nous apprennent en effet peu de chose sur les doctrines cosmogoniques, physiologiques et psychologiques propres à l'École.

Une tendance rationaliste se fait jour manifestement chez les auteurs consultés par Alexandre : s'ils ont conservé les anciennes doctrines pythagoriciennes, c'est en les épurant et en cherchant à leur donner une explication scientifique. On aura remarqué, au cours de l'étude qui précède, mainte concordance avec les physiciens de l'École pythagoricienne : Hippon, Ecphante, Alcméon etc., ainsi qu'avec des écrivains dont les attaches pythagoriciennes sont bien connues : Parménide et Empédocle surtout. On ne peut y découvrir une influence profonde et prépondérante de l'un ou l'autre système présocratique. On reconnaît des traces d'héraclitisme dans les théories de l'origine ignée de la vie, du flux des choses humaines, du rôle de la respiration dans la formation de l'âme. L'École ionienne proprement dite (Anaximandre, Anaximène, Anaxagore, Diogène d'Apollonie) pourrait avoir inspiré à nos auteurs leur système cosmogonique. Enfin, les concordances ne sont pas rares avec quelques œuvres du *Corpus* hippocratique, ce qui s'expliquerait aussi bien par des influences de l'École médicale pythagoricienne sur l'École de Cos, dont la floraison est d'époque plus récente.

10. §§ 34-35. — Extrait d'Aristote, provenant probablement du recueil aristotélicien περὶ Πυθαγορείων ([1]). Ces notes,

---

([1]) La citation de Diogène ἐν τῷ περὶ τῶν κυάμων (= BP; περὶ τῶν κυάμων F) paraît provenir d'une méprise. Comme on ne connaît pas d'ouvrage aristotélicien qui porte ce titre, Roeper a supposé une lacune après ἐν τῷ : le nom de l'ouvrage cité serait perdu. Il supprime, en outre, περί et le second τῶν κυάμων, qui proviendraient d'additions postérieures à la perte du titre de l'ouvrage. On peut admettre simplement que Diogène, ou l'une de ses sources, a confondu une rubrique, indiquant le contenu d'un chapitre ou d'un paragraphe, avec le titre d'un ouvrage.

qu'on peut compléter par l'exposé de Jamblique, *V. P.*, 82-86, appartiennent au chapitre qui traitait des ἀκούσματα ou préceptes superstitieux. Elles contiennent six formules de ce genre, dont cinq prohibitives. Aristote présente pour chacune d'elles plusieurs interprétations tirées des livres de propagande pythagoriciens (cf. Jamblique, *V. P.*, 87) ou des observations qu'il avait pu faire dans le domaine du folklore et de l'ethnologie.

Pour les tabous alimentaires, κυάμων ἀπέχεσθαι, ἀλεκτρυόνος μὴ ἅπτεσθαι λευκοῦ, τῶν ἰχθύων μὴ ἅπτεσθαι ὅσοι ἱεροί, je me permets de renvoyer à mes *Études sur la Littérature pythagoricienne*, pp. 289 et suivantes.

Τὰ δὲ πεσόντα μὴ ἀναιρεῖσθαι : il s'agit des miettes qui tombent de la table. Rohde (*Psyche*, I, p. 245) a retrouvé dans cette pratique une survivance d'une vieille superstition indo-européenne : les miettes qui tombent à terre sont la part des âmes des morts (cf. Athénée, X, p. 427 D). La note explicative d'Aristote : ἐπὶ τελευτῇ τινος est une bien vague indication. Faut-il traduire : *après, lors de*, ou *à cause de* la mort *de quelqu'un?* Et quel est ce quelqu'un?

La note καὶ τὸ μὲν λευκὸν τῆς τἀγαθοῦ φύσεως, τὸ δὲ μέλαν τοῦ κακοῦ n'est pas à la place qui lui convient, car elle se rapporte au mot λευκοῦ de l'avant-dernier précepte.

ἄρτον μὴ καταγνύειν : il ne faut pas briser ou émietter le pain. Selon Boehm (*De Symbolis*, p. 43), cette défense équivaudrait à un ordre de couper le pain avec un couteau : le contact du fer était censé éloigner les mauvais esprits qui auraient pu se fixer au pain! Mais il est absurde de supposer qu'on eût remplacé un précepte positif, au sens précis, par une formule négative et plutôt équivoque. Anaximandre le Jeune présente une autre formule : ἀπὸ ὁλοκλήρου ἄρτου μὴ ἐσθίειν (ou μὴ ἀπόδακνε) : il ne faut pas rompre le pain avec les dents.

Je ne me hasarderai pas à conjecturer la raison d'être de ce tabou. Aristote était fort embarrassé : ὅτι ἐπὶ ἕνα οἱ πάλαι τῶν φίλων ἐφοίτων... μὴ δὴ διαιρεῖν ὃς συνάγει αὐτούς. La défense serait donc dérivée d'une ancienne coutume, encore observée chez les

Barbares, selon Aristote : une société d'amis se réunissait autour d'un pain (sans y toucher sans doute); c'eût été un fâcheux présage (comme l'explique le texte plus complet de Jamblique, *V. P.*, 86) de rompre ce symbole de l'amitié. Mais pourquoi établir un rapport entre cette coutume antique et l'usage journalier? On pourrait supposer, il est vrai, que le précepte n'était observé qu'en certaines circonstances, dans des repas de société, par exemple.

οἱ δέ, πρὸς τὴν ἐν ᾅδου κρίσιν. Jamblique, *l. c.*, précise : οὐ συμφέρει, sans donner, d'ailleurs, une explication suffisante.

οἱ δέ, εἰς πόλεμον δειλίαν ποιεῖν : même observation.

οἱ δέ, ἐπεὶ ἀπὸ τούτου ἄρχεται τὸ ὅλον : « parce que l'univers commence par un pain ». La notice est tellement bizarre que Hœlk (*De Acusmatis*, p. 27) veut la rapporter aux fèves, invoquant le parallèle d'une doctrine rapportée par Antonius Diogène (dans Lydus, *De mens.*, IV, 42, et Porphyre, *V. P.*, 44), qui n'a d'ailleurs aucun rapport avec la phrase qui nous occupe [1]. En réalité, il y a, dans cette simple remarque, une allusion à quelque théorie cosmogonique qui comparait la formation du monde à la fabrication du pain. On connaît une doctrine semblable d'Empédocle (Aristote, *Météor.*, IV, 4, 3 = *Vors.*, I[3], p. 239).

Aristote rapporte ensuite trois δόξαι qui n'ont aucune analogie avec les ἀκούσματα, à moins qu'on ne veuille les classer dans la catégorie des formules τί ἐστι; τί ἐστι μάλιστα (Jamblique, *V. P.*, 82), qui comprennent des définitions des idées abstraites et des perfections [2].

11. §§ 36-38. — Extraits poétiques où Pythagore est moqué. Tout d'abord, les vers traditionnels de Timon le Sillographe, où Pythagore est représenté comme un charlatan et un

---

[1] En effet, ces textes ne disent pas que la fève est à l'origine des choses, mais bien qu'elle est sortie de la même souche que l'homme.

[2] *Études*, p. 274.

pipeur d'hommes. Suit un fragment de Xénophane, qui rapporte une anecdote amusante : Pythagore, passant à côté d'un chien qu'on battait, s'écria : « Arrête! je reconnais la voix d'un de mes amis ». L'intention est satirique (cf. Diogène, IX, 18 : ἀντιδοξάσαι τε λέγεται (Ξενοφάνης) Θαλῇ καὶ Πυθαγόρᾳ) ; mais le récit lui-même provient peut-être de l'entourage de Pythagore. L'*Artemii Passio*, 29, rapporte une variante du même thème : Pythagore reconnaît la voix d'un de ses amis dans le mugissement d'un bœuf qu'on menait au sacrifice ([1]).

Diogène cite encore d'importants extraits de quelques poètes de la comédie moyenne : Cratinos (le jeune), Mnésimaque, Aristophon. On peut en compléter la série par des fragments conservés par Athénée, IV, p. 161 (Alexis, Antiphane, Aristophon) ([2]). Les témoignages sont intéressants parce qu'ils décrivent l'état du Pythagorisme au IVe siècle. Les Pythagoriciens qu'ils ont observés ne sacrifient pas d'animaux, ignorent l'usage de la viande, se distinguent par une extrême sobriété et une répugnante saleté. On dirait d'un Pythagorisme cynique.

Deux de ces fragments présentent un intérêt spécial. L'un, emprunté aux *Tarentins* de Cratinos, décrit un cercle de Pythagoriciens avec des traits qui ne conviennent qu'à une école de rhétorique. Voici les noms des figures de rhétorique au maniement desquelles ils s'exercent : ἀντίθετα, qui désigne les antithèses ; πέρατα, la définition ; παρισώματα (variante de παρίσωσις), la correspondance symétrique ; ἀπόπλανα, qui est une variante, sans doute, de l'ἀποπλάνησις, moyen de détourner l'attention de la question ; μεγέθη, l'amplification oratoire. Cette notice doit être rapprochée de celle qui mentionne un manuel de Κοπίδες dans la littérature pythagoricienne (§ 8) et de divers autres indices du rôle important que les Pythagoriciens ont dû jouer dans l'élaboration de la rhétorique.

---

[1] Cf. EMPÉDOCLE, fr. 136 et fr. 137 (*Vors.*, I³, p. 275).

[2] DIELS, *Vors.*, I³, p. 373. Cf. sur la valeur de ces textes, G. MÉAUTIS, *Recherches sur le Pythagorisme* (Neuchâtel, 1922), pp. 10 et suiv.

La comparaison de ce fragment avec l'un de ceux qu'a conservés Athénée, IV, p. 161 B, soulève une intéressante question de critique. Cet auteur attribue, en effet, à Alexis une pièce intitulée les *Tarentins*, comme celle de Cratinos. En outre, les idées développées dans ce fragment concordent avec celles des vers de Cratinos : πυθαγορισμοί καί λόγοι | λεπτοί διεσμιλευμέναι τε φροντίδες | τρέφουσ' ἐκείνους... Aussi Casaubon attribuait-il à Alexis les *Tarentins* cités par Diogène. Mais si l'on s'engage dans cette voie, on ne peut s'arrêter à mi-chemin. Athénée attribue, en effet, à Alexis une comédie, ἡ Πυθαγορίζουσα, dont Diogène fait une pièce de Cratinos. Les trois coïncidences ne peuvent être accidentelles. Il est vraisemblable qu'il n'y a jamais eu que deux pièces dont les fragments, empruntés sans doute à des Anthologies, sont rapportés par Diogène à Cratinos, par Athénée à Alexis. Nous laissons aux spécialistes le soin de décider quelle est l'exacte attribution.

Le second fragment intéressant est emprunté au Πυθαγοριστής d'Aristophon. Il rapporte une variante de la Descente aux Enfers de Pythagore, dont il a été question plus haut (p. 194).

12. §§ 39-40. — Mort de Pythagore et persécution de ses disciples.

Diogène a recueilli trois versions sur ces événements : 1° une opinion anonyme qu'il paraît faire sienne et dont l'exposé est interrompu par deux variantes concernant des questions de détail : τινές... et ... φησὶ δὲ Δικαίαρχος; 2° l'avis d'Héraclide Lembos; 3° le récit d'Hermippe.

1. Opinion anonyme. Si l'on fait abstraction de la variante τινὲς δ' αὐτοὺς τοὺς Κροτωνιάτας τοῦτο πρᾶξαι, τυραννίδος ἐπίθεσιν εὐλαβουμένους, qui n'est qu'un résumé de Timée (Jamblique, *V. P.*, 254 ss.; Justin, XX, 4), il reste un récit complet, que termine une citation de Dicéarque. Cette version est formée d'éléments fort hétérogènes dont il est encore assez aisé, à cause de la richesse des traditions sur ce sujet, d'établir les origines.

Voici les points qui sont empruntés au récit d'Aristoxène (Jamblique, *V. P.*, 248 ss.) : réunion des Pythagoriciens dans la maison de Milon; incendie criminel causé par les menées des Cyloniens, dont le chef avait été repoussé, pour cause d'indignité, de la Société; fuite de Lysis et d'Archytas.

Le compilateur a modifié ce récit par l'adjonction d'éléments pris à Dicéarque (Porphyre, *V. P.*, 56) : la catastrophe est placée au temps de Pythagore; le nombre de Pythagoriciens massacrés est fixé à quarante. Le récit de Dicéarque n'apparaît, indépendant et traité comme une variante, qu'à la fin du morceau.

Or, nous connaissons l'auteur d'une contamination semblable : c'est Néanthe, dont le récit a été adopté par Porphyre (*V. P.*, 54-56) ([1]). En cours de route, la tradition a souffert, naturellement : d'abord, ce ne sont plus les Cyloniens, mais leur chef, dont le nom est d'ailleurs omis, qui allume l'incendie; ensuite, par une erreur d'origine paléographique, le nom d'Archytas a remplacé celui d'Archippe. Mais ce ne sont là que petits accrocs. Diogène (ou son auteur) lui a fait subir une nouvelle contamination avec une légende qui faisait périr Pythagore devant un champ de fèves :

τὸν δὴ Πυθαγόραν καταλειφθῆναι διεξιόντα· καὶ πρός τινι χωρίῳ γενόμενος πλήρει κυάμων, ἵνα < μὴ > διέρχοιτο, αὐτόθι ἔστη, εἰπὼν ἁλῶναι < ἂν > μᾶλλον ἢ πατῆσαι, ἀναιρεθῆναι δὲ κρεῖττον ἢ λαλῆσαι.

Le texte présente plusieurs difficultés : d'abord, le discours passe brusquement de la forme indirecte à la forme directe, pour reprendre plus loin sa première tournure; ensuite, le sens des mots : « il est préférable d'être tué que de parler » est insaisissable. Pour l'expliquer, il faut recourir au texte d'une légende pieuse racontée par Néanthe (et Hippobotos) dans Jamblique, *V. P.*, 189-194 ([2]) : deux Pythagoriciens, Myllias

---

([1]) Cf. *Musée belge*, 1908, p. 205.

([2]) On retrouve le même scénario avec d'autres personnages dans l'*Artemii Passio*, 29; Olympiodore, *In Phaed.*, p. 5; Ambroise, *De virg.*, I, 4.

et Timycha, traqués par les sbires de Denys le Tyran, ne parviennent pas à leur échapper, parce qu'ils n'osent traverser un champ de fèves; amenés devant Denys, ils refusent d'indiquer la raison de la vénération qu'ils professent à l'égard de cette plante.

Or, le biographe Hermippe, nous le verrons bientôt, fait périr Pythagore devant un champ de fèves qu'il ne veut pas traverser. L'auteur de Diogène paraît avoir agrémenté une tradition semblable de détails empruntés à l'histoire de Myllias et l'avoir, ainsi parée, insérée dans le récit de Néanthe. De là le mélange le plus hybride qui soit, et le plus obscur aussi, par la faute de procédés malhabiles d'abréviation.

La citation de Dicéarque doit être complétée par le texte de Porphyre, *V. P.*, 56-57. On peut conjecturer que Dicéarque attribue aux Métapontins des sentiments hostiles à Pythagore, puisque celui-ci doit chercher refuge dans un temple et qu'il y meurt de faim après un jeûne de quarante jours. Cette tradition est contredite par des notices d'autres auteurs qui représentent Métaponte comme une ville accueillante pour le Pythagorisme (cf. ci-dessus, p. 183). Le caractère légendaire de ce récit de Dicéarque est mis suffisamment en relief par la notice sur la durée du jeûne.

2. Récit d'Héraclide Lembos. Héraclide fait coïncider les troubles de Crotone avec le voyage de Pythagore à Délos, entrepris pour aller ensevelir son maître Phérécyde : en quoi il ne faisait que reprendre pour son compte l'opinion d'un Anonyme déjà critiqué par Dicéarque (Porphyre, *V. P.*, 55-56) [1]. A son retour, Pythagore « trouve le banquet de Cylon ». Cette phrase obscure signifie apparemment que Cylon, lors du retour de Pythagore, célèbre de grandes réjouissances pour fêter la fuite et le massacre des Pythagoriciens. Cylon est le chef des conjurés, désigné plus haut (39) par les mots τινὸς τῶν μὴ

---

[1] Cf. *Musée belge*, 1908, p. 205.

παραδοχῆς ἀξιωθέντων. Il faut donc supposer, dans ce résumé mal fait, une assez grande lacune, où auraient été exposés le rôle joué par Cylon et le massacre des Pythagoriciens. Diogène pouvait croire, il est vrai, que la lecture de la tradition précédente suppléerait ce qui manque ici. Héraclide ajoute que Pythagore se retira à Métaponte, où il *voulut* mourir de faim. Ce détail paraît être une nouveauté ajoutée au récit de Dicéarque. Héraclide n'a pas pris garde que ce genre de mort était en désaccord avec l'interdiction pythagoricienne du suicide.

3. Récit d'Hermippe.

Dans une guerre des Syracusains et des Agrigentins, Pythagore, ayant pris le parti de ces derniers, est vaincu. Poursuivi, il n'ose traverser un champ de fèves, ce qui lui eût permis d'échapper. Il meurt victime de sa superstition. Ses disciples, réfugiés à Tarente, font de l'opposition au parti régnant. Ils périssent dans un incendie allumé par leurs ennemis.

Dans la légende de la mort de Pythagore, l'intention satirique est évidente. On peut croire cependant qu'Hermippe n'a fait que tirer parti d'un récit édifiant semblable à celui dont Myllias est le héros.

Les éléments de la seconde partie du récit sont empruntés aux mêmes sources que l'exposé de Dicéarque, mais ils ont été bien déformés. Selon Dicéarque, la catastrophe principale s'était produite à Crotone; les troubles antipythagoriciens s'étaient ensuite étendus à Caulonia, Locres, Tarente etc.

Jean de Rhodes, dans l'*Artemii Passio,* 29, reprend l'histoire d'Hermippe, en remplaçant les Syracusains par les Tarentins [1] et en ajoutant l'histoire de Théano, qui aime mieux mourir que de révéler le secret des fèves.

§ 41. Tradition d'Hermippe sur la Κατάβασις. Voici comment Hermippe, esprit fort et écrivain satirique, explique la

---

[1] Une confusion s'est produite aussi dans l'esprit du scholiaste de Platon, selon qui Pythagore fut tué par les Agrigentins.

formation des légendes pythagoriciennes relatives à une descente de Pythagore aux Enfers (cf. *supra*, pp. 155 et 194).

Arrivé en Italie, le philosophe se creuse, à l'insu de tous, une demeure souterraine; sa mère, complice de son projet, lui communique, pendant son séjour souterrain, des tablettes mentionnant, avec leur date, les événements qui se passent sur la terre. Au bout d'un certain temps, Pythagore reparaît, émacié, squelettique. Il entre dans l'*Assemblée* (des disciples probablement) et annonce qu'il revient de l'Hadès. Pour confirmer ses dires, il raconte ce qui s'est passé pendant son absence. Les disciples croient en sa nature divine et lui confient leurs femmes pour qu'il leur enseigne ses doctrines.

Selon Tertullien, *De an.*, 28, et le scholiaste de l'*Électre* de Sophocle, v. 62 (cf. Suidas, *s. v.* ἤδη), les nouvelles que Pythagore se fait communiquer concernent surtout la mort de certains de ses disciples. Lors de sa résurrection, il donne sur ce sujet des détails qui enlèvent tout doute à ses fidèles. Il leur apprend en même temps quelles furent ses existences antérieures.

Hermippe, Tertullien et le scholiaste n'admettent pas que Pythagore ait présenté sa description des Enfers comme le résultat d'une vision ou d'un songe, ou encore d'un souvenir de ses existences antérieures. Pythagore a réellement disparu (pendant sept ans, selon Tertullien), mais par calcul, grâce à une supercherie.

On doit rapprocher cette histoire d'une descente aux Enfers de Zamolxis (Hérodote, IV, 95, et Hellanicus, dans Suidas, *s. v.* Z.). Précisément Origène, *C. Celse*, II, 55, et Eustathe, *Ad Odyss.*, p. 1701, 61 et p. 1961, 10 (où le nom de Zaleucus est cité par erreur), unissent les deux légendes. Ce dieu gète, héroïsé par les Grecs de l'Hellespont et du Pont et considéré comme un disciple de Pythagore, justement à cause de sa doctrine sur l'autre vie, prédit à ses disciples qu'ils ne mourront pas, mais qu'ils iront habiter avec lui un endroit plein de délices. Il disparaît mystérieusement un jour (dans un souterrain) et revient au monde trois ans après ([1]).

13. §§ 42-43. — Renseignements sur la famille de Pythagore.

On est frappé des divergences, parfois considérables, des auteurs anciens sur ce sujet. Pour qu'on puisse se rendre compte de la valeur et de la place de la notice de Diogène dans l'ensemble de la Tradition, je vais tenter de classer les différents textes anciens relatifs à cette question.

Notons d'abord un premier désaccord à propos de la personne de Théano, dont on fait souvent la femme de Pythagore. Certains auteurs la considèrent simplement comme une pythagoricienne, originaire de Métaponte ou de Thuries (Suidas, *s. v.* Θεανώ [1]), ou de Crotone (*id., s. v.* Θεανώ [2]), fille de Léophron, femme de Carystos ou de Croton ou encore de Brontinos (Suidas, *ibid.*, 1 et 2, un Anonyme cité ici par Diogène et Jamblique, *V. P.*, 267). Dicéarque (Porphyre, *V. P.*, 19) et Didyme (Clément, *Strom.*, I, 16, 80) ne paraissent rien savoir de son union avec Pythagore. L'auteur de Suidas, pour se tirer d'embarras dans ces contradictions, distingue deux homonymes.

Le plus grand nombre d'auteurs font de Théano la femme de Pythagore, mais il faut distinguer plusieurs groupes dans les traditions qui rapportent les noms des enfants issus de ce mariage.

A. Une des notices les plus anciennes, celle de Timée ([2]), leur

---

([1]) Dans la tradition d'Hérodote, on se demande quel but vise la supercherie de Zamolxis. Dans le texte d'Hellanicus, au contraire, on peut encore se rendre compte du sens originel de la légende. Les peuplades gètes croient à un retour des âmes sur la terre, ou, si l'on veut, à la métempsycose : καὶ τοὺς ἀποθανόντας ὡς Ζάμολξίν φασιν οἴχεσθαι, ἥξειν δὲ αὖθις... θύουσι δὲ καὶ εὐωχοῦνται, ὡς αὖθις ἥξοντος τοῦ ἀποθανόντος. La résurrection de Zamolxis est une preuve, par l'exemple, de la vérité de cette doctrine.

([2]) *Musée belge*, 1920, p. 12.

attribue un fils, Mnésarque, qui était fort jeune encore quand son père mourut (Jamblique, *V. P.*, 265), et une fille (Timée dans Porphyre, *V. P.*, 4). Le nom de celle-ci n'est pas connu par ce passage, mais dans le même extrait de Timée repris par Jamblique, *V. P.*, 170, nous apprenons que Pythagore la maria à Ménon de Crotone. Or, dans le Catalogue des Pythagoriciens de Jamblique (§ 267), Muia, qui est citée dans une foule d'autres textes comme la fille de Pythagore, est dite avoir épousé Milon. Il y a, dans l'un ou l'autre passage, une simple confusion ou une erreur paléographique dans le nom du mari ([1]).

B. Une autre tradition dérive d'une version de la *Lettre* de Lysis à Hipparque (*Epist. gr.*, p. 601) ou à Hippase ([2]), qui, justement, est citée par Diogène à l'appui de sa notice. C'est Jamblique qui présente ce tableau généalogique sous sa forme la plus complète, dans un passage où il s'inspire évidemment de la *Lettre* de Lysis (*V. P.*, 146). De Théano, Pythagore eut une fille, Damo, et un fils, Télaugès, qui était très jeune encore quand son père mourut et qui épousa plus tard la fille de Damo, Bitala. La *Lettre* ne mentionne ni Théano ni Télaugès, et Diogène, qui suit la même tradition, ne parle pas de Bitala.

C. Un troisième groupe de notices paraît dériver d'une contamination des deux premières traditions. Théano, fille du Crétois Pythonax, met au monde : Télaugès, Mnésarque, Muia et Arignote (Suidas, *s. v.* Θεανώ ², Ἀριγνώτη [où μαθήτρια dérive peut-être d'une erreur de transcription de θυγάτηρ], Τηλαύγης, Μυῖα). Porphyre, *V. P.*, 4, omet, dans cette série, Mnésarque; l'Anonyme de Photius, *Cod.* 249, remplace le nom d'Arignote par celui de Sara et classe Théano parmi les enfants de Pythagore. Eusèbe (*Praep. ev.*, X, 14, 14) et Arsénius (*Viol.*, p. 310) ne citent que Télaugès et Mnésarque.

([1]) Casaubon rétablissait Μίλωνι au § 170. Cf. CLÉMENT, *Strom.*, IV, 19, et la tradition *C*.

([2]) Hippase avait été accusé aussi d'avoir enseigné des doctrines de l'École sans procéder, au préalable, à une purification morale de ses disciples (*Vors.*, I², p. 37).

Tout à fait isolée est la tradition de Duris (Porphyre, *V. P.*, 3), qui donne le nom d'Arimneste au fils de Pythagore : ce nom paraît être une variante de Mnésarque. La même remarque s'applique à une note de Plutarque (*Numa*, 8, 11, et *Paul-Émile*, 2, 1) et de Festus (*s. v. Aemilia*), qui appellent Mamercus l'un des fils de Pythagore, sans doute parce que certaines traditions donnent à son père le nom de Marmacus : encore faut-il supposer une confusion orthographique.

La version la plus ancienne est celle de Timée. La seconde vaut ce que vaut la seconde recension de la *Lettre* de Lysis, qui n'est qu'un faux ([1]). Cette tradition est liée à la légende des « livres de famille » secrets de Pythagore, sur lesquels veillent Damo et Bitala. Le nom de Télaugès a remplacé celui de Mnésarque, mais il conserve certains traits de sa personnalité : comme lui, par exemple, il est très jeune lors de la mort de son père. Il a usurpé sa place dans les διαδοχαί philosophiques de date récente (Diogène, I, 15, VIII, 43 [cf. 53]; Suidas, *s. v.* Τηλαύγης et Ἐμπεδοκλῆς; Photius, *Cod.* 249 ; Eusèbe, *Pr. ev.*, X, 14, 14 ; Arsénius, *Viol.*, p. 310).

La construction artificielle où Télaugès sert de trait d'union entre Pythagore et Empédocle est tardive. Hippobotos est cité par Diogène, non pour confirmer cette tradition, mais parce qu'il établit *au moins* (γέ τοι) certains rapports entre Télaugès et Empédocle.

Selon Diogène, Télaugès n'aurait pas laissé d'ouvrages ; cette tradition est contredite par Suidas (*s. v.* T.), qui lui attribue un περὶ Τετρακτύος en quatre livres. Les écrits de Théano auxquels notre auteur fait allusion sont cités par Suidas, qui les répartit entre les deux homonymes. Déjà Didyme d'Alexandrie (Clément, *Strom.*, I, 16, 80) connaissait des ποιήματα de la femme-philosophe.

Théano était l'héroïne de plusieurs anecdotes, tirées peut-être

---

([1]) *Études sur la Littérature pythagoricienne*, pp. 103 et suiv.

des ἀποφθέγματα que lui attribue Suidas. Diogène en conte deux qui ont pour thème la chasteté féminine. La première est rapportée par Jamblique (*V. P.*, 55) à Pythagore, mais d'autres auteurs confirment l'attribution à Théano. Quant à la seconde historiette, elle ne figure que dans Diogène, mais l'idée maîtresse paraît inspirée d'Hérodote, I, 8 : παρήνει ἅμα τοῖς ἐνδύμασι καὶ τὴν αἰσχύνην ἀποτίθεσθαι = ἅμα δὲ κιθῶνι ἐκδυομένῳ συνεκδύεται καὶ τὴν αἰδῶ γυνή. Le mot de la fin (ταῦτα δι' ἃ γυνὴ κέκλημαι) repose sur un jeu d'étymologie : γυνὴ — αἰσχύνη.

14. § 44, fin du § 45 et § 46[a]. — Notes chronologiques.

La chronologie de la Vie de Pythagore a été étudiée par Jacoby, *Apollodors Chronik* (*Philol. Unters.*, XVI (1902), pp. 215 et suiv.) ([1]). J'ai réuni ailleurs ([2]) quelques observations qui permettent de corriger, semble-t-il, la classification des notices chronologiques qu'il a établie.

Héraclide Lembos, rapporte Diogène, évalue à 80 ans la durée de la vie de Pythagore. Cette estimation ne repose pas sur des données historiques, mais sur des combinaisons théoriques. Pythagore partageait en quatre périodes de vingt ans la durée idéale de la vie humaine (cf. § 10) : il a donc dû vivre, dit Héraclide, quatre-vingts ans. C'est ainsi, semble-t-il, qu'il faut comprendre les mots : κατὰ τὴν ἰδίαν ὑπογραφὴν τῶν ἡλικιῶν.

Diogène oppose à cette notice l'opinion qu'il appelle *courante* et qui évalue la durée de la vie de Pythagore à 90 ans. Or c'est le seul texte où l'on relève ce chiffre. Un Anonyme dans Syncellus, p. 247 C. fixe la durée de sa vie à 75 ans; les *Théol. Arithm.*, p. 40, à 82 ans; Timée (Jamblique, *V. P.*, 265), suivi par Syncellus, *ibid.*, et Tzetzès, *Chil.*, XI, 92, à 99 ans; Photius, *Cod.* 249, à 104 ans; Galien (t. XIV, p. 567, K) va jusque 117 ans. Pour accorder le texte de Diogène avec la majo-

---

([1]) Cf. encore LAQUEUR, *Zur griech. Sagenchron.*, — *Hermes*, XLII (1907), p. 530.
([2]) *Musée belge*, 1920, pp. 5 et suiv.

rité de ces estimations, Jacoby, après Casaubon, propose ἐνενήκοντα < ἐννέα >. Mais le texte des Scholies de Platon (Hésychius) et celui du Papyrus d'Herculanum (Crönert, *Studien zur Paläogr.*, VI [1906], p. 147) confirment la leçon des manuscrits de Diogène.

Jacoby (*op. cit.*, p. 220) veut encore corriger l'autre notice chronologique de Diogène : ἤκμαζε δὲ κατὰ τὴν ἑξηκοστὴν Ὀλυμπιάδα, pour la conformer à l'opinion d'un grand nombre d'auteurs anciens qui fixent l'ἀκμή de Pythagore à la soixante-deuxième olympiade. Mais un passage de St Augustin (*De civ. Dei*, XVIII, 37) présente une tradition analogue à la nôtre : *qui eo tempore quo Iudaeorum est soluta captivitas coepit excellere atque cognosci* (= 537). La chronologie adoptée ici s'écarte quelque peu de celle d'Aristoxène, selon qui Pythagore avait 40 ans (= ἀκμή) au début de la tyrannie de Polycrate (Porphyre, *V. P.*, 9). Diels (*Rh. Mus.*, XXXI, p. 26) a cru retrouver dans la biographie d'Anaximandre (II, 2 : ἀκμάσαντά πη μάλιστα κατὰ Πολυκράτην) la notice qui aurait convenu à Pythagore.

Diogène évalue à neuf ou dix générations la durée de l'École pythagoricienne ; il cite, comme ayant été ses derniers représentants, Xénophile, Phanton, Dioclès, Polymnaste, etc., disciples d'Eurytos et de Philolaos. Ces renseignements sont empruntés à Aristoxène, qui avait pu approcher (εἶδε) les philosophes du cercle de Phlionte (Aulu-Gelle, IV, 11, et Suidas, *s. v.* Ἀριστόξενος).

Il est évident que le mot γενεά n'est pas employé ici dans l'acception spéciale que ce mot a prise dès la période alexandrine. S'il fallait, en effet, compter dix générations de trente-trois ans en partant de l'ἀκμή de Pythagore (60e olympiade = 540-536), on toucherait à la fin du IIIe siècle, dépassant de cent ans l'époque de Xénophile. Le nombre de générations correspond donc ici, comme dans Jamblique, *V. P.*, 265 (Timée), qui compte sept générations jusqu'à Platon, au nombre des personnages qui se sont succédé à la tête de l'École; la γενεά comporte seulement une bonne vingtaine d'années ([1]).

§§ 44[b]-45[a]. Au beau milieu des notes chronologiques du fonds antérieur, Diogène a inséré les épigrammes tirées de Πάμμετρος. La matière en est empruntée à la Biographie. On remarquera que les épigrammes raillent des doctrines pythagoriciennes. C'est que Diogène, tout en se montrant partout ailleurs spiritualiste, ne cache pas son aversion pour les charlatans qui exploitent la crédulité des foules, au nombre desquels il compte Pythagore et Empédocle.

15. §§ 46[b]-47[a]. — Homonymes.

Ce genre de notes appartient, pour la plus grande part, au fonds antérieur à Diogène (cf. Introd., p. 52). Cette liste est composée de deux parties : 1° trois Pythagore à peu près contemporains du philosophe; 2° d'après une autre source (οἱ δὲ καί...), cinq nouveaux homonymes, d'époque plus récente sans doute.

Parmi les contemporains de Pythagore, celui de Zacynthe, qui est un musicien, est connu par d'autres textes. Les deux autres paraissent être entièrement imaginaires. Le Pythagore de Crotone, personnage despotique, et celui de Phlionte, maître de gymnastique, semblent avoir été créés pour concentrer en leur personne les traits de la vie de Pythagore, qui, d'après certains auteurs, ne convenaient pas au philosophe. Ainsi Théopompe, Hermippe (Athénée, V, p. 213 F), Tertullien (*Apol.*, 46, 13) représentent Pythagore comme un ambitieux ou un tyran : c'est, d'après l'inventeur des Homonymes, qu'ils ont confondu le philosophe avec un homme politique du même nom. La création du Pythagore de Phlionte répond à une double préoccupation : elle vise d'abord à expliquer pourquoi certaines traditions placent à Phlionte le berceau de la race du philo-

---

[1] Cf. E. ROHDE, *Kleine Schriften*, I, p. 23, n. 1, et mes remarques sur la *Chronologie pythagoricienne de Timée*, dans le *Musée belge*, 1920, p. 11.

sophe; elle rend compte, en outre, de l'introduction, par un personnage nommé Pythagore, du régime carné dans l'alimentation des athlètes (cf. *supra*, p. 175).

Diogène rapporte au philosophe le « secret de la philosophie » (il eût été plus exact de dire le précepte du secret philosophique) et la formule αὐτὸς ἔφα. Celle-ci est expliquée par une foule de textes anciens : les Pythagoriciens, interrogés sur les raisons d'être de telle ou telle doctrine, se contentent de répondre : αὐτὸς ἔφα, « c'est lui (le Maître) qui l'a dit ». Suidas, s. v. αὐτὸς ἔφα, comprend : « Dieu l'a dit », soit que le mot *Dieu* désigne ici la Divinité en général, soit que l'auteur entende le *Dieu* qu'était Pythagore.

Le témoignage le plus ancien est celui de Cicéron, mais la formule mérite d'être rapprochée d'autres textes pythagoriciens, dont Timée est en partie la source. Ils rapportent que les disciples n'appelaient pas Pythagore par son nom ; de son vivant, on l'appelait Θεῖος, après sa mort, Ἐκεῖνος (Jamblique, *V. P.*, 53, 88, 255, etc.) [1].

Les Pythagore de la seconde série nous sont connus par d'autres textes : on en trouvera l'indication sous l'apparat critique. L'orateur seul est inconnu ; mais dans la *Vie des Sophistes* de Philostrate (§ 19), on trouve la mention d'un Πειθαγόρας : on peut supposer une confusion.

16. Notes finales. Diogène a réuni, à la fin de la biographie, une série de notes disparates, qu'il n'a pas pris la peine de distribuer dans les diverses sections qui leur eussent convenu.

§ 47[b]. — La première est la notice chronologique d'Eratosthène, que Diogène tient de Favorinus. Eratosthène confondait Pythagore le philosophe avec un athlète dont il avait trouvé le

---

[1] Voyez là-dessus une étude intéressante de CH. MICHEL, *Note sur un passage de Jamblique,* dans les MÉLANGES L. HAVET, 1909, pp. 279-287.

nom dans la liste des vainqueurs olympiques. Pythagore, d'après ces calculs, était âgé de dix-huit ans vers 588. Cette tradition a produit une grande perturbation dans la Biographie de Pythagore. Tout d'abord au point de vue chronologique : la date de la naissance fut reportée par certains auteurs jusqu'au VIIe siècle; d'autres allongèrent la durée de sa vie, pour permettre à la date de la mort de rejoindre celle que donnaient d'autres biographes. En outre, plusieurs auteurs admirent que Pythagore avait été athlète avant de s'adonner à la philosophie (St Augustin, *Ep.*, III, 137, 3; Lucien, *Gallus*, 8; Syncellus, *Chron.*, p. 239 B). Ailleurs encore, le philosophe est appelé le « Chevelu » (κομήτης) comme l'athlète d'Eratosthène, sans que soit mentionnée sa qualité d'athlète (Jamblique, *V. P.*, 11 et 30; Lucien, *Vit. auct.*, 2). Mais selon la source commune à Hésychius, *s. v.* ἐν Σάμῳ κομήτης, Ps.-Plutarque, *Prov. Alex.*, 108, Diogénien, IV, 58, et d'autres parémiographes, cette épithète désigne un autre personnage que le philosophe.

§ 48. — Diogène a tiré de Favorinus trois nouveaux εὑρήματα (voyez une autre série aux §§ 10-14) : l'emploi de la méthode des définitions en mathématiques; la désignation de l'Univers par le mot κόσμος; la doctrine de la rotondité de la terre. La variante doxographique tirée de Théophraste ne se rapporte qu'à cette dernière notice, comme le prouve la comparaison avec IX, 21.

La note relative à l'hostilité de Cylon, qui eût mieux été à sa place dans le récit des persécutions, provient d'Aristote, d'après II, 46.

§§ 49-50. — La lettre de Pythagore à Anaximène est empruntée au *Corpus* épistolaire que Diogène utilise surtout dans le premier livre (cf. Introd., p. 61). C'est la réponse aux lettres citées au livre II, 5. Ces faux sont d'origine tardive : la mention d'une intervention de Pythagore dans les luttes des cités italiques le fait supposer.

Diogène, dans la transition à la biographie d'Empédocle, trace les grandes lignes du plan qu'il va suivre. La διαδοχή indiquée dans le Prologue, au paragraphe 15 : Pythagore, **Télaugès**, Xénophane, Parménide etc., paraît ici un peu **modifiée**. Empédocle, omis dans le Prologue et rattaché à Télaugès au paragraphe 43, est présenté ici comme un disciple direct de Pythagore. Xénophane est traité ici d'*isolé*, comme Héraclite (οἱ σποράδην, VIII, 91 et IX, 20), alors qu'il avait une place dans la διαδοχή du Prologue. Enfin Diogène a réservé quelques biographies aux Pythagoriciens illustres, ce qui n'était pas prévu dans l'Introduction.

CORRIGENDA

Page 26,	ligne 32,	*au lieu de :* 46,	*lire :* 47.
— 27,	note 2,	— 293,	— 239.
— 125,	ligne 27,	— 313,	— 213.
— 126,	— 33,	— 109,	— 219.
— 127,	— 32,	— II,	— V.
— 128,	— 3,	— αὐτῳ,	— αὐτῷ.
— 128,	— 32,	— V,	— IV.
— 140,	— 32,	— 49,	— 40.
— 160,	— 13,	— VIII, 9,	— III, 9.
— 166, lignes 8 et 12,	— Héraclide,	— Héraclite.
— 201, note 1, ligne 3, *à* 223 *e, ajouter :* = 270, D.

TABLE ALPHABÉTIQUE.

A (codex), 92.
Abaris, 14, 155 s., 171.
abstinence de viande, 114-8 ss., 173 ss.
Académie, 21.
accordements de la grossesse, 128 ss., 216-219.
accouchée, 130-14, 229 ss.
ἀκμή de P., 141-11, 250.
ἀκούσματα, 170, 186 s., 189, 210, 238 s.
ἄδυτα, 105-6, 153.
Aemilia (gens), 148.
Aethalide, 106-7, 107-3 et 14, 154.
âges (de la vie humaine), 111-1 ss.
agneau, 121-4, 193.
Agrigente, 137-7 s., 141-10, 244.
Agrippa, 49.
αἰδώς (définition), 123-6, 197.
air, 126-1 ss., 206.
αἴτιον, 234 s.
Alexandre Polyhistor, 17, 30, 47, 60, 167.
Amasis, 105-3, 151.
âme, 127-6, 128-12, 213 ss., 222 ss.
Anacharsis, 57, 61.
Anaxarque, 52.
Anaximène, 144-11 et 14.
Andanie, 231.
Androcyde, 167, 181, 195.
animaux (respect dû aux), 123-5, 196.
anneau (symbole), 117-11, 186, 231.
Annicériens, 31, 53, 60.
Antigonos de Carystos, 21, 28.
Antiloque, 144-6.
Antiochus, 49.
antipodes, 125-4, 205.

Antisthène, biographe, 17.
Apelle, 49.
ἀφροδίσια, 110-6, 120-6, 190.
Apollodore, 10, 40, 56.
Apollon, 107-9 ss., 112-6, 115-2, 122-6, 170, 195.
Apollonidès de Nicée, 22, 35, n. 2, 48, 58.
Apollonius de Tyr, 21, 27.
apophtegmes, 43, 58.
Apulée, 19.
Arabie, 153.
Archytas, 136-10, 242.
Areios Didymos, 34.
Argos, 158.
Arignote, 14, 247.
Arimneste, 248.
Aristippe, 53.
Ἀρίστιππος (pamphlet), 43, 57.
Aristocratès, 185.
aristocratie, 106-5, 153 s.
Ariston, 59.
Aristote, 20 s., 31, 57, 59, 61, 144-3, 195, 232 ss.
Aristoxène, 142-1, 160, 168, 195, 250.
arithmétique, 113-6, 172.
arithmologie, 199.
ἁρμονία, 128-1 et 4, 130-8 ss., 229; cf. accordements.
Aston, 108-16..
astres, 126-4, 207.
astrologie, 207, 226 s.
astronomie, 204, 207 s.
Athénée, 33.

athlète, homonyme de Pythagore, 143-6 ss., 144-7, 174 s., 252 s.
Aulu-Gelle, 19, 33.
Aurigalli codex, 91.
autel non sanglant de Délos, 115-1, 122-10, 176 ss., 196.
αὐτὸς ἔφα, 142-9, 252.

B (codex), 63 ss.
bains, 130-15, 229, 232.
Basilide, 54.
bélier, 121-6, 192.
βένθος, 129-4, 236.
βιαιοθάνατοι, 225.
Bitala, 161, 247 s.
blanc, 23, 120-4, 132-6, 190, 229, 231 s., 238.
bœuf laboureur, 121-6, 192 s.
bœuf de pâte, 174.
boisseau (symbole), 117-9, 119-4.
bouclier d'Euphorbe, 107-10 ss., 144-3, 154, 158 s.
Branchides, 107-9, 154.
bronches (ἀρτηρίαι), 129-4, 224.
Brontinos, 138-8 s., 165, 246.
βρωτὰ κρέατα, 130-15, 229.

C (codex), 92 s.
κακοτεχνίη (de P.), 108-3, 159.
Callimaque, 41.
canon (monocorde), 113-6, 172.
Carnéade, 53.
Carystos, 246.
Casas, 171.
Κατάβασις εἰς Ἅιδου, cf. Descente.
Caucase, 171.
Ceratinos (autel de Délos), 115-2.
cercle, 132-11.
« cercle de nécessité », 115-6, 177 s.
Cercops, 165.
Chalcidique de Thrace, 142-2.
Chaldéens, 105-2, 152 s.
chaleur, source de vie, 126-5, 207 s., 213.
champ de fèves, 136-6, 137-9, 141-9, 242 ss.
chants, 123-9, 197.
Charondas, 117-4, 154, 185.
Chevelu (P. le), 27, 143-7 ss., 253.

cheveux coupés (symbole), 118-4.
chevreau, 121-4, 192.
chien battu (anecdote), 134-2, 240.
chroniques, 40, 55 s.
chronologie de la vie de P., 140-4 ss., 141-11, 143-6, 150 s., 249 s., 252 s.
Χρυσᾶ Ἔπη, 14, 163.
Chrysippe, 53, 59.
Χθόνιος (Ἑρμῆς), 129-8, 228.
citations de Diogène, 10 s., 44.
Cléanthe, 59.
Clément d'Alexandrie, 28, 30 ss., 44, 96.
Cléobule, 61.
Cléonyme, 103-11.
Clinias, 167.
Clitomaque, 52 s.
cœur (abstinence du), 117-9, 119-3 et 9, 188 s.
κοινὰ τὰ φίλων, 111-6, 168.
colère, 120-8, 123-8, 190, 197.
Κομήτης (P.), cf. Chevelu.
Comiques (auteurs), 43, 58, 134 s., 240.
communauté des biens, 111-7, 123-3, 168 ss., 196.
compilations biographiques, 15.
Κοπίδες, 43, 109-4, 240.
coq, 121-3, 192, 231 s.
coq blanc, 23, 132-2 s. et 5 s., 238.
Cornutus, 53.
Corrections dans les manuscrits, 93.
Cosas, 171.
cosmogonie, 127-1 ss., 209 ss.
Κόσμος, 125-3, 144-4, 203 s., 227, 253.
couvertures (symbole), 117-10.
couvertures (couleur des), 120-4, 190.
Créophyle, 104-8, 151.
Crète, 105-3, 153.
Cronos, 104-4, 149 s.
Croton, 246 s.
Κρότων, écrit de P., 108-11, 165.
Crotone, 106-3, 122-4, 136-4, 183, 194, 241, 246.
cuisse d'or (de P.), 112-7, 171.
Cylon, 137-5, 144-6, 243 s., 253.
Cyniques, 176.
cyprès (cercueil de), 112-3, 170.
Cyrénaïques, 31.

D (codex), 76-89.
Dame platonicienne, 8, 35.
Damo, 14, 138-10 ss., 161, 247 s.
Damon, 14.
découvertes de P., cf. εὑρήματα.
dédicace (de l'ouvrage de Diogène), 8, 35.
définitions mathématiques, 144-1, 253.
Délos, 115-2, 137-4, 150, 176, 178, 243.
Delphes, 109-2, 121-8, 158.
Déméter (temple de), 116-10, 183.
Démétrius de Magnésie, 16-19, 29, 41, 48, 52, 57, 163.
Démocrite, 44 s., 52.
démons, 123-1, 129-13, 227 s.
Denys d'Halicarnasse, 48.
Denys le Tyran, 243.
Descente aux Enfers d'Orphée, 165.
— de Pythagore, 121-9, 135-3, 137-13 ss., 155 ss., 181, 194, 241, 245.
deuil, 130-14, 229.
διαδοχαί des Écoles de philosophie, 12, 17 s., 21, 29 s., 35, 40, 51 ss., 139-3, 145-8, 248, 250, 253 s.
Dieu-harmonie, 130-9, 229.
Dioclès de Magnésie, 16 s., 27-31, 48.
Dioclès, pythagoricien, 142-3, 250.
Diodore, 96, 160.
Diogène d'Apollonie, 52.
Diogène le Cynique, 29, 58 s.
Diogène Laërce :
Époque, 7 s.; méthodes de travail, 40 ss.; noms, 5 s.; œuvres, 7 s.; personnalité, 34 ss.; *Histoire de la philosophie* ; commentaires, 98 s.; composition de l'ouvrage, 9-49; critique, 43 ss.; éditions, 97 s.; étendue du sujet, 53 ss.; plan, 50 ss.; rubriques, 54 ss.; sources, 40 ss.; 46 ss.; tradition manuscrite, 63 ss.
διοίκησις, 126-9, 209.
Dion, 184.
Dioscoride, 48.
divination, 121-1, 123-8, 130-2, 192.
divinisation de P., 112-6, 116-1, 138-3, 170, 180, 245, 252.
documents historiques, 41.
doxographie, 40, 60 s.

droit naturel des animaux, 175.
droit romain, 219.

Ἐκεῖνος (= Pythagore), 252.
ἐκκλησία des Pythagoriciens, 138-2, 245.
Échécrate, 142-2, 250.
écrits de P., 107-111, 116-1, 159-168.
écrits pythagoriciens, cf. ὑπομνήματα.
éducation des P., 117-2, 185, 191.
Égypte, 104-2, 105-2 et 6, 149, 151 ss., 178.
εἱμαρμένη, 126-8, 209.
éléments, 125-1, 201 s.
Éleusis, 230 s.
Élien, 33.
ἡλίου πύλαι, 128-10, 220 s.
Ἡλοθαλῆς, écrit de P., 108-11, 164.
embryologie, 216-219.
Empédocle le philosophe, 21, 29, 39, 40, 42, 44, 52, 139-4 s., 145-10, 248, 253 s.
Id. (son grand père), 174.
encyclopédies, 18, 41.
ἐνδεῖσθαι, 115-7, 178.
Énésidème, 35, 48.
Enfers, 107-6, 122-1 ss., 135-3, 154 ss., 194, 225 s.
ensevelissement (rites d'), 170, 232.
Épaminondas, 108-9.
épée (symbole), 117-8, 118-3-7.
Epicharme, 108-11, 164.
Épicure, 22, 29, 31, 36, 40, 42, 45, 48, 52, 54 s., 57, 60 ss., 145-9, 167.
Épigrammes de Diogène, 7, 25, 37 ss., 58
Épiménide, 42, 59, 61, 105-3, 153.
Ératoclès (?), 144-9.
Ératosthène, 26 s., 40, 56.
ἡρεμεῖν (de l'âme), 129-3, 224.
Érinyes, 129-12, 225.
eschatologie, 129-6 ss., 225-228.
Eschine le Socratique, 59.
ésotériques, 169 s.
éther, 127-1 ss., 129-3, 202, 212, 223.
ethnographie, 186, 238.
Étrusques, 14, 147 s.
études de P., 104-106.

Eubulide, 49,
εὐδαιμονεῖν, 130-5, 228.
Eudoxe, 10, 54, 59.
Eumélus, 49.
Eunomos, 104-5, 149.
Euphorbe, 107-2 s., 7, 11, 141-3, 154-159, 182.
Euphron, 148.
εὑρήματα, dans les biographies, 29, 41. 47, 56.
εὑρήματα de P., 168 ss., 172, 177 ss., 253.
Eurymène, 144-4, 174, 177.
Eurytos, 142-4, 250.
Eusèbe, 30, 33.
Εὐσεβείας (περὶ), écrit de P., 108-15, 164.
Euthyclès, 185.
Euthyphron, 103-11.
examen d'admission dans la Société pyth., 122-1, 169.
examen de conscience, 122-7, 196.

F (codex), 64 ss.
famille de P., 103 s., 138 s., 149 ss., 246 ss.
fantômes, 129-6, 225.
fardeau (symbole), 117-10, 187.
Favorinus, 16-21, 33, 35, 46 s., 49, 56.
feu central, 231, 239.
fèves (abstinence des), 119-9, 123-10-124-4, 131-1-6, 141-7, 188 s., 195, 197 s., 211, 231, 239; cf. champ.
folklore, 238.
formes géométriques, 124-10, 200 s.
formules de clôture, 62 s.
fr. (frobeniana editio), 91.
frontières (symbole), 118-5, 119-4, 186.

G (codex), 76-89.
Galien, 22.
Ps.-Galien, 33.
Gaule, 153.
γενεά, 250.
géométrie, 113-3 et 8 ss., 124-10, 172 s., 200 s.
gestation, 127-15-128-5, 216-219.
Gètes, 104-4, 149, 246, n. 1.

gloutonnerie, 110-3, 123-7, 197.
γραφή de P., 116-1, 155, 180 s.

H (codex), 93.
harmonie, cf. accordement.
harmoniques (lois), 172.
hécatombe, 113-8 ss., 173.
Hélicaon, 185.
Héraclide Lembos, 29 s.
Héraclide Pontique, 43, 52, 56 s.
Héraclite, 61, 254.
Hermès, 106-7 s., 107-4, 129-7, 154, 225.
Hermippe, 34, 43, 57, 59.
Hermodamas, 104-7, 151.
Hermotime, 107-8-14, 154, 158 s., 182.
héros, 123-1, 129-13, 130-10, 131-8, 227-230.
Hésiode, 121-9, 144-5, 194.
Hespéros, 115-9, 178.
Hésychius, 13 s., 17, 19 ss., 24 s., 27, 31, 59, 96.
hiérarchie divine, 123-1, 130,10, 196, 229 s.
Hipparque, 161, 247.
Hippase, ancêtre de P., 103-11, 148.
Hippase, pythagoricien, 138-11, 161, 247, n. 2.
Hippase, adversaire de P., 108-15, 165.
Hippobotos, 17, 21, 27-30, 34, 51, 53.
Hippolyte, 31, 33.
hirondelle (symbole), 118-5.
historien, homonyme de P., 143-5.
Homère, 122-1, 143-3, 194.
homonymes (rubrique des biographies), 10, 16, 19 s., 26 s., 29, 41, 48, 59.
homonymes de Pythagore, 114-7, 142-5-143-4, 175 s., 251 s.

Ida (mont), 105-6, 153.
ἱερόν, 186 s.
Ἱερὸς Λόγος orphique, 165.
— de P., en vers, 108-11, 163 s., 167, 196, 198, 226, 228.
— de P., en prose, 161, 164.
— parodie, 165.
imagerie, 57.
immortalité de l'âme, 127-8, 214 s.

incendie de la Salle des séances des P., 136-3, 137-11, 241-244.
Inde, 153.
initiations, 105-2, 131-2, 231 s.
intervalle des réincorporations, 181 s.
ionienne (philosophie), 51, 103-6.
ἰσομοιρία, 125-5, 205 s.
ἱστορίη de P., 108-1, 159, 166.
Istros, 49.
Italie, 106-3, 137-4 et 13, 145-5.
italique (philosophie), 52, 103-8.
ivrognerie, 110-3, 120-6, 190.

Jalysos, 231.
jeunesse (définition), 132-12.
joug (symbole), 117-9, 118-8.
Judée, 153.
Julis, 232.
Justus Tiberiensis, 49.

l (traduction latine), 93 s.
Lacédémone, 153.
laine, 120-4, 190, 193.
légumes, 120-3, 190.
Lemnos, 147.
Léodamas, 151.
Léon, tyran, 109-5, 148, 165.
Léophron, 246.
Lesbos, 103-11.
Lettres citées par Diogène, 61.
Lettres des VII Sages, 41.
Lettre de P., 144-10 ss., 253.
liens de l'âme, 129-3 ss., 223 s.
lin, 120-5, 190.
Linus, 50.
livres pythagoriciens (les trois), 116-6, 183 s.
Locres, 185.
Lucaniens, 116-3, 182.
Lucien, 96, 160.
lune, 126-6, 208.
Lycon, 52 s., 57, 61 s.
Lycosura, 231.
Lysis, 108-8, 136-11, 138-10, 161, 163, 183, 185, 242, 247 s.

Mages, 105-5, 152 s.
magie de P., 133-9.

main (symbole), 118-2 s.
maison de P., 116-10, 183.
maître de gymnastique, homonyme de P., 114-7, 142-7, 175, 251.
maladie (définition), 133-1.
Mamercus, 148, 248.
manuels employés par Diogène, 31, 33, 63.
manuscrits anciens de Diogène, 63 ss., 70 ss., 95.
— récents, 67 ss., 75 ss., 100.
— d'*Excerpta*, 66, 70 ss., 75, 100.
Marmacus, 103-11 s., 148, 248.
marmite (symbole), 117-11.
matrice des animaux (abstinence de), 120-1, 188.
médecine, 113-7, 172 s., 233 ss.
médecin, homonyme de P., 143-2.
Mèdes, 145-2.
mémoire (exercice de la), 123-8, 197.
mémoire de P., 106-9-107-11, 154 ss.
Mèn, 132-2.
Ménélas, 107-3 et 10, 155.
Ménippe, 54.
Ménodote, 49.
Ménon, 247.
Messapiens, 116 4, 182.
μεταβάλλειν, 125-2, 202, 234 s.
Métaponte, 116-10, 137-1 et 5, 183, 243 s 246.
métempsycose (doctrine de la), 115-6, 116-1, 134-2 ss., 177 s., 229, 240, 246, n. 1.
métempsycoses de P., 106 s., 154 ss., 181.
Métrodore, 164.
miel, 120-1 s., 189 s.
miettes de la table, 131-7 ss., 238.
Milet, 144-13.
Milon, 136-2, 242, 247.
miraculeuse (littérature), 156 ss.
Mnésarque, 14, 103-8, 108-1, 148, 246 ss.
mœurs (rubrique des biographies), 57.
Moiris, 113-3, 172.
monocorde, cf. canon.
monuments figurés, 41.
mort des philosophes (rubrique des biographies), 58 s.

mort de P., 136 s., 140-4, 141-6 ss., 241-244.
Μουσεῖον, 116-11, 183.
Muia, 14, 247.
Musée, 50.
Muses (temple des), 137-1, 183.
musicien, homonyme de P., 142 8, 251.
Μυστικὸς Λόγος, 43, 108-15, 165.
Mycènes, 158.
Myllias, 243 s.
Myron, 16.
Myronianus, 49.

Nausicydès, 12, 52.
Nausiphanès, 52.
nerfs, 221.
Nessos (salut du fleuve), 112-8, 171.
Nicias de Nicée, 23, 27.
Nicomaque, 28, 30.
Ninon, 165.
noir, 132-6, 238.
nombres, 124-6 ss., 198 ss.
νόμῳ βοηθεῖν, 123-4, 196.
νοῦς, 128-12 ss., 222.
noviciat, 169.
νυκτερινὴ ἀκρόασις, 116-8, 183.
Numa, 182.

Oblade (μελάνουρος), 119-9, 188 s., 232.
Ocellus, 160, 234.
ὁδοιπορίη, 123-7, 195, 197.
œufs, 131-1, 231.
Οἰκονομικοί (οἱ), 160.
ὅλον (τὸ), 164, 239.
Ὅλου (περὶ τοῦ), écrit de P., 108-11, 164.
Olympie, 165, 171.
ongles crochus (animaux aux), symbole, 118-3.
« Oppositions », 205.
Ὅρκιος (Zeus), 129-7, 229.
Orphisme, 37, 50, 109-5, 158, 164, 178, 208, 225, 231 s.
ortie de mer (ἀκαλήφη), 188.
οὗτος, pour désigner le personnage de la biographie, 27, 114-8, 142-8, 143-6, 144-1 et 5.
Ovide, 160.

ovipares (animaux), 131-1, 230

P (codex), 64 ss.
παιδαρτᾶν (?), 191.
Παιδευτικόν, écrit de P., 108-7, 160 s., 166 ss., 236.
pain, 120-2, 189 s.
— (émietter le), 132-7, 238 s.
Πάμμετρος de Diogène, cf. Épigrammes.
Pamphila, 18, 31, 49, 56.
Papyrus d'Herculanum, 96.
παρ' ἡμῶν (ὁ), 22 s., 35, n. 2, 48.
Parménide, 10, n. 1, 52, 144-5, 157, n. 1, 178 s.
paroles (nature des), 129-2, 223.
πεδαρτᾶν (?), 191.
Peithagoras, 252.
πελαργᾶν, 73, n. 1, 121-1, 191 s.
Πέπλος, écrit orphique, 165.
Périandre, 61.
Pételie (tablettes de), 178.
Peucétiens, 116-4, 182.
Φ (Exerpta), 66 ss.
Phanton, 142-2, 250.
Phérécyde, 61, 104-1 et 6, 137-4, 150 s., 243.
φιλία ἰσότης, 111-7, 130-10, 168.
Philodème, 49.
Philolaos, 54, 116-5, 142-4, 160, 163, 182 ss., 203 s., 250.
« philosophe » (nom de), 50 s., 109-6 ss., 165 s.
Phlionte, 103-12, 109-6, 142-3 et 7, 148, 165, 250 s.
Phlionte (P. de), 142-7, 251.
Phosphoros, 115-9, 178.
φρένες, 128-13 ss., 222.
Φυσικοί (οἱ), 160.
Φυσικά, écrit orphique, 165.
Φυσικόν, écrit de P., 108-4 et 7, 159 ss., 236.
Phytios, 185.
pieds nus, 231.
Pittacus, 61.
plantes (nature des), 127-5, 213.
— (respect dû aux), 123-4, 196.
Platon, 18, 20, 29, 31, 35 ss., 38, 42, 55, 60 s., 160.
πλάζεσθαι, 129-6, 236.

Plutarque, 31, 49.
Pluton, 135-8.
poids et mesures, 115-8, 178.
poissons (abstinence des), 119-8, 120-1 et 3, 132-4, 188 ss., 231, 238.
Πολιτικοί (οἱ), 160.
Πολιτικόν, écrit de P., 108-7, 160 s., 236.
politique (rubrique des biographies), 56.
politique des Pythagoriciens, 106-5, 136-4, 153 s.
πολυμαθείη de P., 108-5, 159, 162, 166.
Polycrate, 105-2, 106-2, 151 ss.
Polymnaste, 142-5, 250.
Πομπεύς (Hermès), 129-8, 228.
porcelet, 121-4, 192.
πόροι, cf. nerfs.
Porphyre, 19, 30 s., 33, 96.
Potamon, 31, 51, 54.
présages, 129-14, 228.
prêtres égyptiens, 104-2, 149.
prier (manière de), 110-2.
πρόνοια, 126-7, 208.
Protagoras, 52.
Ψυχῆς (περὶ), écrit de P., 108-13, 164.
psychologie, 127-5 ss, 128-12, 129-5, 222 ss.
Πυλαῖος (Hermès), 129-8, 228.
pureté (définition de la), 130-12, 229.
purifications, 130-2 et 13, 228.
Pyrrhon, 52.
Pyrrhos, 107-13 ss., 154, 182.
Pythagore : passim. Cf. surtout : chrologie, divinisation, écrits, études, εὑρήματα, famille, métempsycoses, mort, politique, régime, sacrifices, société, voyages, etc.
Pythagore (étymologies du nom), 122-6, 194.
Pythagoriciens, passim; surtout, 142-1 ss., 145-7, 250, 254.
Πυθαγόρειοι (οἱ), sens spécial, 184.
Πυθαγοριοταί, 135-4 et 6.
Pythonax, 247.

Q (codex), 65, 67.
qualités physiques, 125-6, 205, 212.
quartier de P., 116-11, 183.

Railleries, 120-7, 190.
références dans Diogène, 7, 45.
régime de P., 114-10 ss., 119-121, 135-12, 140-8-16, 175 ss., 188 ss., 192 s., 240.
régime des athlètes, 114-5 ss., 140-3 ss., 174 s., 252.
reproduction des animaux, 127-9 ss., 215 s.
respiration, 214.
Rhégium, 185.
Rhégium (P. de, statuaire), 142-11.
rhéteur, homonyme de P., 143-2, 252.
rhétorique pythagoricienne, 109-4, 130-4, 134-9, 228, 240 s.
rire (défense de), 123-6, 197.
rognures d'ongles (symbole), 118-4.
Romains, 116-4, 182.
ῥόος, 130-6, 228, 236.
rouget (ἐρυθῖνος), 119-8, 130-13, 188 s.
route (grand'), symbole, 118-2, 186.

Σ (Excerpta de Diogène dans Suidas). 66 s., 72 s.
Sabinus, 49.
sacrifices, 113-8, 115-1, 121-3, 122-10, 135-2, 192 s., 196.
Sages (les VII), 51, 59, 61.
saisons (formation des), 125-7 ss., 205.
saleté des P., 135-10 ss., 240.
Samos, 103-9 et 13, 104-7, 106-1, 183.
Samos (P. de, statuaire), 143-1.
sang, 129-1, 223.
santé, 130-8, 133-1.
Sara, 247.
satire, 244 s.
Sceptiques, 17, 31, 35, 39, 45, 49 ss., 53 s., 60.
sceptre de Zeus, 112-5, 170.
Scholies de Platon, 13, n. 1, 14, 17, 26, 96.
secret (précepte du), 116-13, 138-12 ss., 142-8, 160, 180, 184, 251 s.
sectaire (littérature), 40, 42, 57.
Sectes, 40, 51-54.
sel (emploi du), 133-2.
sel (origine du), 133-3.

sensations, 128-6 ss., 219 ss.
serment, 122-11, 196, 229.
Sextus Empiricus, 35, 49.
siège (symbole), 118-1.
silence de cinq ans, 111-8, 169.
Sillographes, 43, 58, 133-7.
Simplicius, 33.
σίνεσθαι, 123-5, 195.
Six (cube de), 181, 217, n. 1.
Six Cents (disciples de P.), 116-7, 182 s.
Société pythagoricienne, 154, 160, 168 ss.
Socrate, 52, 55, 144-2 et 6, 205, n. 1.
soleil, 126-4, 127-1, 210.
Solon, 57, 61.
songes, 124-5, 129-14.
Sosicrate, 27, 30.
sotériologie, 158, 170.
Sotion, 22, 58.
souffles de l'âme, 129-2, 223.
sperme, 127-10, 216.
Speusippe, 59.
sphère, 132-11.
στάσεις parmi les P., 200 s.
statuaires (homonymes de P.), 142-10, 143-1.
στοιχεῖον, 125-1, 202.
Stoïciens, 19, 31, 36, 42, 48, 53, 57, 144-4, 175, 235.
Straton, 51, 61.
suicide (de P.), 137-6, 244.
Suidas, 13, n. 1, 14, 17, 25, 96.
σύστημα (de P.), 141-12, 250.
Symboles, 97, 117-119, 186 s.
Syracuse, 137-7 et 10, 244.

T (codex), 89 ss.
tabou, 186 s.
Tarente, 108-8, 136-11, 137-11, 142-4, 244.
Télaugès, 12, 14, 52, 139-3 et 7, 145-9, 161, 247 s., 253 s.
tendons (νεῦρα), 129-4, 224.
tension et relâchement, 123-7, 197.
terre, 125-5, 144-4, 205, 253.
testaments (des philosophes), 41, 61.
Thalès, 25, 59, 61, 158, n. 1, 174.

Théano, 138-8, 139-6 et 8, 145-9, 244, 246 ss.
Thèbes, 108-9.
Théétète, épigrammatiste, 143-10.
Théétète, pythagoricien, 185.
Thémistocle, 109-8, 121-8.
Théoclès, 185.
Théodoriens, 31, 53, 60.
Théodose, 49.
Théophraste, 31, 40, 51, 59, 61 s.
Θεωρητικοί (οἱ), 160.
Θεοῦ φωναί, 116-1, 179 s.
θνησείδια κρέατα, 130-15, 229, 231.
θυμός, 128-13 ss., 222.
Thuries, 246.
Timarate, 185.
Timarès, 185.
Timée, pythagoricien, 185.
Timon, 43, 58.
Timycha, 243.
torche (symbole), 118-1.
traduction latine de Diogène, cf. *l*.
transmutation des éléments, 152-2, 201 ss., 212.
trigle, 120-1, 130-15, 188, 232.
tristesse, 119-3, 123-6.
Troie, 107-10.
Trois Cents (disciples de P.), 106-4, 153 s.
troubles antipythagoriciens, 241-244, 253.
Tyrrhénien, 103-9, 147 ss.
Tyrrhénos, 104-5, 149.

Ὑπομνήματα πυθαγορικά, 30, 124-6, 133-5, 138-13, 161, 184, 198 ss., 236, n. 3,
ὕψιστος (ὁ), 129-10, 225 ss.
uriner (symbole), 118-2 et 4, 186.

Varron, 160.
veines, 129-4, 224.
Vénus, planète, 178 s.
« Vers dorés », cf. Χρυσᾶ Ἔπη.
vertu, 130-8.
vêtements, 120-4, 130-11, 190, 231.
vie (origine et essence), 127-4 et 8, 213.
vieillesse (définition), 132-12.

vieillesse (honneurs dus à la), 122-12, 196.
vue de Pythagore, 112-1, 116-8, 120-2, 169, 183, 189 s., 193.
vision (théorie de la), 128-6 ss., 219 ss.
« voix de Dieu », cf. Θεοῦ φωναί.
voyages de P., 104-106, 151 ss

Xénocrate, 59.
Xénophane, 12, 37, 52, 253 s.
Xénophile, 117-1, 142-1, 185, 250.
Xénophon, 55.

Zacynthe (P. de), musicien, 142-8, 251.
Zaleucus, 117-4, 154, 185.
Zamolxis, 104-4, 149, 245.
Zaras ou Zaratas, cf. Zoroastre.
Zénon de Cittium, 57, 59.
Zénon d'Elée, 60.
Zeus, 129-7, 229.
Zeuxis, 49.
Zoïle, 104-1.
Zoroastre, 14, 160 s., 200, n. 1, 211, n. 2.

TABLE DES AUTEURS

CITÉS DANS

L'INTRODUCTION, LE TEXTE DE DIOGÈNE ET LE COMMENTAIRE [1].

Aëtius, I, 3-8 : 198. — I, 8-2 : 227. — I, 9-2 : 203. — I, 14-2 : 202. — I, 15-3 : 202, 204. — I, 25-2 : 209. — I, 25-3 : 209. — II, 1-1 : 203. — II, 6-2 : 202. — II, 6-3 : 201 s. — II, 25-14 : 208. — II, 28-5 : 208. — II, 29-4 : 208. — IV, 4-1 : 222. — IV, 5-10 : 222. — IV, 7-1 : 204, 208, **226**. — IV, 9-10 : 202, 221. — IV, 13-9 : 219. — V, 1-3 : 192. — V, 3-2 : 216. — V, 4-2 : 216. — VI, 14-3 : 221.

Africanus, — Eusèbe, *Chron.*, I, p. 200 : 27, n. 1.

Albinus, *Inst. de Plat. doctr.*, 14 : 221, n. 1.

Alcméon, fr. 4 : 206. — *Vors.*, 133-34 : 224. — 133-40 : 206. — 134 : 216.

Alexandre Polyhistor, ἐν ταῖς τῶν Φιλοσόφων Διαδοχαῖς, Diogène, VIII, 24 ss. : 124-5, 133 -4, 168, 175, 198-237. — Clément, *Strom.*, I, 69 : 30, n. 3. — Eusèbe, *Chron.*, I, p. 29 et p. 35 : 30, n. 3.

Ambroise, *De virg.*, I, 4 : 242, n. 2.

Ammonius, *In Categ. Arist.*, p. 1-12 : 51, n. 1.

Anatolius, *De decade*, pp. 5 s. : 199.

Anaxagore, — *Vors.*, 390-4 : 209. — 396-36 : 222. — 397-30 : 223. — 398-1 : 216.

Anaximandre, — *Vors.*, 17-3 et 21-7 : 211.

Anaximandre le jeune, — Suidas, *s. v.* : 186, 238.

Anaximène, — *Vors.*, 24-11 : 207. — 25 7 : 208.

Androcyde, — Jamblique, *V. P.*, 145 : 167. — *Théol. Ar.*, p 40 : 157. — Tryphon (Rhet. gr., III, 193) : 186, 189.

Anthologie Palatine, VII, 95 : 5.

Anticlide, ἐν β' περὶ Ἀλεξάνδρου, Diogène, VIII, 11 : 113-4, 172.

Antiphon, ἐν τῷ περὶ τῶν ἐν ἀρετῇ πρωτευσάντων, Diogène, VIII, 3 : 105-4, 151 s. — Porphyre, *V. P.*, 7-9 : 149, 151. 183.

Antonius Diogène, — Lydus, *De mens.*, IV, 42 : 211, 239. — Porphyre, *V. P.*, 10 : 148. — 11 : 152. — 12 : 161. — 36 : 174. — 38 : 199. — 44 : 211, 239.

---

[1] Cette table ne contient pas les noms des auteurs cités sous l'apparat critique de l'édition, parce qu'elle en eût été surchargée. L'abréviation *Vors.* désigne la troisième édition des *Fragmente der Vorsokratiker* de Diels.

Apollodore, — Diogène, VIII, 12 : 113-7, 173. — Athénée, X, 418 F : 173. — Plutarque, *Non posse suav. vivi...,* 11 : 173. — Stobée, *Ecl.,* I, 24 : 179.
Apollonius de Tyane, — Jamblique, *V. P.,* 7 : 194. — 11 : 151 s. — 13 : 176, 193. — 25 : 153, 176. — 68 : 176. — 69 : 175 s , 193. — 71-73 : 169. — 254 : 154. — Porphyre, *V. P.,* 2 : 151.
Apollonius, *Mirab.,* 6 : 171.
Apostolius, *Prov.,* II, 652 : 71.
Apulée, *Apol.,* 56 : 90. — *Flor.,* II, 15 : 150-153. — *De mundo,* 27 : 226. — *De Plat.,* I, 12 : 226.
Archélaos, — *Vors.,* 411-2 s. : 211, 223. — 412-2 : 211. — 412-7 : 222.
Archytas, — *Vors.,* 330-18 : 220. — Jamblique, *Protr.,* 4 : 210.
Aristarque, — Clément d'Alexandrie, *Strom.,* I, 62 : 147.
Aristide Quintilien, *De mus.,* III, p. 142 : 218.
Aristippe de Cyrène, ἐν τῷ περὶ τῶν Φυσιολογιῶν, Diogène, VIII, 21 : 122-3, 194.
Aristophane, ἐν τοῖς Ἥρωσι, Diogène, VIII, 34 : 131-8.
Aristophon, Πυθαγοριστῇ, Diogène, VIII, 38 : 135-4, 135-11, 156.
Aristote, *De an.,* A, 2, 205 *b* 24 : 213, n. 2. — *De cælo,* B, 2, 285 *b* 22 : 205. — *Met.,* A, 5 : 219. — A, 986 *a* 4 : 202. — A, 987 *a* 2 : 202, 233. — A, 989 *b* 28 : 203. — A, 990 *a* 16 : 202, n. 2, 233. — Z, 2, 1028 *b* 16 : 200. — N, 3, 1090 *b* 5 : 200. — *Phys.,* Δ, 6, 213 *b* 22 : 204. — Fragments dans : Aulu Gelle, IV, 11 : 188. — Damascius, *De princ.,* II, 172 : 236. — Diogène, VIII, 13, ἐν Δηλίων πολιτείᾳ : 115-4, 177. — 19 : 119-9, 188. — 34, ἐν τῷ περὶ τῶν κυάμων (chapitre) : 131-3, 133-6, 188, 237, n. 1. — Elien, *V. H.,* II, 26 : 170 s., 188. — IV, 17 : 170 s., 180, 188, 230. — Jamblique, *V. P.,* 82 : 180, 210, 238 ss. — 83 : 230. — 85 : 193, 195, 231. — Simplicius, *Comm. in Ar. de cælo,* 511-30 ss. : 210. — * *Grande Morale,* B, 15 : 168.
Aristoxène, — Athénée, II, 47 A : 190. — X, 418 E : 192. — Aulu-Gelle, IV, 11 : 188, 192, 195. — Clément d'Alex., *Strom.,* I, 62 : 147. — Diogène, I, 118 : 150. — VIII, 1 : 103-9, 147. — VIII, 8 : 108-17. — VIII, 14 : 115-8. — ἐν δεκάτῳ Παιδευτικῶν Νόμων, VIII, 15 : 116-13, 160, 185. — VIII, 16 : 117-1, 185. — VIII, 20 : 121-3, 192. — VIII, 21 : 121-6, 192. — VIII, 46 : 142-1, 250. — Hippolyte, *Adv. haer.,* I, 2-13 : 160. — Jamblique, *V. P.,* 97 : 189. — 98 : 188, 190, 192 s., 213, 230. — 99 : 227, 229. — 100 : 190, 230. — 101 : 191. — 111 s. : 197. — 130 : 185. — 164 : 171. — 172 : 185. — 174 : 209. — 175 : 185. — 196 : 197. — 197 : 190 s. — 203 : 185. — 231 : 191. — 241 : 182. — 248 s. : 185, n. 2, 242. — Porphyre, *V. P.,* 9 : 151, 153, 250. — 22 : 182. — Stobée, *Flor.,* 43-79 : 185. — *Theol. Arithm.,* 40 : 157, 181.
Arsenius, *Viol.,* p. 310 : 52, n. 2, 247 s.
Athénée, I, 5 E : 174. — IV, 161 : 240 s. — VII, 308 C : 189. — VIII, 336 D : 58. — X, 427 D : 238.
Augustin, *De civ. Dei,* VIII, 8 : 52, n. 1. — XVIII, 37 : 250. — *Ep.,* III, 137-3 : 174, 253.
Aulu-Gelle, I, 9 : 160, n. 2. — III, 17 : 184. — IV, 11 : 250. — XIV, 6 : 19.

Bacchylide, X, 119 : 171.
Basile, *Hom. IV in Hex.,* 5 : 203.

Callimaque, — *Oxyrh. Pap.,* VII, 33 : 158.
Censorinus, *De die nat.,* IV, 3 : 210.
Chalcidius, *In Tim.,* 30 : 222, n. 1.
Cicéron, *Caton,* 21-78 : 208. — *De fin.,* V, 2 : 183, n. 2. — *De nat. deor.,* I, 11-27 : 204, 208. — III, 88 : **174,**

n. 1, 177. — *De re p.*, III, 11-19 : 175.
— *Somn. Scip.*, 4 : 226. — *Tuscul.*,
IV, 10 : 222. — V, 13-38 : 208.
Cléarque, — Aulu-Gelle, IV, 11 : 155.
Clément d'Alexandrie, *Strom.*, I, 63 :
52, n. 3. — I, 131 : 165. — III, 24 :
190. — V, 28 : 231. — VII, 31 :
177 s.
Commentaire de Berne à Lucain, p. 289,
Us. : 182.
Cratinos, ἐν Πυθαγοριζούσῃ, Diogène,
VIII, 37 : 134-7, 240 s. — ἐν Ταραν-
τίνοις : 134-8, 240 s.

Démétrius, — Diogène, VIII, 85 : 163.
Démocrite, fr. 171 : 228. — *Vors.*, II³,
p. 6-40 : 209. — 39-41 : 229. — 49-6 :
211. — 55-18 : 224.
Denys, — Diogène, VIII, 47 : 143-4.
Denys d'Halicarnasse, *Ant. Rom.*, II,
58 : 175.
Dicéarque, — Aulu-Gelle, IV, 11 : 155. —
Diogène, VIII, 40 : 136-41, 242 s. —
Porphyre, *V. P.*, 19 : 175, 213, 246.
— 56 : 150.
Didyme, — Clément d'Alex., *Strom.*,
I, 80 : 246, 248.
Diodore, X, 3-4 : 150. — X, 5-2 : 190. —
X, 6-4 : 158, n. 1. — X, 9 : 116 s.,
230. — X, 10 : 166, n. 1. — X, 17 :
176.
Diogène d'Apollonie, fr. 5 : 207. —
Vors., 425-5 et 426-11 : 222.
Diogène Laërce, **I**, 1 ss. : 155. — 3 : 36,
43. — 5 : 12, 36. — 6 ss. : 50. —
11 : 50, 62. — 12 : 51, 165. — 13 :
51. — 15 : 248, 253. — 16 : 51, 163.
— 20 : 45, 62. — 23 : 62. — 25 :
158, n. 1, 173. — 30 : 45. — 32 :
45. — 33 : 62. — 38 : 48. — 39 : 37.
— 53 : 62. — 54 : 62. — 60 : 229,
n. 1. — 62 : 42. — 63 : 7, 38, 48. —
81 : 62. — 82 : 45. — 97 : 38. —
103 : 37. — 104 : 42. — 112 : 11,
61. — 114 : 62. — 115 : 49. — 118 :
10. — 121 : 151. — **II**, 1 : 47. — 2 :
250. — 5 : 253. — 10 : 47. — 11 :
47. — 14 : 56, 62. — 20 : 47. — 21 : 63.
— 38 : 47. - 39 : 45. — 40 : 41.
— 41 : 49. — 42 : 49. — 44 : 62.
— 46 : 37. — 48 : 56. — 55 : 56,
62. — 57 : 45. — 58 : 37. — 59 : 11,
49, 56. — 65 : 7, 45. — 68 : 45. —
85 s. : 53. — 97 : 11, 53, 60. — 103 :
45. — 106 : 47. — 115 : 56. — 134 :
45. — 141 : 56. — **III**, 4 : 47. — 5 :
48. — 9 : 184. — 17 : 63. — 19 :
47. — 24 : 47. — 36 : 7, 45. — 37 :
46. — 40 : 47. — 41 : 49. — 43 : 62.
— 45 : 37 s. 62. — 47 : 8, 11, 36,
49, 60. — 48 : 47. — 49 : 45. — 63 :
47. — **IV**, 1 : 11. — 4 : 10, 45, 49. —
5 : 47, 59. — 8 : 49, 56. — 14 : 49,
59. — 20 : 38. — 24 : 45. — 27 :
37 s. — 39 : 56. — 44 : 61. — 54 :
47. — 57 : 38. — 62 : 48. — 63 : 46.
— 65 : 56. — **V**, 4 : 56. — 5 : 47.
6 : 45. — 10 : 49. — 11 : 11, 61 s. —
16 : 62. — 21 : 11, 37, 59, 62. —
28 : 62. — 34 : 63. — 36 : 49. — 37 :
56. — 41 : 47. — 42 : 11, 37, 59.
— 50 : 62. — 51 : 11, 62. — 57 :
62. — 58 : 51. — 64 : 62. — 65 : 51.
— 67 : 56. — 68 : 45. — 69 : 11,
62. — 75 ss. : 56. — 76 : 47. — 77 :
47. — 83 : 62. — 88 : 56. — 89 : 56.
— 91 : 62. — **VI**, 12 : 48. — 20 :
49. — 25 : 47. — 73 : 47. — 89 : 46.
— 103 : 37, 45, 60. — **VII**, 4 : 62,
235. — 7 : 56, 61. — 10 : 41. — 12 :
62. — 31 : 62. — 34 : 62. — 37 : 45.
— 38 : 60. — 40 : 47 : 45. — 48 : 48. —
160 : 60, 63. — 175 : 62. — 179 : 48.
— 185 : 56. — 189 : 11, 59, 62. —
VIII, 2 : 10 s., 45. — 3 : 26, 56. —
6 ss. : 45, 48. — 7 : 43, 45. — 8 :
43, 45, 63, 71, 80 s. — 9 : 74, 81. —
10 : 56. — 11 : 45. — 12 : 47, 81. —
15 : 47. — 17 : 72, 82, 97. — 19 : 44,
82. — 21 : 45, 71. — 24 ss. : 30, 47.
— 26 : 92. — 28 : 83. — 32 : 83. —
34 : 72. — 34 : 11, 23 s., 84. — 35 :
11. — 36 : 63. - 38 : 73. — 39 : 11,
24, 44, 45. — 40 : 24, 44, 85. — 41 :
63, 85. — 42 : 161. — 43 : 94. —
44 s. : 86. — 46 : 87, 175. — 47 : 26,

47 s. — 48 : 47, 56. — 49 : 72, 87. — 53 : 11, 21, 46 s., 174. — 54 : 157, n. 1. — 63 : 47. — 72 : 42, 56. — 73 : 47. — 74 : 62. — 82 : 57. — 83 : 47. — 84 : 57, 184. — 85 : 184. — 88 : 57. — 90 : 10, 47, 59. — 91 : 254. — **IX**, 11 : 63. — 14 : 62. — 18 : 240. — 20 : 47, 254. — 21 : 52, 203, n. 2. — 23 : 10, 27, 57, 178. — 24 : 57. — 26 : 57. — 28 : 37. — 29 : 47. — 34 s. : 45. — 43 : 62. — 45 : 63. — 49 : 62. — 55 : 62. — 59 : 38. — 60 : 49. — 61 : 48. — 65 : 57. — 69 : 52. — 79 ss. : 35. — 87 ss. : 49. — 89 : 47. — 109 : 22, 35, n. 2, 58. — 110 : 57. — 111 : 58. — **X**, 3 : 45, 49. — 4 : 48. — 9 : 36, 54. — 11 s. : 48. — 13 : 52. — 16 : 62. — 22 : 62. — 24 : 49. — 25 : 54. — 27 s. : 60. — 29 : 36. — 83 : 62. — 117 : 62. — 121 : 62. — 138 : 36, 60.

Diogénien, *Prov.*, IV, 58 : 253.

Duris, — Porphyre, *V. P.*, 3 : 248.

Ecphante, — *Vors.*, 340-28 : 203 s. — 341-7 : 208 s.

Empédocle, fr. 34 : 239. — 45 : 208. — 105 : 223. — 129 : 157. — 135 : 175. — 136 s. : 240. — *Vors*, 213-1 : 211. — 221-10 : 221. — 273-5 : 209. — Diogène, VIII, 43 : 139-5.

Épicharme, fr. 2 : 229. — 9 et 22 : 227. — *Vors.*, 127-22 : 210.

Épigène. — Clément d'Alex., *Strom.*, I, 131 : 165.

Épiphane, *Adv. haer.*, I, 4 : 193, 206, 208. - 1, 7 : 204. — III, 2-9 : 199.

Ératosthène, — Diogène, VIII, 47 : 26, 143-5, 174, 252 s.

Etymologicum Magnum, s. v. ἱερὸν ἦμαρ : 230. — s. v. Πυθαγόρας : 194.

Eubulide, — *Theol. ar.*, 40 : 157, 181.

Eudore, — Simplicius, *In Phys.*, p. 181-10 : 199.

Eudoxe, — Porphyre, *V. P.*, 7 : 193.

Euripide, *Oreste*, 735 : 168. — *Phén.*, 243 : 168. — 536 : 168, n. 1.

Eusèbe, *Prép. év.*, X, 14-14 : 52, n. 2, 247 s.

Eustathe, *In Homer.*, p. 896-63 : 5. — 1701-61 : 245. — 1720-31 : 189. — 1961-10 : 245.

Euxithée, — Athénée. IV, 157 C : 178, 224.

Favorinus, ἐν τρίτῳ τῶν Ἀπομνημονευμάτων, Diogène, VIII, 12 : 114-4, 174. — ἐν ὀγδόῃ Παντοδαπῆς Ἱστορίας, VIII, 12 : 114-6, 25!. — VIII, 47 : 143-5. — ἐν Παντοδαπαῖς Ἱστορίαις, VIII, 15 : 116-11, 183. — VIII, 48 : 144-1, 203, 253. — VIII, 49 : 144-5, 253.

Festus, *s. v.* Aemilia : 148, 248.

Galien, *OEuvres*, éd. Kühn, t. XIV, 218 : 8, n. 3. — T. XIV, 567 : 249.

Ps.-Galien, *Hist. phil.*, 2 : 52, n. 3. — 3 : 51, n. 1. — 10 : 203, 209. — 28 : 222. — 30 : 192. — 35 : 199.

Grégoire de Naziance, *Ep.*, 198 : 174.

Hellanicus, — Suidas, *s. v.* Ζάμολξις : 245.

Héraclide Lembos, ἐν τῇ Σωτίωνος ἐπιτομῇ, Diogène, VIII, 7 : 108-10 et 13, 163 ss. — ἐν τῇ τῶν Σατύρου Βίων ἐπιτομῇ, VIII, 40 : 137-5, 150, 243 s. — VIII, 44 : 140-4, 164, 249. — Porphyre, *In Ptolem. harm.*, I, 3 : 172.

Héraclide Pontique, — Cicéron, *Tusc.*, V, 3 : 165. — Diogène I, 12 : 165. — VIII, 4 ss. : 106-6 — 107-16, 154 ss. — Porphyre, *De abst.*, I, 26 : 174, 193. — Proclus, *In Tim.*, II, p. 8-9 : 221.

Héraclite, fr. 35 : 166. — 40 : 166. — 129 (= Diogène, VIII, 6) : 107-18 ss., 166. — *Vors.*, 68-28 et 69-8 : 209. — 69-28 : 205. — 72-55 : 209 — 75-14 : 214.

Hermippe, — Athénée. V, 213 F : 251. — Diogène, VIII, 1 : 103-9. — ἐν δευτέρῳ περὶ Πυθαγόρου, VIII, 10 : 103-9. —

VIII, 40 : 137-7. — VIII, 41 : 137-13, 155. — VIII, 85 : 184.

Hérodote, I, 8 : 249. — I, 30 : 166. — II, 81 : 190. — IV, 95 : 10, 44, 104-5, 149, 245.

Hésychius lexicogr., *s. v.* ἐν Σάμῳ κομήτης : 253.

Hiéroclès, *In Aur. Carm.,* 67 : 230.

Hiéronyme de Rhodes, — Diogène, VIII, 21 : 121-9, 156, 194.

Hippase, — *Vors.,* 38-9 ; 203, n. 1.

Hippobotos, — Diogène, VIII, 43 : 139-4, 248. — Jamblique, *V. P.,* 189 ss. : 242. — *Theol. ar.,* p. 40 : 157, 181.

Hippocrate, *Aphor.,* 3-9 : 206. — *De Carn.,* 2 : 207. — 3 : 211. — *De Diaeta,* I, 8 : 219. — *De gen.,* 1 : 216. — *De morbis,* I, 30 : 223. — *De morbo sacro,* 1 : 232. — 14 : 224. — *De nut. inf.,* 12 : 214. — *De sept. partu,* 9 : 219. — *De ventis,* 14 : 223.

Hippolyte, *Adv. haer.,* I, 2-13 : 161. — I, 2-14 : 211. — I, 2-18 : 178. — I, 25-2 : 192. — IV, 51 : 201, n. 1. — VI, 2-25 : 210. — VI, 2-28 : 210. — VI, 23 : 161, 199. — VI, 27 : 186, 189.

Hippon, — *Vors.,* 289-36 : 214. — 290 : 216.

Ion de Chios, ἐν τοῖς Τριαγμοῖς, Diogène, VIII, 8 (fr. 2) : 109-2, 165. — fr. 4 : 162.

Irénée, *Adv. haer.,* II, 14-6 : 199.

Isocrate, *Busiris,* 28 : 152. — 29 : 169.

Jamblique, *In Nic. ar.,* p. 74 : 199. — *Protr.,* 21 : 84, 189, 231. — *Vie de Pythagore,* 1-9 : 170. — 11 : 27, n. 2, 253. — 25 : 175, 193. — 27 : 183. — 29 : 183. — 30 : 27, n. 2, 170, 253. — 48 : 194. — 50 : 165, 194. — 54 : 193. — 55 : 249. — 56 : 45. — 59 : 203. — 63 : 80. — 72 et 74 : 160, n. 2. — 84 : 84. — 86 : 84. — 88 : 252. — 91 s. : 170 s. —
93 : 192. — 97 : 82. — 99 : 197. — 106 ss. : 176, 197. — 107 s. : 160, n. 2. — 108 : 175, 193. — 109 : 188. — 127 : 147. — 132 : 194. — 134 : 171. — 135 : 170. — 138 : 231. — 140 : 171. — 146 : 30, n. 2, 161, 184, 236, n. 3, 247. — 147 : 192. — 149 : 190, 192, 197. — 150 : 82, 160, n. 2, 193. — 153 : 178, 208, n. 2, 224, 230. — 154 : 170, 211. — 155 : 170, 232. — 157 : 30, n. 2. — 161 : 180. — 162 : 203. — 163 : 81. — 166 : 164. — 168 : 175. — 170 : 183. — 175 : 197. — 193 : 24, n. 1. — 199 : 160, 184, 236, n. 3. — 217 : 209. — 218 : 194. — 219 : 209. — 223 et 224 : 197. — 240 : 209. — 241 : 164. — 244 : 81. — 266 : 164, 180. — 267 : 182, 185, 246 s.

Jean de Rhodes (?), *Artemii Passio,* 29 : 171, 240, 242, n. 2, 244.

Jérôme, *Adv. Jovin.,* II, 14 et 38 : 190.

Julien, *Or.,* 8, p. 306, H. : 187.

Ps-Justin, *Coh.,* 19 : 199.

Lucien, *Dial. mort.,* 20-3 : 170. — *Gallus,* 8 : 174, 253. — 15 et 18 : 170. — *Philops.,* 29 : 225. — *Vit. Auct.,* 2 : 27, n. 2, 253. — 4 s. : 202 s., 229.

Lycus, — Porphyre, *V. P.,* 5 : 148.

Lydus, *De mens.,* II, 101 : 209.

Lysis, *Lettre à Hippase* (ou *Hipparque*), Diogène, VIII, 42 : 138-10, 161, 184, 223, 247.

Macrobe, *In Somn. Scip.,* I, 5-12 : 201, n. 1. — I, 6-14 ss. : 218. — I, 6-33 : 201, n. 1. — I, 6-36 : 203. — I, 6-37 : 210, n. 1.

Martianus Capella, VIII, 882 : 179.

Mnaséas, — Suidas, *s. v.* Ζάμολξις, et Etym. magn., *ibid.,* : 149.

Mnésimaque, Ἀλκμαίωνι, Diogène, VIII, 37 : 135-1.

Modératus, — Porphyre, *V. P.,* 49 s. : 199.

— 269 —

Néanthe, — Jamblique, *V. P.*, 189 ss. : 242. — Porphyre, *V. P.*, 1 : 150 s. — 2 : 147, 149. — 54-56 : 150, 242 s. — *Theol. ar.*, p. 40 : 157, 181.

Nicomaque, — Jamblique, *V. P.*, 33 : 154. — 184 et 252 : 150. — Photius, Cod. 187, p. 143 A : 199. — Porphyre, *V. P.*, 21 : 154.

Numénius, — Chalcidius, *In Tim.*, 193 : 200.

Ps.-Ocellus, *De Univ. nat.*, III : 209 s.

Olympiodore, *In Phaed.*, p. 5 : 242, n. 2. — 8 : 82. — 25 : 187. — 103 : 178.

Onésicrite, — Strabon, XV, 716 : 193.

Origène, *C. Celse*, II, 55 : 245.

Orphée, *Lith.*, 431 : 158, n. 2. — *Op. et dies*, fr. 24 : 230. — Fragments 123 : 204, n. 1. — 222 s. et 226 : 178. — 155 : 225. — *Vors.*, II^5, p. 170-30 : 214.

Ovide, *Mét.*, XV, 214 : 229. — XV. 237 : 202 s.

Pamphila, — Diogène, I, 24 : 174.

Papyrus d'Herculanum (biographie) : 153, 249.

Parménide, fr. 9 : 205. — 14 et 15 : 208. — *Vors.*, p. 138-12 : 210. — Diogène, VIII, 14 (fausse citation) : 10, 115-10, 178.

Paul le Jurisconsulte, *Sentent.*, IV, 9-5 : 219.

Pausanias, II, 13-1 ss. : 148.

Philolaos, fr. 2 : 219, n. 1. — 6 : 219, n. 1, 229. — 7 : 204. — 12 : 204, 204. — 13 : 222. — *Vors.*, p. 306-17 : 202. — 308 : 233, n. 1. — 368-16 : 214. — 318-319 : 203, n. 1. — 320-12 : 227.

Philoponus, *Comm. in Arist. De an.*, p. 92-2 : 213, n. 2.

Philostrate, *Vit. Apol.*, 1, 32-2 : 190. — *Vit Soph.*, 19 : 252.

Photius, Cod. 249 : 160, n. 2, 247 ss. — 249, p. 438 B : 193. — 439 A : 200, 224. — 439 B : 206, 209. — 440 A : 203.

Platon, *Apol*, pp. 23 et 29 : 166. — *Banquet*, 188 a b : 206. — 191 b : 215. — *Lois*, VI, 757 a : 168, n. 1. — *Lysis*, 207 c : 168. — *Phèdre*, 278 d : 166. — 279 c : 168. — *Rép.*, VIII, 546 b : 181, n. 1. — *Timée*, 43-45 : 224, n. 1. — 73 : 216, 224. — 91 b : 216. — * *Lettre à [Dion*, Diogène, VIII, 15 : 116-6, 183 s.

Pline, *Hist. Nat.*, II, 37 : 179. — XXIII, 63 : 175. — XXXV, 46 : 170.

Plutarque, *De an. procr.*, 2 : 161. — 12 : 218. — 13 : 181. — *De esu carn.*, 2-3 : 175. — *De fac. in orbe Lunae*, 28 : 225. — *De gen. Socr.*, 16 : 170. — *Numa*, 8-6 : 171. — 8-10 : 193. — 8-11 : 148, 248. — 13 : 175. — *Paul-Emile*, 2-1 : 148, 248. — *Quaest. conv.*, II, 3-1 : 188, n. 1. — II, 3-2 : 231. — IV, 5-2 : 188, n. 1. — VIII, 2-4 : 173. — VIII, 7 : 148. — VIII, 8 : 188, n. 1, 189. — *Quaest. Plat.*, VIII, 4-5 : 204. — *Sylla*, 36-5 : 10. — * *De ed. pueor.*, 17 : 189. — * *Prov. Alex.*, 108 : 253. — * *Vita Hom.*, 122 : 223. — 145 : 199, 218.

Pollux, *Onom.*, II, 226 : 222.

Porphyre, *De antro nymph.*, 31 : 225. — *De abst.*, II, 28 : 193. — III, 1 et 26 : 175. — IV, 16 : 230, n. 1, 231. — IV, 22 : 231. — *Vie de Pythagore*, 2 : 14. — 4 : 14, 153. — 7 : 26, 30. — 12 : 14. — 15 : 150, 174. — 17 : 153. — 26 : 80. — 27 : 171. — 28 : 14, 170 s. — 34 : 82, 190. — 36 : 192. — 38 s. : 197. — 40 : 196. — 45 : 188. — 55 : 150.

Posidonius, — Galien, *De Hipp. et Plat.*, 5 : 222. — Sénèque, *Ep.*, 90-6 : 185.

Priscianus Lydus, *Met. in Theophr.*, 20-16 : 221.

Proclus, *In Remp.*, I, p. 97 : 199. — II, p. 26 : 219. — II, p. 34 s. : 217. — II, p. 68 : 181. — II, p. 109 : 161. — II, p. 173 : 182. — *In Tim.*, II, p. 270 : 181, 201, n. 1.

Psellus, *De numeris* : 217, n. 1.

Satyrus, — Diogène, III, 9 : 160, 184.
Scholies à Apollonius de Rhodes, I, 645 : 155.
Scholies à Homère, *Iliade*, Γ, 1 : 203. — Θ, 66 : 230. — T, 119 : 219.
Scholies à Lucien, p. 124, R. : 171.
Scholies à Platon, *Alcib.* I, p. 480 : 160. *Rép.*, X, 600 *b* : 14, 96, 244, n. 1, 249.
Scholies à Sophocle, *El.*, 62 : 89, n. 2, 155 s., 245.
Scholies à Théocrite, XIV, 5 : 160, n. 2.
Sénèque, *Ep.*, 108-18 : 175.
Servius, *In Aen.*, VI, 724 : 203 s.
Sextus Empiricus, *Adv. math.*, IX, 127 : 175, 204, 208. — X, 249-284 : 200. — *Pyrrh.*, III, 152 ss. : 200.
Sopatros, — Photius, Cod. 161, p. 104 A 2 : 5.
Sosicrate, ἐν Διαδοχαῖς, Diogène, VIII, 8 : 109-5.
Speusippe, — *Theol. arithm.*, p. 62 : 201.
Stéphane de Byzance, *s. v.* Δρυΐδαι, Ἐνετοί, Χολλεῖδαι : 5.
Stobée, *Ecl.*, I, 1–10 : 218. — I, 18–1 C : 204.
Strabon, XIV, 632 : 152.
Suidas, *s. v.* Ἀριγνώτη : 247. — Ἀριστόξενος : 250. — αὐτὸς ἔφα : 252. — γνώριμοι : 183. — Ἐμπεδοκλῆς : 52, n. 2, 248. — Ζήνων : 166. — Ζωροάστρης : 161. — ἤδη : 89, n. 2, 156, 245. — Θεανώ 1 et 2 : 153, 165, 246 ss. — Μυῖα : 247. — πελαργᾶν : 191. — Πυθαγόρας : 14, 96, 160, n. 2, 183. — τάδε ἐκ τοῦ τρίποδος : 71. — τετραλογία : 5. — Τηλαύγης : 52, n. 2, 247 s.
Syncellus, *Chron.*, p. 239 *b* : 27, n. 2, 253. — P. 247 *c* : 249.

Tertullien, *De an.*, 28 : 156, 245. — *Apol.*, 46-13 : 251.
Théétète, — Diogène, VIII, 48 : 143-10.
Théol. Arithm., pp. 4 et 7 : 199. — P. 39 : 217, n. 1. — P. 40 : 152, 249. — P. 47 : 218.

Théophraste, *Char.* : *Superst.*, 9 : 230, n. 2. — *Met.*, 33 : 199. — *De Sensu*, 3 et 25 : 223. — Alexandre, *In Met.*, A, 3, 984 *b* 3 : 235. — Diogène, VIII, 48 : 144-5.
Théopompe, — Athénée, V, 213 F : 251. — Clément d'Alexandrie, *Strom.*, I, 62 : 147.
Timée, — Diogène, VIII, 10 : 111-6, 168 ss. — ἐν δεκάτῳ Ἱστοριῶν, VIII, 11 : 113-1, 171. — VIII, 54 : 157, n. 1. — Jamblique, *V. P.*, 37 : 196, 203, 227, 229. — 40 : 196. — 47 : 196, 229. — 50 : 183. — 53 : 180, 252. — 54 : 196. — 56 : 171. — 163 : 172. — 170 : 247. — 244 : 172. — 254 ss. : 154, 169, n. 2, 183, 241. — 255 : 252. — 256 : 196 s., 230. — 257 : 165. — 259 : 165. — 264 : 173, 183. — 265 : 247, 249 s. — Justin, XX, 4 : 153 s., 175, n. 1, 183, 241. — Photius, *s. v.* κοινά : 168. — Porphyre, *V. P.*, 4 : 183, 247. — Scholie du *Phèdre*, p. 279 *c* : 168. — Zénobe, *Prov.*, IV, 79 : 168.
Timon, ἐν τοῖς Σίλλοις, Diogène, VIII, 36 : 133-7, 239.
Tzetzès, *Chil.*, X, 797 : 184. — XI, 92 : 249.

Valère-Maxime, VIII, 7, ext. 2 : 153, 165, 183, n. 2. — VIII, 15-2 : 183.
Varron, *De re rust*, I, 3 : 209. — Augustin, *De civ. Dei*, XXII, 28 : 182. — *De ord.*, II, 20 : 160, n. 2. — Censorinus, *De die nat.*, 9 ss. : 217, n. 1, 219.
Vers Dorés : 61 s. : 228. — 70 s. : 226.
Virgile, *Énéide*, VI, 740 et 435 : 225.
Vitruve, *De arch.*, II, 2, et VIII, 1 : 202 s.

Xénocrate, — Aristote, *Top.*, II, 6 : 228. — Porphyre, *In Ptol. harm.*, I, 3 : 172.
Xénophane, ἐν ἐλεγείᾳ (fr. 7), Diogène, VIII, 36 : 143-11, 178, 240. — Diogène, IX, 18 : 240.

Zénon, — Diogène, VIII, 48 : 144-5.

TABLE DES MATIÈRES

	Pages.
Avant-propos	3
Introduction	5
I. Nom, époque et œuvres de Diogène Laërce	5
II. L'*Histoire philosophique* de Diogène	9
1. Problème relatif à la composition de cet ouvrage	9
2. L'état de la question d'après les recherches antérieures.	16
3. Étude de la composition de l'ouvrage	34
A. La personnalité de Diogène	34
B. Ses méthodes de travail	40
a) Choix des sources	40
b) Esprit critique	43
c) Sources immédiates de Diogène	46
4. Plan de l'œuvre	50
a) Dans le Prologue	50
b) Dans le corps de l'ouvrage	51
c) Étendue chronologique du sujet	53
5. Les rubriques d'une biographie	54
III. La tradition manuscrite	63
Édition critique du texte de la *Vie de Pythagore* (l. VIII)	101
Commentaire et Étude des sources	147
Table alphabétique	255
Table des auteurs cités dans l'Introduction, le texte de Diogène et le Commentaire	264